老科学家学术成长资料采集工程

中国工程院院士传记丛书

我的配角人生

钟世镇

学术自述

李 剑 张晓红◎整理

老科学家学术成长资料采集工程

中国工程院院士传记 丛书

我的配角人生

钟世镇

学术自述

李 剑 张晓红◎整理

中国科学技术出版社

·北 京·

图书在版编目（CIP）数据

我的配角人生：钟世镇学术自述／李剑，张晓红整理.
—北京：中国科学技术出版社，2019.10
（老科学家学术成长资料采集工程丛书. 中国工程院
院士传记丛书）
ISBN 978-7-5046-8282-6

I. ①我… II. ①李… ②张… III. ①钟世镇－传记
IV. ① K826.16

中国版本图书馆 CIP 数据核字（2019）第 085788 号

责任编辑	余 君
责任校对	邓雪梅
责任印制	张建农
版式设计	中文天地

出 版	中国科学技术出版社
发 行	中国科学技术出版社有限公司发行部
地 址	北京市海淀区中关村南大街 16 号
邮 编	100081
发行电话	010-62173865
传 真	010-62173081
网 址	http://www.cspbooks.com.cn

开 本	787mm×1092mm 1/16
字 数	330 千字
印 张	21.25
彩 插	2
版 次	2019 年 10 月第 1 版
印 次	2019 年 10 月第 1 次印刷
印 刷	北京华联印刷有限公司
书 号	ISBN 978-7-5046-8282-6 / K·254
定 价	108.00 元

（凡购买本社图书，如有缺页、倒页、脱页者，本社发行部负责调换）

老科学家学术成长资料采集工程简介

　　老科学家学术成长资料采集工程（以下简称"采集工程"）是根据国务院领导同志的指示精神，由国家科教领导小组于 2010 年正式启动，中国科协牵头，联合中组部、教育部、科技部、工信部、财政部、文化部、国资委、解放军总政治部、中国科学院、中国工程院、国家自然科学基金委员会等 11 部委共同实施的一项抢救性工程，旨在通过实物采集、口述访谈、录音录像等方法，把反映老科学家学术成长历程的关键事件、重要节点、师承关系等各方面的资料保存下来，为深入研究科技人才成长规律，宣传优秀科技人物提供第一手资料和原始素材。

　　采集工程是一项开创性工作。为确保采集工作规范科学，启动之初即成立了由中国科协主要领导任组长、12 个部委分管领导任成员的领导小组，负责采集工程的宏观指导和重要政策措施制定，同时成立领导小组专家委员会负责采集原则确定、采集名单审定和学术咨询，委托科学史学者承担学术指导与组织工作，建立专门的馆藏基地确保采集资料的永久性收藏和提供使用，并研究制定了《采集工作流程》《采集工作规范》等一系列基础文件，作为采集人员的工作指南。截至 2016 年 6 月，已启动 400 多位老科学家的学术成长资料采集工作，获得手稿、书信等实物原件资料 73968 件，数字化资料 178326 件，视频资料 4037 小时，音频资料 4963 小时，具有重要的史料价值。

　　采集工程的成果目前主要有三种体现形式，一是建设"中国科学家博物馆网络版"，提供学术研究和弘扬科学精神、宣传科学家之用；二是编辑制作科学家专题资料片系列，以视频形式播出；三是研究撰写客观反映老科学家学术成长经历的研究报告，以学术传记的形式，与中国科学院、中国工程院联合出版。随着采集工程的不断拓展和深入，将有更多形式的采集成果问世，为社会公众了解老科学家的感人事迹，探索科技人才成长规律，研究中国科技事业的发展历程提供客观翔实的史料支撑。

总序一

中国科学技术协会主席　韩启德

　　老科学家是共和国建设的重要参与者，也是新中国科技发展历史的亲历者和见证者，他们的学术成长历程生动反映了近现代中国科技事业与科技教育的进展，本身就是新中国科技发展历史的重要组成部分。针对近年来老科学家相继辞世、学术成长资料大量散失的突出问题，中国科协于2009年向国务院提出抢救老科学家学术成长资料的建议，受到国务院领导同志的高度重视和充分肯定，并明确责成中国科协牵头，联合相关部门共同组织实施。根据国务院批复的《老科学家学术成长资料采集工程实施方案》，中国科协联合中组部、教育部、科技部、工业和信息化部、财政部、文化部、国资委、解放军总政治部、中国科学院、中国工程院、国家自然科学基金委员会等11部委共同组成领导小组，从2010年开始组织实施老科学家学术成长资料采集工程。

　　老科学家学术成长资料采集是一项系统工程，通过文献与口述资料的搜集和整理、录音录像、实物采集等形式，把反映老科学家求学历程、师承关系、科研活动、学术成就等学术成长中关键节点和重要事件的口述资料、实物资料和音像资料完整系统地保存下来，对于充实新中国科技发展的历史文献，理清我国科技界学术传承脉络，探索我国科技发展规律和科技人才成长规律，弘扬我国科技工作者求真务实、无私奉献的精神，在全社会营造爱科学、学科学、用科学的良好氛围，是一件很有意义的事情。采集工程把重点放在年龄在 80 岁以上、学术成长经历丰富的两院院士，以及虽然不是两院院士、但在我国科技事业发展中作出突出贡献的老科技工作者，充分体现了党和国家对老科学家的关心和爱护。

自 2010 年启动实施以来，采集工程以对历史负责、对国家负责、对科技事业负责的精神，开展了一系列工作，获得大量反映老科学家学术成长历程的文字资料、实物资料和音视频资料，其中有一些资料具有很高的史料价值和学术价值，弥足珍贵。

以传记丛书的形式把采集工程的成果展现给社会公众，是采集工程的目标之一，也是社会各界的共同期待。在我看来，这些传记丛书大都是在充分挖掘档案和书信等各种文献资料、与口述访谈相互印证校核、严密考证的基础之上形成的，内中还有许多很有价值的照片、手稿影印件等珍贵图片，基本做到了图文并茂，语言生动，既体现了历史的鲜活，又立体化地刻画了人物，较好地实现了真实性、专业性、可读性的有机统一。通过这套传记丛书，学者能够获得更加丰富扎实的文献依据，公众能够更加系统深入地了解老一辈科学家的成就、贡献、经历和品格，青少年可以更真实地了解科学家、了解科技活动，进而充分激发对科学家职业的浓厚兴趣。

借此机会，向所有接受采集的老科学家及其亲属朋友，向参与采集工程的工作人员和单位，表示衷心感谢。真诚希望这套丛书能够得到学术界的认可和读者的喜爱，希望采集工程能够得到更广泛的关注和支持。我期待并相信，随着时间的流逝，采集工程的成果将以更加丰富多样的形式呈现给社会公众，采集工程的意义也将越来越彰显于天下。

是为序。

总序二

中国科学院院长　白春礼

由国家科教领导小组直接启动，中国科学技术协会和中国科学院等12个部门和单位共同组织实施的老科学家学术成长资料采集工程，是国务院交办的一项重要任务，也是中国科技界的一件大事。值此采集工程传记丛书出版之际，我向采集工程的顺利实施表示热烈祝贺，向参与采集工程的老科学家和工作人员表示衷心感谢！

按照国务院批准实施的《老科学家学术成长资料采集工程实施方案》，开展这一工作的主要目的就是要通过录音录像、实物采集等多种方式，把反映老科学家学术成长历史的重要资料保存下来，丰富新中国科技发展的历史资料，推动形成新中国的学术传统，激发科技工作者的创新热情和创造活力，在全社会营造爱科学、学科学、用科学的良好氛围。通过实施采集工程，系统搜集、整理反映这些老科学家学术成长历程的关键事件、重要节点、学术传承关系等的各类文献、实物和音视频资料，并结合不同时期的社会发展和国际相关学科领域的发展背景加以梳理和研究，不仅有利于深入了解新中国科学发展的进程特别是老科学家所在学科的发展脉络，而且有利于发现老科学家成长成才中的关键人物、关键事件、关键因素，探索和把握高层次人才培养规律和创新人才成长规律，更有利于理清我国科技界学术传承脉络，深入了解我国科学传统的形成过程，在全社会范围内宣传弘扬老科学家的科学思想、卓越贡献和高尚品质，推动社会主义科学文化和创新文化建设。从这个意义上说，采集工程不仅是一项文化工程，更是一项严肃认真的学术建设工作。

中国科学院是科技事业的国家队，也是凝聚和团结广大院士的大家庭。早在 1955 年，中国科学院选举产生了第一批学部委员，1993 年国务院决定中国科学院学部委员改称中国科学院院士。半个多世纪以来，从学部委员到院士，经历了一个艰难的制度化进程，在我国科学事业发展史上书写了浓墨重彩的一笔。在目前已接受采集的老科学家中，有很大一部分即是上个世纪 80、90 年代当选的中国科学院学部委员、院士，其中既有学科领域的奠基人和开拓者，也有作出过重大科学成就的著名科学家，更有毕生在专门学科领域默默耕耘的一流学者。作为声誉卓著的学术带头人，他们以发展科技、服务国家、造福人民为己任，求真务实、开拓创新，为我国经济建设、社会发展、科技进步和国家安全作出了重要贡献；作为杰出的科学教育家，他们着力培养、大力提携青年人才，在弘扬科学精神、倡树科学理念方面书写了可歌可泣的光辉篇章。他们的学术成就和成长经历既是新中国科技发展的一个缩影，也是国家和社会的宝贵财富。通过采集工程为老科学家树碑立传，不仅对老科学家们的成就和贡献是一份肯定和安慰，也使我们多年的夙愿得偿！

鲁迅说过，"跨过那站着的前人"。过去的辉煌历史是老一辈科学家铸就的，新的历史篇章需要我们来谱写。衷心希望广大科技工作者能够通过"采集工程"的这套老科学家传记丛书和院士丛书等类似著作，深入具体地了解和学习老一辈科学家学术成长历程中的感人事迹和优秀品质；继承和弘扬老一辈科学家求真务实、勇于创新的科学精神，不畏艰险、勇攀高峰的探索精神，团结协作、淡泊名利的团队精神，报效祖国、服务社会的奉献精神，在推动科技发展和创新型国家建设的广阔道路上取得更辉煌的成绩。

总序三

中国工程院院长　周　济

由中国科协联合相关部门共同组织实施的老科学家学术成长资料采集工程，是一项经国务院批准开展的弘扬老一辈科技专家崇高精神、加强科学道德建设的重要工作，也是我国科技界的共同责任。中国工程院作为采集工程领导小组的成员单位，能够直接参与此项工作，深感责任重大、意义非凡。

在新的历史时期，科学技术作为第一生产力，已经日益成为经济社会发展的主要驱动力。科技工作者作为先进生产力的开拓者和先进文化的传播者，在推动科学技术进步和科技事业发展方面发挥着关键的决定的作用。

新中国成立以来，特别是改革开放30多年来，我们国家的工程科技取得了伟大的历史性成就，为祖国的现代化事业作出了巨大的历史性贡献。两弹一星、三峡工程、高速铁路、载人航天、杂交水稻、载人深潜、超级计算机……一项项重大工程为社会主义事业的蓬勃发展和祖国富强书写了浓墨重彩的篇章。

这些伟大的重大工程成就，凝聚和倾注了以钱学森、朱光亚、周光召、侯祥麟、袁隆平等为代表的一代又一代科技专家们的心血和智慧。他们克服重重困难，攻克无数技术难关，潜心开展科技研究，致力推动创新发展，为实现我国工程科技水平大幅提升和国家综合实力显著增强作出了杰出贡献。他们热爱祖国，忠于人民，自觉把个人事业融入到国家建设大局之中，为实现国家富强而不断奋斗；他们求真务实，勇于创新，用科技为中华民族的伟大复兴铸就了辉煌；他们治学严谨，鞠躬尽瘁，具有崇高的科学精神和科学道德，是我们后代学习的楷模。科学家们的一生是一本珍贵的教科书，他们坚定的理想信念和淡泊名利的崇高品格是中华民族自强不息精神的宝贵财富，永远值得后人铭记和敬仰。

通过实施采集工程，把反映老科学家学术成长经历的重要文字资料、实物资料和音像资料保存下来，把他们卓越的技术成就和可贵的精神品质记录下来，并编辑出版他们的学术传记，对于进一步宣传他们为我国科技发展和民族进步作出的不朽功勋，引导青年科技工作者学习继承他们的可贵精神和优秀品质，不断攀登世界科技高峰，推动在全社会弘扬科学精神，营造爱科学、讲科学、学科学、用科学的良好氛围，无疑有着十分重要的意义。

中国工程院是我国工程科技界的最高荣誉性、咨询性学术机构，集中了一大批成就卓著、德高望重的老科技专家。以各种形式把他们的学术成长经历留存下来，为后人提供启迪，为社会提供借鉴，为共和国的科技发展留下一份珍贵资料。这是我们的愿望和责任，也是科技界和全社会的共同期待。

周济

钟世镇

采集小组祝贺钟世镇八十八岁寿辰

（前左为古乐梅，右为钟世镇，后为张晓红）

采集小组采访钟世镇

序一

日前，"钟世镇学术成长资料采集小组"的研究人员联系我，说老友钟世镇院士有意邀请我为《我的配角人生——钟世镇学术自述》一书作序。稍后，世镇亲自打电话给我证实了此事。很快，我收到了书稿，通读了两遍，部分章节反复阅读。这是一部重点讲述钟世镇学术成长经历的作品，同时也记录了他人生中不同阶段的精彩片段。合上书稿，我不禁回忆起和他共同经历的岁月，往事历历在目。

我心目中的钟世镇，是一个铁骨铮铮、满腔热血、深明大义的青年。1944 年，是全面抗日战争生死存亡的第七个年头，他响应"一寸山河一寸血，十万青年十万军"的号召，怀抱"捐躯赴国难，视死忽如归"的凌云壮志，参加了青年军，受过严格的军事训练，准备奔赴杀敌前线。日本投降后，1946 年，他选择了医学救国的道路，考进中山大学医学院。从此，开始了我们六年的同窗生涯，结下了一生肝胆相照的友情。

中华人民共和国成立前，中山大学医学院有"欺新丁"的不良风气，低年级新丁在高班同学面前，只能规规矩矩，低声下气，否则，会被围攻打骂。有一次，我们班的几个同学被高班同学无理欺负，世镇获悉后，立即找了几个同学，赶到现场，有理有力地给予回击，对方自知理亏，认错赔礼道歉收场。消息传开，大长了低年级同学的志气，大灭了以强凌弱的歪风。从此，"欺新丁"的不良风气在中山大学医学院绝迹，新老同学互帮互助成风。

中山大学医学院是培养优秀医生的殿堂，关心政治的人少，两耳不闻天下事、一心专注读医书的人多。1947年5月31日，以中山大学为首，全市大中学生两千余人，发动了"反对内战，要求和平；反对饥饿，要求温饱；反对迫害，争取自由"的示威大游行。医学院只有我们班的黎永泉和刘文辉参加了游行队伍。途中，国民党组织特务暴徒对手无寸铁的学生进行围攻毒打，一百多人被打伤，二十多人伤重住进中山大学医学院附属医院和博济医院抢救和治疗，此事激起了全市人民的义愤，人们认清了国民党的反动本质。中山大学医学院的同学，在地下党和地下学联的启发和教育下，提高了觉悟，从此，组织了跨班级的学习小组，传阅过《大众哲学》《革命人生观》《虾球传》《钢铁是怎样炼成的》等书籍，同时组织了黄昏大合唱，吸引了越来越多的同学前来参加。开始时，二十多人，多时竟有一百多人。开始唱的是"团结就是力量""唱出一个春天""垦春泥""跌倒算什么""你是灯塔"，后来是"你这个坏东西""山那边哟好地方"等。我们班中的周福郎、钟世镇、梁敬恕、张秀俊、张迺键、方荫槐、张纫华、汤增新等，都成了积极分子。我们互相帮助，潜移默化，认清了社会主义的前景，决心推翻反动统治，建设新中国。

广州解放前夕，国民党曾出动大批军警、特务，驱车到中山大学石牌校园抓捕中大学生和教授，同时策划了破坏工厂、桥梁，搬迁学校等罪恶活动。地下党针锋相对，全市成立应变委员会，下设生产、生活、纠察等小组。中山大学医学院成立了护校应变委员会，钟世镇担任护校纠察队队长，夜间组织巡逻，保证了学院完整无缺地回到人民手中。广州解放时，我们积极发动群众，迎接解放军入城。在医学院庆祝游行的队伍中，钟世镇担任旗手，张秀俊领呼口号，留下了一张珍贵的照片。广州解放后，我们都先后参加了新民主主义青年团，世镇被选为我们班的团支部书记，发挥他的聪明才智，出色地完成了党交给的任务。

1986年5月，世镇已是全国解剖学的领军人物，全国显微外科学会议在河南郑州召开，会后世镇专程到焦作探望我。这是一个多么难得的机会，我从煤矿医学院借了上下肢的标本，请他给我院的医生介绍显微外科和整形外科的应用，对我院创伤外科有很大的促进。晚上，我们在招待所长谈竟夜，巴山夜雨，互诉衷肠。别离三十多年，太多知心的话要互相倾诉。从政治运动中个人的遭遇，到改革开放后国家与个人的转变。我们都曾是天涯沦落人，而随着国家的发展和强盛，个人也苦尽甘来。1982年，我们同年加入了中国共产党。世镇是第一军医大学解剖学教研室主任、教授，第六届全国人民代表大会代表，我也是焦作矿务局中央医院的副院长、主任医师……实现了我们离校时的共同夙愿。

过去，我的同学们，曾经在祖国各地和海外，践行治病救人的理想。而今，世镇仍奋斗在科研一线，我们其他同学，也都在以不同的方式服务社会，同时丰富我们的晚年生活。《我的配角人生——钟世镇学术自述》即将出版了，读过这本书，不仅让我对世镇的人生经历与学术成就有了更深入的了解，也勾起了我对我们共同人生经历的回忆。"那些逝去的，终将成为美好。"这是一部能引发我们这一代人情感共鸣的作品，而我则谨以此序，纪念我们深厚的友谊。

岑军辅

2017 年 12 月 26 日

序二

　　"少年不知愁滋味"！曾斗胆向中学老师问道："你们为何总是逼着我们要考上清华北大？你们自己没上清华北大，不是一样生活？一样成为好老师？"中学老师没有作答，注视着我良久，淡淡一笑。我至今一直没有忘记那个眼神。

　　让中学老师失望了！我没有考上清华北大，上了一所军校。1983年我成为第一军医大学军医系的学员。

　　许多人生选择并不由衷，甚至无可奈何。上医科院校、当医生并非我的初衷，但"既来之，则安之"。路还没走，轻言放弃，似乎不是青年人的个性。第一学期课程令人煎熬，高等数学、物理、化学……还有从基础开始的英语，几近摧毁我泰然处之的心态。直到人体解剖学开课，才闻到些许医学的清新气息。

　　人体解剖学第一课由教研室主任钟世镇教授主讲，这是医学生涯的第一课。当钟老师走上讲台时，全体学员整齐起立，不约而同地鼓起掌。掌声如此热烈、酣畅淋漓，一为致敬新当选为第六届全国人大代表的钟老师，二为表达放飞医学梦想的喜悦。

　　人类的历史、人体解剖学的历史、人体解剖学在中国的发展……钟老师如数家珍，娓娓道来。其目光熠熠，神采飞扬，无时无刻不流露出一个科学家对事业的倾情和热爱。钟老师说道，"中国人人体体质学调查工作已由第一代人体解剖学者（他的老师们）带领我们完成了，主要贡献是证明了中国人与世界上所谓'优等族群'没有体质上差异，我们没少一个脑沟回，我们不是劣等民族！"这时我才明白，医学除了治病救人之外，还有如此伟大意义。假如没有这些研究，谈何"聪明、智慧的中华民族"？！哪有今天我们"屹立于世界民族之林"的底气！话锋一转，钟老师又说道，"这没有什么值得沾沾自喜的，科学研究'无穷尽也'。现在的问题是我们要往哪里去？这是我们这一代解剖学者要带领学生们思考的问题、要走的路！"

其实，此时钟老师已经开辟了现代临床解剖学的新路，在显微修复外科的皮瓣、骨瓣、肌皮瓣研究等方面成果丰硕，可谓事业如日中天、名气如雷贯耳。作为初学者，我并不真正了解钟老师的学术建树，但是被出自钟老师及其团队之手的一件件人体解剖标本所吸引。"化腐朽为神奇"，那千姿百态、栩栩如生、鬼斧神工、惟妙惟肖的标本，俨然是精美绝伦的艺术品。我没有感受到来自尸体的惊悚和恐惧，而是惊叹于这些人体结构之美，让人油然而生去呵护它的感觉。"随风潜入夜，润物细无声"。可以说，是这些解剖标本为我打开了医学的一扇窗，让我有兴趣去窥探医学的奥秘和神奇。今天，我仍不时走进南方医科大学人体科学馆，如痴地欣赏这些艺术品，依然有新奇的感觉。

大学毕业后，我被分配到云南大山深处的火箭军（原第二炮兵）导弹旅卫生队任军医。为解决夫妻团聚问题，不得不选择考研这条路。报考时，一看内科考试科目，便觉晕头转向，而外科基础课程是人体解剖学，大学时底子还在，所以就选择骨外科专业。作为1992级硕士研究生，第一节课也是由钟老师讲授，题目是科研选题。钟老师学术观点非常鲜明：基础研究要为临床服务，选题应该来自临床；只要临床有需要的，就是我们研究的方向。那时候钟老师又开辟了一个新颖研究领域——医用生物力学，我的硕士课题也是在钟老师的实验室完成的。

硕士毕业后被分回云南火箭军部队，1996年考博再入第一军医大学。由于临床骨外科等专业非博士授予点，钟老师适时创新性地提出"人体解剖学跨学科培养外科学博士"教育模式。获益于此，我名正言顺地成为钟老师的博士研究生。

作为入室弟子，我在钟老师身边工作、学习、生活三年时间，耳濡目染，获益良多。钟老师身教多于言传，他亲自在尸体标本上操作演示、讲授临床解剖学要点，但较少与我们一起谈心聊天。讲台上钟老师引经据典，口若悬河，侃侃而谈，讲教学、讲科研、讲管理、讲人生……不时引用一些古诗词，妙趣横生、富有哲理、耐人寻味。平日里钟老师并不健谈，多听少言，很少长篇说教，有时甚至惜字如金。"讷于言而敏于行"，大学问家一般都如此。

钟老师是一位和善、睿智的长者，告诫我们道：要成为适应型人才，这个国家、这个社会、这个时代、这个环境需要什么样人才，就要成为什么样人才，要"顺势而为"，而不要"两耳不闻窗外事，一心只读圣贤书"。2016 年，在为我援非散文集《阿克拉的阳光》所作的序言中，钟老师亦写道：

> 与众弟子交谈时，我常提到一个观点，就是要成为适应型的人才。这个世界并非为哪个人量身定制的，也没有什么"天造地设"。"人生之路，有坦途也有陡坡，有平川也有险滩，有直路也有弯道"，"道路不可能一帆风顺，蓝图不可能一蹴而就，梦想不可能一夜成真"（习近平）。每个人都要经受得起顺境和逆境的考验，既有"望尽天涯路"的胸怀和追求，又有"量力而行，尽力而为"的勇气和行动。

博士毕业后留校，在大学附属医院从事脊柱外科工作。遇有解不开的心结时，就信马由缰地来到钟老师办公室，汇报一下思想，静静聆听一会儿老师的点拨和教诲，便"如坐春风之中，仰沾时雨之化"，内心多一分宁静，思想多一分启悟，乃不至于迷失前行方向。

"近水楼台先得月"。利用解剖学教研室的平台，我先后主持了几期国家级继续医学项目"脊柱内固定术的临床解剖"学习班，萌发了主编一部有关专著的设想。师从临床解剖学大师，我想能给老师一点慰藉的，就是把老师的事业在本职岗位上发扬光大。在钟老师的鼓励下，经过近两年时间潜心写作，2011 年 10 月共一百四十八万字的《脊柱内固定学》全部完稿，交付科学出版社出版。付梓之时，钟老师欣然作序：

> "碧海无波，瑶台有路"。这部《脊柱内固定学》专著描绘了科学技术传承与创新的关系，陈述了在批判中传承、传承中创新、创新中发展、发展中超越的历史。
>
> ……"今年花胜去年红，可惜明年花更好，知与谁同？"愿创新之花常开，徜徉创新的海洋，激发创新的欲望，迎接更美的明天。

这已不是常规意义的序言，而是钟老师阐述自己的科学史观。创新是钟老师学术思想的核心，是对弟子耳提面命、谆谆教诲的主题。钟老师自谦属于"配角人生"，他以自己人生追求诠释"惟创新者进、惟创新者强、惟创新者胜"的真谛，让人高山仰止。

2012 年为我援非散文集《心儿向远方》作序时，钟老师说道：

> 子云："贫而乐道。"无论"问道"或是"求道"，前提出于"贫"；倒不是说要"饿着肚子"，而是要"耐住寂寞"……"由俭入奢易，由奢入俭难"，从繁华广州到寂寥非洲，不仅需要付出，更需要"耐住寂寞"。

在援非散文集《阿克拉的阳光》序言中，钟老师更是语重心长地教导：

> 三国维在《人间词话》写道，"古今之成大事业、大学问者，必经过三种之境界"。习近平总书记在文艺工作座谈会上讲话，引用其意，深刻指出：文艺工作者要志存高远，就要有"望尽天涯路"的追求，耐得住"昨夜西风凋碧树"的清冷和"独上高楼"的寂寞，即便是"衣带渐宽"也"终不悔"，即便是"人憔悴"也心甘情愿，最后达到"众里寻他千百度，蓦然回首，那人却在，灯火阑珊处"的领悟。其

实，不仅文艺工作者要如此，科技工作者也应如此，任何人要做成任何事情可能都要如此。

人生智慧，跃然纸上。师者，所以传道授业解惑也。解惑、授业之师多矣，传道之师难得。传道，必赋予弟子以精神智慧，那是人生无尽的力量。"不畏浮云遮望眼"，惟站在精神高岗上，方能俯仰天地之间。

而今我亦为师者。我终于明白那时候中学老师注视我的眼神，仿佛在告诉我："知我者谓我心忧，不知我者谓我何求。悠悠苍天，此何人哉！"

记得赵朴老有一首自勉小诗道："一息尚存日，何敢怠微躬，众生恩不尽，世世报无穷。"今天，看到钟老师依然神采奕奕、精神矍铄地忙碌在科研教学一线，我辈岂能陶醉于"采菊东篱下，悠然见南山？！"

谨为序。

瞿东滨

2018 年 3 月 31 日

序三

　　为恩师的传记著作作序，我内心忐忑不安，很长一段时间以来，几次起笔又几次放下。我只是他培养过的百来位博士研究生弟子之一，委于我如此重任，让我惶恐之余，又激动不已。恩师的人生如一座伟岸的高山，让我钦佩、景仰、感动。

　　心胸坦荡。恩师常说自己是双料运动员：政治运动员加体育运动员。他年少时热爱体育运动，体格健壮。在抗日战争时期，从戎卫国，在国民党管辖区参加青年军。这一段个人历史在阶级斗争为纲的年代里，接连遭遇历次政治运动和"文化大革命"的冲击、经历过牛棚关押的磨炼，使天性豁达的恩师，有如孙悟空经历了太上老君的炼丹炉，越发坚强和坦荡。恩师一直乐观地对待生活和工作，他已是九十三岁高龄，仍有清晰思维、风趣语言、诙谐幽默、坦荡胸怀。

　　与时俱进。恩师领悟到临床外科与解剖学基础密不可分的关系，选择了一条以解决外科发展需要为主的解剖学研究新路，对外科学发展起到了推动作用。作为中国现代临床解剖学的奠基人，恩师在组建学术组织、培养学术队伍、创办学术园地、出版学术专著等方面，进行了大量的开拓性工作：长期担任中国解剖学会人体解剖学专业委员会主任委员，创建了临床解剖学研究所。他创办主编的《中国临床解剖学杂志》，充分发挥学术刊物的政策导向作用，引导临床解剖学沿着正确的方向发展。在人体解剖学这个古老学科，被某些人嘲讽为"枯藤老树昏鸦，古道西风瘦马"，有似夕阳西下的状况下，恩师带领学术团队，排除万难、独辟蹊径，让人体解剖学科，焕发出新鲜活跃的生命力。恩师在古老学科发展面临"青山缭绕疑无路"的疑惑时，巧绘出"忽见千帆隐映来"的宏图，率领我们走进了"柳暗花明又一村"的新境地。

1963年，我国首先报道断肢再植成功，掀起了显微外科发展高潮。恩师与陈中伟院士、朱家恺教授等组成的基础与临床相结合的学术团队，在显微外科应用解剖学领域，做出了举世瞩目的系列研究成果：在皮瓣血供的解剖学类型、组织瓣新供区的发掘和显微外科新术式的设计上，建立了系统的基础理论，使中国显微外科跻身于国际先进行列。恩师率领的科研团队著作丰硕：1984年《显微外科解剖学》出版，其英文版于次年在英国出版，是国际上第一部显微外科解剖学专著；1991年英文版 *Clinical Microsurgical Anatomy*（《临床显微外科解剖学》）又在香港出版，确保了中国显微外科解剖学研究在世界上的领先地位。恩师编著有《现代临床解剖学丛书》《钟世镇临床解剖学图谱全集》《钟世镇现代临床解剖学全集》等丛书和专著，达四十余卷册。这些大型丛书的出版，为中国临床解剖学奠定了较系统完整的理论体系，在中国近现代解剖学发展历程中，具有里程碑的意义。

在二十世纪八十年代后期，恩师在理工医相结合的交叉地带，开拓了临床解剖生物力学研究新领域，先后建立了全军和广东省的医学生物力学重点实验室，为战创伤救治、训练伤防治、临床骨科和航天医学等提供了设备精良的技术研究平台。这个技术平台曾为神舟六号航天员座舱的设计提供过实验参数，针对航天员座舱非正常着陆的情况，进行假人和尸体等跌落性实验，通过仿真非正常着陆实验研究，对人体易损伤部位和器官取得精确的实验参数。这些实验参数被国家航天医学研究所采用，为改进神舟六号航天员座舱缓冲装置，提供了相关的实验依据。

二十世纪初，组织工程迅猛发展，为更好地解决骨、软骨及其他组织的缺损修复，恩师抓住好时机，在2001年组建了全军的组织构建与检测重点实验室（2005 年改制为广东省组织构建与检测重点实验室），同时也建立了广东省创伤救治科研中心，组成了一支覆盖多学科，以开展创伤救治基础与临床应用相结合的科研团队，成员单位覆盖整个珠三角地区。

二十一世纪初，信息技术的发展给医学发展带来新的机会。恩师率先关注到计算机信息技术与医学的结合，倡导开创数字人和数字医学的研究。在他的倡议下，2001 年 11 月，"香山科学会议"第一百七十四次会议召开，主题为"中国数字化虚拟人体的科技问题"，恩师任该次会议三位执行主席之一，会后，"数字化虚拟人体若干关键技术"和"数字化虚拟中国人的数据集构建与海量数据库"项目先后被列入国家"863"计划。2003年年初，恩师带领的团队完成虚拟人"女一号"标本切削和数据采集工作，中国继美国、韩国之后，成为世界上第三个拥有本国数字人数据集的国家。作为数字人和数字医学的倡导者，在相关的学术组织建立以前，恩师先后担任"中国数字人研究联络组"和"中国数字医学联络组"的组长。他促成了中华医学会数字医学分会和国际数字医学会的建立，并担任中华医学会数字医学分会终身名誉会长和国际数字医学会创建人和名誉会长，使数字人基础理论研究成功过渡到效益卓著的临床应用研究。

近年，随着第三次工业革命的核心技术三维打印技术问世，恩师具有先进的远见，预见到该技术在医学中将带来的重大革新。恩师带领的团队建立了多项医学应用平台：外科术前设计三维模型平台；骨科进钉精准导航平台；三维打印植入物平台；三维打印材料研究平台；外科数字化教学与培训大数据平台；生物活性组织器官三维打印平台。2017 年，恩师创建了中国医药生物技术协会医学三维打印分会并担任首席顾问。

硕果累累。 1979 年起，恩师开始担任第一军医大学（现南方医科大学）解剖学教研室主任职务，在学科建设与人才培养方面做出大量优越的工作。他发展了人体管道铸型标本制作技术，带领出一支优秀的技术学队伍，建成了国际先进水平的南方医科大学人体科学馆。先后建立了临床解剖学研究所、广东省医学生物力学重点实验室、广东省组织构建与检测重点实验室、广东省创伤救治中心、微创外科解剖学研究所、数字人和数字医学研究所等研究机构，带出了一支优秀的科研队伍。2002 年，第一军医大学的人体解剖与组织胚胎学科成为国家级重点学科。恩师曾获得国家科技进步奖二等奖、国家优秀图书奖二等奖、原国家教委科技进步奖一等奖、军队医疗成果奖一等奖、军队科技进步奖二等奖等多种科研奖励；先后记三等功七次；曾获总后勤部先进个人标兵、全军科技先进个人、全国优秀教师、全国高等学校先进科技工作者、总后勤部"科学技术一代名师"等荣誉称号；1996 年获"何梁何利基金"科技进步奖、1998 年获首届"柯麟医学奖"、2008 年获广东省科学技术突出贡献奖、2010 年获得中国显微外科终身成就奖、2013 年获"叶剑英奖"。正是这种坚定的追求和不懈的努力，使恩师取得的成绩硕果累累，令后人高山仰止。

愿为人梯。恩师开创了"人体解剖学跨学科培养外科学博士新模式"，培养博士生一百多名。他的门生中，多数在临床外科中做出了优异的业绩。前一阶段，在解放军的高级附属医院中，第四军医大学西京医院骨科医院院长裴国献、昆明军区总医院骨科医院院长徐永清、广州军区总医院骨科医院院长尹庆水和夏虹，都是他培养过的博士研究生。恩师培养过的弟子中，还有国家级有突出贡献中青年专家、全国百千万人才工程首批人员、中国青年科技奖获得者、全国医学中青年科技之星、广东省丁颖科技奖获得者、广州市杰出青年、南粤优秀研究生等。博大的奉献精神，使九十多岁的老人还坚定地站在讲台上，愿为人梯，继续传道、授业、解惑。

甘当配角。这几天一直在整理恩师有关的资料，隐隐之中真正体会到恩师关于配角人生的深刻含义。恩师曾获得六个国家科技进步奖二等奖，但是，只有一个是以他为第一作者的，其他的都是"配角"。当了十年助教，十六年讲师，五十四岁被评为副教授，六十岁才晋升为教授，七十二岁时当选为中国工程院院士。恩师说："现代的高科技，仅依靠个人努力，就能取得重大成果越来越难，更多地需要跨专业、多学科协作奋斗。多兵种、大兵团作战，总要有人甘当配角。因此在与其他单位共同搞协作科研时，不要作名利之争，与我们合作的人会越来越多、越真诚，出成果的速度就越快。"恩师还常说："肯替别人想是第一等学问"。在近六十年的教学科研工作中，恩师与国内外很多单位合作过，但是在报奖、发表论文署名等方面，他从来都是主动谦让。恩师牵头的"国家数字化虚拟人'863'

计划"，项目由解放军第一军医大学（南方医科大学前身）、中国科学院计算所、首都医科大学和华中科技大学等共同承担。在为期多年的研究过程中发表了许多重要论文，但每次他都主动要求把名字署在后面，把机会留给年轻人。谦虚的秉性，清贫的坚守，敢于创新，甘于奉献，才使得恩师能够把配角人生书写得轰轰烈烈，才能够把光辉的形象深深辉映在每个学生的心目中。

师恩浩荡，永生难忘。恩师不但教给了知识，还教给了很多做人的道理。我将秉承恩师的信念，继续扮演好配角，成就学生和学科的发展。如今我自己的研究生已毕业了好几批，他们大都成了骨科和外科的主力，解剖教研室也已经发展成了国家重点学科。自己倍感欣慰，深深地觉得当好这个配角能成就很多人，我们自己的价值也就能从中得到体现。

黄文华

2018 年 3 月

目 录

老科学家学术成长资料采集工程简介

总序一··韩启德

总序二··白春礼

总序三··周 济

序 一··岑军辅

序 二··瞿东滨

序 三··黄文华

导 言··1

第一章	故乡的青山绿水	8

冰坎故里 8

早期求学经历 16

第二章	读书与救国	22

读书不忘救国 22

投身抗战 32

第三章	我的大学时代	42

校园生活 42

从校园到社会 51

第四章	风雨里的艳阳天	71

初为人师 71

迁校重庆 78

中国人体质调查 88

第五章	改革开放前后的两片天空	98

"牛棚"是所好学校 98

"推磨"调防 113

铸型标本改良 115

开门办学，广阔天地 120

重返讲台 123

人生新起点：第一军医大学 126

播种与收成 131

第六章｜临床解剖学 ·················· 144

　　启航 ·································· 144

　　显微外科解剖学 ···················· 146

　　学术园地 ···························· 155

　　学术基石 ···························· 163

　　人才培养 ···························· 167

　　配角的舞台 ·························· 183

第七章｜抬头看路　低头走路 ·········· 191

　　发现方向　构建平台 ················ 191

　　数字人与数字医学 ·················· 200

第八章｜配角人生不染尘 ·············· 217

　　学术交往 ···························· 217

　　领路人 ······························ 228

　　一片冰心在玉壶 ···················· 232

附录一　钟世镇年表 ·················· 240

附录二　钟世镇主要论著目录 ·········· 281

参考文献 ···························· 297

后　记 ······························ 301

图片目录

图 1-1 钟家祖屋福庆楼全景 ……………………………………… 9

图 1-2 钟世镇出生地 ……………………………………………… 9

图 1-3 父亲钟岐 …………………………………………………… 10

图 1-4 母亲李芷 …………………………………………………… 11

图 1-5 钟世镇与钟世磐兄弟两家合影 …………………………… 13

图 1-6 钟世镇重访故居 …………………………………………… 15

图 1-7 钟世镇与夫人古乐梅重访五华乐育初级中学 …………… 20

图 2-1 梅州院士广场的钟世镇雕像 ……………………………… 23

图 2-2 梅县乐育中学旧貌 ………………………………………… 24

图 2-3 德济医院旧貌 ……………………………………………… 25

图 2-4 心光女校旧貌 ……………………………………………… 25

图 2-5 钟世镇与古乐梅重访梅州乐育中学 ……………………… 31

图 2-6 青年军臂章 ………………………………………………… 41

图 3-1 钟世镇学籍表 ……………………………………………… 43

图 3-2 原中山大学医学院医院大楼 ……………………………… 43

图 3-3 梁伯强夫人与梁伯强的四位院士弟子合影 ……………… 47

图 3-4 当年的篮球五虎将合影 …………………………………… 50

图 3-5 钟世镇担任中山大学医学院欢庆广州解放游行队伍的旗手 …… 58

图 3-6 中山大学医学院 1952 届毕业生与柯麟塑像合影 ……… 61

图 3-7 中山大学医学院 1952 届毕业生毕业六十周年合影 …… 62

图 3-8 叶鹿鸣 ……………………………………………………… 65

图 3-9 参加恩师叶鹿鸣主持的博士论文答辩会 ………………… 66

图 3-10 钟世镇与古乐梅大学时代合影 …………………………… 68

图 3-11 结婚照 …………………………………………………… 69

图 4-1 中国解剖学会南昌分会成立纪念 ………………………… 74

图 4-2　一家三口合影留念 ···79

图 4-3　农场劳动留念 ··84

图 4-4　钟世镇与女儿合影 ···85

图 4-5　钟世镇一家四口合影 ···87

图 4-6　何光篪与当年研究组成员 ···93

图 5-1　家人合影 ··100

图 5-2　钟世镇在武汉长江大桥留影 ·····································120

图 5-3　参加全国人民代表大会 ···133

图 5-4　解剖学教研室全体人员合影纪念最后的军装 ···············134

图 5-5　解剖学教研室创业者合影 ·······································135

图 5-6　技术人员探讨铸型标本的制作 ··································141

图 5-7　与第一届中国国际解剖学术大会与会代表合影 ·············141

图 5-8　原来的人体标本陈列馆 ···142

图 5-9　现南方医科大学人体博物馆局部 ·······························142

图 6-1　参加中法第三届显微外科大会 ··································148

图 6-2　钟世镇与 *SRA* 期刊主编 Chevrel 签订双边协议书 ·········159

图 6-3　钟世镇、王国英、殷玉芹 ···178

图 7-1　MTS 多功能实验室 ··193

图 7-2　钟世镇与三维打印骨盆模型 ·····································194

图 7-3　第一百七十四次香山科学会议现场，
　　　　左起为罗述谦、钟世镇、李华 ··································202

图 7-4　数字人项目组访问韩国 ···204

图 7-5　第一军医大学数字人切削专用铣床 ····························207

图 7-6　钟世镇在第二百零八次香山科学会议上做报告 ·············210

图 7-7　参观航天员训练站 ···215

图 8-1　钟世镇与陈中伟在海南讲学时的合影 ·························218

图 8-2　赴日讲学留影 ··225

图 8-3　钟世镇、魏福全在第三届海峡两岸手功能重建高峰论坛上 ·227

图 8-4　大庸会后留影 ··229

图 8-5　第一军医大学举行钟世镇教授荣获中国工程院院士称号
　　　　庆祝大会 ···233

图 8-6　四位获奖专家合影 ···237

导　言

传　主　简　介

　　钟世镇，广东五华人，人体解剖学家，中国现代临床解剖学奠基人，中国数字人和数字医学研究倡导者。1997年当选为中国工程院院士。

　　1946年入读国立中山大学医学院，1951年进入临床实习阶段时，被分配到解剖学教研室担任实习助教，从此与解剖学结下了不解之缘。求学时与工作后，先后师从王仲侨、叶鹿鸣与何光篪等著名解剖学家，养成了良好的理论基础、科研能力和学术作风。中华人民共和国成立初期，钟世镇参与到中国解剖学界亟待完成的第一项历史任务——"中国人体质调查"工作中，在二十世纪五六十年代，发表了二十六篇相关论文，成为当时解剖学界有良好学术影响的青年学者之一，为中国人的体质资料积累与整理做出了突出贡献。

　　二十世纪七十年代末期，"文化大革命"结束后，中国解剖学界重新起步，学者们共同探讨"人体解剖学科研往何处去"的方向性问题。随着科学技术的进步、研究方法的更新，由于人体解剖学这一古老的形态科学相关的研究内容与手段滞后于科学的发展，被称为"夕阳学科"，大部分解剖学者选择有较大创新空间的神经解剖学作为研究方向，而钟世镇鉴于

"文化大革命"期间，曾在基层医院目睹临床外科医生因不熟悉解剖学，造成医疗失误，为病人带来痛苦的亲身体会，选择了一条以解决临床医学发展需要为主的解剖学发展新路。以二十世纪八十年代显微外科的迅速发展为契机，他带领他的科研团队在显微外科应用解剖学领域做出了一系列的研究成果，在皮瓣血供的解剖学类型、组织瓣新供区的发掘和显微外科新术式的设计上，建立了规律性的理论基础。为中国显微外科长期跻身于国际先进学术行列，提供了基础理论依据。

作为中国现代临床解剖学的奠基人，钟世镇在组建学术组织、培养学术队伍、创办学术园地、出版学术专著等方面，进行了大量的开拓性工作。钟世镇长期担任中国解剖学会人体解剖学专业委员会主任委员，在他与何光篪等解剖学前辈学者的领导下，人体解剖学专业委员会先后在安徽屯溪和湖南大庸举办了两次科研方向与方法研究会，形成了二十世纪八十年代临床解剖学和显微外科解剖学大发展的局面。1988年，中国解剖学会人体解剖专业委员会成立临床解剖学学组；2006年，临床解剖学学组发展为中国解剖学会临床解剖学分会，标志着临床解剖学成为解剖学的重要分支学科。钟世镇创办主编了《中国临床解剖学杂志》，作为临床解剖学的学术阵地，并充分发挥学术刊物的政策导向作用，引导临床解剖学沿着正确的方向发展。1984年，钟世镇的《显微外科解剖学》出版，其英文版次年在英国出版，是国际上第一部显微外科解剖学专著；1991年英文版专著*Clinical Microsurgical Anatomy*（《临床显微外科解剖学》）又在香港出版，进一步确定了中国显微外科解剖学研究在世界上的领先地位。钟世镇编著有《现代临床解剖学丛书》《钟世镇临床解剖学图谱全集》《钟世镇现代临床解剖学全集》等著作十余种达四十余卷册。这些大型丛书的出版，为中国临床解剖学奠定了较系统完整的理论体系，在中国近现代解剖学发展历程中具有里程碑的意义。

二十世纪八十年代后期，钟世镇在工医相结合的交叉地带，开拓了临床解剖生物力学研究新领域，建立了全军和广东省的医学生物力学重点实验室，为战创伤救治、训练伤防治、临床骨科和航天医学等部门，提供了设备精良技术研究平台。这个技术平台曾为神舟六号航天员座舱的设计提供过实验参数，针对航天员座舱非正常着陆的情况，进行假人和尸体等跌落性实验。通过仿真非正常着陆实验研究，对人体易损伤部位和器官取得精确的实验参数。这些实验参数，被航天医学研究所采用为改进神舟六号航天员座舱缓冲装置的相关依据。2001年，依托医学生物力学重点实验室、组织构建与检测重点实验室、临床解剖学研究所等技术平台，钟世镇建立了广东省创伤救治科研中心，组成了一支覆盖多学科，以开展创伤救治基础与临床应用相结合的科研团队，成员单位覆盖整个珠三角地区。

在科学工作上，钟世镇始终保持着开拓进取的创新精神。二十一世纪初，他率先关注到数字人的研究，在他的倡议下，2001年11月，"香山科学会议"第一百七十四次会议召开，主题为"中国数字化虚拟人体的科技问题"，钟世镇任该次会议三位执行主席之一，会后，"数字化虚拟人体若干关键技术"和"数字化虚拟中国人的数据集构建与海量数据库"项目先后被列入国家"863"计划。2003年年初，钟世镇团队完成虚拟人"女一号"标本切削和数据采集工作，中国继美国、韩国之后，成为世界上第三个拥有本国数字人数据集的国家。作为数字人和数字医学的倡导者，钟世镇先后担任"中国数字人研究联络组"和"中国数字医学联络组"的组长，并促成了中华医学会数字医学分会的成立，使数字人从理论研究成功过渡到应用研究。

1979年起，钟世镇开始担任第一军医大学（现南方医科大学）解剖学教研室主任职务，在学科建设与人才培养方面做出大量工作。他发展了铸型标本制作技术，在人体管道铸型方法和设计研究上，带领出一支优秀的技术队伍，建成了处于国际先进水平的南方医科大学人体博物馆。先后建立了临床解剖学研究所、广东省医学生物力学重点实验室、广东省组织构建与检测重点实验室、广东省创伤救治中心、微创外科解剖学研究所、数字人和数字医学研究所等研究机构，带出了一支优秀的科研队伍。2002年，第一军医大学的人体解剖与组织胚胎学科成为国家级重点学科。在人才培养方面，钟世镇开创了"人体解剖学跨学科培养外科学博士新模式"，培养博士一百多名，门生中有国家级有突出贡献中青年专家一名，国家百千万人才工程首批人员一名，中国青年科技奖获得者两名，全国医学中青年科技之星三名，广东省丁颖科技奖获得者一名，广州市杰出青年一名，南粤优秀研究生七名。

钟世镇曾获得国家科技进步奖二等奖、国家优秀图书奖二等奖、原国家教委科技进步奖一等奖、军队医疗成果奖一等奖、军队科技进步奖二等奖等多种科研奖励；先后记三等功七次；曾获总后勤部先进个人标兵、全军科技先进个人、全国优秀教师、全国高等学校先进科技工作者、总后勤部"科学技术一代名师"等荣誉称号；1996年获"何梁何利基金"科技进步奖，1998年获首届"柯麟医学奖"，2008年获广东省科学技术突出贡献奖，2010年获得中国显微外科终身成就奖。

采集过程和重要采集成果

2012年2月，"钟世镇学术成长资料采集"筹备立项，采集小组由九人组成，学科涵盖科学史、医学、计算机科学与文献学，钟世镇院士弟子、院士秘书李忠华高级实验师加入采集小组，为采集工作的顺利进行提供了保证。

2012年2月，采集小组第一次拜访钟世镇院士，向钟院士汇报采集工作目的、意义及工作思路，钟院士签名同意采集工作进行。

根据采集工程的要求，采集小组从实物采集与口述采访两个方向开展工作。口述访谈方面，2012年9月至2013年7月，先后对钟院士进行了九次访谈，全部根据采集工程要求，由广东省电视台专业团队进行高清摄像与录音。对钟院士的讲座进行一次跟踪摄像；参加了钟院士八十八周岁生日庆典，进行了录音。直接访谈形成了约十八万余字的口述资料，全部经钟院士审阅和修改，并获得约1028分钟的音频与视频资料。间接访谈方面，先后采访了钟院士夫人古乐梅教授、女儿钟玲高级实验师，钟世镇院士弟子徐达传教授、欧阳钧教授、唐雷工程师，获得了372分钟的音频资料、321分钟的视频资料，访谈整理稿均经采访对象本人修改与确认。2013年7月22日，采集小组参加了钟院士的大学同学聚会，就钟院士求学期间的情况进行了采访。

资料采集方面，在以下几个方面有所收获。

（1）著作类：重要的学术专著通过购买的方式获得原件，共获得专著二十八部。钟院士曾将二十世纪五十至八十年代期间发表的，共 159 篇学术论文的清样与抽印本装订成册，钟院士本人仅存一件，已捐赠给馆藏基地；钟院士弟子徐达传教授向馆藏基地捐赠了钟院士创办的《临床应用解剖学杂志》创刊号及《临床解剖学杂志》1987 年第四期（更改刊名后的第一期）。

（2）档案类：采集小组从南方医科大学人事处档案科抄录了钟院士人事档案全宗，从校办档案科复制了与钟院士相关的部分文书档案，其中较为珍贵的是总后勤部关于钟世镇教授当选院士的通知及贺电。从广州市白云区军队离休退休干部第二休养所抄录了古乐梅教授人事档案全宗。在钟院士初中母校广东省五华县华西中学获得了钟院士在校期间的成绩册和座位表。在广东省档案馆复制了钟院士就读国立中山大学医学院时的二十八份相关档案，其中有钟院士学籍表、就读中山大学医学院期间各学期课程表，以及《教育部关于检送分发中山大学复学及转学的青年军学生名册一事的代电》一份，为钟院士早期求学生活提供了佐证。

（3）照片类：均为电子照片，共 166 件。其中有 1949 年钟院士刚由青年军复员，回到广州与古乐梅相会时的合影；摄于 1951 年的结婚照；1986 年参加第六届全国人民代表大会时，于人民大会堂的留影；1991 年，参加大庸会议期间，与导师何光篪教授和最密切的科研合作者刘正津教授的合影；2010 年获得显微外科终身成就奖时，与于仲嘉教授、朱家恺教授、张涤生院士的合影。

（4）证书类：以数字化的方式获得复制件共八十三件。包括 1980 年所获三等功证书；1985 年，《显微外科应用解剖学研究》获得国家科学技术进步奖二等奖证书；第六届全国人民代表大会代表视察证等。

此外，钟院士向馆藏基地捐赠了一件珍贵的心与肺的铸型标本。钟院士使用电脑及网络较早，在手稿、信件这两类实物方面收获较小。为尽量保证采集的全面性，在钟院士的支持下，采集小组向钟院士弟子发出了"钟世镇院士学术成长资料征集函"，得到了广泛的支持。孔吉明教授、瞿东滨教授、徐永清教授、吴立军教授、周长满教授等予以回复，并撰写了回忆师生之情的文章。其中特别要感谢钟院士弟子周长满教授，将钟院士在二十世纪八九十年代写给他的二十四封信扫描后提供给采集小组；徐永清教授提供了钟院士 2009 年题写的"贺成都军区昆明总医院成立六十周年"题词，以及 1995 年写给他的一封信，填补了采集小组在信件及手稿方面的空白。

研 究 思 路

"老科学家学术成长资料采集工程"的一个重要目的，是通过对老科学家学术成长经历的系统梳理，总结老科学家学术成长的重要特点及其关键性影响因素。一些拥有人生智慧的老科学家，特别善于总结人生，善于内省反思，善于分析批判，他们对自己学术成长经历的认识与总结，无疑是最准确的，也是他人视角所不能替代的，钟院士正是这样一位科学家。

访谈过程中，钟院士对他的家庭背景、求学经过、师承关系、工作经历、科研历程，以及对他学术成就产生深刻影响的工作环境、学术交往进行了系统而详细的回顾，他以个人视角对人生经历的叙述，既反映历史原貌，也是个人感受的鲜明表达，是采集工作最重要的收获。

为充分利用访谈所获得的口述资料，更好地重现钟院士的学术成长经历，采集小组决定采用第一人称的写作方法完成最终的学术传记。同时辅以采集所获其他资料，对于口述材料中未涉及的历史细节进行补充与考证。根据采集工程的要求，客观反映钟院士的学术成长经历，勾勒钟院士学术成就产生、形成和发展的过程，并突出钟院士学术成长的特点。

通过对钟院士口述资料的系统梳理，采集小组完成了本传记。从家庭背景、求学经历、师承关系、工作经历、科研环境、学术成就等方面，勾勒出钟院士的学术成长轨迹。全文共八章，以时间为主线，以学术成长的重要节点划分章节。自述文字主要源于本次采集过程中对钟院士的访谈；部分补充自间接访谈、档案、媒体采访报道、钟院士人文类及综述、述评作品；科研部分涉及比较复杂的问题，而钟院士本人口述较简略时，均对比钟院士发表的相关学术论文进行了补充或修正。综上所述，自述文字来源于三个方面，并非完全由钟院士访谈记录整理而成，但均经钟院士认可。成稿后，钟院士曾进行两次全面的修改，除订正部分事实讹误外，还对遣词用句进行了修改。

本书以"配角人生"为题，是因为钟院士多次强调：在解剖学这个古老的学科，我能做出一些成绩，得到了社会的认可，归根结底，是因为我为治病救人的外科医生当好了一名配角。钟院士自二十世纪七十年代末中国大体解剖学思考"往何处去"之际，选择了临床解剖学方向以来，一直坚持服务临床的理念，根据临床所需为治疗手段的创新提供形态学依据，做好临床医生的配角。而这正是他在事业上取得成功的关键因素，甘当配角，使钟院士与临床的科研合作更加和谐，从而帮助他形成了需求牵引的研究模式，使临床需要成为解剖学无尽的创新源泉。同时，甘当配角也反映了钟院士淡泊个人名利、不计一时得失的高风亮节，钟院士经常告诫年轻人："肯替别人着想，是第一等学问""配角和主角是可以互相转化的""要做好大领域的配角，本行业的状元"。可以说"配角人生"是钟院士人生智慧的最大结晶，是他科研理念的精髓所在，也是他高洁品格的最好体现。因此，尽管已有多个钟院士的报道和相关作品以"配角人生"为题，还是不避重复，选择了这个题目。

在一些没有公开发表的人文作品中，钟院士对自己的成长经历有过深入的分析与论述，例如在"读《牛棚杂忆》有感"中，他谈到社会环境对个人成长的影响；在"当学科带头人点滴体会"中，他从个人经历出发，提出了做一名优秀学科带头人的精辟见解；在"做一名能适应社会发展的研究生"口，他归纳自己的人生经验，为研究生提出了直面挫折、岗位成才、创新意识和诚信待人等有助于学业、事业成功的重要理念。从这些充满智慧的文字中，可以读到钟院士的人生感悟，也似乎可以看到他是何以成为今天的钟世镇的。此外，他在学术创新、科研管理、人才培养等方面的真知灼见，无疑对今后的科学事业有极其重要的参考价值。因此，将钟院士的部分人文作品加以收集，收入本书相应章节。

第一章
故乡的青山绿水

冰坎故里

家世渊源

  我是客家人——过去叫客家人，现在叫外来户。我在中山大学医学院读书时，校内有五华县客家人的同乡会，叫作中原同乡会，因为我们客家人都是从中原迁徙而来。对于家族南迁到广东的历史，我并不太了解，只知道祖上是自河南颍川辗转迁徙而来。在我的故乡——五华县周江镇冰坎村[①]，现在还有一个钟氏家族的宗祠，就叫做颍川堂[②]。对于家族谱系我也不太了解，只知族谱上有钟氏子孙世系的排序——"世守传芳"，我是"世"

[①] 钟世镇故乡在广东省梅州市五华县周江镇冰坎村，旧称周潭约冰鉴村。

[②] 钟氏一族，以黄帝三十二传帝乙长子微子启为始祖。后代迁河南颍川。因避战祸灾荒，先后辗转迁入江西、福建，至南宋时期有一分支由福建长汀迁居广东长乐县（即今五华县）。

字辈的①，著名的钟世藩②教授——钟南山③院士的父亲，也是"世"字辈的，我们可能是同一辈人。

我家在当地属望族，祖父钟景飏是前清秀才，和他的兄弟在家乡建有几座楼，分别叫福庆楼④、长庆楼、永庆楼，可知他们兄弟家境殷实。祖父曾先后娶有两房妻室，第一位祖母生下两位伯父后去世，续娶我的亲祖母后，生了我父亲、三个叔父和一个姑姑⑤。在我出生之前，祖父已经去世，我小时候，祖母

图1-1　钟家祖屋福庆楼全景（2013年4月5日采集小组摄）

图1-2　钟世镇出生地（2013年4月5日采集小组摄）

是家里最有权威的人。因为我是长孙，祖母对我非常爱护。由我祖母主持的这个大家庭，一共有三四十口人，每到吃饭时都是熙熙攘攘的。分家以后也没有另建房屋，一个小的琴书第分给小叔父，大伯父、二伯父、大叔

---

① 根据1993年五华钟氏所修族谱《钟氏堂公源流志》记载，自钟氏一族迁入广东五华县，衍至钟世镇一代为第二十一世。

② 钟世藩（1901-1987），福建厦门人。中国著名儿科学家。

③ 钟南山（1936-　），福建厦门人。中国著名呼吸内科专家。1996年当选中国工程院院士。

④ 钟世镇家的祖屋福庆楼，兴建于民国时期，占地面积一千三百多平方米，二堂二横四合院式布局，是典型"堂横式围屋"的客家建筑。依山而建，门前有一湾溪水流过。

⑤ 钟世镇的祖父钟景飏，先后娶二妻，育有六子：俊奎、俊能、俊谋、俊享、俊茂、俊略，其中俊奎、俊能为前妻所生。三子钟俊谋（又名钟岐）是钟世镇的父亲。

父和我们一共四家人都住在福庆楼。

劬劳之恩

图 1-3　父亲钟岐（钟世管提供）

我的父亲原名钟俊谋，乳名冠球，后来进入官场，又取了一个官名，叫钟岐。他很早就离开家乡到外面谋求出路，官至县长，相当于现在的处级干部，当时在我的家乡算是了不起的大官了。除了县长，他还担任过广东地方部队的职务，大概是做过师管区[①]司令，上校军衔。据我后来了解，他可能出身于黄埔军校，至于具体是哪一期，我就不清楚了。[②]我不知道他为什么能走上官场，不过当时能离开家乡去读黄埔军校的人，一般是比较活跃、比较有能力的。同时也可能是借助我姑丈的关系，我的姑丈叫缪培南[③]，做过陈济棠[④]的总参谋长，是个中将，在陈济棠主政广东时很有势力。

[①]　师管区为民国二十六年（1937）后建立的掌管兵役和国民军训的机构，类似现在的地方武装部。

[②]　在互联网上查得黄埔军校第四期同学录，http://blog.sina.com.cn/s/blog_4d2aac7701000bhq.html，中有钟岐的名字，无籍贯，不能确定是否是钟世镇的父亲。广东革命历史博物馆所编《黄埔军校史料 1924-1927》（广东人民出版社，1985 年）中《第四期同学姓名籍贯表》中，则无钟岐其人。

[③]　缪培南（1895-1970），广东梅州市五华县周江镇人。陈济棠主粤时，任第一集团军总司令部参谋长，兼教导师师长、第五军军长，是近代广东较有影响的人物。据钟世镇回忆，其为人内向，有架子，跟亲戚家的晚辈很少交谈。他在家中，独有一间大办公室，钟世镇去姑母家做客时，他很少从办公室出来，只偶尔打过照面。

[④]　陈济棠（1890-1954），广东防城人，曾任国民革命军第一集团军总司令。后任国民政府农林部部长。1950 年去台湾。

我父亲曾历任广东省佛冈县[①]、澄海县[②]、德庆县[③]、紫金县[④]、高明县[⑤]等地的县长，至于任职各地的具体时间，我已经记不太清楚了[⑥]，只记得小时候我总是随他宦游各地，澄海县等地我幼年都曾去过。后来，因为父亲就任高明县县长时，曾经镇压过抢粮的农民，在中华人民共和国成立初期的"镇反"运动中，在高明县被镇压[⑦]，成为我们家族和我个人历史上的一个污点。

图 1-4　母亲李芷（钟世镇提供）

我的母亲李芷，乡间称李芷妹，是一位纯朴、勤劳的客家妇女。我并不清楚我母亲的里籍家世，大概就是出身于我们邻近的乡村。外祖父家中的情况我也不太了解，只知道外祖父是读书人，受家庭的熏陶，我母亲虽然没有读过书，但是为人处事通情达理、贤惠善良。

我父母共有九个子女[⑧]。1937年以前，我们一家都在父亲任职的地方生活。1937年以后，全面抗日战争爆发，局势紧张，母亲携子女返乡，从此

---

① 现属广东省清远市。

② 现为广东省汕头市澄海区。

③ 现属广东省肇庆市。

④ 现属广东省河源市。

⑤ 现为广东省佛山市高明区。

⑥ 考钟岐宦历，《广东省政府公报》1933年第219期刊登有《任命钟岐署理澄海县县长》的公报，确定他就任澄海县县长的时间为1933年4月6日。另据《紫金县志》记载，钟岐任职紫金县县长的时间是在1938年1月9日至1939年4月14日之间。此外据广东省档案馆收藏钟岐任职各地县长时所签署文件的签署时间判断，大致可整理出钟岐宦历：1933年以前，任职佛冈县县长；1933-1936年，任职澄海县县长；1936-1937年，任职德庆县县长；1938-1939年，任职紫金县县长；1939-1944年，任职高明县县长。

⑦ 据《南方日报》2009年9月30日C03版报道《寻找中国革命中的"高明印记"》记载：1944年9月，日军进犯高明，钟岐将县政府向西部山区转移，将县府物资、档案隐藏于合水镇瑶村。中共高明县地方组织领导民众，烧毁公文档案，并打蛇塘、泽河、坳锦、歌乐等处的粮仓，分发粮食给民众度荒。日军过境后，钟岐返回高明，追讨物资，激起地方民众武装"倒钟"运动，1944年10月23日，3000名民众攻打高明县城，广东国民政府得知此事，为防激起更大民愤，将钟岐撤职。此后钟岐于广州赋闲。

⑧ 钟岐与李芷育有五子：世镇、世磐、世县、世管、世抗；四女：惠霞、惠娟、月媚、瑶屏。

一直在家乡独立支撑家庭，抚养子女。母亲很贤惠，守妇道，尽心竭力地操持家务，护持一家老小，上山打柴，外出采买，一天到晚里里外外忙个不停。

父母子女众多，管教不过来，在我的印象中，幼年时父母的教育，没有什么值得回忆的事。事实上，我与父亲共处的时间很少，他是当官的，一天到晚应酬，没有太多的时间教导子女。而母亲，只能说母爱是没办法用语言形容的，不管我要什么，她都想方设法满足我，只要孩子过得好她就高兴，但是谈不上教育，她本身没有文化，只知道依着孩子，呵护着孩子，担心我们有伤有病，也就只能关心这些。母亲爱孩子，哪个她都爱，但因为孩子多，也不会专注在一个孩子身上，也因此，我的童年生活很自由。

我家的经济来源，主要是依靠父亲的薪水生息。所谓生息，就是收租，即是我们把钱借给别人，别人给我们利息，一般是折合成谷子，我记得我们家一年大概可以收二百担谷子。家庭的经济情况大抵如此：不是特别困难，不会到忍饥挨饿的地步；但因为子女太多，生活也谈不上富裕。我家吃得最好的就是两个长工，长工吃的是干饭，我们只能够以红薯为主食。客家地区种红薯的特别多，平日红薯一煮就是一大锅，我们出去玩，回来就拿冷红薯吃。干饭则一定要留给长工吃，因为他们是主要劳动力，要保证吃好。作为长子长孙，我有时能沾光，祖母偶尔让我跟他们一起吃饭。

家变

在我读高中之前，家境小康，衣食无忧。在这一时期，我对我的父亲钟岐是崇拜和信赖的，觉得他能读黄埔军校，还做过县长，是一个很有才干的人，很尊敬他。但是，大约是在我上高中的时候，我的父亲纳外室赵君雅，在外面另立家庭，事情暴露之后，给我和我的母亲带来很大的打击。

因为父亲平时很少回家，他另立家庭的事很长时间我们都不知道，直到他与外室的女儿出生后，我们才得知。也可能我母亲早就知道，但是怕刺激我们，没有告诉我们。我知道后很痛心，觉得父亲太没有良心，把我们都抛弃了。我母亲没有文化，性格软弱，一辈子依赖父亲。那时母亲四十多岁，孩子多且年幼无知，正需要丈夫的关爱和支持，没想到会被冷酷无情的丈夫抛弃。虽然事情发生后父亲曾意图两头撮合，维持一个道貌岸然的大家庭，但感情上的鸿沟已经无法弥补，而且随时光流逝而增剧，渐渐地，子女与父亲俨如陌生人。我是长子，既能感受到母爱伟大，也略知人间冷暖，特别同情和敬爱母亲，无比痛恨我曾崇拜的父亲的卑鄙劣行，不想再见到他，从此在感情上远离他。

父亲对子女的成长有非常重要的影响，一个完美的父亲可以成为子女的楷模，而当一个原本值得崇拜的父亲形象崩塌之后，对于已经有判断能力的我来说——"不想成为他那样的人"！我永远看不惯拿爱情、婚姻当儿戏的做法，为此，我有学生想离婚，都不敢告诉我，因为知道我不喜欢。我会严厉批评：既然结婚了，就要对家庭、对孩子负责，不能幻想和第三者结婚就一定幸福。

我母亲原来靠父亲薪水生息维持家庭，因为要负担九个儿女的生活和教育费，生活本来就不算富裕。待我父亲有了外室，家境大不如前；加之他后来官场失意，落魄潦倒，已自顾不暇。排行靠前的孩子，读书时家境尚好，还有求学的机会，我还能读大学；后来，由于家境困顿，下面的弟妹就无力求学了，只能读到初中或中专。

我的弟弟钟世磬比我小五六岁，1948年左右，他读到高一就失学了，回到家乡做教师。中华人民共和国成立后，他争取到去广州柔济医院附设医士学校学习的机会，这所学校相当于现在的中专。世磬很聪明，医士学校毕业后，因为成绩很好，被保送到中山大学进修，后来拿到了大学的学历。他

图1-5　钟世镇与钟世磬兄弟两家合影（1968年6月30日。右一为钟世镇。钟世镇提供）

不是靠家里资助，完全是靠自己努力读到大学。大学毕业后，世磐当了外科医生，后来成为中山医科大学孙逸仙纪念医院的副主任医师、副教授。世磐很能干，不幸因交通意外去世[①]。我的另一个弟弟钟世县，也是在1948年左右，初中一毕业就失学，到广东省惠东县做教师。弟弟世管只读到初中就在家务农。最小的弟弟世抗在中华人民共和国成立前夕因无力抚养，送给别人收养了。

故里归成客

冰坎村是一个很小、很偏僻的乡村，但以"钟灵毓秀，人杰地灵"誉之并不为过。旧时我的家乡有不少大户人家，也出过一些杰出的人物。从冰坎村走出的最有影响的人物是国民政府立法院立法委员钟天心[②]，此外还有一些国民党的将校军官，如钟世谦[③]。我们都是拜同一个祠堂的本家，钟世谦是我的堂兄。

家乡给我留下最深的印象就是青山绿水。童年时，除了过年、三九寒冬的时候有双布鞋穿，我平常一天到晚都是打赤脚，印象最深的童年往事就是打着赤脚去爬山，到处摘野果子吃。每到夏天，我和伙伴们一天到晚在河水里泡着，有时调皮，会跑到河边摘人家的番石榴来吃。那时候没有污染，河里到处都有鱼。前些年，我再度回到家乡，当年清清的河水都已变为污水沟了。

---

① 钟世磐是中山医科大学孙逸仙纪念医院骨科副教授。钟世磐在骨科方面颇有成就，"文化大革命"结束后发表了三十余篇论文，临床上有很多创新术式，腓骨长肌腱移位治疗马蹄外翻足的新术式被命名为"钟世磐法"。1984年，钟世磐发生交通意外，成为植物人，1987年去世，中国失去了一位极有前途的骨科专家。

② 钟天心（1902-1987），曾任中山大学教授、国民政府立法院立法委员、宪法起草委员、外交部条约委员、国民党广东省党部特派员、国民党第六届中央监察委员、"国大"制宪代表、行政院政务委员兼水利部长等职。1949年初被国民党政府指派为国共和谈的五位代表之一，因故未成行，旋迁居香港，任荃湾大学教授。1958年赴台湾，任"考试院"秘书长、"总统府"国策顾问、国民党中央党务顾问等职。

③ 钟世谦（1909-1979），中央军校第七期步科毕业，1948年冬任第六十四军一五九师少将师长，在淮海战役中投诚。后任广东省人民政府参事，广东省政协委员，民革广东省委秘书处长。

对故乡的美好回忆仅仅停留于那片青山绿水。后来我出外从军、求学，很少回家。中华人民共和国成立后，我大部分亲属因地主成分，下场都不太好。在得知父亲被镇压后，祖母自杀；我的小叔父钟俊茂，小时候我很佩服他，他热心文化教育事业，管理钟氏家塾琴书第，组织乡民开展各种文化和民俗活动。因为他是祖母家产的主要继承者和经营者，土改中被评为地主，因抗拒土改被镇压；大叔父钟俊享，给我姑丈缪培南做副官，还曾做过军需处长，中华人民共和国成立前迁居香港，留在家乡的妻子也被定为地主。而我的两位伯父因家道中落，穷困潦倒，有不同的命运，特别是我二伯父，有烟霞之好，我小时候，曾屡次目睹祖母为了强制他戒除鸦片，把他禁闭起来，当时我们都很瞧不起他，但是在土改中，他的下场最好，他穷，因此被定为贫农，其实他是败家子，吸毒屡戒屡抽，所以才导致家道中落。

根据家庭经济收入的实际情况，在土改初期，我母亲李芷并未被划为地主。后来广东进行了土改复查，形势比较紧张，我母亲被定为地主。我按组织要求，在阶级立场上与地主母亲划清界限，在组织批准的情况下，对她

图 1-6　钟世镇重访故居（2003 年。左一为钟世镇，左二为钟世管，左三为古乐梅。钟世镇提供）

的生活给予必要的照顾，每月寄生活费，给弟弟妹妹寄一点钱资助他们读书。1969 年，母亲去世了。从此，故乡成了伤心地。这些年，我很少回家乡，仅在 2003 年回过一次冰坎村。我家的祖屋福庆楼，在五华解放时曾被征用为五华县人民政府机关驻地[①]，现在作为五华县人民政府旧址管理，但

---

① 1949 年 2-3 月，中国人民解放军粤赣湘边纵队东江第二支队第四团和闽粤赣边纵队第二支队独立第三大队相继进军五华，在五华地下党组织、武工队和民兵的配合下，先后解放全县大部分乡村，五华县人民政府于 1949 年 5 月中旬宣告于周潭区冰坎村成立，机关驻地福庆楼。

并未进行应有的维护与修葺，已经破败不堪，但我不觉得有修复的必要，因为我不认为留下它有什么意义。

早期求学经历

漂泊的童年

很小的时候，我曾在设于我家祖屋琴书第①里的私塾启蒙。这所私塾，只要是邻近的子弟，交几斗谷子就可以入读。我只记得先生很少讲课，只让我们背书。我背书的本事还不错，还记得当时背的主要是《幼学故事琼林》，就是一些历史典故的顺口溜。当时我是年龄最小的学生，先生不太理会我。

后来我跟随父亲辗转各地，一般在附近的小学寄读。入读的第一所小学是在父亲的澄海任上，对那所学校我已经完全没有印象了②。1935 年的冬天，父亲帮我转学到广州市私立培英中学附小③。当时父亲仍在澄海做县长，澄海地处潮汕，距离广州比较远，但是因为公务，经常有机会去广州，因此借机把我送到广州读书，是出于为我学业的考虑。广州毕竟是一个大城市，跟澄海、五华判若天壤，即便我当时是个孩子，也能感受到它的繁华。当时我独自一人在学校寄宿，培英中学附小是广州市很有名的一所小学，我属于补习班的学生，类似寄读，不是正式的学生，没有正规的小学班次。我对那所学校印象很好，校舍很好，广州的学生素质高，老师也很好。从小我的性格就比较活跃，因此很快就适应了那里的环境。学业对我而言比较轻松。

1937 年 6 月，我和母亲回乡后，先是就读私塾。1938 年，冰坎村建起了一所洋学堂，有算学、地理一类的课程，我就转到那所学校。但即便

---

①　琴书第是钟氏祖屋建筑群中的一座小建筑，建在福庆楼与长庆楼之间，现已拆除。

②　1933 年，钟世镇就读广东澄海县立女子小学。见：钟世镇干部档案正本，中国人民解放军第七军医大学党委甄别定案处理报告书，1956 年 9 月 4 日。存于南方医科大学人事处人事科。

③　广州市私立培英中学是一所教会学校，由美国长老会主办，原名培英书院，1912 年改称私立培英中学，1926 年在广州西关多宝路设立培英小学，是广州一间水平比较高的私立小学。

是洋学堂，也是非常不正规的，学校合班上课，不分年级，由一位老师授课，先教年龄大一点的同学，再教年龄小一点的同学。逢农忙就放假，老师割谷子去了，学生也到农田里去帮忙。

以现在的标准看，我的小学教育一点都不正规，流动性、随意性很大，可读可不读，既没有压力，也没有太大的动力。整个小学时期，我从澄海到广州，再到五华，从新式学堂到私塾，再到新式学堂，还没来得及真正熟悉一个环境时，又发生了新变化，所以我对读过的大多数学校，都没留下深刻的印象，也不觉得有什么收获。从另一个角度来说，有这种求学经历也是幸运，在那个还很闭塞的年代，小小年纪就有机会走出故乡，看看外面的世界，这是难得的机遇；小学时代接受了新旧两种截然不同的教育，潜移默化中对我都产生了一定的影响；不断地转换新环境，也培养了我的适应能力，这种能力使我终身受用。

最初的理想

1939 年 1 月，我进入五华县乐育初级中学求学，这是一所教会学校，由瑞士巴色教会兴办 [①]。乐育中学背倚黄塘岭，门前有一条宽阔的华西河，景色宜人。当时日寇正加紧对广东的侵略，学校在靠山处修建了穿山防空洞，在日寇飞机的轰炸时，为师生们提供庇护。

入学后，我被编入廿一班甲组，班上一共有四十一名学生。学校是寄宿制，食宿条件不好，只能说可以吃饱，有时加餐，能有点猪血就很好了。当时整个中国农村生活条件都不好，尽管我是地主家庭出身，在家里吃得也不怎么样，所以也没什么不适应的。[②]

---

① 巴色教会总部设在德国、瑞士、法国交界的瑞士属地巴色城，于 19 世纪中期开始对华传教，并确定以客家地区为传教重点，把长乐县（今五华）作为传教基地，建教堂的同时兴办学校。乐育小学创办于清光绪二十四年（1898），1926 年，扩建成私立乐育中学。五华县解放后由人民政府接管，现名五华县华西中学。

② 钟世镇夫人古乐梅从初中起就与钟世镇是同班同学，她在 1955 年的《自传》中回忆初中的校园生活：平时在校生活很刻苦、朴素，伙食很不好，女同学自己种菜，添补菜吃，作为劳作成绩，修理操场，填堵远塘时，同学们自己动手挑泥挖土，衣服自己洗，房间地板连厕所都得自己轮流打扫。见：古乐梅档案，自传，1955 年。存于广州市白云区军队离休退休干部第二休养所。

到了初中，我对学习比较重视了，对这段时期的学习经历印象比较深，现在想来，初中三年还是学了不少东西。当时我也称得上是比较出色的学生，尽管没有考过第一名，但是数理化的成绩是出类拔萃的。[①] 我最喜欢数学，所以我印象最深的老师是数学老师赖士官。我记得学校曾举办过一次全校的数学竞赛，我当时是一年级的学生，与高年级同学一起比赛，我考了第三名，成绩很不错，所以赖士官老师特别喜欢我。我也比较擅长自然科学，所以教自然科学的张士钊老师也非常喜欢我。

因为巴色教会来中国传道的传教士以德国人居多，学校的外语课程是德语。德语老师是中国人，名叫卓国章。初中阶段，德语仅是打基础的时期。

学校也有政治课，当时叫作公民课，讲的是三民主义、建国大纲等内容。当时学校还有个集会形式的活动，叫作"纪念周"[②]，每个星期一，全校集合，首先诵读《总理遗嘱》："余致力国民革命，凡四十年……"最后是："革命尚未成功，同志仍须努力。"通篇《总理遗嘱》都要求我们背诵下来。

二年级的时候，学校新聘了一位体育教员，叫黄复光。我特别喜欢体育运动，所以和体育教员关系非常好。我们的体育教员很出色，我记得他跳远跳得很远，我很佩服他。黄复光老师跟别的老师不同，很喜欢和同学们在一起，为学校增添了许多体育设备，此后学校开始组织球队及跳远、木棒等运动项目，有时下雨不能开展体育活动时，黄复光老师就教同学们唱歌，跳水手舞。黄复光老师还挺进步，我不知道他有没有共产党的背景，但是他曾教过我们唱《延安颂》："夕阳辉耀着山头的塔影，月色映照着河边的流萤，春风吹遍了坦平的原野，群山结成了坚固的围屏。啊！延安，你这庄严雄伟的古城，热血在你胸中奔腾！啊！延安，你这庄

---

① 现五华县五华中学藏有《五华县私立乐育初级中学民国二十八年度上学期廿一级甲组学生成绩一览表》，也即是钟世镇所在班级一年级上学期的成绩，根据成绩表显示，一年级开设课程有：公民、体育、卫生、国文、德语、算学、植物、动物、历史、地理、救护、图画、音乐、童军，共十四门。钟世镇平均 82.86 分，排名第三，算学 94.5 分，是全班第一。

② 总理纪念周，又称国父纪念周，1925 年孙中山去世以后逐渐形成的，由国民党各级政府机构、社会团体、军队、学校共同实行的每周一举行纪念孙中山仪式的制度。

严雄伟的古城，到处传遍了抗战的歌声……"其实我们那时候根本不知道延安在哪里，也不知道这首歌宣传的是共产党，只把它作为抗日的歌谣来传唱。

虽然是一所教会学校，但乐育初级中学并不强制大家都参加宗教活动。学校旁边有个小教堂，会组织做礼拜、唱圣歌、做祷告，一般是教友子弟参加，有时也有德国牧师传道。我也参加过一些宗教集会，虽然我当时已醉心于科学，觉得宗教不科学，不信宗教，但是对这些宗教活动并不反感，觉得这些活动形式高雅。教会学校有它的特点，提倡博爱，重视遵循道德规范。虽然我不信教，但是教会学校对我的熏陶，使我觉得宗教有其自身的价值，宗教主要宗旨都是劝人为善，博爱为怀，因此，教会学校从道德教育的角度来说，有良好的作用。

五华这个小城很偏僻、很闭塞，但学校的文化活动挺丰富，每学期有一到两次的同乐会，组织演出队、剧团，排练一些简单的歌舞和剧目。有时我也会参加学校演出队的演出，因为当时五华地区的民众具有浓厚的封建意识，男女同学一般不能同台演出，男生的节目如果需要女角色，就要男扮女妆，女生的节目如果有男角色，也要女扮男妆，我就化妆成女的上过舞台。排演的剧目都是很简单的，条件非常简陋，采用街头演出的形式，印象最深的是《锄头舞歌》："手把个锄头锄野草呀！锄去野草好长苗呀！"[1] 当时我们的演出队除在学校演出外，还走出学校到五华各地乡村宣传抗日，规模最大的一次是在三年级的时候，我曾和同学们一起到五华的歧岭镇、双头镇等地进行抗日宣传，同时募捐建校经费。

当时广东的抗日形势已经非常紧张，1938 年 10 月，广州沦陷；1939年 6 月，汕头、潮州相继沦陷，富饶的珠三角平原与潮汕平原相继落入敌手。日军虽然始终未能入侵地处山区的梅县、五华、兴宁一带，但在1937—1939 年，兴梅地区遭到频繁的轰炸。日本人很猖狂，经常有日本的飞机来到五华，向城里扔一两颗炸弹，那些炸弹很小，像手榴弹一样，真可以称得上穷兵黩武，但谁都不敢出来反抗。其实日本当时并不可能打

---

[1] 1927 年，教育家陶行知根据南京晓庄附近的山歌调子填词的《锄头舞歌》，这首歌曲在当时为唤醒民众的觉悟、团结民众的力量、号召民众参与革命事业等方面发挥过积极的作用。

到山区的五华来，但是偶尔来骚扰一下，大家就惶惶不可终日。因为经常被轰炸，学校的教学秩序也受到影响，经常逃难、停课、疏散、跑防空警报。[①]

在那动荡的年代，在还没有被日寇铁蹄践踏的五华，民众抗日救亡的热情高涨，各种不同的思潮也在相互交织，有意无意之间，宗教的博爱思想以及三民主义、共产主义都已渗入我的生活，但是我当时并没有清晰的认识。而这个时期，面对民族屈辱、山河破碎的局面，我开始树立了最初的人生理想，就是工业救国。因为我的数学比较好，数学在现代科学中可以得到广泛的应用，所以我想当个科学家。我也曾设想过：自己数学好，搞工科有长处，如果将来能做一个工程师，就可以实现工业救国的理想。因为当时中国非常穷，工业非常落后，我很单纯地认为只要把中国的工业搞上去了，国家就可以强大了。

1941年冬天，我结束了初中学业。在五华山区，初中毕业也是一件盛事，学校特意摆了毕业宴。那一次，我喝了四十多杯酒，生平第一次喝醉了。

图1-7　钟世镇与夫人古乐梅重访五华乐育初级中学
（2003年。钟世镇提供）

我很怀念我的初中生活，2003年和2012年，我与夫人古乐梅曾经两次故地重游，追寻旧日足迹。2013年，我又受邀回校参加母校一百一十五周年的校庆。[②] 学校的变化很大，新建了教学楼，但是仍然有几处依稀是旧时的模样。当年供应师生

① 据古乐梅回忆："初一上学期，白天常走警报，跑防空洞，不能安定过日子，有时不敢白天上课而于晚上开了汽灯上课。"见：古乐梅档案，自传，1955年。存于广州市白云区军队离休退休干部第二休养所。

② 2013年10月3日，钟世镇与古乐梅回到五华县华西中学参加母校一百一十五周年校庆，与师生共同座谈，回忆当年的读书生活，并为母校捐款三万元用于改善办学条件。

们饮水的两口井还在。当年的防空洞，虽然已经废弃了，但外面看起来还和以前一样，我们读书的时候，经常在这里跑警报，也是因为有这个防空洞，我们才能在日寇的战火中能坚持读书。最让人怀念的是当年操场上那棵榕树，经历了多年风雨，愈加枝繁叶茂。

由于我在乐育初中修习的是德文，不是英文，升学时只能选择同样开设德文课的梅县乐育中学。因梅县乐育中学秋季才开学，因此有半年空闲时间，为了不虚度这半年的时光，母亲把我送到离家十里外的布项村一间私塾读书。我先后读过几次私塾，真正收获比较大的，就是这一次。老师李晓村夫子是一位老秀才，这位夫子的水平比较高，可谓循循善诱。另外，因为当时我的年纪大了一点，对中国古代文化有所了解，不只是死记硬背那么枯燥，所以那半年我学到了很多东西，那些东西到现在还有用。

这半年时间，我读了《大学》《中庸》《论语》《诗经》等儒家经典，不仅对儒家文化有了较多的认识，更重要的是领悟到中国经典著作的文字是非常美好与形象、洗炼而精辟的。受这段经历的影响，我形成了古句与白话夹杂在一起的写作风格。浩如烟海的中华诗词、警句和谚语，凡是得以流传千古、成为大家耳熟能详的名句，一般都能在简短的文字中反映出深刻的哲理。我认为，在日常的教学科研工作中，适当地引用一些诗词、成语或警句，领略其中对于人生、社会、自然规律和道德情操的哲理性思考，可以深化所要表达的意图。作为科学和教育工作者，不必苛求在文学造诣方面有很高的水平，不过，若能具备一点文学鉴赏能力，也可以帮助自己在论文写作和讲课报告时，语言文字不至于过于干瘪，古句今用，如果引用得当，可以收到"画龙点睛"的效果①。

---

① 钟世镇在写作一些综述、述评类文章和从事讲学活动时，非常擅用诗词、成语、警句，富于文采，又精辟生动，引人共鸣。关于在科学综述、述评写作和教学工作中化用诗词、名言、成语、警句来说明自己的观点，钟世镇曾写过一篇题为"古句今用，画龙点睛"的文章，详细地介绍了自己的心得。

第二章
读书与救国

读书不忘救国

师友

　　1942年秋季，我第一次独自离开家乡，"出境"到外县，去梅县乐育中学上学。当时从五华到梅县大概要走一天半。那时也有汽车——木炭汽车。木炭汽车对现在的年轻人来说是一个陌生的名词，在抗日战争时期，木炭汽车是我们那一带主要的交通工具，因为当时资源短缺，没有燃油，就在汽车上装个木炭炉，生火后产生煤气，以此发动汽车，跑得非常慢。记得我们当年上学，途中有时可以搭乘木炭汽车，有时需要长途步行。与我一同升入梅县乐育中学的初中同学有张子宽、孔道彰、钟如川等人，我一般会邀上这几个同学一起，背了干粮走。一般还要在途中住宿一夜，也非常简单，到处都有农家，我们就借宿在农家，把自己带的干粮和米交给农家，他们给我们做饭吃。

梅县比五华繁华多了。当时在梅州一带，商业以兴宁县最为繁荣，梅县则是文化之乡，文教事业发达，英才辈出，是客家人的精神家园和文化渊薮。[①]

梅县乐育中学[②]亦由巴色教会兴办，但比五华乐育中学的级别高，乐育中学是当时梅县比较好的一所中学。梅县有几所著名的中学，一个是东山中学，叶剑英元帅的母校，另一个是梅州中学，乐育中学可以排到第三。以当时的条件而言，学校的设施应该说是很好的，有学生宿舍，有一个很好的足球场，有一个同乐台——就是演出的舞

图 2-1　梅州院士广场的钟世镇雕像（2013 年 4 月 5 日采集小组摄）

台，学校旁边有一条黄塘河，校园附近有一所德济医院，是当时梅县最高级的医院[③]，还有一所心光盲女院[④]，德济医院与心光盲女院都有慈善性质，德济医院不仅治病救人有口皆碑，还为本土培养了很多德才兼备的医学人才。德济医院、心光盲女院与乐育中学分布于黄塘河两岸，小桥流水，环

---

①　梅县，今广东省梅州市。在客家人的迁移历史中，梅州是最主要的集散中心，有"世界客都"之誉。秉承客家人崇文兴教的传统，文教事业发达，英才辈出，至今已有梅州籍院士二十五人（含两位外国国家级院士），2012 年，梅州市建成院士广场，广场上有二十五位院士的雕像。

②　清光绪二十八年（1902），邑人黄墨村、吴登初与巴色教会传教士马谟鼎、凌高超合作，在梅城北门岗文祠创办务本中西学堂。次年，凌高超从务本中西学堂分出部分师生另办乐育中学西学堂，后迁城西黄塘新校，更名为乐育方言学校，旋又改为乐育中学。学校治学严谨，校风优良，毕业生投考各大学均获录取，声誉日隆。1927 年巴色教会宣布乐中停办，1928 年在各方面热心教育事业人士的关怀下，组织校董会，筹措经费继续办学，进一步完善校舍，扩建运动场，充实图书馆、仪器设备，聘请曾志明博士为校长。自此乐育中学为华人接办。学校建校百余年来，人才辈出，其中知名校友如著名医学教育家、病理学家梁伯强院士，药理学家罗潜教授，组织学家何凯宣教授，病理学家、实验肿瘤学家杨简教授，都是钟世镇在中山大学医学院时的老师。见：乐育中学简介。梅江区教育局网站，http://www.meijiang.gov.cn/sonweb/jiaoyu/content.php?IndexID=49445。

③　梅县德济医院建立于光绪二十二年（1896），由基督教巴色教会出资，德国韦嵩山医师筹办，不仅救治病人，亦培养华人医生，现为梅州市人民医院。

④　心光盲女院创办于 1912 年，创办初期叫"心光女校"，1938 年改名为"心光盲女院"，现为梅州市福利院。

图 2-2　梅县乐育中学旧貌

境优雅，是我们课余休闲的好去处。校园周边整体氛围都很和谐，从闭塞的五华来到梅县，我觉得这里的环境太好了。

高中时代，我最喜欢的老师是数学老师丁木英，他课讲得非常好，因为我数学好，反应快，丁木英老师特别喜欢我，每当有关键性的示范题目时，总喜欢点名叫我去黑板上演算。这位老师子女多，好像有六七个，因此经济拮据，生活清苦，但他对工作恪尽职守，教书育人兢兢业业，是我们最尊敬的老师。教生物学的张君达老师，我也很喜欢，他来乐育中学教书以前，在厦门大学做过助教，这种资历来教高中很了不起，他教学的内容深入浅出，非常生动，学生们都很喜欢他。张君达老师还兼任我们的教导主任，主管学校很多行政事务，在学校里很有威信，我经常参与课外活动，与他的接触较多，他也喜欢我，给我很多鼓励，是一位让我印象深刻的老师。但离校后失去了联系，张君达老师后来好像到汕头大学教书去了。国文老师何伯澄也很好，他是当时学校年纪最大的老师，深得全校师生的尊敬，因为年事已高，深居简出，除上课外与学生没有什么接触。他教我们的古典文学，对我影响深刻，高中时在他的指导下，我背诵了整篇《长恨歌》，直到现在还记得，他也是我学会古句今用的启蒙老师之一。当时的教学条件与现在相比当然不可同日而语，但是有这些好老师的教导，我和同学们很满足。在那个艰难的时代，这些甘守清贫、热心教育的老师，给予我们知识与人格双重的启迪与教育，使我终生难忘。

高中阶段，我最喜欢的科目依然是数理化。当年能获得的课外读物不多。我对文学、外文方面的读物不感兴趣，想尽办法找理科的课外书来看，学习一些工程技术知识，然后自己动手操作。有一次偶然看到一部介绍飞机模型制作的书，非常感兴趣，我就自己动手去做滑翔机。现在做滑翔机模型都能买到现成的零部件，组装起来就行了。我们那个时候需要自己去找合适的木头，自己动手打磨加工。我做得还不错，自己爬到塔尖上去放，都飞得起来。纯粹是自己的业余爱好，没有老师指导。喜欢理工科的人，一般都有兴趣去主动钻研，喜欢自己动手。制做滑翔机，需要用到流体力学、空气力学的知识，自己动手之后，对知识的掌握更深入、扎实一些。

图 2-3　德济医院旧貌（1936 年）

读书时，我从来没考过第一名，但我知识面比较广，什么都懂一些，反应也比较敏捷。其实，很多在学术上做出卓越成绩的学者，读书时的成绩不一定是最优秀的。从我

图 2-4　心光女校旧貌（1930 年）

们这些人走过的路来分析，我认为成功需要两个因素，一是智商，二是情商。知识面比较广，信息量比较大，适应能力比较强的人，一般能够做出一番事业来。相反，如果知识面窄，就容易成书呆子，会受不得挫折，难以独立思考，想成功就比较困难。就我个人经验而言，一个人的知识面比较广、适应能力比较强、经历过各种不同的困难和曲折的道路，对他将来从事任何岗位的工作都有好处。岗位有时不由自己选择，但是有了好的素质，在哪一个岗位都能做好工作。

在乐育中学，我结交了一些志趣相投的好朋友，有一部分同学，像黄其芳、林尧天、杨维旭等人，思想比较开放，民主意识较强。黄其芳的叔

父是著名作家黄药眠[①]，受他的影响，黄其芳对文学有浓厚的兴趣，中学时，已经表现出朦朦胧胧的民主自由思想，但尽管我们是至交，当时也并没有感觉到他有哪些明显倾向于共产党的言行，他后来参加了地下党，公开身份时改名黄力，现在已去世了。林尧天聪明能干，后来当过中学校长，德才兼备，可惜很早就去世了。杨维旭和我曾有过一个共同的梦想，想走工业救国之路，不过也正是通过和他的交往，我第一次对社会现实有了一些清晰的认识，最终放弃了这个理想。杨维旭是梅县本地人，有个哥哥是交通大学的毕业生，工业知识丰富，所以我经常到他家去请教，看到这位交通大学的毕业生每天就在家里熬肥皂来卖。我很纳闷，堂堂交通大学的毕业生，为什么不到铁路上去工作？——他找不到职业，只能以此谋生。当时国家根本谈不上基础设施的建设，到处都是逃荒的，他在大学里所学的工业建筑、铁路管理，毫无用武之地。这位对社会现实非常失望的大哥跟我们讲："小孩子不要太天真，并不是学到了本事就能够学以致用，我这个交通大学的毕业生有什么用？连工作的机会都没有，现在谁要工程师？"从那时起，我对自己工业救国的理想能否实现产生了疑虑，这位大哥给我们上了现实的一课，让我们认识到，并不是我们想救国就能救国，而要看社会环境是否允许。后来，杨维旭参加了东江纵队，公开时改名为杨稼文，中华人民共和国成立后在广东省戏剧家协会工作。

　　同学们虽然各有不同的兴趣，不过感情上都非常融洽。我们班的同学非常活跃，勇于尝试新事物。黄其芳喜爱文学，搞了一个墙报，叫《火花》。我看他们搞，也产生了兴趣，就另外搞了一个墙报，叫《浪花》。两个墙报的立意不同。《火花》——顾名思义，因为黄其芳受到黄药眠的熏陶，内容的思想性比较强，有民主进步思潮的痕迹。我们的《浪花》则讲点人生琐事，有点风花雪月的感觉。除了我和黄其芳以外，杨维旭、张东光、林尧天等一班志同道合的同学也积极参与，为墙报投稿，稿件除反映自己对社会和人生的认识，也会贴近现实，写一些劝喻落后同学努力学习的文章。我们还曾特意以三青团名义出过一次墙报，以避免学校审查，借

---

　　① 黄药眠（1903-1987），广东省梅县人。中国政治活动家，著名的文学家、诗人、文艺理论家、教育家、美学家和新闻工作者。黄其芳（又名黄力）为黄药眠兄长辛亥志士黄干甫之子。

机提出对学校当局的意见，批评一些老师，结果这种墙报只出了一次，以后还是被学校禁止了。

梅县是足球之乡①，课余我们喜欢踢球，哪怕课间休息十分钟，也要跑到操场上踢上两脚，我还入选过乐育中学足球代表队，是预备队员。那时我们都很穷，从来都是打赤脚踢球的，力士鞋对我们来说，就是很高档的了。

在高中的校园生活中，有一件事让我记忆犹新，出于年轻人爱憎分明的朴素情感，我曾和同学们一起组织了一次罢课运动，与品行恶劣的训导主任李德龙抗争，并最终获得了胜利。

在过去的中学，国民党会向学校派驻训导主任，作为国民党党部的代表。校长主管文化课和体育课，训导主任则分管三民主义课、公民课、军训课（我们高中有驻校的军训教官）。纪念周也由训导主任来主持，他会在纪念周上宣布那些要求学生执行的清规戒律。

李德龙的生活作风非常败坏，经常对女生宿舍的舍监做些下流的举动，以训导主任的地位欺压她。这位舍监已经有男朋友，对李德龙非常憎恨。李德龙还常借故去检查女生宿舍，有时搞突然袭击，有些女同学衣服都没有穿好就闯进去，借检查之名，行调戏之实。最初反映这个问题的是我们班上一个男同学，叫张俊球，他的女朋友（当时风气很封建，不是公开的恋爱关系）受到李德龙的这种突然袭击，很不高兴，就告诉了张俊球，张俊球在我们班上把这件事讲开了。同学们本来就非常讨厌李德龙骚扰女下属的龌龊作风，一听到有这件事，都非常激愤。

激愤之下，大家决定在纪念周上给李德龙脸色看。他主持纪念周时，我们就在下面跺脚、敲桌子、哄闹，赶他下台。他很恼火，指着人群中我们班上的张子宽说：张子宽带头闹事，要处分。而实际上，事前并没有人进行组织，是大家同仇敌忾，自发的举动。张子宽恰恰是比较本分的学生，不像我们那么活跃，也没有我们那么激愤。李德龙偏偏抓的是他，的确是冤枉了人，还要记他大过，张子宽当然不肯认账。李德龙恶人先告

① 1914年，瑞士人万保全任乐育中学校长。万氏曾为德国国家足球队队员，在任期间，开辟足球场，在校兴起足球运动，并传播至梅州中学、东山中学、广益中学，开创梅县足球运动之先河。

状，跟校长说张子宽犯了错不承认，要开除。我们听到这个消息非常气愤，就商量如果他要开除张子宽，我们就集体罢课。

我们的校长曾省并不是国民党员，是一位慈祥严肃的好老师，非常爱护学生。他要保护学生，保护学校的名誉，就来安抚调解，对学生们说：不要打罢课的旗号，你们可以集体去春游。当时负责组织旅游的同学叫曾尧祥，他的家乡是梅县的一个小风景区，我们就到他的家乡去，逛了一整天，这次出游，实际上就是在罢课。

曾校长随即把情况反映到梅县的国民党党部，说李德龙行为不检，影响太坏，搞不好学生会闹事（他还不敢说学生已经在闹事），是不是能把他辞掉？因为事关国民党的形象，县党部不好包庇，采纳了曾校长的意见，把李德龙辞掉了。听说后来李德龙还到县党部去告我们，说我们是共产党分子，因为我在这次事件中经常出头露面，所以李德龙那份黑名单中，我也在列。曾校长说：他们都是小娃娃，根本不是共产党。保护了我们，事情就此不了了之。

回想起来，我年轻时真是初生牛犊不怕虎，非常天真，敢说敢干，不计后果。在以后很长的一段时期，我也一直保持锋芒毕露的个性。后来，经历过人间冷暖和世态炎凉，磨掉了一些棱角，学会按照"害人之心不可有，防人之心不可无"的哲理，提醒自己谨慎从事，凡事深思熟虑，不太敢乱出头、乱表态了；不过始终坚守底线，绝不随波逐流，人云亦云。

抗日歌声

抗日战争期间，梅县地区的抗日救亡运动风起云涌，特别是青年学生的抗日热情非常高涨。当时梅县各学校纷纷成立剧社、歌咏队、读书会等团体，开展轰轰烈烈的抗日救亡运动，乐育中学也是如此，学生们经常走上街头宣传抗日，梅县处处回荡着抗日的歌声。

我在梅县读书的时候，最初被广为传唱的抗日歌曲就是《松花江上》："我的家在东北松花江上，那里有森林煤矿，还有那满山遍野的大豆高粱……九一八，九一八，从那个悲惨的时候，脱离了我的家乡……流浪！

流浪！……"这些歌词深深打动了我们的心。《松花江上》唱的是东北流亡青年的心情，但是我们感同身受。后来，我们爱唱《太行山上》，歌词是："红日照遍了东方，自由之神在纵情歌唱！看吧！千山万壑，铜壁铁墙，抗日的烽火燃烧在太行山上，气焰千万丈！听吧！母亲叫儿打东洋，妻子送郎上战场。"还有《大刀进行曲》："前面有东北的义勇军，后面有全国的老百姓。咱们军民团结勇敢前进。看准那敌人，把他消灭，把他消灭！冲啊！大刀向鬼子们的头上砍去！杀！"这首威武雄壮、慷慨激昂的《大刀进行曲》，是抗日歌曲中最过瘾、最解恨的一首歌曲。给我留下深刻印象的还有《毕业歌》："我们是要选择'战'还是'降'？我们要做主人去拼死在疆场，我们不愿做奴隶而青云直上！……巨浪，巨浪，不断地增涨！同学们！同学们！快拿出力量，担负起天下的兴亡！"这一首《毕业歌》，是对学子们寄托的殷切期望，鼓励他们走向救国杀敌的疆场。

乐育中学有一个"乐中剧团"，我参加过剧团的剧务组，在后台帮忙打杂。之前的剧团团长叫李家英，比我们高一班；1944年，他毕业离校，改由我们班的吴宁祥任团长。乐中剧团当年优秀的代表作是《八百壮士》[①]，不仅在校内演，还到社会上演，像街头剧一样，很吸引人，演得很成功。剧中有一首歌曲："中国不会亡！中国不会亡！你看那八百壮士孤军奋斗守战场；中国不会亡！中国不会亡！你看那民族英雄谢团长。"这首歌是歌颂谢晋元团长的，那些歌谣大家都能朗朗上口。

除《八百壮士》以外，乐中剧团排演的抗日剧目还有《杏花春雨江南》[②]《野玫瑰》[③]等，都是当时后方进行抗日宣传时经常排演的剧目，古乐梅还扮演过《野玫瑰》的女主角，本来保守的古乐梅对于与男同学一起演话剧比较抗拒，但在我们的动员下，出于抗日宣传的考虑，还是答应参加演出了。

1943年10月，我们乐育中学高中部的同学集体加入三青团，我担任过三青团分队长的职务。乐育中学三青团的区队长是我的同班同学孔道

① 描写淞沪会战中，国军第八十八师第五二四团在副团长谢晋元指挥下，保卫四行仓库的故事。

② 《杏花春雨江南》，著名话剧家于伶1943年作品，描写江南抗日救国军的抗日斗争。

③ 《野玫瑰》，剧作家陈铨1941年作品，描写国民党女间谍潜入沦陷区抗日锄奸的故事。

彰，是一位非常优秀的同学，领导能力很强，跟我的关系非常好。高中时，我们接触社会的主要渠道，都是梅县地区三青团总部组织的不夜天、野火会等活动，活动地点一般在梅县东校场，利用周末假日，唱歌、跳舞、喊口号、搞游戏，通宵达旦。都是以抗日救亡为主题，带有浓郁的爱国情怀。

除野火会、不夜天以外，当时的三青团还有很多其他活动，都很迎合年轻人的兴趣和抗日救国的主张。比如每月一次团员月会，是梅县各学校联合举行的，除了组织学习蒋介石的《中国之命运》外[①]，还有文娱性质的游艺节目，采用竞赛的方式进行；集训，也是梅县各中学高中部的三青团员一起参加，白天举行军事训练，晚上有演讲、游艺晚会和辩论会；露营，我们曾到兴宁县的松林坝，做过三四天的野外军事露营；行军比赛，高中时我们曾以三青团区队为单位，到梅县泮坑做行军比赛。

高中时，梅县由共产党组织的学生运动并不多，我也没有发现三青团曾经破坏过进步运动。我觉得，在抗日战争时期，主张抗战就是进步的，抗日战争时期是国共合作时期，大家合作抗日，三青团也是进步力量的一部分。后来的解放战争期间，三青团被利用，参与了破坏学生运动的活动，新中国成立后，三青团被定为反动党团。

在梅县地区抗日救亡运动如火如荼的形势下，我们班上许多同学相继参加了中国青年远征军、接应盟军登陆的特种部队、抗日青年军，用赴汤蹈火、勇往直前的行动，表达了青年学生纯真的爱国热情。

1942 年，我们班上的同学张伟华，参加了中国远征军[②]，第一个走上抗战沙场，进入缅甸作战，一去未归，为保卫中国西南大后方和打通抗战

---

① 《中国之命运》是蒋介石的一本国策性著作，1943 年 3 月 10 日初版发行，作为国民党领袖著作，此书相当于抗战后期蒋介石规划的建国蓝图。《中国之命运》出版后，国防最高委员会秘书厅通令政府各级党、政、军、学机关予以研读。见：郭金海：蒋介石《中国之命运》与中央研究院的回应。《自然科学史研究》，2012 年，第 31 卷第 2 期，第 180-200 页。本书出版引起国共两党关于国家政治归宿的论争，形成"没有国民党就没有中国"和"没共产党就没有新中国"两个口号。见：邓野：蒋介石关于"中国之命运"的命题与国共的两个口号。《历史研究》，2008 年第 4 期，第 84-98 页。

② 1941 年 12 月 23 日，中英两国在重庆签署《中英共同防御滇缅路协定》，中国为支援英军在滇缅抗击日军和保卫中国西南大后方，组建中国远征军，立下赫赫战功。

"输血线"英勇牺牲。2011年有个学术会议在云南省腾冲县召开，参加会议期间，我专程到腾冲的国殇墓园寻找老同学的墓碑，"腾越悲歌照日月，滇西血战壮山河"，在那三千三百四十六块墓碑中，我没有找到他的名字。因为军官才留有姓名，当年还是列兵的同学，没有机会青史留名。

1943年，我们班上的两位同学黄永繁和梁睿强，参加了中美特种技术合作所。[①]我也有过参加的念头，曾经向招兵单位咨询过，了解到中美特种技术合作所是为迎接盟军沿海登陆做准备，进行武装训练的特务部队，这就是我们当年了解到的情况。后来，在小说《红岩》中，中美特种技术合作所被描绘成穷凶极恶，专门镇压地下共产党人的所在。我不由得经常猜想我这两位同学的命运，他们最初确实是出于抗日救亡的热诚，但如果后来还留在中美特种技术合作所中，可能会有一些不幸的遭遇。

整个高中时代，我们在抗日救亡的氛围内度过，"捐躯赴国难，视死忽如归"的意识已经渗入心灵深处，最终，在1944年秋，我决定弃学投身抗日，结束了两年多的高中生活。

回顾我的高中时代，收获很多：梅县乐育中学为我青年时期求学提供了良好的环境，当年我的求知欲很旺盛，学校教学质量很好；这是一所教会办的学校，虽然我并不信宗教，但是基督教博爱的精神，对人文素质的养成有潜移默化的作用；优良的学风，润物细无声，对年轻学子们做人、做事、做学问，有正确的导向；当年，正是水深火热的抗日战争时期，1942年至1945年，是日本人

图2-5　钟世镇与古乐梅重访梅州乐育中学
（2003年。旧时小桥流水仍在。资料源于
《钟世镇院士八十寿辰纪念册》）

① 1943年4月15日，中美双方共同拟定《中美特种技术合作协定》条约，中美特种技术合作所成立，它是中国和美国军事情报机构合作建立的战时跨国情报机构，其目的是加强中美军事情报合作，共同打击日本。

最疯狂的时候，我在高中这段时间，受到了深刻的爱国主义熏陶。很多人问我为什么会参加青年军，其实在当时那种环境之下，只要是热血青年，都会义无反顾，捐躯救国，抗日杀敌。这段经历对我一生的影响，概括起来有三点：增长了知识，陶冶了情操；为我的人生观奠定良好基础；使我爱国主义的热情根深蒂固！

投 身 抗 战

无悔从军路

我报名参加青年军是在 1944 年，当时抗日战争已经进入到有利于中国的阶段。我对抗日战争的整个局势没有深入的认识，但是以我个人的感受，当时正是抗日战争形势最紧张的时候。1942 年到 1945 年，是日本人垂死挣扎，最疯狂的几年。那几年日本人要打通所有的交通线，占领所有的大城市。日军一度进犯广西柳州[①]、贵州独山[②]，直指陪都重庆。广州、汕头、香港相继沦陷，我们梅州这个偏僻的山区还没有沦陷，但也正处于水深火热的境地。我在梅州乐育中学的时候，晚上日本人的炮声我们都听得到，日本人几次觊觎梅州。1944 年 12 月，日军打到猴子崇[③]，学校停课疏散；1945 年 2 月，日军侵占海陆丰，打到汤坑。

参军的时候，我对自己将来的前途完全没有考虑，动机就是杀鬼子，保家乡。不带半点投机色彩，既没有想过以军队为职业，将来立战功，做将军，也没有考虑过战后还乡，将再走怎样的人生道路。不可能想那么远。日寇凶残，大敌当前，捐躯救国，何时班师，无从猜测。在中华民族最危险的时候，投笔从戎，用血肉之躯，去构筑新的长城。心里已然做好

---

① 柳州 1944 年 11 月失陷。

② 独山 1944 年 12 月 2 日失陷，抗日形势严峻，全国人心惶惶，国民政府集中一切可用之兵力投入到贵州作战，12 月 8 日，收复独山。

③ 1944 年 12 月，日军向丰顺与梅县交界的猴子崇南麓石角坝进攻，觊觎梅州。

了"只解沙场为国死，何须马革裹尸还"的准备。

我们高中三年级几乎所有的同学，都志愿响应这一号召，报名参加青年军。整个学校是这样，整个梅县地区也是这样，梅州中学、东山中学也都是群起响应。"十万青年十万军"的口号一经提出，全部爱国青年都在响应。[①] 在外敌入侵时，青年人渴望献身救国，是很正常的。不过大部分同学因为家长不同意，没能成行。最后我们班只有十多位同学正式参军，我是其中之一。因为我母亲子女多，她不会特别记挂住一个孩子，我有比较大的自由度，我去参军，母亲很惦念不舍，但她不会坚持不放。

出征之前，学校专门为我们在校园里种下几棵木棉树。广东人把木棉树称为"英雄树"[②]，用这种方式对参军的同学们寄寓赞誉的情怀。学校支持，老师支持，同学也支持。当时的情绪，上下都是一致的，说明抗日战争时期，万众一心，中国人民的浩然正气都表达出来了。

1945年春节后[③]，全梅各界民众在梅县东校场举行集会，欢送青年军出征。我和我的同学钟世顺、孔道彰、曾尧祥、彭治平、黄其芳、林璇、钟俊禄、邹德新、邹衍强等十几个人，一起告别母校，来到军营。

---

① 青年军征集之初计划征集数额为十万零五百人，根据各省具体情况分配名额，广东省征集数额为两三千人。截至12月30日，广东九千零九十人，远远超出预期。参见：陈尧：抗战末期十万知识青年从军运动研究。硕士论文，重庆师范大学，2003年。

② 木棉树，广东常见树种，早春开花，花早于叶，树冠总是高出附近的树群，以争取阳光雨露，因木棉这种奋发向上的精神，被人誉为英雄树、英雄花。最早称木棉为"英雄"的是清人陈恭尹，他在《木棉花歌》中形容木棉花"浓须大面好英雄，壮气高冠何落落"。

③ 关于钟世镇参加青年军的时间，不同档案资料中有不同的记载。包括1944年11月（1987年12月17日钟世镇撰写《自传》），1945年初（1988年7月20日填写《干部履历书》），1945年3月等说法。其中1945年3月之说出自"肃反运动"中《中国人民解放军第七军医大学党委甄别定案处理报告书》，时间最早，且"肃反"材料经大量外调形成，比较可靠。此外，古乐梅档案材料中写于1955年的《补充材料》比较详细地记录了青年军参军及入伍的经过："记得还在学校礼堂，做过动员报告，经这次报告动员后，同学们都不能安静下来，纷纷讨论考虑准备签名。有的找教官问情况，有的写信回家征求父兄同意，结果多数同学因父母不同意的关系没有签。班上有十来人（包括钟世镇、孔道彰及男同学分队负责人吴宁祥等）签名。为了做个人准备，等待入伍命令，此后已签名的同学很少来上课（除个别回家外，多数仍住在学校）。事实上正在此时，日寇快接近家乡，学校准备提前考试放假，课也上得不紧。后来记不清有没有来得及把各门课都考完，就听说敌人快到猴子崇（距离梅县不远的地方），学校即叫学生疏散回家。当时青年军仍未入伍，已签名的人也只好回家待命，直至第二学期复课时，仍回来学校注册报到，于学校里接到通知后才入伍报到的。"由此推测，1944年11月为登记的时间，1945年3月为入伍时间。

正式入营前，需要进行新兵训练，青年军共编为九个师，设有一个青年军编练总监部①，负责人是罗卓英将军②，他是广东大埔人。新兵训练是前期的工作，当时还没有番号，集训地点在梅州的蕉岭县，从立正、稍息开始，走正步、学敬礼，练整齐划一的队列基本功，非常辛苦，管理军队的原则是不能让当兵的闲着。新兵训练灌输给我们最深刻的理念，就是军营大门两旁大书的"军纪似铁""军令如山"，以此培养军人的意识，就是绝对服从。

新兵训练结束后，我们一些较优秀的新兵被送到福建上杭的军士队培训了两三个月。军士队的训练比新兵训练程度高一些，掷手榴弹、实弹射击及战术训练，包括怎样利用地形、地物，构筑简易的战地工事。还有军士基层指挥训练，比新兵训练程度略高，但还不是军官训练。在结束军士队的培训后，我被分配到青年军二〇九师六二五团一营三连，担任上士排附。

青年军和国民党的一般部队不同，对军官的要求很高。二〇九师的师长是温鸣剑③也是客家人，美国西点军校毕业生，中将军衔。六二五团的团长姓涂，名字我不记得了，毕业于一所德国军校，是少将军衔。青年军对基层军官的素质要求都很高，组建青年军时规定，青年军的干部由各部队择优保送，降一级任用。我们连有三个排长，都是正式军校毕业的，一排长是中尉，我们都叫他李排长，名字我不记得了，因为在部队习惯只呼姓，不敢叫名字。二排是王排长，三排是周排长，都是少尉，军阶都很高，都受过正规的军事教育，应该说是比较优秀的。

我是一排的上士排附，同班参军的同学中，只有我当了上士排附。一般上士、中士可以当班长，下士只能当副班长，上士中，能当到排附的非常少，排附有相当于副排长的指挥权，但还是军士，不是军官。当年，不是正式军校毕业的人员，在青年军中都不可能担任军官职务。排附虽然不

---

① 青年军编练总监部全称"军事委员会全国知识青年志愿从军编练总监部"，1944年11月5日在重庆成立。根据青年军编练总监部统一规划青年军集中入伍编组期间的训练，为期两周，具体包括精神训练、体魄训练和纪律训练。

② 罗卓英（1896-1961），国民党陆军上将，抗战胜利后，曾任广东省主席。

③ 温鸣剑（1907-1990），梅县人，曾任国民革命军第十八军六十七师副师长，参加过长沙会战。1943年曾任第三战区参谋长。

34

是军官，却是士兵的头头，长官不在时，由我来发号施令。值班的时候，整个连队就由我指挥了，要求我果敢机敏，反应快，不然就调动不了队伍。

军营生活的主要内容就是训练。从早到晚不是操练，就是演习，忙到不得了。随时听候调动，随时准备开往前线。军营生活条件非常艰苦，伙食还比不上学校。我现在吃饭速度很快，就是在青年军时养成的习惯。在军营要吃饱饭，也要有点窍门，每个士兵都配有一个行军的口盅，大锅饭来了，就用自己带的口盅去盛米饭，窍门是：第一盅不能盛满，因为吃完了一满盅饭再去盛，饭就没有了，所以第一盅只盛半盅，赶紧吃完这半盅再去盛，那时大饭锅里还有饭，还可以再盛一满盅。策略正确了，就可以吃到一盅半。那时候胃口很大，老有饥饿感，因为营养状态很差，但是基本上能吃饱，算很不错了。住的是大地铺，不是单独的铺位，是一人挨一人的通铺。因为随时准备开赴前线，流动性大，没有一个较长期的固定营地，都是借住老百姓的房子。地铺一般铺的是稻草，若有门板铺一铺，就是高级的了。

在军营的时候，连队负责政工任务的训导员很欣赏我，推荐我去担任师政治部《大勇》刊物特约通讯员。我当年还是更喜欢军事活动，排附的任务也比较繁忙，因此我对那位经常卖狗皮膏药的训导员并不亲近，只写过一篇连队军事活动的稿件，也没有看到录用刊登。在中华人民共和国成立后的政治审查中，这件事曾经成为审查我的一个重点细节。我曾从非正规的渠道听说，"发展得好的特约通讯员"，有师政治部布置的监控基层连队军官政治活动的特殊使命。但是我当年没有接受过这种任务，可能我不属于"发展得好的特约通讯员"。

1945 年 8 月 15 日，日本宣告无条件投降。经过浴血抗战，中国人民在世界反法西斯同盟的援助下，取得了抗日战争的伟大胜利。1945 年 11 月，我所在部队奉命调防，由蕉岭到上杭，再到南平。关于这次部队调防的任务我并不了解，作为基层的士兵，我们根本不了解战略形势，只是服从。军人的使命就是服从，不仅国民党的军队是这样，各个国家的军队大抵都如此。

一讲国民党的军队，大家都觉得很腐败，会联想到《抓壮丁》[①] 这部

---

① 《抓壮丁》，电影作品，1963 年上映。

电影的情节，其实那部电影有它的局限性，只反映了国民党军阀部队中落后、腐败的一个侧面。其实，青年军是很规范的，士兵是自愿报名参加，不是抓来的。那些出身于正规军校的军官很有水平，我作为排附，他们教会了我很多，可以说我最初得到组织能力和指挥能力的锻炼，是在青年军这段时间。

以此次调防福建为例，行军二十天左右，我的任务就是带小分队去打前站。打前站的人员需要在大部队行军到达之前两天，提前到达预定的驻地，对划为营地的几个村庄，进行调查、规划、分配。例如分配给我们三连的营地，我要搞清楚，这个营地所在的村庄有几户人家，规划各户能住多少兵员。事先要跟老百姓沟通好，把门板卸下来，摊开，借他们的稻草铺好，大部队一到达就可以住下来。大部队走了以后，我们还要负责把门板给人家装上去，将借来的稻草送回去，把房屋打扫干净，给人家的水缸挑满水，然后才能走，对军民关系有严格的要求。《抓壮丁》是经过艺术加工的文艺作品，能够引起大众欣赏兴趣的娱乐演出，集中反映了国民党部队的黑暗面，作为文艺作品是成功的，不过不能因为这部电影就认为当时所有国民党的部队都是如此。

我们到达南平后，驻扎了很短一段时间，又前往福州。1946年除夕夜，我们在马尾码头乘海船前往浙江温州，后驻扎在余姚。在广东的时候，青年军的装备比较差，到达余姚后，装备充实了很多。我这个排附使用的是连发的冲锋枪，每个营都有重机枪连，是步兵营的重武器。每个连里还配有六十毫米小口径的迫击炮。对国民党的部队来说，这些是较好的装备。

驻扎在余姚的时候，一天到晚搞演习。[①]演习就是假设红军、蓝军进行对抗，规定好谁是攻方，谁是守方，然后由上头的指挥官设计各种战时会出现的情况：一下子武器弹药供应不上了，一下子缺口被打开了，看你

---

① 此次前往浙江，二〇九师的任务是进行预备干部训练。广大知识青年从军的目的是对抗日本侵略者，抗战胜利后，留在军队已违他们的初衷，故自抗战胜利后，即有从军青年要求复员。据《大公报》1945年10月14日报道："唯军事当局以青年军之编训调遣均有整个计划，故对军中学生复学问题尚未考虑。"此计划即是在复员前对青年军进行为期六个月的预备干部训练，以期再行动员时，召集服役。见：周倩倩：蒋介石与知识青年从军运动。硕士论文，浙江大学，2011年。

如何应对。若接到命令，让你突破，那你就去冲锋；让你坚持，那你就死守；让你撤退，你就放弃阵地。这些军事演习，都是考验随机应变的能力，由指挥官不断提出临时的情况，看部队能否应对有方。演习都是疲劳战，很花钱，也非常累。在余姚时我跟二排长曾吵了一架，就是因为演习。实际上是我触犯了军纪：演习回来，途中遇到老百姓的运输汽车，我就爬上去搭便车。二排长很能干，但是平常有点刚愎自用，相当骄横。他要执法，说我违纪，要处分我，我就跟他发生冲突了。吵完了也就算了，因为接下来在六二五团组织的一次基层班排指挥比赛里，我代表一营三连去参加，拿了全团的第一名，为连队争了光，将功补过，让二排长能够下台阶，不再追究，此事不了了之。我为什么会违反军纪白坐老百姓的车？就是演习后太累了。从军纪上说，实际上是我的错误，二排长是对的。

进入军营，经过紧张的新兵训练、军士训练后，随即频繁的调防，身不由己，无暇思考个人的打算。当年的调防很频繁：从广东蕉岭的新兵训练，到福建龙岩的军士队训练，经过上杭，又回到广东省的蕉岭驻地，由蕉岭到福建南平，从南平到了福州马尾，从马尾乘海船去浙江温州，到浙江温州后，再迁驻到百官、余姚。哪个地方都不过三两个月，来也匆匆，去也匆匆。到什么时候想起要回家了呢？是到了余姚以后，在那里驻军的时间比较长，有几个月。抗日战争胜利后的形势也越来越清楚了，青年军参军的动机是抗日救国，到了和平时期，大家都想家了。这就是客观环境对个人思想的影响。紧张匆忙时，什么都没有考虑；清静放松时，就会"低头思故乡"了。因此我决定复员，从我个人感受来说，二〇九师对青年军复员转业没有什么阻挠，很尊重个人意愿，一切都很顺利，我是 1946 年 6 月复员的。

虽然因为参加国民党青年军的经历，曾让我在一些政治运动中多次受到严格的审查和批斗，但对于这段经历，我从来没有后悔过。我参加青年军是出于民族大义，并没有任何政治目的，因此我问心无愧。不过难免有点委屈。批斗我的两条罪状：一个是三青团，当时认为三青团员是特务，其实三青团是青年学生普遍参加的群众组织，哪有那么多特务；第二条就是青年军，知识青年从军运动，发生在国家生死存亡的紧要关头，它反映出中华民族面对外敌入侵时空前团结、不畏强暴、不畏牺牲的伟大民族精神，是值得肯定和赞扬的。我认为，青年军应该得到正面的评价。2005 年，胡锦涛主席在纪念中国人民抗日战争暨世界反法西斯战争胜利六十周年大会上的讲话中讲得很清楚："中国国民党和中国共产党领导的抗日军队，分别担负着正面战场和敌后战场的作战任务，形成了共同抗击日本侵略者的战略态势。以国民党军队为主体的正面战场，组织了一系列大仗，特别是全国抗战初期的淞沪、忻口、徐州、武汉等战役，给日军以沉重打击。"肯定了国民党军队在抗日战争期间是有功绩的。这段历史本来就不应当作为罪恶进行清算！

情感的追随

青年军复员前，我本可以选择留在军队里参加预备军官训练，有望升为军官，当时青年军会选送优秀人才去中央军校深造，如果我愿意，估计选送军校的可能性很大。我们的李排长和周排长，都很爱护我、关心我，总是说："小钟啊，如果你想去读军校的话，我们推荐你保送，将来当个优秀军官没有问题。"但是，到了余姚之后，尽管总搞军事演习，毕竟是人心思归了。我没有当官的愿望，但有梦寐以求的思念，期望能与高中时倾慕的女同学古乐梅相聚。当时我已了解到古乐梅高中毕业后，考上了国立中山大学医学院，因此产生了复员去中山大学医学院读书的强烈愿望，选择了复员升学这条道路。

我的夫人古乐梅，也是五华人，出身于基督教家庭，祖父做过传教士。她父亲古旭煌年轻时在梅县乐育中学旁边的德济医院学医，毕业后在兴宁县执业行医，是当地名医，家境很好。古乐梅的母亲叫张玉香，生了十五个孩子，古乐梅是家中长女。

古乐梅从初中时就与我同班。当时很封建，男女同学要分开坐，初中时我和她很少接触，所以已记不清楚最初和她相识的情形了。开始留意到她，是看到她年年考第一，因此知道她是个才女，她成绩好，大家都关注。我们的张士钊老师特别喜欢我们，经常故意捉弄我俩，每次上课出题目给大家做，大家解答不了的时候，就叫我们两个到黑板上去做示范。次数多了，同学们会开玩笑，说我俩是钟鼓齐鸣，很般配。从那时起我对她就有了倾慕之心，对老师的捉弄和同学的玩笑，心里也有触动。

我姐姐钟惠霞也在五华乐育中学读书，比我们高一班，与古乐梅同住一间宿舍。我姐姐也比较活跃，和古乐梅很熟悉。通过姐姐，我们课余有一些接触的机会。我们不信宗教，而她是虔诚的基督徒，我们有时候会和她开玩笑。她每次吃饭之前要祈祷："感谢主赐给我食物。"我就开玩笑说："你看，我不相信上帝，不照样有我吃的吗？"我那时很调皮，调侃她的信仰，当时还让她很不高兴。

上高中后，我们再度成为同学，当时正值抗日战争的高潮，校内外抗日宣传活动较多；周末和节假日，我也在争取见面和接触的机会。见面和交往的次数多了，对她的性格和人品有了更深入的了解，也就日久生情，相互爱慕。但是因为封建意识约束和她家严格的家教，不能正式建立恋爱关系。古乐梅出身保守的基督教家庭，父亲是社会上的名流贤达，非常重视家庭的名誉，因此她不敢逾越雷池半步。只能说是心有灵犀，没有正式建立恋爱关系。

我决定报名参加青年军时，并没有考虑古乐梅的因素。当时报效祖国是热血儿女的共同心愿，所以我不必征求她的意见，我知道她一定会支持我。她也报了名，只是家里不让她去，还责备了她一顿。过去大家对军队的印象很不好，女孩子说要参军，父母肯定不会允许的。我决定参军后，因为不知道什么时候能回来，跟她还能不能有结果，不想让她牵挂我，所以也没有跟她讨论过我们的将来。正式入伍时，因为是突然接到通知并要求军事行动保密，因此也未能与她告别。①

---

① 古乐梅在档案材料中曾经描写参加全梅各界民众欢送青年军出征集会时的心情：当时我情绪上是很激动而高涨，因为自己希望参加（青年军）而没有参加，想到这是爱国救亡行动，在那里又有自己最亲近的同学……见：古乐梅档案，补充材料，约 1955 年。存于广州市白云区军队离休退休干部第二休养所。多年后，古乐梅回忆钟世镇离开时她的感受：我们彼此也没有告别，也不知道他是什么原因，不告诉我一声就走了。我心里很难过，觉得是不是因为我一直没有回应他对我表达的好感，他心里有意见？一直没有给他承诺，觉得真的很对不起他。另一种猜测是他一心只有杀敌救国的激情，早把学业、前途、亲情、爱情丢到脑后，一声不响便离去。后来才知道，他是突然接到入伍通知离校，军事行动保密，既不能告知母亲，也没有跟我告别。我非常牵挂：这一走还不知道能不能再相聚，这种生离死别的感觉才让我恍然大悟：我已经深深爱上他了。见：古乐梅访谈，2013 年 7 月 18 日，广州，资料存于采集工程数据库。

参军后，军旅生活紧张，跟古乐梅一直没有联系。到余姚以后比较安定，就想起她来了，曾写过一封信给她，她也没有答复我。后来才知道，由于余姚的地址陌生，又因从来没有与我联系过，不知道我在余姚，接到信件时，害怕周围的人取笑，没打开就给撕掉了。其实我写的那封信也没什么，就是礼节性的问候，因为那时候我们还没有明确恋爱关系，只是抗战胜利了，才写了这封投石问路式的问候信。虽然没有接到她的回音，但是我想，只要我回广州就有希望终成眷属，如果不回去就没有希望了。因此，我决定复员升学，到中山大学去学医。

选择学医还有一个原因，当时以德语为第一外语的大学，全国只有两家：一个是上海的同济大学，另一个便是广州的中山大学医学院，中山大学其他学院还不是用德语的，只有医学院是用德语。早年，我期望工业救国时，很想考理工科学校，心目中的理想学府是同济大学，因为那里条件好。后来，受到杨维旭的大哥的影响，我放弃了工业救国的理想，也开始学会为生计考虑，就打算学医，因为当时做医生是很受欢迎的，医患关系远不像现在这么紧张，有"医不叩门"的说法。

因为我入伍前高中还没有毕业，如果要升学，需参加青年军办的升大学补习班，补习班结业后，成绩合格，才能分配升学。[①]1946 年 6 月，我参加了杭州的青年军第四升大学补习班，补习班设在西湖边的昭庆寺，当时昭庆寺还是个破庙，现在已变成著名的旅游景点了。补习班没有固定的教师，这个人讲两堂课，那个人讲两堂课。反正我又不怕考试，也知道这种考试只是走走过场，形式而已，很轻松，合格没问题。[②]当时我们已经

---

① 国民政府对青年军复员工作给予高度重视，出台一系列法律法规及相关文件，保证复员工作能够顺利进行，确保青年军复员人员可以得到妥善的安排。但由于国家甫自战争创伤中恢复，百废待兴，很难完全配合青年军复员工作，青年军就学复学也遇到了问题。青年军征兵时曾有优待措施："原属高中毕业生和高中读过两年以上的学生，均可免试升大学。"而抗战胜利后，对于这部分复员青年军，教育部和各大学却不肯接收或限制接收名称。为此青年军复员管理处专门开办了六个大学先修班。进行为期两个月的学习，结束后成绩合格者，再分配至各学府入学。参见：周倩倩：抗战后期青年军的组建及其结局.《南京晓庄学院学报》，2013 年第 2 期，第 103-113 页。

② 事实上，当时的大学补习班竞争也很激烈，据记载，设在杭州、余姚的补习班报名者达一千七百多名，后经严格之甄审，淘汰六百余名。见：孙玉芹：抗战胜利后青年军复员问题研究.《党史博采》，2007 年第 7 期，第 8-9 页。

离开军营，没有军纪约束，一天到晚就是玩，几乎游遍了西湖各景点。年轻人很调皮，当天西湖有游艇出租，我们没有钱，租不起。到了晚上，游艇休业，停在离岸有一段距离的水面上，人不能直接上去，我们就游泳过去，偷偷把它解开，划船在西湖到处游，游回来后，再把它放回原处。

图 2-6　青年军臂章

补习班结业，成绩合格以后填报志愿，就由青年军复员机构联系升学事宜。批准入学了，我们才算正式离开青年军。我们属于保送入学，名额由政府分配给各大学，规定各校要接受多少复员军人学生，与现在复员转业的政策有相似之处。

我在补习班学习的时候，1946 年的 7 月，我们三排的周排长，要到广州去出差，为我们联系就读中山大学医学院的事宜。① 当时我专门托他带给古乐梅一个"大勇臂章"，作为珍贵的信物。当年二〇九师叫"大勇"部队，士兵都有个臂章，是一个梅花标志。② 1946 年 9 月，我和一起从青年军复员的彭治平、钟俊禄、林世雄、钟世顺、卓国棠、曾尧祥、张秀俊、张亦昭等同学，由杭州到上海搭乘海船到达广州黄埔港，前往中山大学医学院报到。

---

① 据广东省档案馆藏 1946 年 7 月 1 日国民政府教育部《关于检送分发中山大学复学及转学的青年军学生名册一事的代电》中记载："国立中山大学案准：青年军复员管理处暨该处东南分处所送青年军升学、复学、转学各项名册，案经本部审核完竣，兹检发分发、准回该校升、复学学生名册，电仰知照，惟各生均应自卅五年度第二学期入学，入学手续仍照各该校规定办法。"则此时钟世镇升读国立中山大学事宜俱已落实。

② 古乐梅回忆：这个臂章是很漂亮的，印了一朵梅花。我觉得一方面是因为它比较漂亮，另外一方面他看到有梅花，就觉得很珍贵，保留下来赠送给我。可他忽略了，除了臂章以外一个字也没有。当时他的排长把东西拿给我时，我开始胡思乱想：难道是遗物吗？心里很难受。后来排长临走时告诉我：他很好，现在正在上学。就讲了这句话——还好，我就放心了。见：古乐梅访谈，2013 年 7 月 18 日，广州，资料存于采集工程数据库。

第三章
我的大学时代

校　园　生　活

　　1946 年 9 月，我到国立中山大学石牌校区校本部注册，成为国立中山大学医学院 [①] 的学生。中山大学医学院校址位于广州市的百子路，抗日战争期间，广州沦陷，医学院随中山大学先后辗转搬迁至云南澂江、粤北乐昌、梅县等地办学，光复后才回迁原址。[②] 沦陷时期，医学院的校舍和设施严重破坏。我报到时，医学院已回迁接近一年了，但战争创痕依然触目可见，所有的建筑物都被破坏了。我入学的时候，是到现在中山大学北校区的行政楼去报到，当时大楼所有的门窗都是残缺的，只剩下墙壁还在，

---

　　① 国立中山大学医学院前身为创建于 1909 年的私立广东公医医学专门学校，1924 年学校改为广东公立医科大学。1924 年，国立广东大学成立，翌年 6 月，广州国民政府发布命令，接管广东公立医科大学为国立广东大学医学院。1926 年，国立广东大学改名为国立中山大学，医学院改称医科，1931 年学校实行学院制时复改称医学院。

　　② 1945 年 10 月起，国立中山大学医学院生员、校产陆续回迁广州，其时校园尚被国民党新一军占用，后逐步接管校舍，恢复办学。

建筑的框架还在。当时医学院没有学生集体宿舍，我们报到以后，要自己去校园里找住处，校园里到处都是空旷的破房子，谁能把门窗钉好，住进去，就是谁的宿舍。

当时医学院规模很小，我们那个年级只有五十八人。报到以后，由学长带着新生，先去熟悉学院的有关情况。教授也没有办公室，有课就来，上完课就离开。我们的老师也很穷，基础课的老师们也多数在外面挂牌行医，例如"德国医生某某某"，实际上他们都不是临床医生，但是当

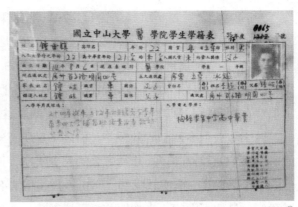

图 3-1　钟世镇学籍表（原件收藏于广东省档案馆）[①]

图 3-2　原中山大学医学院医院大楼

时教师待遇很低，为了糊口，大多在外做咨询工作，收入比学校的薪金高多了。

---

① 学籍表后附《志愿书》和《保证书》，《志愿书》内容为：具志愿书人钟世镇，现年二十二岁，广东省五华县人。兹蒙国立中山大学取录为医学院学生，肄业期间遵守国家法令，奉行学校规章，听从师长训诫，倘有违背，愿受严厉处分，立志愿为据。《保证书》内容：具保证人曾省，系广东省五华县人。今保得钟世镇君入国立中山大学医学院为学生。肄业期间遵守国家法令，奉行学校规章，听从师长训诫，倘有违背，保证人愿负完全责任，所保是实。签署日期为民国三十五年（1946）11 月 6 日。具保人曾省即为钟世镇高中时深受同学们爱戴的梅县乐育中学校长，时任国立中山大学医学院德文教授。

当时中山大学医学院属于德日学派，非常重视本校的德国传统。[①] 二战后，德国和日本是战败国，发展缓慢，英美是战胜国，以后英美学派慢慢占主流了。而我们读书的时候是德日学派占优势，在教学的理念、组织、方法和作风上，这种传统表现得还非常鲜明，老师作风非常严谨，要求很严；但是比较保守，很尊重传统的东西，这是德国学派的一个特点。

医学院有很多知名的教授[②]，但并不是所有知名教授都与我们有直接接触。像梁伯强教授[③]，是非常著名的病理学家，但是没有亲自教过我们，是他的弟子杨简[④]、李瑛教我们。李挺教授是很有名的微生物学家，他也没教过我们，是他下面的一个教授黎希干[⑤]教我们。罗潜[⑥]是很有名的药理学教授，但是教我们的是下面的一个叫吴秀荣的讲师[⑦]。有些知名教授，我们是久

① 医科是中山大学成立初期的办学重点之一，比较全面地引进了德国先进医疗技术。邹鲁在1932年的报告中着重指出"本大学医学院采用德国制"。戴传贤（1926-1930年任校长）和朱家骅（1930-1931年任校长）掌校时，学校采用德国式管理机构，着重引进德国先进医学教育和学术研究人才，聘请了多名德国教授，采用德国教材，用德语授课，仅招收德语考生。并制定《遣派医学院助教留学德国暂行规则》，每年选派优秀人才赴德留学，保证教师质量。因此即使是本国教授也多数是留德出身。见：吴定宇：《中山大学校史1924-2004》。广州：中山大学出版社，2006年，第112页。

② 国立中山大学医学院名师云集，钟世镇在校读书时，学院的知名教授有梁伯强（病理学）、梁仲谋（生理学）、李挺（微生物学）、叶少芙（内科学）、陈安良（公共卫生、法医学）、何凯宣（组织学、胚胎学）、罗潜（药理学）、王仲侨（解剖学）、黎希干（微生物学）、杨简（病理学）、张梦石（儿科）、邝公道（外科学）、朱师晦（寄生虫学）等人，各个学科均有知名教授执掌。虽然部分知名教授未为钟世镇亲自授课，但他们深厚的学术素养与良好的治学作风，是国立中山大学医学院良好的学术传统的重要部分，钟世镇浸淫其中，受益良多。

③ 梁伯强（1899-1968），广东梅县人，著名医学教育家，病理学家，中国病理学家奠基人之一。1923年赴德国慕尼黑大学研修病理学，获博士学位，1925年回国受聘同济大学病理学副教授，1932年受聘国立中山大学医学院教授，曾两度出任医学院院长。1955年当选中国科学院院士（学部委员）。

④ 杨简（1911-1981），广东梅县人，病理学家，实验肿瘤学家。1934年毕业于国立中山大学医学院，留校任教，随梁伯强从事病理学教学及科研工作，1942年聘为教授。1947年3月赴美国宾夕法尼亚大学进修，1948年6回到国立中山大学任教，1980年当选中国科学院院士（学部委员）。

⑤ 黎希干（1907-1989），广东海丰县人。1933年毕业于国立中山大学医学院，1941年受聘国立中山大学医学院教授兼细菌研究所主任。1947年赴美国哈佛大学医学院进修一年，回国后先后就职中山大学、北京大学、洛阳医学院、河南医学院。

⑥ 罗潜（1911-1995），广东大埔人，著名药理学家。1933年毕业于国立中山大学医学院，1935年赴德国留学，获博士学位，归国后回到中山大学医学院任教，曾任医学院院长。"文化大革命"结束后，创办了暨南大学医学院。

⑦ 吴秀荣（1919-　），女，1942年毕业于国立中山大学医学院，留校任教。历任药理学助教、讲师、副教授、教授。

闻盛名，但没有直接接触，而对任课老师则印象深刻。

我们医学生首先要学解剖课，由王仲侨^①教授授课，他是中山大学从江苏聘请的，在中山大学医学院任教时间不是很长。王仲侨教授是一位很有名的教授，给我的印象是：非常严肃，非常认真，对我们要求很严格。我一、二年级上王仲侨教授的解剖课，一年级时是与二年级合班上课，开始上课时，二年级已讲到哪个章节，我们一年级的同学就从那个章节开始学，不按系统顺序上课。王仲侨教授教得非常好，他上课时带红、黄、蓝三色彩笔，在黑板上画出的解剖图与德国解剖学家斯巴德何辞（Spalteholz）的《人体解剖图谱》一样准确漂亮，全部解剖学名词都写上拉丁文，要求同学们全部熟记。他要求我们：学解剖学就要会背书。我们那时年轻，背诵当然不在话下。这个扎实的基本功，我一辈子受用。拉丁文名词是所有医学名词的基础，后来尽管我没有学好英文、俄文，但是阅读外文专业书籍，名词不用查字典，要感谢王仲侨教授为我打下的基础。

生理学是梁仲谋^②教授授课。梁教授也在外面开业，在现在的北京路那里挂了一个"德国医生梁仲谋"的招牌。梁仲谋教授的教学风格，讲课常随兴之所至，汪洋恣肆，至于教学计划则不像王仲侨教授那样严谨。我们是与上一年级一起上他的课，按上一年级的教学进度来上课，所以我学生理学不是从前学到后，一开始就是学 sensory organs（感觉器官生理），从眼睛、耳朵、视听力开始。一个感觉器官就可以讲一两个学期。梁仲谋教授对什么有兴趣就教什么，我们就只能听什么。那时候没有教材，只能靠记笔记。梁仲谋教授是客家人，满口浓重的客家话，广东籍讲粤语的学生还听不太懂，同学们有时候要请我翻译。我是客家人，都听得懂，占便宜（当时中山大学医学院教授以客家人居多，梁伯强、张梦石、李挺、罗潜等

---

① 王仲侨（1904-1976），山东黄县人，著名解剖学家。1931年毕业于北京大学医学院，赴德国柏林大学与耶拿大学深造，1934年回国后任教于江苏医学院。1946年受聘国立中山大学医学院教授，后调至浙江大学医学院。

② 梁仲谋，生卒年不详。早年留学德国，归国任国立中山大学医学院生理学教授，1937年任国立中山大学生理学研究所主任。新中国成立初期对苏联巴甫洛夫"条件反射"学说提出质疑，因此受到政治上的斗争与批评，由于不满没有学术自由，从此不愿发表学术文章。参见华南医学院1956届毕业生罗缉熙回忆文章《令人钦佩的梁仲谋教授》，收入《华南医学院1956届毕业生毕业五十周年纪念特刊》，内部发行，2006年。

都是客家人）。梁仲谋教授很有学问，钻研也很深，就是随意性太大，我们的生理学只学了感官生理学，其他的没怎么学。

生物化学是最重要的基础课之一，可惜没有好老师教课，在大学里我好像根本没有学到东西。

解剖、生理、生化属于前期课，是头两个学年主要的医学基础课。当时学完前期课，在第二学年结束时要考前期试，各门前期课考试及格了，才能进到后期课。前期试非常难，大部分专业课都采取口试和实验的方式进行，是对一、二年级所学课程的一个全面考核。比如生理学，尽管上课时梁仲谋教授只讲授了感觉器官部分，但是考试的时候，全部内容都是要考的。[①]

通过前期试，进入后期修业阶段，病理学、细菌学、药理学是跨越前期和后期的基础课。

大学里给我印象最深的就是病理学，这是中山大学医学院当年最有实力的学科。[②] 当时梁伯强教授是医学院院长，工作很忙，教学工作主要由他的学生杨简教授和李瑛教授承担，而在我们这个年级，李瑛教授上课的时间更多。杨简教授是我中学好友杨维旭的哥哥，但是我与他接触很少，估计他不知道我是他弟弟的好同学。那时候我们上课是集中排课的，如果上病理课，一两个星期都是安排病理课程，不交叉排其他课。病理学有个

---

① 据钟世镇的同学汤增新介绍，他对大学时的钟世镇有一个深刻的印象，就是当时他已经懂得利用逻辑与哲学的思维方法来学习，擅长使用分析、对比、鉴别，最后得出结论。他回忆说："考前期试的时候，大家都在紧张复习，世镇就一个人到球场上打篮球去了。复习组织胚胎学的时候，大家在显微镜下看切片，他回来看到，就说：阿汤，不需要看显微镜，我们的眼睛比它厉害。用太阳光一照，有空气，有肺泡，不需要看了，这就是肺；三角形的肯定是脾脏；四方形的就是肝脏。"但是考试的时候，何凯宣教授将切片固定在显微镜下，不准移动，这个方法也就没有用武之地了。见：汤增新访谈，2013 年 7 月 22 日，广州。资料存于采集工程数据库。

② 病理学在中山大学医学院有良好的基础。1927 年 6 月，德国医学家道尔曼斯（E. Dormanns）在国立中山大学医学院建立病理学研究所。1932 年，道尔曼斯回国，梁伯强接任研究所主任。1935 年，国民政府教育部准予国立中山大学设立研究院。1942 年，研究院增设医科研究所，下设病理学部，梁伯强任医科研究所主任兼病理学部主任。梁伯强通过教学实践，对中山大学医学院病理学教学进行合理调整，在三年级内完成病理学的教学，使学生在四年级进行临床实习时可以更好的将实践与理论结合。梁伯强非常重视尸体解剖，抗战前便做了大量的尸体解剖研究，制作了数千个病理标本，建成较为完整的病理学教学基地。此后中山大学医学院的病理学一直保持着优良的学术传统和较高的学术地位。1951 年开始，中山大学医学院接受卫生部委托，开设病理学高级师资班，此后陆续开办二十多期，培养了大批人才。

阶梯教室，每周有一次讨论课，安排在每星期最后半天，在阶梯教室进行。讨论课就是把一个星期学的东西，从头复习到尾。老师依次提问，问到哪个学生，哪个学生就得回答，大家都必须认真准备，给我的印象很深刻。那种问答式的教学方法很好，这些都是梁伯强教授建立起来的教学传统，名师出高徒，他的徒弟们也很能干。学病理学需要绘简图，杨简教授的那些简图非常形象，我印象非常深刻，一看到这些病理图，我们马上就了解到很多东西。尤其是病理学课程采取提问答辩的方式，每个星期将所学课程内容系统完整地复习一遍的教学方法，效果非常好，我们学得也很好。

图3-3　梁伯强夫人与梁伯强的四位院士弟子合影（1999年，中山医科大学举行梁伯强教授一百周年诞辰纪念会暨病理学术研讨会。左起为钟世镇、姚开泰、梁夫人、程天民、甄永苏。其中钟世镇、甄永苏毕业于中山大学医学院，程天民、姚开泰则是病理学高级师资班的弟子。资料源于《钟世镇院士从教五十五周年暨八十华诞纪念册》）

微生物学当时叫细菌学，细菌学科主任是李挺教授，但是他没有给我们上过课，是黎希干教授授课，也教得很好。黎希干教授略受英美学派方法的影响，通过他的教导，我们除了知道德日学派的学术风格，也了解到一些英美学派的特点，主要表现在他们对学科前沿信息比较敏感，这对我以后的学术工作也有很大帮助。

罗潜教授是药理学科主任，但是为我们讲授药理学的是吴秀荣讲师，她也教得很好。

在后期修业阶段的临床科目上，同学们比较喜欢的几位教师，其一是外科的蔡纪辕老师，他当时还是讲师，课教得非常好。当时外科的邝公道①教授刚从德国回来，上的课不太多。妇产科的郑惠国②教授，给我们印象特别好。本来内科是大科，很重要，但是教课的老师换得太多、教得很分散，我没有特别深刻的印象了。

我上大学时，中山大学医学院条件非常差。抗日战争期间学校的损失很严重，我们上学的时候，正是百废待兴，物质条件仍很差，图书资料、实验室等基本的学习与研究条件都不具备。我们学解剖学，连完整的人体标本都没有，只有骨骼标本。骨骼标本也很少，我们还要自己设法找。那时候黄花岗是一大片乱葬场，七十二烈士墓旁边是一片无主坟地。我们晚上就跑到那里去挖尸体，乱葬岗的尸体埋得都很浅。我们有经验，知道哪个方向是头，哪个方向是脚，就在头的位置打个洞，把头骨拿出来，用麻包装起来背回去，用石灰水一煮，就算消毒了，这就是我们私人的标本。因为颅骨最复杂，四肢骨比较简单，我们最怕学习颅骨，所以就专门去偷颅骨回来。因为没有标本，我们二年级时虽然开设了解剖学实习课③，但根本没有机会动手操作，连老师的解剖教学示范都没办法开展。其实并不是没有制作标本的材料，那个年代，"路有冻死骨"的事情很常见，天气一冷，街边的路尸很多，主要是学校没有钱去买。④

---

① 邝公道（1916-2003），广东开平人，1939年毕业于德国柏林大学医学院，次年获医学博士学位。1946年回国，任中山大学医学院教授。

② 郑惠国（1911-2006），江苏江阴人。1934年毕业于国立中山大学医学院。1949年起任中山大学医学院教授。

③ 国立中山大学医学院二年级开设解剖学实习，周学时十二小时。

④ 古乐梅较钟世镇提前一年进入国立中山大学医学院，据她档案中记载，她学习解剖学时，学生还可动手进行尸体解剖的实习：1946年第一学期学习解剖学，……六人一组，解剖一具尸体，我和徐慧灵、丘泮英、曾菊珍等人一组。……不论白天晚上，我们几乎多数时间都在解剖室里，除上其他课外。因为教授嘱咐我们希望在天热到来以前要把尸体解剖结束，天气热得较早，要不抓紧时间，倒是自己吃亏了，因此我们连寒假亦未停下。见：古乐梅档案，补充材料，约1957年。存于广州市白云区军队离休退休干部第二休养所。另据国立中山大学医学院1947年9月15日向中山大学校长王星拱提交《关于请购置解剖学研究所教学设备物品的呈》（收藏于广东省档案馆，档案号002-004-1207）记载："本所原有设备在抗战期间损失无遗，复员后又无款重置，（转下页注）

到我们学病理学的时候，就有了病理解剖示教课①。所用的尸体也都是路尸，本来应由掩埋队负责去掩埋，学校给掩埋队一点酒水钱，他们就送到学校这里来了。有一次，路尸送来了以后，准备拿去做病理解剖时，那个人又活了。因为他是冻伤的，放到屋子里比较暖和，就活过来了，我们发现他活过来，马上进行抢救，抢救一番之后不成功，还是死了。病理解剖示教课，学生还是没有动手的机会，是老师动手。我记得一般是由两位助教进行解剖，解剖后先让学生进行肉眼诊断，看看解剖的尸体患有什么病。给我印象最深的是，每次解剖的尸体都有华支睾吸虫病，就是肝吸虫病。大概是因为广东人喜欢吃鱼生，鱼生里寄生虫较多造成的。

　　总的来说，尽管国立中山大学医学院继承和发扬了德国学派的优良学术传统，有一批学养深厚、治学严谨的名师，但是在中华人民共和国成立前，由于国家积贫积弱，政局混乱，社会动荡，教育的整体基础是比较薄弱的。以当时的教学管理而言，很落后、分散，教学的计划性不强，随意性很大。老师教什么，我们就学什么。所以教授教得好，我们收获就大；教授教得不好，我们就印象模糊。因为没有建立好的制度，所以要依靠好的老师、教授，才能把好的传统保留下来。病理学给我的印象那么深，是因为教得好，收获大。为什么说王仲侨教授教得好？因为他要求严格，也使得我们获益良多。为什么生物化学我一点印象都没有？大概是因为老师不行，就等于没有学。那个年代没有教学大纲、没有讲义、没有教材，就只能靠笔记。但是在这种环境中成长起来，使我们那个时代的人养成了比较强的自学能力和适应能力。

　　上大学时，我在班上担任班代表，实际上就相当于年级的学生会主

（接上页注④）一年来幸赖各所协助拼凑，对各班教学及实习工作始能大部实施，惟在此设备极度缺乏情形之工作进行困难，现又将开学，关于解剖应用器材亟待提早筹置"，申请拨款一千零二十五万元，用于购买实验用品，批复是"在该院分配图书仪器购置费内支付"，未另行拨款。可见前一年度是在极端困难的情况下完成了解剖学实习课，因缺乏稳定的经费支持，钟世镇所在年级开设解剖学实习课时，则无以为继。

①　国立中山大学医学院三年级开设病理学，分为病理学理论、病理学实习、病理学组织、尸体解剖实习、病理学讨论五门课程。

席。医学院也有学生会，我记得我们班上的梁敬恕曾当过院学生会主席。但学生会的组织很松散，比较有权威的反而是像我这样的班代表，管的事更多、更具体。全班同学

图3-4　当年的篮球五虎将合影（左起为彭治平、汤增新、张纫华、钟世镇、岑军辅。资料源于《金晖》）

们所有事务都管，还负责跟学校行政部门和老师的沟通联系，总的来说就是为班上的同学们做好服务性工作。比如说，当时我们读书是没有教材和讲义的，有时候要油印教学大纲，蜡纸是请人抄写还是布置同学们自己抄写？如果请人抄写还要向同学们收点钱，这些事情就是班代表去处理。到复习考试的时候就更忙了。复习所需的标本、组织玻片、显微镜等如何轮流分配；考试如果采用口试形式，还要编排分组考试的先后次序，等等，这些事务也要由班代表来布置。

我喜欢体育运动，高中时喜欢踢足球，上大学以后，因为中山大学医学院没有足球场，我就改打篮球，是篮球队的主力。在医学院组织的一次班际篮球比赛中，我们班的篮球队在没有替补的情况下，靠顽强的斗志，战胜了实力比我们强的1951届同学，夺得全院冠军。当时五个队员，除我以外，还有张纫华、彭治平、汤增新、岑军辅。所获奖金，大家一致同意用于补助生活有困难的同学。

大学同学里，我的知心好友很多，关系最好的是廖学能、汤增新，在我经济困难的时候他们曾给过我无私的帮助；志同道合的有岑军辅，他聪明能干，人品好，很擅长组织工作；张秀俊，也是复员青年军，很擅长文艺，组织黄昏大合唱、跳舞、游戏，很出色；梁敬恕，他是学生会主席；还有黄尚武，我们比较谈得来。

从校园到社会

我上大学的六年跨越了两个时代，这是一个天翻地覆、政局动荡的时期，在大时代的浪潮中，每个人的命运都受到了影响。

前夜

中华人民共和国成立前夕，国家的整个经济濒于崩溃，突出的表现是通货膨胀，物价飞涨，民众生活苦不堪言，我也深受其害。过去我家靠地租收入维持生活，实际上我们并不是真拥有那么多耕地，旧社会农村没有银行，如果有钱，就放贷收取利息，我给你一担谷子的钱，你一年给我交两斗谷子的租。我们家九个兄弟姐妹，仅靠地租生活，并不充裕，到1948年左右，家里就凑不出钱来给我上学了。我父亲县长也当不成了，没有钱，住到一个祠堂里，他也很落魄，根本无力资助我读大学。

我们这些复员青年军上大学是不花钱的。其他的同学可以申请半公费，我们是全公费，除了学费不用交，每月还有十块钱的生活费，没有通货膨胀的时候，十块钱大约够付半个月的伙食费。到后来通货膨胀，国民党滥印钞票，金圆券疯狂贬值，钞票根本不值钱了，广东人把金圆券叫"湿柴"[①]，意思是这钱就像湿的柴火，连烧火都不行，一点价值都没有。这时我的生活就很窘迫了，最困难的时候，连吃饭都成问题。当时我产生过辍学就业的打算，万幸有好友和爱人雪中送炭，伸出援手，帮我渡过难关。不然，我可能就中断了学业，我的人生也可能全部改写。

大学里跟我关系最好的同学，一个是廖学能，一个是汤增新，当我跟他们商量退学的打算时，他们劝我一定要完成学业，经济上的困难，他们设法帮助我解决。他们两个都有亲人在海外，经济上比较宽裕。后来每当我经济

---

① 著名历史学家陈寅恪当时执教岭南大学，于1949年赋七言古体诗《哀金圆》，诗中有"赵庄金圆如山堆，路人指目为湿柴。湿柴待干仍可爨，金圆弃掷头不回"等句。

上无以为继的时候，廖学能、汤增新都经常接济我，每次都不少，有时候一次就给一百块钱的港币，这在当时是一笔巨款，够我吃两个月的饭。

古乐梅的大哥古希曙，初中毕业后曾因病休学两年，因此在梅县乐育中学时成为我的同班同学，和我的关系很好，他和古乐梅一起考入中山大学医学院。当时古乐梅把我的困难告诉他，他就说：让他跟我们一起吃饭吧，不用交伙食费。那时的中山大学医学院，空房子有的是，同学们自己把房子门窗钉好了，就可以作为宿舍，还有多余的空房间就作为饭堂，四五个同学合请一个保姆，专门给这小集体做饭。当时古乐梅的弟弟古希晓也在中山大学医学院读书，他们三四个人搞了一个小厨房，古希曙管家，我就到他们那里吃饭。古希晓的女朋友也在一起吃饭，她还需要交伙食费，因此我也过意不去，不能长期依靠他们，尽量少去。总之，是这些关心我的人东拼西凑，帮我度过了那个困难时期，我才能够完成大学学业。磨难也是人生财富，我经常说"有磨皆好事，无曲不文星"。我有时看到，现在生活这么幸福，听说大学生有寻短见的，我们这一代人都觉得不可思议，我觉得就是因为现在的年轻人经受的挫折太少，所以适应能力太差，像我们经历过那么多磨难，适应能力自然就比较强。

抗战胜利后，国民党的贪污腐败现象很严重，大家对国民党当局非常失望。因为我求学的经济来源无望，有切身感受，所以对社会现象特别敏感，可以说，我对蒋介石和国民党政府是由希望变成失望。抗日战争时期我响应蒋介石的号召去参军，对他的印象好，因为当时他领导我们打日本侵略者。但是抗日战争胜利以后，国民政府从重庆派官员来接收沦陷区，那些接收大臣非常腐败，我们不叫他们接收大臣，而是叫他们"劫收大臣"。一些日伪时期在广州当权的汉奸走狗，不知道怎么贿赂了那些官员，就成为"地下工作者"。老百姓哪知道三民主义好还是共产主义好？只看你是贪官还是清官。国民党太腐败，老百姓对腐败最敏感，就盼着共产党来，那时候我们已经听说共产党非常廉洁。①

① 钟世镇在《自传》中曾写到这个时期的思想转变："在新中国成立前夕，通过学生运动的冲击，国民党反动宣传壁垒已经出现了决口，使我初步听到从这些缝隙中漏出来的各种非官方渠道新闻，接受了新的教育，开始懂得了一点国民党腐败的本质，开始寄希望于解放，寄希望于廉洁奉公的中国共产党。"见：钟世镇干部档案正本，自传，1987年12月17日。存于南方医科大学人事处人事科。

医学院与中山大学其他学院隔得很远。国立中山大学校本部在石牌，当时中山大学一共有七个学院，文学院、理学院、法学院、工学院、农学院、师范学院这六个学院都在石牌，只有医学院在市区百子路（中山二路一带）。我们和中山大学校本部仅有的联系，就是每年开学的时候去注册，其他时候很少到校本部去。解放战争时期，中山大学校本部的学生运动搞得热火朝天，当时有中共地下党在那里领导，组织得很好，像后来的邮电部部长杨泰芳[1]，就是当时中山大学的地下党员。而医学院则是一个学运死角。不过两次激动人心的示威大游行，使我们医学院这些两耳不闻窗外事的书呆子，也感到热血沸腾。

1947年1月7日，针对北平发生美国士兵强奸中国女大学生的事件，中山大学组织了"抗议美军暴行示威大游行"。但这次游行遭到国民党当局的野蛮阻扰，令人义愤填膺[2]。同年5月31日，以中山大学的学生为首，广州学生举行"反内战、反饥饿、反压迫"的"五·卅一"示威大游行[3]，当时我们医学院没有组织人参加，后来我在岑军辅那里了解到，虽然医学院没有正式组织游行队伍，但我们班上有两位同学参与了"五·卅一"游行，一位叫刘文辉，另一位叫黎永泉。游行队伍进入广州长堤时，国民党组织的暴徒打伤了赤手空拳的学生，被打至重伤者二十多人，轻伤一百多人。这些伤员有的在博济医院留医，有的就在中山大学医学院的附属医院留医，我们去附属医院的病房看望过负伤的同学。血腥的现实给医学院师生们补上了一课，使我们明辨了是非曲直。

---

[1]　杨泰芳（1927-2012），广东梅县人。1945年至1949年就读国立中山大学，期间参加党的地下组织。中华人民共和国成立后曾任全国人大常委会委员、邮电部部长。

[2]　1946年12月24日夜，北京大学先修班女生沈崇，在东单操场被美国海军陆战队士兵强奸，引发了波及全国的反美浪潮，全国数十个城市计五十余万学生相继举行游行示威。1947年1月7日，由中山大学学生发起，广州各大中学校学生参与，三千多学生举行示威，向驻广州沙面的美国领事馆递交抗议书。

[3]　内战期间，面对饥饿和战争，广大爱国学生、工人和社会各阶层发起了轰轰烈烈的反对国民党内战、独裁的爱国民主运动，形成了反对国民党的第二条战线。1947年5月20日，北京、上海等地高校学生在南京联合举行示威游行，发出挽救教育危机的请愿书，提出了"反饥饿、反内战"等口号，遭军警镇压，造成震惊全国的"五二〇惨案"。国立中山大学学生奋起声援，5月31日清晨，以国立中山大学学生为主，广州各大中学校学生举行"挽救教育危机暨反饥饿反内战示威大游行"，史称"五·卅一运动"。

我身边的一些好友陆续加入革命的阵营中，我的高中同学张东光、杨维旭、黄其芳先后离开广州参加地下工作，临走之前都来找我告别。汤增新的一位同乡好友刘克，因参加地下工作暴露身份，在离开广州之前也来与我和汤增新告别。目送这些好友走上革命道路，使我在感情上越来越倾向于共产党。

1948 年开始，医学院有了地下学联[①]的活动，地下学联是中共地下党的一个外围组织，在党的领导下搞学生运动，通过学生运动宣传共产党的主张。地下学联利用合法斗争的形式，在医学院组织了生动活泼的"黄昏大合唱"，吸引了我的注意。医学院的黄昏大合唱非常活跃，广东太阳下山早，气候又好，黄昏的时候就是地下学联活动的时候。形式很简单，就是唱歌、跳舞，大家联欢，在校园里空旷的地方进行。正因为形式简单，所以也很容易动员大家参加。当时大家爱唱的歌曲有《你这个坏东西》[②]："你，你，你，你这个坏东西！市面上日常用品不够用，你一大批一大批囤积在家里，只管你发财肥自己，国家和民族你是不要的，你的罪名和汉奸一样的，你这个坏东西！真是该枪毙！"歌曲本身虽是针对奸商的，实则反映了对国民党统治下通货膨胀的愤慨，国民党印发的法币贬值得太厉害，就搞了金圆券；金圆券也不行了，再搞银圆券。一方面通货膨胀，一方面物资短缺，所以我们就唱这首歌来表达对社会的不满。后来唱《山那边哟好地方》："山那边哟好地方，穷人富人都一样，你要吃饭得做工哟，没人给你做牛羊。老百姓呀管村庄，讲民主呀爱地方，大家快活喜洋洋。"

---

① 1947 年 3 月 29 日，爱国民主协会经中共广东区委城市工作委员会批准成立。该协会是中共广州特派员直接领导下组建的共产党的外围秘密组织。初建于中山大学，命名为中山大学爱国民主协会，参照中共七大通过的党章制定协会章程，明确提出会员要接受中国共产党的领导。五·卅一大游行后，抽调党员到其他大专院校及中学建立与发展爱协组织与会员，后来由于该协会的组织范围已扩大到全市，故改名为广州爱国民主协会。1947 年下半年，中山大学附属中学、广雅中学、知用中学等中学亦建立了组织。为了避免暴露，在中学建立的组织改名为广州学生联合会工作协会。1949 年 2 月，华南学生代表大会在香港召开，会上成立了华南学生联合会，广州地下党决定将广州爱国民主协会及广州学生联合工作协会统一更名为广州市学生联合会，作为团体会员加入华南学生联合会。会员内部把广州市学联及前身统称为广州地下学联。参考中共广州市委党史研究室：广州 1945-1949 年党史，广州党史网，http://www.zggzds.gov.cn/gzdsdsjs/544.jhtml。

② 1947 年电影《八千里路云和月》主题曲，词曲作者舒模。

我开始向往民主自由的解放区生活。

1949 年的夏天，我参加了中山大学暑期工作队 ①。起初我不清楚这次活动的背景，班里组织人报名的时候，只说比较贫困的学生，如果需要一些生活费，可以参加暑期工作队，到广州周边的贫困地区提供服务。当时我经济比较困难，考虑到暑期工作队提供食宿，还有一定补助，就和几位高年级的同学一起报名参加了。后来我才知道这是地下学联组织的一系列群众性运动之一，深入广州石牌一带乡村开展农村群众工作。我们学医的，可以做一些医疗服务工作。我就参加了医疗服务组，当时医疗服务组就安排在中山大学工学院（现在的华南理工大学）那里。时值暑假，学生宿舍多是空的，我们就住在工学院的学生宿舍。每天有人组织我们到附近的农村去访问贫困的居民，居民有些小伤小病，常识性的医学问题，我们就替他们简单处理一下。当时我还是大学三年级的学生，还没有接触临床医学，只有一些基础的医疗知识。

暑期工作队入驻石牌校园后，刚开展工作不久，就发生了军警逮捕进步学生的事件 ②。中华人民共和国成立以后我们才知道，地下学联只是中共地下党的外围组织，不是真正的地下党组织，而中山大学石牌校区是广州学生运动的策源地，那里有真正的中共地下党组织。中华人民共和国成立前夕，中山大学石牌校园的政治斗争非常激烈，国民党当时要抓的是中山大学的中共地下党员。抓人的那个晚上，中山大学石牌校本部全部被包围

---

① 中山大学暑期工作队活动，据古乐梅档案记载："（1949 年）暑期前，许多同学申请参加暑期工作队，当时分两地申请，一为班里同学，申请的分派入石牌这工作队；另一为基督教青年会里登记申请的，分到另一区工作队，暑假开始分别搬入工作。……为了能获得一点补助费，当时我也很想申请参加的，因为自四年级以来，钟世镇家里不再有分文接济，全靠他同班同学及我把父亲特别给我补养身体的用费帮助他，父亲又不大喜欢钟世镇，因此我不敢向父亲提出请父亲帮助，只能做主抽出一点给他用，可是哥怕我身体受不了，不同意我参加，只好留下到门诊病房学习。"见：古乐梅档案，补充材料，约 1957 年。存于广州市白云区军队离休退休干部第二休养所。

② 1949 年 7 月 23 日，广州警备司令叶肇策动了迫害中山大学进步师生的"七·二三"大逮捕事件。中山大学十四位教授、讲师和职员，约一百八十名学生被捕，护校应变委员会用以保护学校的枪械被没收，师生们的罪名是"私藏枪械，阴谋暴动，颠覆政府"。地下党负责人杨泰芳机智逃脱这次逮捕。参见：吴定宇：《中山大学校史 1924-2004》。广州：中山大学出版社，2006 年，第 242 页。

封锁起来，军警逐个宿舍搜查。他们有内线通风报信，知道哪些人是地下党员，是学生运动的头头。工学院的杨泰芳同学是中山大学地下党的负责人之一，是这次抓捕的对象，我们后来曾听说他的传奇故事，知道当时他如何在重重包围中，用利诱警察的办法成功脱险。非常凑巧，我们下乡工作后回来，可以休息一天，那天刚好是我休息，回到市区的医学院，没有住在石牌那里，没有受到波及。①

广州迎接解放时，形势很紧张，在地下党的领导下，中山大学医学院成立了一个护校应变委员会②，负责人由罗潜教授等学院领导出面担任，也有学生代表参与，学生代表里很多是地下学联的成员。我因为参与地下学联的活动比较多，地下学联认为我是积极分子，吸收我参加护校应变委员会，并由我担任纠察队的队长，"不怕死的当保安"。纠察队的主要任务是保护学院的财产和人身安全，以防在政权交接的真空期有流氓来抢劫。我组织的纠察队员主要都是复员青年军，因为他们当过兵，有军事技能。我们先把女同学们集中到男生宿舍的最高两层楼上保护起来。当时我们也没有武器，每个人拿个小铁棒，通宵巡逻。中华人民共和国成立后，组织上要甄别国统区这些活动的性质，究竟这个护校委员会是共产党领导的，还是国民党领导的，有一段时期这个问题还搞不清楚，后来搞清楚了，是中共地下党领导的护校委员会。③

---

① 据古乐梅档案记载："一天极晚，据说在半夜里，石牌工作队被伪行辕（抑或警备司令）包围，逮捕大批学生，一区工作队闻讯即行解散。……包围石牌时，钟正在休息，回来学院。第二天由医疗组同学徐隆绍通知他，暂时不要回去，要到别处避避，好像黑名单也有钟的份。钟等悉即往杨简弟弟杨维旭家里住了几天后回来。"见：古乐梅档案，补充材料，约1957年。存于广州市白云区军队离休退休干部第二休养所。

② 中山大学护校应变委员会成立于1949年4月。当时国民党当局企图在撤离大陆之前将知名教授和重要的校产进行转移，又提出将中山大学迁往海南的计划。应变委员会成立的目的是为了保护校产和教授们的安全，并与国民党迁校主张相对抗。见：吴定宇：《中山大学校史1924-2004》。广州：中山大学出版社，2006年，第242页。

③ 中华人民共和国成立后，对于地下党在国统区开展一些革命活动，党组织并没有全面了解，对其中一些在特殊环境下采取的特殊举措，甚至存在误解，后来的"肃反"及"文化大革命"中，很多当时在校的中大师生都由于参与护校应变委员会的工作遭到审查。据钟世镇同学岑军辅回忆，"文化大革命"中，就钟世镇参加应变委员会一事，曾有外调人员向他进行外调甄别。岑军辅访谈，广州，2013年7月22日。资料存于采集工程数据库。

能参与到这些活动中，是我一个幸运的机遇。我是青年军复员的大学生，还有一个中山大学医学院青年军联谊会通讯小组①副组长的职务，中华人民共和国成立前夕的青年军联谊会承担了破坏学运的任务。应该感谢广州地下学联的启蒙、教育和信任，感谢岑军辅这位良朋挚友的亲切关怀，使我能够参与这些进步的活动。当时虽然我与岑军辅关系很好，但我并不知道他是地下学联成员，他的身份没有公开。他们组织的那些活动，特别是护校应变委员会，要是信不过我，就不会让我参加，而且还委我以重任——纠察队队长，还是枪杆子。后来我问过岑军辅：那时候我还是青年军联谊会通讯小组的副组长，让我参加这么重要的工作，你不担心吗？他说：我早就了解你了！我猜想，作为同窗好友，他知道我是青年军复员入学的大学生，担忧过我的人生走向，出于爱护我的目的，有意引导我向共产党领导下的学生运动靠拢，帮助我进入革命队伍。我在参加这些进步活动的过程中，逐步走上坚定不移的革命道路，没有成为破坏学运的千古罪人，而是成为迎接解放、迎接光明的积极分子！

新天

1949年10月14日，广州解放的前夜，我通宵领队巡逻，保护校产和同学们的人身安全。第二天，我和同学们纷纷走上街头，迎接解放军进城。

中华人民共和国甫一成立，真是"解放区的天，明朗的天"，振奋人心。单纯地从感性认识上来说，老百姓最讨厌的是贪污，看到共产党那么清廉，觉得跟国民党完全不一样，所以非常拥护。共产党很快就稳定了金融市场和社会秩序，与国民党时期的混乱状况形成非常鲜明的对比。社会

---

① 青年军复员后，复员管理处在南京设立青年军通讯处，各省市设支处，后改为青年军联谊会，各地设支、分会，以加强与复员青年的联系。青年军联谊会负责对复员青年军进行一般的联络、登记工作，负责其救济、福利、投资等民生工作。钟世镇自青年军复员入读中山大学医学院后，同时被分配入中山大学医学院的十余位复员青年军需按规定组织一个青年军通讯小组，由于人际关系好，钟世镇被推选为副组长。

图 3-5　钟世镇担任中山大学医学院欢庆广州解放游行队伍的旗手（左。钟世镇提供）

各界都出现生机勃勃的景象，确实感受到新生政权是有活力、有希望的。①

从我个人经历来说，因为社会动荡、制度腐败，使我最早树立的"工业救国"理想破灭了；面对山河破碎的局面，我放弃学业勇赴国难；后来，选择从医，是对社会现实的妥协，但是又几乎因为经济的原因而中断学业。这些经历让我感觉到，在旧社会，我们也想报国，但好像哪条路都走不通。对于我们这一代经历过民族屈辱、国家落后的人来说，爱国不是一个空泛的口号，我们确实非常渴望能在一个稳定的社会环境中，为民族的复兴和国家的富强而努力工作。所以中华人民共和国成立后，我们非常有干劲，积极参加各种工作。

中华人民共和国成立初期，学校里开展了很多政治学习，学习共产主

① 钟世镇在自传中描写到中华人民共和国成立初期对共产党的印象："1949 年冬广州解放时，我是医学院三年级学生，我接触了公开的共产党人，我对中国共产党的认识，首先是从那些共产党人克己奉公、艰苦朴素、严明高效等方面的感性认识开始的，是拿共产党的廉洁与国民党的腐化相比较开始的，这些美好的现实，激发了我年青的革命热情，开始向往且憧憬参加伟大的共产主义事业。"见：钟世镇干部档案正本，自传，1987 年 12 月 17 日。存于南方医科大学人事处人事科。

义革命理论，内容是辩证唯物主义、历史唯物主义、政治形势、社会阶级分析、新民主主义理论与政策、《论人民民主专政》等①。那时候年轻人对这些的革命理论很容易接受，很快我们都是满口革命词语。那时候的气氛也的确很好，是非常纯洁的革命气氛。

广州解放以后，首先是新民主主义青年团公开，地下学联成员公开后就是正式的团员，最初还没有开始吸收新团员，岑军辅当了团总支的副书记。1950 年 4 月，中山大学医学院公开建团，开始吸收新团员，首批团员都是地下学联的外围积极分子。由于我在迎接广州解放阶段，在地下学联领导的活动中有积极的表现，得以首批加入新民主主义青年团。我的入团介绍人有两个，一个是岑军辅，另一个是周福郎，周福郎也是地下学联成员，之前我跟他同住一间宿舍都不知道他的身份，因为周福郎从来都不出头露脸，后来我才知道他是负责保卫工作的。后来，按年级建立了团支部，我担任了我们年级的团支部书记。

年轻人充满激情，大家都愿意参加共产党领导的工作。当时中山大学医学院党委会里只有三个党员。一个是柯麟②院长，他是老党员，曾以澳门镜湖医院院长身份为掩护从事地下工作；一个是王季甫副院长；还有柯麟院长从澳门镜湖医院带来的护士长周佩棠。由于党员少，所以各种群众性的政治任务，大多是党委下命令，由青年团去执行。在人民政府刚刚接管广州时，社会经济秩序还没有完全稳定，我们也配合政府做了一些相关工作。比如说，当时广州街头上到处都是摆摊的银圆贩子，兑换港币、银

---

① 在中华人民共和国成立初期，中山大学举行的政治学习中，规模较大的一次是在 1950 年 1 月寒假期间，中山大学全体学生集中在石牌校园，进行一个月的寒假大学习。学习新民主主义的政治、经济、文化政策。大学习采取听报告和小组讨论的方式进行，医学生还要结合专业讨论人与社会的关系，讨论医学不能超越政治而存在。见：古乐梅档案，自传，1955 年。存于广州市白云区军队离休退休干部第二休养所。

② 柯麟（1900–1991），广东海丰人。1924 年考入广东公医大学，在校期间加入共产党。1927 年国民党右派叛变革命后参加广州起义。1928 年起，以医生为职业，在上海、沈阳、厦门、香港等地长期从事共产党的秘密工作。1935 年起到澳门开展地下工作，并在医务事业上发奋进取，成为澳门镜湖医院院长。1951 年 3 月出任广州中山大学医学院院长兼党委书记，艰苦经营，使学校获得长足发展。"文化大革命"中，遭政治迫害。1980 年再次出任中山医学院院长。1984 年调任为国务院卫生部顾问。1991 年在京病逝。

圆和铜钱，破坏金融秩序，严重影响人民币的推行，我们青年团员曾经执行政府命令，上街去抓银圆贩子；粮商们囤积粮食，抬高粮价，扰乱市场秩序，我们也曾奉命去封存那些粮店；国家为了弥补财政赤字，增加财政收入，发行人民胜利折实公债[①]，学生们走上街头进行劝销宣传。土改、抗美援朝、"三反五反"等重大事件，我们都积极参与，例如土改和"三反五反"的宣传、抗美援朝爱国游行，等等。[②]我还报名参加抗美援朝手术队，后来政策规定，没有毕业的学生都不能去，因此我们班的同学都没能参加。比我们高一级的，已经当实习医生的同学有人去，我记得其中一位叫罗伯诚，带队的队长是蔡纪辕教授。[③]

中华人民共和国成立后，中山大学医学院的建设也是飞跃前进，发展很快。这就要说起我们敬爱的老院长柯麟教授。中华人民共和国成立前，在全国医科院校中，中山大学医学院的学术地位并不高。柯麟院长来了以后，很快就改变了面貌。我认为，中山大学医学院最辉煌的时代，就是柯麟院长主政时期。原来中山大学医学院基础条件那么差，制度也不规范，柯麟院长一来，很快搞得井井有条。过去很多科室连人员都没有，柯麟院长一来就有改善，每个科室都在充实，在发展。学生生活方面，柯麟院长为我们建起了宿舍和饭堂。虽然当时还谈不上学术研究，毕竟是百废待兴，刚刚开始建设的阶段，改善条件、恢复秩序是首要的任务。但是学科建设在前进，学术研究总会有发展。

柯麟院长人很好，敢说敢干，非常尊重知识分子，很多名医名师都被他团结起来了，中山大学医学院原有的学术优势，除了梁伯强教授的病理学在全国很有声望，其他学科都是柯麟院长来校后搞上去的。特别是合

---

① 人民胜利折实公债 1950 年 1–3 月间发行。

② 1951 年，中山大学组织师生踊跃献金，购买飞机大炮支援抗美援朝。在抗美援朝捐款中，钟世镇倾其所有，捐献五十万元（旧币）。当时他并无积蓄，全靠当上实习助教之后，每月在二百斤米的津贴中扣除十万元，直至扣清五十万元为止。见：古乐梅档案，学习总结，1951年。存于广州市白云区军队离休退休干部第二休养所。

③ 1950 年，举国上下兴起轰轰烈烈的"抗美援朝，保家卫国"运动，1950 年冬，中山大学医学院选派外科教授邝公道、蔡纪辕，护士长吴梅珍等多名医务人员参加手术队，赴朝鲜战争开展医疗救治工作。

图 3-6　中山大学医学院 1952 届毕业生与柯麟塑像合影（钟世镇位于塑像右侧最后一排。资料源于《金晖》）

校^①之后，他把原属岭南大学的陈心陶、秦光煜、谢志光、钟世藩、陈耀真等一批全国知名的优秀教授团结得非常好，工作中以诚相待，学术上兼容并蓄，从而使学校有很大的发展。那几年，中山大学医学院在全国医学院校中的地位，很快就提升上来了。所以说柯麟院长是一位很伟大的教育家，很有建树。

　　1950 年的暑假，我们班的二十五位同学组织了一个毕业参观旅行团，到各地参观，去了十多天。名义上是交流学习，实际上就是到处旅行。中华人民共和国成立了，社会秩序稳定了，我们才有机会去游历祖国的大好

① 1951 年，根据国家建设和高等教育发展的需要，全国高校进行院系大调整。1952 年 2 月，广东省广州区高等学校院系调整工作委员会成立。根据调整方案，将中山大学医学院与岭南大学医学院合并，成立华南医学院。1952 年 9 月 10 日，华南医学院建校委员会成立。1953 年 8 月 1 日，中山大学医学院与岭南大学医学院合并，8 月 12 日，正式成立华南医学院，1954 年 8 月 10 日，华南医学院与广东光华医学院合并，成立新的华南医学院。合并后，原岭南大学医学院林树模（生理）、陈耀真（眼科）、谢志光（放射学）、钟世藩（儿科）、秦光煜（病理）、陈心陶（寄生虫）、周寿恺（内分泌）等著名教授加入。1956 年，上述著名教授与原中山大学医学院教授梁伯强一起，共八位教授被认定为一级教授，时称"八大金刚"。

图 3-7　中山大学医学院 1952 届毕业生毕业六十周年合影（前排右一为钟世镇。钟世镇提供）

河山。这次毕业旅行的主要目的是去北京，此外还到了南京和杭州。我对此次旅行的印象很深，因为我是班代表，组织整个旅行活动，忙前忙后，负责联系接待单位，买火车票，既要打前站，又要管后勤。当时王仲侨教授已经调到浙江医学院，我们到杭州时，得到了他的热情接待，他白天带领我们游览西湖，晚上请我们吃饭，还安置我们在解剖教研室住宿。

我们这一届同学特别团结，毕业后，大家分配到不同的岗位，我们就开始收集各地同学的情况，印发《班会通讯》。后来在极"左"路线的影响下，政治运动比较频繁的时候，大家都受到过不同程度的冲击，音讯都中断了。拨乱反正后，星散在海内外的同学们又重新建立了联系。多年来，坚持组织同学会活动，定期聚会，编印文集，友爱一如当年。我曾经写过一篇文章《真挚的友谊是永恒的》，来纪念同窗之间的真挚友谊和深厚感情。

真挚的友情是永恒的

为纪念我从教五十五周年和八十寿辰，学生们选录了部分资料，为我编集了一本纪念册。"千里鹅毛，物轻情重"，同窗们收到纪念册后，纷纷来电、来信祝贺，推心置腹，溢于言表。世雄告诉我，由于我经常外出，还有不少同窗的电话我没能接到，只有请世雄转告，在此特予致歉。

首先我非常感谢同窗们的祝贺。"微言惟有故人知",一本微薄的、收录了部分鸿爪雪痕的纪念册,想不到会勾引起同窗们那么强烈的回忆和反响,充分体现出友人们的"岁久情愈真"。

时光过得很快,有如白驹过隙,同窗们的平均年龄接近八十岁了。八十年,也是弹指一挥间;八十年,总算是经历过好几个时代了。每个历史时期,都有重大的变迁。有变迁,就会有许多悲欢离合的境遇、坎坷不平的境遇。例如在阶级斗争为纲的时代,因为我有参加过青年军的历史,算是国民党的残渣余孽,政治运动时,总是被列为批判斗争的对象;在构建和谐社会的时代,今年纪念抗战胜利六十周年时,报章认为:"一寸山河一寸血,十万青年十万军",还算是热血青年,不是千古罪人,总算是"藕花落尽见莲心"。

不同的政治时代,对人对事都有不同的理解和认识。但是,在人世间,只有真挚的友情不会变,真挚的友情是永恒的。在"文化大革命"期间我住在"牛棚",专案组人员到处外调,要广泛收集我的反革命罪证资料。结果,没有任何一位友人提供过罪证材料。按专案组人员的说法,这些人都是"臭味相投"。"疾风知劲草,患难见真情",我永远不会忘记友人们的厚谊深情。

2005 年 9 月

结缘解剖学

我在校时,中山大学医学院没有细分专业,只有一个医本科。不像现在,一所医学院校里有很多专业。毕业也不需要写毕业论文,而是在第五学年结束后举行毕业考试,对所有的后期课进行考核,通过考试后进入毕业实习阶段,实习结束后才能拿到毕业文凭。

1951 年夏,我在中山大学医学院结束理论学习,进入毕业实习阶段。

毕业实习的岗位安排，是我一生中的命运关键点。考入中山大学医学院后，我的夙愿是当一个外科医生，刀到病除，妙手回春，那多痛快啊！而且我喜欢体育运动，年轻时体格健壮，反应敏捷，也算是比较大胆，可以说具备了成为优秀外科医生的各项条件。但是人的命运往往不由自己选择，分配实习岗位之前，柯麟院长找我谈话，讲得很坦率：由于历史的原因，自从王仲侨教授离开学校以后，中山大学医学院根本就没有一个教大体解剖学的教员，解剖学教研室的何凯宣教授是组织胚胎学方向的。大体解剖学这么重要，一个教师都没有，只能请光华医学院的叶鹿鸣①教授来兼课，但叶鹿鸣教授又是光华医学院的教务长，工作非常繁忙，最多来讲讲大课就走了，解剖课的实习课比较多，没有人带教，怎么办？柯麟院长给我下命令：你是团支部书记，是党的优秀助手，要带个好头，现在你自己去选带一个团员，带着他到解剖学教研室报到，担任实习助教。

我选了房子钦，和他一起到解剖学教研室做实习助教，协助叶鹿鸣教授带教低年级教局部解剖学实习课。柯麟院长的这道命令，决定了我终生事业的走向，从那时起，我这一辈子都在从事解剖学的教学和科研工作。虽然这个安排与我想当外科医生的愿望是冲突的，但当年我没有觉得这是一种牺牲，而是有一种"受命于危难之际"的自豪感。

担任解剖学实习助教，给了我师从叶鹿鸣教授的机遇，这是我人生又一个幸运的机遇，对我以后的专业发展产生了深刻的影响。叶鹿鸣教授确有他过人的长处，学术界公认他是神经解剖学专家。但是，他最让我钦佩的还不是在神经解剖学方面的建树，我认为他是一个很高明的局部解剖学专家，在人体解剖操作方面动手能力特别强。

当时中南军政委员会卫生部给光华医学院布置了一个任务：举办一个

---

① 叶鹿鸣（1900-1997），河南信阳人。1931年于齐鲁大学医学院毕业后，在母校先后任解剖学助教、讲师、副教授。1940年赴美国芝加哥西北大学生理系，于世界著名解剖学家兰生（Ranson）和温德尔（Wendle）门下学习神经解剖学，1942年回国。1948年受聘为湖北医学院解剖学教授，中华人民共和国成立后任光华医学院解剖学系主任及教务长，1953华南医学院成立后任解剖学系主任。

中南解剖学师资班[1]，叶鹿鸣教授就是这个师资班的负责人。叶鹿鸣教授工作很忙，没有固定的上课时间，但只要他上课，不管什么时间我们都去听。他很少讲大课，讲课的形式很简单，就坐在解剖台前，说："今天做几个局部，你们看着。"尸体抬上来，他在解剖台上，用解剖刀，把血管、神经、器官分离得清清楚楚。很少说空话，边动手解剖，边面对实物解说，示范给我们看，哪里是淋巴，哪里是淋巴结，哪里是神经，哪里是动脉，哪里是静脉，它们的关系如何，讲的同时就做出来了。叶鹿鸣教授的解剖操作技术高超，游刃有余，一次到位，下刀子的速度看起来不是很快，

图 3-8 叶鹿鸣（资料源于《广州市中医进修班第三四届结业同学通讯录》）

但做出来的结构非常光洁。每次刀口都非常贴合，结缔组织一下就能去干净，不会粘带糊涂，这些都是非常宝贵的基本功。我们给他当助手，在一旁拉钩子，帮他磨刀片。那时候条件艰苦，刀片钝了要自己磨，一直磨到不能再磨了才丢，我们最早学会的基本功就是磨刀。

　　人体结构那么复杂，没有扎实的基本功做不了解剖。对叶鹿鸣教授来说，只要教科书上记载有的结构，他都可以在尸体上做出来，做得又快又好，所以我佩服他。人就是这样，佩服一个人，就会模仿他，所谓"孔步亦步，孔趋亦趋"。叶鹿鸣教授给我这一辈子的事业打下了基础，帮助我培养了一个很重要的特点——注重实际操作。我在解剖学上能有所成就，一个重要的原因是动手能力特别强，就是依靠叶鹿鸣教授传授的这一套过硬本领。理论是需要的，但是动手能力很要紧，你自己讲的东西做不出来

────────────────

　　[1] 中华人民共和国成立后，为了解决医学基础课师资短缺的问题，从20世纪50年代初，卫生部医政局医学教育处重点抓了高级师资培养，委托部分高等医药院校举办基础课各门学科的高级师资进修班，每期一至一年半，对高校师资队伍的建设起到了很好的作用，师资班培养出来的师资，后来在医学教育领域发挥了重要作用。见：朱潮、张慰丰：《新中国医学教育史》。北京：北京医科大学中国协和医科大学联合出版社，1990年，第16页。

就成为空谈。后来我当老师为什么会受到同学们的欢迎？和叶鹿鸣教授一样，我不仅仅是讲理论，讲什么我都可以做出来，手把手进行辅导，学生可以看得清清楚楚，有一个直观的印象，自然掌握得扎实。现在我们有些老师不太行，动手能力太差。上课用多媒体讲还可以，真让他动手在尸体上解剖出来，不一定行，这样给学生的印象就不深。

中南解剖学师资班正式注册的学生有五个。还有我们中山大学医学院、岭南大学医学院、光华医学院的几个人参加旁听，一共只有八九个人。后来，外地的那几个正式学员回去后，因为工作环境不理想，所以没有什么建树。广州的学员，因为有较好的土壤，像郭畹华教授[①] 等，成就都很不错。叶鹿鸣教授为人特别好，当时的师生关系不像现在这样随和，如果在今天这样的背景，师生交情可能会更多样化，对老师的了解可能会更多更深。实际上叶鹿鸣教授非常爱才，对我们这些素质较高的学员也表露出了喜爱和欣赏之情，我也算是他喜爱的徒弟之一，有缘分跟着他学会解决问题的技巧和思路。尽管只是师资班旁听生，是叶鹿鸣教授"宫墙外望"的弟子，反而能成为"衣钵真传"的门徒。虽然，我只跟随叶教授短暂的一年，但是"一灯能除千年暗，一智能灭万年愚"。叶鹿鸣教授崇高无上的人格魅力、严谨规范的治学态度、言传身教的动手能力，为我这个刚刚迈上工作岗位青涩的年轻教师，树立了光辉榜样，指引我走上传道、授业、解惑的教师之路。

在中山大学医学院解剖学教研室，我名义上是实习助教，实际上履行着相当于教研室主任的职责。教研室一共只有我们两个实习助

图 3-9　参加恩师叶鹿鸣主持的博士论文答辩会（1990 年。右四为叶鹿鸣，右三为钟世镇）

---

① 郭畹华（1928–2003），女，广东大埔人。教授，博士生导师。1951 年毕业于国立中山大学医学院，留校工作。

教，我担任新民主主义青年团教工支部书记，房子钦是我手下的团员，实际上我就全面负责解剖学的教学组织与管理工作。真正是"穷人的孩子早当家"，任务很重，压力很大。所以现在对我们教研室的助教、讲师，只要发现有能力的，我都会给他们压点担子，压力大，对一个人成才非常有帮助。温室里培养不出参天大树，年轻人就是要压担子，我们都是这样压出来的。

我最三要的教学任务是带实习课，叶鹿鸣教授讲完课，我坐上来，一班学生几十个人就由我来发号施令，我就是指挥官了，我也很有满足感。但工作非营艰苦，以操作为主的局部解剖课实习都由我们承担，知识都是现学现卖。我模仿叶鹿鸣教授在解剖学师资班的方法开展教学，我在这里一坐，学生给我做助手，我也是一边讲一边做。我很负责任，不管给我什么任务，我都一定要完成得很好，那就得付出精力去准备，只要是我以前没有做过的，开夜车也要自己先解剖一遍，明天要讲的，今天晚上就得把尸体解剖搞好。人体内部结构那么复杂，那么多奥秘，我要考虑怎样能够解剖清楚，把它讲给学生听，让学生能够接受，慢慢就发现，这里有无穷无尽的东西可以去学习、研究、探讨，从而产生了兴趣，实际上这就是我学习和成长的过程。从那时起，我对解剖学这个专业真正有了感情。我也算是能干，我教过的同学，都反映我教得挺好，在这段时期我进步得很快。因此分配到南昌第六军医大学后，虽然上有讲师、教授，但他们教局部解剖学都比不上我，我动手能力比他们强。

钟古良缘

教学工作很忙碌也很充实，日子过得很快。1952年，我即将正式毕业，这时问题来了：要考虑我的分配去向了。事实上，柯麟院长让我到解剖学教研室做实习助教时，就已经有意让我留校，他物色的人，都是他心里有底的，是学科建设需要的人才。我个人对柯麟院长是非常崇拜，非常敬佩的，如果只考虑我个人的因素，我当然选择在柯麟院长手下工作。但这时我已经和古乐梅结婚了，而她已经在前一年被分配到南昌的第六军医大学，想要夫妻团聚，还要尊重第六军医大学的人才需求。

图 3-10　钟世镇与古乐梅大学时代合影（钟世镇提供）

我和古乐梅之所以在还没毕业的时候就选择结婚，就是已经考虑到了毕业分配的问题。1950 年，古乐梅进入毕业实习，被分配到广州流花桥陆军总医院进行临床实习，后来柯麟院长开展科室建设，因为中山大学医学院缺少基础课教学人员，把优秀的学生都调回来充实学科建设，古乐梅就提前半年结束临床实习，1951 年 3 月回到医学院，在生理学教研室担任前期助教，做好了留校工作的准备。接近正式毕业时，突然接到中南军政委员会卫生部的命令，全部应届毕业生必须服从统一分配。[①]　8 月 1 日接到通知，8 月 8 日就要到武汉集中学习，然后进行统一分配。我们了解到这一年毕业的医学生，统一分配的去向基本上都是到部队参加国防卫生建设。我们担心，如果古乐梅被分配到军队，而我以后分配到不同系统的单位，就再也碰不到一起了。所以我们就决定突击结婚，希望将来我毕业分配的时候，组织上能照顾眷属关系，把我们分配到一起。

还记得当时我和古乐梅正在校园里散步，偶然想到突击结婚这个办法，就决定马上去领证。当时领结婚证还需要结婚证人，我们在路上遇到古乐梅的同学侯双凤，就请他做了结婚证人。8 月 3 日，我们领了结婚证。8 月 5 日，一共四对同样情形的同学一起举行了集体结婚典礼。因为统一分配的问题，那一年毕业的同学中有比较牢固恋爱关系的都选择突击结婚。古乐

---

① 1951 届高校毕业生统一分配背景：由于国家建设的需要，中央人民政府政务院决定全国公私立高等学校 1951 年暑期毕业生一律由中央人民政府人事部、教育部负责统一分配。《人民日报》1951 年 7 月 11 日发表社论《毕业同学们，服从统一分配，参加国家建设》。同时，因抗美援朝的需要，1951 年 7 月 13 日，中央人民政府政务院颁布《关于充实国防建设中的卫生人员的决定》，规定：全国中级以上公私立医药院校毕业生的工作，应由政府妥为统一分配，在分配工作时，应首先照顾国防建设的需要。

梅的哥哥古希曙一对，我们一对，
邬立天一对，蔡访琴一对。

在集体婚礼上，有一位对我们
来说很重要的客人，就是初中时非
常爱护我们的张士钊老师，这时张
士钊老师已经调到广东省农林水利
局工作。最初正是由于张士钊老师
的捉弄和撮合，促成了我们感情最

图 3-11　结婚照（摄于 1951 年 8 月 5 日。
钟世镇提供）

初的萌芽，他能参加我们的婚礼，对我们来说有特别的意义。婚礼后，同
学们为我们举行了一个简单的庆祝舞会。婚礼结束后三天离别，古乐梅到
武汉参加集中学习。8 月 20 日，古乐梅被正式分配到南昌的第六军医大学
生理学教研室任助教。

我们仓促决定突击结婚，之前没有来得及通知古乐梅的父母，婚礼过
后，二哥古希晨给家里发了一封电报，电文是："梅妹、大哥今日结婚。"她
父母接到电报之后，得知长子、长女都没有通知家里就结婚了，非常气
愤。我跟古乐梅的恋爱关系，实际上她父母早就有所耳闻，但一直持反对态
度，两个理由：一是因为我的父亲对婚姻不忠诚，家长担心"有其父必有
其子"；二是他们家是很虔诚的基督教徒，而我不信宗教。后来，古乐梅花
费了很大力气向父母解释我们的苦衷，最终获得了谅解。和我结婚，古乐
梅付出了很多：她到南昌参加工作后，主动给我母亲写了一封信，告知母
亲我们已经结婚；她被派到南昌工作，有了收入；以后会在不违反土改政
策原则下，尽量帮助家里分担经济困难。当时家乡已经开展土改，我母亲还
分到了一点田地，需要参加生产劳动，但因为年老体弱，需要由我们寄钱
补贴生活。我实习期间每个月只有四十块钱，读书时同学资助的钱还没有
还清，自顾不暇。古乐梅正式参加工作后，每个月有五十四元钱的薪金[①]，

[①]　军队的工资制度分供给制和薪给制两种。1951 年，古乐梅在武汉参加国防卫生建设的集
中学习。在学习总结中，她向组织提出的唯一要求是：在钟世镇读书时同学资助的借款未还清，
抗美援朝的捐款未扣清前，为了帮助爱人，她希望能暂时享受薪给制的待遇，待爱人的难关渡过
之后，再转成供给制。见：古乐梅档案，学习总结，1951 年。存于广州市白云区军队离休退休干
部第二休养所。

除了补贴我，她还主动给我正在读书的弟弟妹妹寄零用钱。我妹妹月媚在广州读护士短期训练班，瑶屏在兴宁读助产学校，弟弟世磐读医士学校，她每个月分别寄五元钱给他们，差不多就够伙食费了。

在我毕业之前，古乐梅虽然已经分配到第六军医大学，但是她一直没有申请参军，想等我的分配去向定下来再决定是否参军①。到我毕业分配时，有两种解决办法：或者是我调过去，或者是她调回来。中山大学医学院当然希望把我留下来，再把古乐梅调回来，古乐梅当年也是柯麟院长看好的苗子，在实习期间就被提前召回学校做生理学助教，配合教授开展工作也受到好评，本来也是打算留校任教的。那段时间，就我们的调动问题，第六军医大学与中山大学医学院文件往复协商，争持不下。当时古乐梅很着急，频繁给我写信，把他们领导的态度告诉我。根据当时的情况判断，学校允许她调离的可能性不大，她觉得如果我能到部队也好，只要两个人在一起就行②。分配要以解决军队需求为主，第六军医大学不同意古乐梅调回，中山大学也无能为力。相持一段时间以后，两所学校都做出一些让步，达成协议，第六军医大学放一个人回中山大学医学院，中山大学医学院放一个人去第六军医大学。1951年分配到第六军医大学的罗治寰和曾兰珍也是一对，结果曾兰珍分配到南昌后，不愿意在那里工作，自己辞职回到中山大学医学院，军队同意将罗治寰调回来，将我调过去。1952年6月，我结束了在中山大学医学院六年的生活，告别广州，乘火车前往江西南昌第六军医大学。

----

① 1951年，古乐梅在武汉参加国防卫生建设的集中学习时，在学习总结中写道："我结了婚，爱人是念医的，他也曾写过决心书愿到国防部队里去。我很希望能同在一起工作，互相勉励督促，帮助进步……可能他在不久也会争取到国防工作来，在这暂且别离期间，我们还是可以相互鼓励，把我们充沛的爱情来爱护人民的事业，为了保卫和建设我们可爱的祖国，献出我们充实的爱情。"见：古乐梅档案，学习总结，1951年。存于广州市白云区军队离休退休干部第二休养所。

② 古乐梅《自传》中记载："因为他在学校里、科里的工作已能起到一定的作用，尤其学院、科里费了一定精力培养后，不是特别的原因，不愿轻易调出，因此我到南昌后不久便打了报告说明情况，请求组织趁早能把爱人调来……柯院长还直接来信叫我向南昌组织上提出调回广州的请求。我接信后把情况及柯院长来信汇报组织，表明自己态度，愿意服从工作需要与组织调派，唯希望能与爱人在一起。同时我也向母校柯院长表示，应该响应参加国防卫生建设的号召，不能请求离开部队。"

第四章
风雨里的艳阳天

初 为 人 师

　　我到南昌那天，去火车站接我的是第六军医大学训练部的程凤翔秘书，他推着一辆自行车，把我的行李放在自行车后座上，我们就这样一路走回学校。第六军医大学给我留下的印象是很好的。第六军医大学在中华人民共和国成立前叫作国立中正医学院①，是民国时期一所比较好的医学院。中

---

① 第六军医大学前身为民国时期的国立中正医学院。国立中正医学院由著名生理学家林可胜倡建。1936 年筹建，于 1937 年 9 月在南昌招收第一班学生。院长为原湘雅医学院院长王子玕。抗日战争期间，学校曾先后辗转迁往江西永新、云南昆明、贵州镇宁、福建长汀等地，烽火之中，弦歌不辍。每至一地，多方延聘名师。1949 年 5 月 22 日，南昌解放。6 月，学校改称南昌医学院。1949 年 9 月，南昌医学院与第四野战军医科学校（前东北军区卫校）合并成立华中军区华中医学院。1950 年 8 月 经第一届全国卫生会议讨论确定每个军区建一所医学院，更名为中南军区医学院。1951 年 10 月，更名为第四军医学院。1952 年 7 月 25 日，中央军委发布文件《部队医学校整编问题》，将第四军医学院改名为第六军医大学。新中国初期，第六军医大学频繁改制改名，为避免混乱，文中统称第六军医大学。

正医学院出了不少人才，曾走出好几位院士[①]，黎氏三兄弟——黎鳌、黎介寿、黎磊石都是出身于中正医学院，还有一位陈灏珠院士，充分说明这所学校的学术水平。以当时的条件来说，学校的设施不错，师资力量也比较强。因为是民国时期成立的院校，由军队整体接收，虽然大多数学生都穿军装，但很多老师是中华人民共和国成立前的老班底，还穿便装。

校长叫申涵[②]。学校很多年轻的领导，都是南下的军队干部，作风很好。那时的领导没有什么官架子，经常深入基层，对老师非常热情，使我们感到非常亲切。领导中我印象比较深的是训练部长杨昭桂[③]，是东北人，主管教学行政，大概是师级干部，非常能干。

第六军医大学的解剖学教研室由解剖学与组织胚胎学两个学科组成。教研室主任是王启民[④]教授，他的专业是组织胚胎学。虽然专业方向不同，但我非常尊敬他，他治学扎实严谨，思路的逻辑性和科学性很强，他的治学作风对我有一定影响。还有一位钟英副教授，他的专业方向是神经解剖学和胚胎学。此外，就是几位年轻的助教，年轻人好相处，大家关系都很好，像郑世彬[⑤]、孙同郊[⑥]，虽然他们是搞组织胚胎学的，与我专业方向不同，但我们相处得非常融洽。和我关系最好的是刘正津[⑦]，他也是搞解剖的，所以我们关系格外密切。刘正津只比我早一年（1951 年）参加工作，但因为他是本校毕业留校的，而中正医学院在 1949 年 5 月就被接收了，所

[①] 院士共有七位：陈灏珠、黄志强、程天民、黎鳌、黎介寿、黎磊石、葛宝丰。

[②] 申涵（1906-2001），山东泗水人。1935 年参加中国工农红军，1936 年加入中国共产党。中华人民共和国成立后，先后任第十三兵团卫生部部长、广西军区后勤部副部长、第六军医大学校长、武汉军区后勤卫生处处长、后勤部副部长兼卫生处处长。

[③] 杨昭桂（1922-1967），吉林珲春人，后任上海第二军医大学训练部副政委。

[④] 王启民（1915-1993），山西河曲人。1937 年毕业于北京师范大学生物系。任国立中正医学院讲师、副教授。中华人民共和国成立后，历任第六军医大学解剖学教研室主任、教授，第三（七）军医大学组织胚胎学教研室主任。

[⑤] 后为第三军医大学组织胚胎学教研室教授。

[⑥] 孙同郊，女。后转攻中医，任泸州医学院附属中医医院主任医师，著名中西医结合肝病专家。

[⑦] 刘正津，生于 1927 年，江西南昌人。第三军医大学人体解剖学教研室主任，博士生导师。他是钟世镇的至交，自 1952 年起，与钟世镇共事长达二十五年之久，是钟世镇早期最重要的科研合作者。

以他算是口华人民共和国成立前参加工作的人员，后来是离休干部，运气比我好。我和刘正津关系非常好，但性格不同。他这个人非常认真，非常严谨，做事中规中矩；我则比较活跃，比较急躁。"君子和而不同"，我们虽然性格并不相同，但关系非常融洽。

1954年，中国解剖学会南昌分会成立。当时中国解剖学会在全国各省（市、区）建立了地区分会[1]，南昌分会代表江西省，将从事解剖学专业的专业人士组织起来，作为团结本省解剖学者，促进科学研究的平台，是一个群众学术团体。这是我参加的第一个学术团体。会长是王启民教授，会员除了第六军医大学解剖学教研室的老师，还有来自江西医学院解剖学专业的老师。学会成立后，虽然学术活动不多，学术研究还不成规模，但是把不同学校专业人员之间的交流建立起来了，我通过中国解剖学会南昌分会的活动，结识了江西省医学院的解剖学助教张年甲[2]，成为好朋友，以后在科研上也有合作。

中华人民共和国成立后相当长的一个阶段，我们在政治、经济、文化等各个领域全面学习苏联老大哥，"一边倒"，医学教育领域也不例外，教材全部采用苏联的。学校要求所有的老师参加俄文速成班，一个月速成，分期办班。因为我以前学的是德文，发音和文法都比较接近，由德文转俄文非常容易，学得比较好，很快就能阅读专业文献。除了学习俄文，还专门组织巴甫洛夫学说的学习[3]。

---

[1] 1920年2月26日，中国解剖学工作者在北京创立中国解剖学和人类学学会，同时召开第一届学术年会。其后活动中止。1947年7月，中国解剖学会在上海召开七个学术团体联合的学术年会，当时全国会员共有八十余人。新中国成立前，极少展开各项学术活动，各地分会也未成立。1952年9月，在北京举行中国解剖学会成立大会，中国解剖学会重建，各地先后成立分会。

[2] 张年甲（1924-1996），江苏扬州人。1949年毕业于江西省立医学专科学校，分配到江西省人民医院外科工作，1951年调任江西医学院解剖学教研室助教，1963年8月，任江西宜春卫校解剖学教师，后曾任江西医学院宜春分院教务处副处长、副院长等职，1987年被聘为解剖学教授。从事血管解剖学研究，与钟世镇合作编写《腹盆部血管解剖学》与《美容应用解剖学》两部专著。

[3] 1952年，中国全面开展学习苏联医学、学习巴甫洛夫学说的活动，并将巴甫洛夫学说看作辩证唯物主义的化身，结合《矛盾论》与《实践论》进行学习。据古乐梅回忆，1952年至1953年，南昌邀请苏联专家马秋斯基讲高级神经活动，相关的学习和报告会持续了一年左右。见：古乐梅访谈，2013年7月18日，广州。资料存于采集工程数据库。

图 4-1　中国解剖学会南昌分会成立纪念（前排右二为王启民，右三为钟英，三排左二为钟世镇。资料源于《钟世镇院士从教 55 周年暨 80 华诞纪念册》)

　　毕业前，我对自己的家庭出身和历史问题没有明显感受，我的家庭出身是地主，但是本人成分是学生，按照党的政策，只要在政治上与地主阶级划清界限就行了。我的很多同学都有家庭出身的问题，旧社会能读到大学的，贫下中农出身的少见，班上的退伍青年军也不止我一个，因此并没有感觉自己与别人是不同的。作为团员干部，我还成为积极配合党和政府开展各种政治运动的骨干，参加了"三反五反"运动、土改运动的各种宣传工作。来到部队院校工作之后，我才初步感受到家庭出身与历史问题的严重性，新分配来的老师一般都可以穿军装，而我参军和入党的申请迟迟没有被批准。古乐梅也未被批准参军，本来她没历史问题，她中学时没有我那么活跃，没有当过三青团的骨干。她家实际上比我家有钱，但是她的家庭出身叫作自由职业者，因为她父亲是医生；而我家雇过长工，有雇工就是地主。按道理她提出申请以后，很快就可以办参军手续了，就是因为受我的历史问题影响，她也一直没有被批准参军。

　　我对于自己的历史问题心里有数。对于我们这些从旧社会过来的人，在旧社会担任过的社会角色都有个相应的政治定性。青年军联谊会的定性是破坏学生运动的特务组织，我这个青年军联谊会通讯小组副组长被定义为军统特务分子[①]；三青团被视为反动党团，我曾经担任分队长、区队附，就是反动党团的骨干分子。我无所谓，1950 年中山大学医学院正式建团时，我第一批入团，在我入团介绍材料里，将所有这些情况都写清楚了。我的入团介绍人是地下学联成员岑军辅和周福郎，他们最清楚我的情况，我没有参加过破坏学生运动的特务行动，而是地下学联外围的积极分子。所以我觉得政治定性归政治定性，罪恶事实归罪恶事实，入团的时候我都交代过了，组织上也审查过了，还让我入了团组织，就说明组织上认为我是革命阵营的一员，不是特务分子。

而且这些罪名太普遍了。像三青团，当时中学生基本上全部是三青团员，要说三青团是反动党团，难道广大学生、普罗大众，都是反动分子？我参加青年军是在日寇横行，国难当头时，又不是打共产党！所以当时我对这些所谓历史问题没有思想包袱，因为我本人没有罪恶感。总的来说，中华人民共和国成立初期，为了巩固政权，要清查革命队伍，从民国时代过来的人，都要经过审查，在国民党统治时期还担任过工作的，更是审查重点，我认为很合理，也进行了自我批判；但自己并没有做过罪恶活动，就很坦然。

事实也是如此，当时组织上并没有笼统地以政治定性去判断一个人的好坏。这个帽子虽然戴上了，但也无伤大雅，我照常开展工作，照常立功受奖，我还担任了第六军医大学训练部团支部学习委员，并被评选为优秀团员。不能参军的问题，对我的情绪也没有太大影响。因为当时教师队伍里没有穿军装的不只我一个人，第六军医大学的师资队伍，是在中正医学院旧摊子的基础上全盘端过来的，高级知识分子基本上都没有穿军装，我不穿军装也很正常。学生们都知道，这些老师不能穿军装的原因是政治审查还没有结论，这些没穿军装的老师是民国时代过来的人，至于是好人还

---

① 解放战争期间，有部分复员青年军加入了蒋经国的青年戡乱建国大队，故此负责联络复员青年军的青年军联谊会被赋予了特务组织的色彩。据钟世镇人事档案中 1956 年"肃反"中形成的《中国人民解放军第七军医大学党委甄别定案处理报告书》记载："1952 年原中南军区医学院党委对其历史问题进行过审查，做了甄别结论：钟系青年军联谊会通讯小组副组长，为军统特务分子。三青团员，曾任区队附，伪青年军上士排附，预备少尉军官，现表现尚好。四野后勤卫生部党委指示列入重点考查对象。"见：钟世镇干部档案正本，中国人民解放军第七军医大学党委甄别定案处理报告书，1956 年 9 月 4 日。存于南方医科大学人事处人事科。

是坏人，还要等待审查。[1]

总体来说，这个时期的政治运动对我没有太大的影响。1952年的思想改造运动是针对知识分子的比较重要的政治运动，因为我们当时还是助教，小萝卜头，完全没有受到什么影响，运动主要针对的是讲师以上的高级知识分子，他们要一一过关。后来"忠诚老实"运动对我也没有什么影响，把自己的历史交代清楚就可以了。这个时期的政治运动比较温和，一般没有很大的震动，就是人人过关，洗脑袋，改造自己的思想，学习政治理论。

没有思想包袱，我一心一意完成教学任务。第六军医大学很多学生都是干部学员[2]，原来战斗部队中的老卫生员，没有受过系统训练，到和平时期了，把他们送到军医大学来培养。我参加工作的第一年，教的是干部学员第四期，叫"干四期"；第二年就是"干五期"，两年教了两个干部学员班，主要承担大体解剖学和神经解剖学的实习指导工作。干部班学员原有的文化水平不高，有些甚至是半文盲，如何让他们吸收新的知识和理论？要根据他们的文化程度，结合他们战争时期的卫生工作经验，有针对性地教学和辅导，才能取得良好的成效。教学其实不需要太多新花样，最好的教学就是因材施教。只靠上课不能解决问题，要重视课外辅导，上完课以后，与学员们打成一片，根据每个人不同的情况想办法，让他们能够接受这些理论知识。在这个过程中，对于如何做一个合格的老师，讲好每一堂课，我也有了自己的感受。

我当学生的时候也接触过很多老师，哪些老师好，哪些老师有学问，哪些老师有学问讲不出来，我也有自己的判断。听好的老师讲课，如沐春风，引人入胜，是一种愉快的享受，一堂课下来，明白了很多新的道理和新的知识。也遇到过一些不太称职的老师，讲课引不起自己的专注，容易

---

[1]　关于此时的心情，钟世镇在自传中写道："当时协理员找我谈过话，指出我家庭出身不好和政治历史复杂，鼓励我要经受长期的考验。我一方面初步了解家庭出身和政历的严重性，一方面有决心接受党的长期考验，工作情绪和政治积极性一直是稳定的，向上的。"钟世镇干部档案正本，自传，1987年12月17日。存于南方医科大学人事处人事科。

[2]　解放战争结束后，鉴于部队大批卫生干部是在革命战争时期仅受过短期训练即投入工作的，在和平建设时期，需要系统培养提高。1950年8月，中央人民政府卫生部和中央军委卫生部联合召开的第一届全国卫生会议，明确指出："军队医学院校最近几年的主要任务是收容老干部，培养他们，提高他们。"

开小差，讲的内容枯燥乏味，一堂课下来，感到上这一堂课，有点可有可无，有时还比不上自己去阅读讲义或教科书的收获大。自己当上老师之后，再回忆起当学生时的经历，有更多的体会。之前让我敬佩的那些老师，他们的方法都可以借鉴。一个好老师的成长过程，就是不断借鉴，经过自己的融会贯通，再考虑如何形成一套有针对性的、合适的教学方法，去教导学生。

当老师备课一定要充分，教育界有句行话："给人一滴水，自己要有一桶水。"备课时准备的内容多了，原材料丰富了，就有选择的余地，举起例子来就可以随手拈来，左右逢源。必须不断学习，不断充实自己，拓宽知识视野，更新知识结构，还要重视实践，书本上的知识，要用自己经历过、有切实感受的语言和事例讲出来，学生们才会感到亲切，才容易引起共鸣。

讲课语言生动当然很好，但是每个人的表达水平很不一样，可能与先天性的条件还有些关系，不可能要求每位老师都像相声演员那样出色。但是医学教学，内容的逻辑性非常重要，而且这个要求，只要备课认真，一般都能够做到。在南昌时，我们解剖学教研室两位教授讲课风格就很不同，一位教授讲起课来生动活泼，谈笑风生；另一位教授语言表达一般，但授课内容非常严谨，条分缕析，层次分明。学生们的反映是，前一位教授虽然语言生动，能说会道，但内容凌乱，一堂课下来，抓不住重点要点，收获不大；后一位教授虽然语言平淡，但授课的逻辑性很强，环环相扣，有条不紊，重点要点突出，印象深刻，获益良多。

给医学生讲课，教科书和专著上的知识很重要，因为这些都是经过人类长期的实践积淀下来的、行之有效的、成熟的宝贵经验。但是作为一个好老师，更重要的是在授课的过程中启动学生创新思维的能力。在传授知识过程中，要特别注意问一问学生，以往的这些经典的、成熟的知识和技术，还有没有不足之处。已有的医疗技术，不可能是十全十美的，只有能发现还不完美的地方，又能进一步去补充、去发展、去完善，才是一个有开拓创新能力的好医生。在授课过程中，要经常提一些有针对性的问题，才能带得动学生的思路，不致出现注意力分散，听课开小差的毛病，培养他们细心观察事物，分析判断的习惯。

教学要做到深入还要浅出，医学教学要求有严密的科学性，讲课内容要有充分的科学依据，但是很多深奥的科学理论，需要老师结合学生们的知识水平和社会经验，进行加工提炼，用通俗易懂的表现方式，深入浅出地传授给学生，才能让学生们更好地去理解、去接受。我常对我的学生说：不要以为把简单问题复杂化就是专家了，深入理论之后，还要能浅出，应该把复杂的问题简单化。我教干部学员就用这样的方法，能够根据对学生的了解，通过适当的措施，让他们真正能够接受我教的知识，他们当然就很欢迎。

我的教学工作完成得比较好，工作热情很高，也有教学方法，所以干部学员们非常喜欢我。军队院校每年年终有一个立功运动，每到这时干部学员都为我请功：由他们向学校党委提出，推荐我立三等功。1953 年 3 月，我来到第六军医大学还不足一年，就荣立三等功；第二年，再次荣立三等功，并在学校总结大会上受到首长的嘉奖。和平年代立三等功的比例大概一百个人里只有一个，我连续两年荣立三等功，一方面说明我工作完成得还可以，另一方面也是因为我跟干部学员们的关系很好，师生之间有深厚的感情。

迁 校 重 庆

1954 年，全国的军队医学院校进行大规模合并整编，将原有的七所军医大学合并为四所[①]。这次整编中，第六军医大学奉命搬到重庆，与第七军

---

① 新中国成立后，根据建设正规化、现代化国防军的需要，着力进行新中国军队医学正规教育的基础建设工作，经统一规划，不断调整，逐渐理顺和建立了全军医学教育体制。在高等医学教育方面，经多次改名改制，至 1952 年 7 月，确定了全国七所军医大学的编制与番号：第一军医大学，校址天津；第二军医大学，校址上海；第三军医大学，校址长春；第四军医大学，校址西安；第五军医大学，校址南京；第六军医大学，校址南昌；第七军医大学，校址重庆。1954 年，为集中人力、物力、财力办好军医大学，提高教学质量，中央军委决定对军医大学进行整编。4月 7 日，中央军委颁布《军医大学整编决定》，将全军七所军医大学缩编为四所，确定整编方案与各校定额。方案决定将原第六军医大学与原第七军医大学合并，校址设在重庆原第七军医大学校址，学校番号称"中国人民解放军第七军医大学"，原第六军医大学番号撤销。第七军医大学前身为太岳军区卫生学校，1946 年 10 月在山西省阳城县郭峪村创办。1952 年 7 月，改为第七军医大学。

医大学合并，还叫第七军医大学，第六军医大学的番号撤销。军医大学整编合校的原因，我们这些小助教不清楚，只知道上面一声命令：合并！我们就做搬家的准备，打包袱走人。老师学生一起搬，全盘端。

迁校走的是水路，1954年长江发生大洪水，淹了很多城市，航道标志都打乱了。大洪水过后，我们从南昌坐工程车到湖南岳阳，在岳阳换乘大型军用运输船，溯长江前往重庆。从岳阳到重庆共半个月的航程，长江沿线设有兵站，每抵达一个兵站，我们下船休整，在帐篷或仓库住一两天，休整好了，再前往下一个兵站。我还记得第三个兵站在巫山，我们在巫山停留了两三天，还去巫山风景区小三峡旅游过。9月抵达重庆，安置工作非常简单，未婚教师搬进集体宿舍，结了婚的住职工宿舍。两校的教研室合起来马上开始工作。军队效率很高，安排你在哪个位置就是哪个位置，不能挑挑拣拣，马上可以正常运转。

此次迁校，古乐梅没有一起前往重庆。她1951年被分到南昌后，很快成为教研室的青年骨干，重点培养对象。迁校前，学校为她争取到去协和医学院进修两年的机会，要在8月到北京报到。这时我们的第一个孩子钟玲刚满周岁。钟玲出生于1953年，当时南昌正在办俄文速成学习班，古乐梅第一批参加，我第二批参加，8月初我进学习班时，她已经结束学习回了广州，8月30号，在广州军区总医院生下钟玲。产后她只顾着照顾孩子，当时也没有电话，一个月都没有通知我，她产前还有胎位异常，住过院，所以我很担心，写信给她广州的兄嫂打听情况，才知

图4-2　一家三口合影留念（1954年8月5日，钟世镇在照片的背后写下："梅将赴京，镇调渝，小玲返兴前，摄于南昌。小玲无名发热一个多月，小牙二颗，会亲亲、刮鼻子、再见、握手、敬礼。结婚三周年，小玲周岁纪念。"同年8月底，古乐梅把孩子送回母亲身边。第二天，就离开了女儿前往北京，而此时钟世镇已在前往重庆的途中。钟世镇提供）

道女儿已经出生，那是她这辈子做的唯一让我担心的事。有了孩子，经济很紧张，请保姆一个月要三十块钱，我的工资只有五十多块钱。当时物资又很紧缺，很多时候需要别人的帮助，比如买奶，当时是配给制，不够孩子吃，还要同事支援一下。迁校时，因为古乐梅要到北京进修，我们决定把小孩送到兴宁岳母家代为抚养，直到后来岳母患癌症，才接回我们身边。回想起来，我们年轻时过得很是狼狈。

审干与"肃反"

1955 年，"肃反"运动① 开始。在第七军医大学，肃反是结合审干② 进行的：肃清暗藏的反革命分子，同时审查干部。对我们这些尚未形成政治结论的人，都要通过肃反来审查历史，前后搞了好几个月。肃反采取隔离审查的形式，凡是历史上有问题的人，都要集中住到重庆凤鸣山，不能跟家人、亲友接触。政治部门设立了很多专案调查组，像我，就有一个钟世镇专案组。我自己先把整体情况交代一下，有问必答，然后专案组要重点调查几个关键问题。是对个人所有的历史情况全面进行审查。反动党团、青年军联谊会特务分子、地主剥削家庭出身是关键问题，这些关键问题都要取得证明，由专案组派出人员进行外调。我是青年军分子，读中山大学医学院时，有没有破坏学生运动？这个问题就要到广州去调查。地主出身，要到家乡去调查。我配合提供外调线索，要调查我在中山大学医学院时期的问题，需要找我们班上的地下学联成员，我就开一张名单给调查组，他们认为需要的就可以去调查。也有外单位的外调人员来找过我，多数是调查青年军复员同学的问题。

----

① 1955 年 7 月 1 日，中共中央发出《关于开展斗争肃清暗藏的反革命分子的指示》。

② 1953 年 11 月 24 日，中共中央做出《关于审查干部的决定》，指出为了全面地了解干部，主要应从政治上进行审查，弄清每个干部的政治面目，保持干部队伍的纯洁；同时又要多方面地了解和熟悉干部的思想品质、工作才能，以便更有计划地培养干部。按照中央的统一部署，审干工作从 1954 年下半年起陆续在各级党政机关、人民团体及文教部门展开。"肃反"运动开始后，1955 年 10 月 24 日，中共中央又发出《关于审查干部工作同肃反斗争结合进行的指示》。各地开始结合"肃反"斗争进行审干工作。

专案组对我的隔离审查持续半年以上①，形成了甄别处理结论。隔离审查时期，我按规定，不跟亲友、家人联系。对比起反右与"文化大革命"，肃反和审干还是和风细雨的。总的来讲，审干的过程很公平，有调查、有分析。②外调时，我的同学们，都能本着对党忠诚，对同志负责的态度，如实提供材料。外调结果基本上没有异议，说明我交代的东西跟外调的结果基本上一致。

我一到军医大学工作就申请参军，一直没有被批准，肃反结束后，审查组简单地告诉我：你的历史清楚了（清楚，而不是清白）！你历史上是有污点的，参加过反动党团三青团，参加过国民党的青年军；但是你没有隐瞒历史，根据调查到的事实，没有罪恶活动，可以按一般历史问题处理，不予处分。审查结束后，我非常高兴，从此我的政治历史问题得到明确的结论，放下了沉重的思想包袱。

反右派斗争

1957 年的反右派斗争③是一次重要的政治运动，特别是对知识分子有

---

① 第七军医大学的肃反工作于 1955 年开始，古乐梅档案中收录一份钟世镇写于 1955 年 12 月 1 日的材料，后面有凤鸣山肃反办公室负责人贺锁成签署的意见："钟世镇本人曾任三青团分队长、分队付、区队付及伪青年军师上士排付，伪青年军师政治部特约通讯员等反动职务。肃反运动至今，本人问题尚未交代清楚，故所写材料仅供参考。"可见当时钟世镇已处于隔离审查状态，对钟世镇的最终甄别结论是在 1956 年 9 月形成，而 1956 年暑假，钟世镇到北京探望古乐梅，并将女儿接回重庆，此时应已解除隔离。

② 总的来说，新中国成立后的审干工作与肃反斗争，对干部是认真负责的。对于肃反斗争，中央提出了"以事实为根据，以政策为准绳"和"既严肃又慎重"的原则，实行"提高警惕，肃清一切特务分子；防止偏差，不要冤枉一个好人"的方针。明确要求，对于不同案件要进行实事求是、认真全面的分析，划清界限区别对待，查深查透事实，取得可靠人证物证，防止草率结案。对于斗争面过宽、处理过重等偏差，在肃反运动后期，中央要求认真进行检查，对错斗、错捕、错关、错判的人做好甄别平反工作。经过审干与肃反，绝大多数干部的问题搞清楚了，有了结论，一身轻松，放手大胆开展工作。在审干和肃反运动后，还提拔了一批干部。

③ 1957 年 4 月 27 日，中共中央发出《关于整风运动的指示》，提出在全党进行一次以正确处理人民内部矛盾为主题，以反对官僚主义、宗派主义和主观主义为内容的整风运动。号召人民向各级党组织和党员干部提意见。1957 年 6 月 8 日，中共中央发出《关于组织力量准备反击右派分子进攻的指示》，同日，《人民日报》发表了《这是为什么》的社论。从此，开始了大规模的反击右派的斗争。

重要的影响，反右派斗争对我的震动非常大，在这场运动中，我有过一段戏剧性的经历。

1954 年 4 月，整风运动开始，按《关于整风运动的指示》，学校领导一直在动员大家"鸣放"，积极参与"反对官僚主义、宗派主义、主观主义"，绝大多数人都是真诚地响应党的号召，帮助党开展整风。我对党是忠诚的，组织纪律性也很强，党的号召一定要响应。当年我是第七军医大学训练部团支部的学习委员，团支部书记是程天民[1]，专门给我交代任务：你是学习委员，现在党要求整顿作风，你收集一下资料，看学校在教学方面还有什么缺点，针对这些实际问题，提出改进意见。

接受任务后，我很负责也很细致，收集了很多材料。当年中国全面学习苏联，科学工作者要学习巴甫洛夫学说、米丘林学说，自然科学都被打上了政治的烙印。根据我开展解剖学教学工作的实际经验，我认为当时在学术方面，苏联的东西政治色彩很强，以科学性来说，不如英美那样严谨。当时我国全盘照搬苏联童可夫著的《正常人体解剖学》[2]教材，其精确性、逻辑性、效益性，都不如英美的格雷氏（Gray）《系统解剖学》教材。我过去师从叶鹿鸣教授，他是英美学派，用的是英国的孔氏解剖学，叫作*Cunningham's Manual of Practical Anatomy*（《孔氏实地解剖学》）[3]，我在教学实践中感到，孔氏解剖学比童可夫的《正常人体解剖学》好多了，准确严密，又有可行性；而苏联的教材有很多缺点，教条得很，什么东西都挂上一个意识形态，把不少的哲学名词和政治术语也放进去，实实在在的、具体的、有较强逻辑性的知识与理论，比较空洞，也就是说，政治口号比较多，实际的学术内容比较少。据此，我准备了丰富的、有理有据的发言资料，提出在开展解剖学教学工作时，不要迷信苏联的解剖学教科书，建议多吸收英美教材的长处，来改进我们的"局部解剖学"编排，从而提高教学质量。

---

① 程天民（1927-　）江苏宜兴人。1951 年毕业于第六军医大学，留校工作。是中国防原医学的开拓者，创建了目前中国唯一的复合伤研究所。1996 年当选为中国工程院院士。曾任第三军医大学校长。

② B. H. 童可夫著，王之烈、邱树华、李墨林译，1955 年人民出版社出版。

③ 鲁德馨译，1934 年中华医学会出版。

当时旳整风鸣放座谈会，最先是召开教授座谈会，然后是讲师座谈会，最后是助教座谈会。召开助教座谈会的那一天，刚好安排了我上课，上课是硬性任务，我就没能参加座谈会。我觉得很可惜：精心准备了很多资料，没有让我去发言。

后来因在整风运动中出现了一些反党、反社会主义的言论，党中央发出反击右派向党进攻的指示，开展了反右派运动，这是必要的。但是后期，群众性的反右派运动出现了扩大化的趋势，有一部分革命的知识分子被错划为右派。在划右派分子的时候，我们解剖学教研室的讲师张志和被划为大右派。张志和老师是东北人，在讲师座谈会上，他讲了自己1945年在东北的见闻：苏联红军在东北奸淫妇女，还运走了我们东北的仪器、设备。划右派分子时，就说他反苏；又因他在伪满时期毕业于东北沈阳小河沿医学院，说这所学校是汉奸办的学校，结合历史问题和他的"反苏"言论，被打成了大右派。

如果在助教座谈会举行那天，我不是刚好有课，而是参加了座谈，可能我也会被划为右派。后来我看了有关文件，右派分子第一条就是："宣扬资本主义制度"，实际执行中还有"反苏亲美"这一项。[1] 我准备向党提意见的内容，若上纲上线，可能会被理解为反对苏联，美化英美，宣扬资本主义制度，这一条就够扣上大右派分子的帽子了。

"大跃进"运动

"大跃进"[2]是党的号召，超英赶美，大炼钢铁，亩产万斤，全国都搞得轰轰烈烈。下面要听上面的，上面也很无奈，不跟嘛，要犯错误；跟嘛，老百姓要倒霉。"大跃进"运动的后果不言而喻："大跃进"实际上是大倒退，是不符合经济发展规律和国情的蛮干。

---

[1] 1957年10月15日，中共中央发布关于《划分右派分子的标准》，规定：右派分子的言论、行为性质，第一条为"坚持资本主义立场，宣扬资本主义制度和资产阶级剥削。"第五条为"污蔑社会主义阵营，煽动社会主义阵营各国人民之间的分裂。"

[2] 1958年5月，中共八大二次会议正式通过了"鼓足干劲、力争上游、多快好省地建设社会主义"的总路线，"大跃进"运动开始。

图 4-3　农场劳动留念（后排右三为钟世镇。资料源于《钟世镇院士八十寿辰纪念册》）

当时是政治任务第一，形式主义很严重，一个晚上要写几十张表态的大字报，口号性的名目多得很。没有人搞专业，都要参加"大跃进"。学校里也要大炼钢铁[1]，学校搞了个"大干四十天"运动，收集破破烂烂的钢铁材料，在鸡窝炉[2]里烧一烧，然后用红布条扎起来，敲锣打鼓，向党献礼了。现在看起来有些荒唐、幼稚，但是当时群众还都是兴高采烈的：我国的钢铁产量，又翻了一番了，要超英赶美了。整个风气如此，个人是无可奈何的，像"人民公社好"，不参加也不行，不准在家里起伙，一定要去公社吃大锅饭，家里也不准多养鸡，超过三只鸡，就是走资本主义道路了，这都是我的亲身经历。

1958 年 6 月，学校安排我到果儿丘农场劳动，约有半年时间。果儿丘农场在重庆南岸，当时还没有长江大桥，要经渡船过江，交通不便，距学校大概需要半天的路程。农场劳动的目的是让知识分子向贫下中农学习，进行劳动改造，政治上很可靠的人不用去，去的人都是需要改造的。但是我很会适应新的工作和新的岗位，干什么工作都很认真，到果儿丘农场，

---

[1]　1957 年 8 月 17 日，中共中央在北戴河召开政治局扩大会议，通过《全党全民为生产1070 万吨钢而奋斗》的决议，掀起全民大炼钢铁运动，学校纷纷停课，大炼钢铁。

[2]　大跃进期间，群众大炼钢铁使用的土高炉。

我也是劳动模范①，还当了班长——蔬菜班的班长。学校请农民作顾问指导我们劳动生产，其中一位叫彭邦喜的还是地区劳模。行政工作则由我这个班长来管，也是个小头头。

去农场前，我们一家三口刚刚团聚。1954年，古乐梅被派往协和医学院进修，原定进修时间是两年。在进修即将结束的时候，进修班的一位同学得知苏联有副博士制度，亦称候补博士，就向组织建议，进修班学员作为候补博士培养。组织批准了这一建议，并将进修时间延至四年。1958年6月，她才回到重庆的第七军医大学。②

古乐梅去北京前，我们把女儿托付给岳母抚养，但是岳母在1956年得了骨癌，经过两次手术后，又发生肿瘤细胞全身转移。在这种情况下，古乐梅把孩子接到北京，寄养在她堂兄家里。半年后，因为孩子生病，亲戚照顾不过来，古乐梅只好把孩子先接出来，临时在外面租了间房子，把女儿安置下来，那年暑假我到北京，把孩子接回重庆和我在一起生活。回到重庆后，因为学校的幼儿园只接收讲师以上，或者是军人的子女，上班的时候我只能把孩子托付给一位老太太照顾，下班再接回来，背在自己身上。我工作又忙，直到古乐梅回来，女儿才得到悉心的照顾。

结束在农场的劳动后，以为一家三口可以团聚了，却接到通知，要代表成都军区羽毛球队参加第二届全军运动

图4-4　钟世镇与女儿合影
（1957年。钟世镇提供）

----

① 因钟世镇参加农场劳动期间因"能放下干部架子，虚心向工人同志学习，劳动中拣重活干，担任班长工作能依靠党组织做好思想工作，群众反映很好。"1960年被学校评为"五好积极分子"。

② 1958年3月，古乐梅在著名生理学家李铭新的指导下，完成了研究工作，研究题目是《高级神经活动对移植于胰脏的卵巢生长的影响》。但因整风运动取消了论文答辩和授予副博士研究生学位的决定，只发了研究生毕业证书。

会。第二届全军运动会在 1959 年的夏天举行，筹备工作在 1958 年就开始了。当时在军队中，主要开展的运动项目是"三大球"：篮球、排球、足球。第一届的全军运动会没有设羽毛球这个项目。第二届全军运会恰逢"大跃进"，体育运动也要求"大跃进"，所以要求什么项目都要有。基层部队很少开展羽毛球运动，找不到羽毛球运动员，只能到后勤单位去找。我是第七军医大学羽毛球单打冠军，其实是业余爱好，很不规范，只靠体力好。但既然是学校的单打冠军，成都军区就把我调去参加集训，同时又在第七军医大学的几个附属医院，抽调了男女各两名工作人员担任运动员，派一个政工干部担任领队，一共六个人，组成了军区级的羽毛球代表队。因为我的年纪最大，当然就是队长了。原计划请重庆医学院的一个印尼华侨来当教练的，后来他不来了，又指派我当教练，因此我就身兼成都军区羽毛球队的教练、队长、运动员三职，进行了为期大半年的羽毛球训练和比赛。第二届全军运动会预赛在南京举行，决赛在北京举行。[①] 预赛刚开始时，我们在与新疆、云南、贵州、辽宁等军区比赛时，取得了一些胜利。但后来在与福建、南京军区比赛时，因为他们的队员中有不少印尼的归国华侨，我们就屡战屡败了。从备战到第二届全军运动会正式结束，我当了大半年的专职运动员，也评上了国家二级运动员。

　　担任成都军区羽毛球队教练的经历对我后来带研究生颇有启发。我这个人比较负责，给了我教练员的岗位，我就要做好工作。我买了一本王文教主编的《羽毛球训练入门》，书上怎样讲，我就怎样教，边学边教。对于职业运动员来说，基本功非常重要，必须严格要求。例如步法，羽毛球的场地虽不宽，但前后左右要顾全，步法很重要。上网前去击球后，要马上一个大跨步退回中场，这样对方回球到任何空当，都可以从容去应对。如果步法不对，对方回球到后场，就很被动了。所以步法要反复训练，做到能攻能守，最简单、最快捷、最准确地站好位置，这是一个基本功。第二个基本功，高远球要过硬，要反复练，要求教练给的球，不管什么位

---

　　① 全军运动会的决赛在 1959 年 5 月 6 日至 16 日之间举行。

置，都能把羽毛球挑得又高又远，接近端线附近。因为后场的高远球，对方是扣不死的，当运动员处境被动不利时，就挑个高远球，争取时间调整一下，应付下一步的动作，这也是基本功。还有网前球、扣球，都讲究基本功。后来我教研究生，主要是教科研基本功：怎样选题？怎样找创新点？怎样收集关键的数据来说明你的创新问题？这就是科研的基本功。打羽毛球还让我明白，要时刻想着下一个球怎么打。落实到科研工作上，这个项目还没完，我就考虑下一个项目如何开展。所以说，我当羽毛球教练了解了基本功的重要性，我当研究生导师的时候，就会注重指导研究生掌握科研的基本功，教他们体会科研的思路。有了创新性思路和方法学的基本功，研究生将来在任何工作岗位上都能成才。

1959 年 3 月 20 日，我第二个孩子钟鸣出生。一讲到这件事，古乐梅就埋怨我，她怀孕不久我就离开，先是在果儿丘农场劳动，劳动一结束就调到羽毛球队，一直到钟鸣出生，我都不在家。古乐梅生钟鸣时很危险，有前置胎盘的症状，产后又胎盘滞留，进行子宫内人工剥离时引起创伤性大出血。

图 4-5　钟世镇一家四口合影（1959 年。钟世镇提供）

孩子出生的时候不会哭，还进行了抢救。产后十二天，古乐梅再次发生产后大出血。当时正是三年困难时期，面粉加米糠做的馒头是古乐梅产后唯一的营养品，借了一百元外债，仅够交孩子急诊抢救住院费。晚上给孩子喂奶、换尿片连灯都没有，可能因此导致脐带护理不好，钟鸣出生二十九天得了脑膜炎，医院曾发出病危通知书，采用青霉素注射治疗达半年之久。这些困难的时刻我都不在家，是古乐梅一个人面对的。全军运动会结束后，我从北京赶回重庆，上火车之前，一片心意想为家人补充营养，买了点肉，结果没有考虑到当时天气已经很热了，到家的时候，肉都臭了，只能丢掉。

当了一年的专业运动员后，我回到学校就所向无敌了。当时训练部有个俱乐部，俱乐部的主任请我担任干事，分管群众体育运动。"大跃进"期间，学校要求体育运动也要"大跃进"，我想了一个办法，开展"百日千分运动"，鼓动大家参加群众性运动。"百日千分运动"是指在一百天里，按"体育大跃进合格"的要求，每个人一百天内要拿到一千个积分。想取得这一千分也不难，大家去跑道上跑，不要求速度，只要求距离，跑一百米也好，走一百米也好，每百米计两分，四百米的跑道转一圈，八分就拿到了，再走一百米，一天的任务就完成了，个人体育"大跃进"的指标也就达到了。我设计的这个方案很受欢迎，一到课间休息时间，满操场上都有训练部的人员在转圈圈，轰轰烈烈的群众性运动搞起来了，我也成为开展群众体育运动的先进工作者。1959 年，我被学校评为体育活动标兵，1960 年，代表学校出席了重庆市科学技术、文化、卫生、体育方面社会主义建设先进单位和先进工作者代表大会。那时候奖励的名堂多得很，那个年代的人很有激情，群众性的运动都是轰轰烈烈的——批判斗争是轰轰烈烈的，立功受奖也是轰轰烈烈的。

中国人体质调查

放下包袱，努力工作

1960 年参军到"文化大革命"开始的几年，对我来说是比较平静、比较充实的一段时光。这个时期，政治运动比较少[1]，社会秩序很稳定，有利

---

① 20 世纪 60 年代初至"文化大革命"开始之前这段时期，随着 1961 年中共八届九中全会正式通过"调整、巩固、充实、提高"八字方针，开始对社会经济进行全面整顿，国民经济和社会秩序趋于稳定发展。

于开展工作。我这一生里，1925 年出生到 1949 年，这二十四年间我生活在国民党统治下，新社会时我已经是成年人了，旧社会必然在我身上留有历史痕迹。青年军在我的个人历史上，是一个沉重的包袱。我 1952 年到部队工作，1960 年才获准参军，在部队院校里当教师八个年头，还是穿便服，所有学生都是军人，大多数老师也都穿军装，校园里有那么几个人还穿着便服，这就是公开的秘密：这些人都是历史有问题的人。在这种情况下，思想包袱是很重的。

1956 年，肃反结束，对于我的问题，专案组形成了"一般历史问题"的结论，通知我：你的历史清楚了，可以申请参军了，我的思想包袱就卸下来了。虽然直到四年后，1960 年我才真正穿上军装①，但这期间也没什么思想波动，因为我们这批在肃反和审干运动后申请参军的人员都是在 1960 年才被批准。穿上军装后，心情非常舒畅，感谢组织的信任，穿军装意味着我是革命队伍中的一员了。我心理上没有压力，又正是身强体健、敢拼敢干的时候，充满激情，渴望多做一些工作。

第六、第七军医大学合并后，解剖学教研室跟组织胚胎学教研室分开了，王启民教授任组织胚胎学教研室主任，解剖学教研室主任由何光篪②教授担任。何光篪教授很喜欢我，一直让我担任他的教学秘书，刘正津是科研秘书。秘书的权不小，相当于副主任，除担任教学秘书外，我还担任教学组组长，教研室里所有的教学工作我都管，组织教学工作，完成教学

---

① 1960 年 3 月 12 日，钟世镇填写《志愿参军申请书》："我决心志愿参加中国人民解放军，愿终生为国防建设、为国防卫生工作服务，永远听党的话，坚决地跟党走，党指到哪里就奔向哪里。我决心申请参加中国人民解放军，做党的驯服的工具，为保卫祖国，保卫党的总路线而奋斗，不论在和平建设或者是战争考验中，绝不动摇，毕生为国防事业服务，甚至必要时献出自己的生命，特此申请，请党批准我的要求。"1960 年 9 月 10 日，经中国人民解放军总后勤部政治部批准，授予钟世镇上尉军衔，正连级待遇，军龄自 1960 年 8 月 1 日起计。

② 何光篪（1913-1999），四川新繁人，1932 年入华西协和大学攻读医科，1939 年毕业并获美国纽约州立大学医学博士学位。1947 年赴加拿大多伦多大学进修，师从著名解剖学家格兰特（J. C. B. Grant），1949 年获得赴美国波士顿塔夫脱医学院进修机会，中华人民共和国宣告成立，旋即归国。1952 年，到第七军医大学工作，先后任解剖学教研室主任，训练部副部长等职。长期担任中国解剖学会常务理事，人体解剖学专业委员会主任暨临床解剖学组组长。

任务，参加教材编写。^①业余时间，我们还要翻译外文文摘^②，何光篪教授对我们的要求很严格，为让我们及时了解国际科研动态，每个星期都要我们做文摘报告。我们到图书馆去查杂志，阅读国外的解剖学专业论文，自己选择感兴趣的文章，把主要内容写成文摘，使国内学术界能够及时了解国际上解剖学研究发展的动态。这个工作对我很有启发，在翻译外文文摘的过程中，了解到许多信息。当时我留意到国外解剖学与临床，特别是与外科的联系，了解到国外有人在这方面做过一些工作，知道外科学领域很需要解剖学，我意识到这个领域还有很多创新的余地，后来确立临床解剖学这个新的研究方向，也是从中得到灵感和信心。

这个时期我们主要的科研方向，是围绕中国解剖学会的方针，开展中国人体质调查工作。^③从中国解剖学的发展历史来说，中华人民共和国成

---

① 中华人民共和国成立初期，国内医学院校参照苏联模式进行教学改革，引进苏联教材，制定教学大纲。在1954–1955年间，共翻译出版了五十二种苏联教材，经过一段时间的试用，发现苏联教材分量过多，内容不尽适合中国情况，而且有的教材翻译质量不高，在使用时有一定困难，因此国内医学院校开始自编教材。参见：朱潮、张慰丰：《新中国医学教育史》，北京：北京医科大学中国协和医科大学联合出版社，1990年，第14页。1958年，第七军医大学采取党委、教师和学生三结合的方式，重新编写了教材，"使教材的内容更加切合部队的实际情况，学术水平、思想水平与文字结构，都有很大的提高。"见：祁开仁：《在党的领导下不断地改进教学工作提高教学质量》，《人民军医》，1959年S2期，第28–32页。

② 从20世纪50年代起，至1961年，钟世镇共翻译了二十九篇文摘。见：钟世镇干部档案正本，干部履历变化项目补充报告表，1961年7月30日。存于南方医科大学人事处人事科。

③ 19世纪中期开始的西学东渐浪潮中，解剖学作为西方近代科技的先声，率先传入中国。1851年来华传教士合信（Benjamin Hobson）出版《全体新论》一书，是近代第一部将西方解剖生理学系统地介绍到中国来的中文西医书，引起了国人的兴趣，此后不断有解剖学译著出版。至19世纪末，国内有医学院校之设，并将解剖学作为必修课，解剖学遂在中国得以建立。最初解剖师资多由外籍教师担任，至抗日战争前后，随着外籍教师陆续回国，本土解剖学者进一步成长起来，国内大部分的解剖学教学工作才逐渐由国人担任。至新中国成立前，全国解剖学工作者仅约百人，主要以教学为主，对中国人自己的形态虽有一些研究，但为数不多。尤其是对中国人的正常解剖学数值，一直未有系统的研究，不能表达自己的民族特征。在新中国成立后，中国人体质调查成为解剖学亟待填补的空白领域，有远见的学者纷纷在此领域内选题进行研究，最初的研究是分散的、随机的，在全国范围内缺少统一的规划和领导。直至1962年国家科学技术委员会和卫生部编制的《1963–1972年科学技术发展规划——医学科学》中将"国人成年体质的调查"作为重点项目之一，要求解剖学工作者"必须有组织有计划地进行全国各民族的体质调查工作"，以期"使我国民族有一套自己的体质常数"。1964年中国解剖学会第四次年会即依此制订了具体计划，并于1965年在上海召开了部分医学院校解剖学专家参加的工作会议，制订了观察和测量器官的统一表格，印发给全国医学院校解剖学教研室，使中国人体质调查可在统一规范下开展，（转下页注）

立以后，中国解剖学者的第一个重要任务，就是中国人的体质调查。什么叫体质调查？就是人体结构、器官和脏器的基本参数调查，有多长、多重，有哪些类型。以前我国没有解剖学统计资料，教解剖学时，一讲到人体系统和器官的数据，总是美国人的资料怎么样，英国人的资料怎么样，就是没有中国人的资料！因为现代的解剖学是从外国引进的。但是各种族之间很多方面存在差异，例如颜面部，一看就知道，西方人的鼻子较高，测量的指数跟中国人不同；以人体内部而言，血管怎样分支，脏器多大，每个民族也不尽相同，这些就是各个民族的体质资料。所以解剖学者第一个要填补的空白，就是要拥有中国人自己的体质资料，不能老讲英国人的数据、美国人的数据，要将中国人体所有的结构和特征，建立起翔实、完整的学术资料库，积累量化数据加以表达。

当时国内解剖学的学术研究工作刚刚起步，几乎所有院校的解剖学工作者都在体质调查这一领域开展工作，这个工作到"文化大革命"前基本告一段落。而《中国人体质调查》的专著1985年才出版，这部专著就是根据"文化大革命"以前，全国解剖学者发表的一千多篇相关论文，将其中积累的数据和类型加以整理、分析、综合，得出中国人的基本体质资料。这就是中国解剖学会的阶段性、里程碑式的成果。[①] 在这个历史性的任务里，我做过的工作非常微薄，只是跟随何光篪教授开展，为中国人肺的研究提供过部分研究资料。

恩师何光篪

何光篪教授给我的第一个印象——权威得不得了。他是知名的大教

（接上页注③）后因"文化大革命"的爆发而停顿。但是，此前国内解剖学者已经率先开展体质调查工作，发表了大量相关论文。参见：中国解剖学会体质调查组：《中国人体质调查·前言》，上海科学技术出版社，1986年。

① 中国解剖学会体质调查组：《中国人体质调查》，上海科学技术出版社出版，1986年。参与编写工作为中国解剖学会中国人体质调查组，组长郑思竞，下分体质测量及运动器官、内脏学、脉管系、神经系四个分组。钟世镇为神经系分组成员，组长为谢竞强、许鹿希，成员除钟世镇外，还有张亦昭、黄瀛。

授，大家都很敬仰。中华人民共和国成立初期，教授与助教的待遇相差很多，他每个月有三百块钱，我们开始是四十多块钱，后来是六十块钱。

在第七军医大学，我最大的收获就是遇到何光篪教授这位名师。对于任何一位科研工作者而言，能在科学生涯的起步阶段，得到前辈学者无私的指导，是一件难得的幸事。我们在南昌时，还没有开展科学研究，主要工作就是教学。何光篪教授曾留学加拿大多伦多大学，喝过洋墨水，很重视科研工作的开展。可以说，是何光篪教授引领我走上了科研的道路。何光篪教授已于 1999 年去世了，我非常怀念他。

何光篪教授对我的科研道路有深远的影响，他严肃认真，对科学工作要求严格，特别是对科研的技术规范和道德作风抓得非常紧，我的科研基本功就是他带出来的。我到重庆将近一年以后，何光篪教授准备带领学科开展研究工作，就开始有意识地对我们进行科研训练。他找我去，给了我五十个颅骨，规定了颅骨测量的几个指标，让我去测量。我花了一个多月测量完了，把数据交给他。何光篪教授当场指定几个颅骨，要我现场测量那几个指标，对照着我送去的资料，逐一核对数据。测完了，他就笑一笑：还可以！意思就是说：我没有造假，是认认真真测量出来的，是经得起检验的准确数据，可以交功课了。然后他开玩笑地跟我讲：这些资料你不用去写论文发表了，我都测过，以前都发表过了，只是考考你的基本功，看你是不是在老老实实收集资料。何光篪教授这样做的目的，就是让我们先学会科研的道德规范，然后才让我们跟着他做科研。最后他告诉我：现在我教你如何去选题目，收集新的资料，学写论文。

通过这次考验，何光篪教授给我留下深刻的印象，就是科研工作要非常严谨，因此我也一直牢记：对于一个科学工作者来说，最关键的就是严谨、真实，来不得半点虚假。受他的影响，我后来带研究生也一样，特别强调要严谨、真实，不允许造假。他们在下面做的东西，我会要求当场重新检测，看看究竟是不是真实和准确的，要先保证科学数据的真实准确，然后才是论文写作的问题。

在何光篪教授身上，我不仅学到了严谨的治学作风、正确的科研方法，更重要的是，他作为学术带头人，在管理科研团队、规划科研方向等方面的很多做法，都对我有所启发，影响至深。我们教研室有两个科研课题组，承担两个不同的研究方向，一个是"肺研究组"，另一个是"肝研究组"。肝脏在当年算是比较前沿的方向，而肺脏是比较陈旧的题目。何光篯教授把肝脏这个方向让给一位副教授来领导开展，他本人领导肺研究组。这两个研究组的学术带头人素质不同，效果也就完全不同。

肺研究组，何光篯教授组织得很好，他带着四个助教，刘正津、陈尔瑜、张素贞和我，我们这五个人，组成了一个科研团队。肺有五个叶，右肺上、中、下三个叶，左肺上、下两个叶，我们每人承担一个叶。总体设计由何光篯教授规划，数据和资料由承担任务的人去收集，设计的大框架都是相同的，几十个肺标本，每个人收集自己所负责肺叶的测量、分支、分型等资料。一发表论文就是五篇，[①] 我们互相观摩、切磋，大家合作得很好，工作起来心情舒畅。何光篯教授很权威，成员之间也不会发生争名夺利的事情，因为每个人都有一篇论文是第一作者，别人负责的论文我们也都是参与者。刘正津这个人非常认真，非常严谨，对科研工作非常较劲，所以何光篯教授最喜欢他。在这五篇论文之外，另有一篇总结性论文，何光篯教授指定由刘正津

图 4-6　何光篯与当年研究组成员（1987 年重逢在重庆。左起为陈尔瑜、何光篯、钟世镇、刘正津。资料源于《钟世镇院士八十寿辰纪念册》）

① 关于肺的研究，何光篯带着他的团队，在 1960 年至 1965 年之间，发表了六篇系列论文，《中国人肺的支气管和血管》（一至六），其中前五篇，分别对右肺上叶、右肺中叶、右肺下叶、左肺上叶、左肺下叶进行研究，论文均发表于《解剖学报》，第六篇是对"肺门、肺叶门和肺段门"的支气管和血管进行研究，论文发表于《中华外科杂志》。论文作者均为何光篯、钟世镇、刘正津、陈尔瑜、张素贞。其中钟世镇为第一作者的是《中国人肺的支气管和血管（四）：左肺上叶的支气管和血管》。

执笔，担任第一作者。

这一系列论文发表以后，学术影响就大了。在全中国，研究肺就是第七军医大学最有成就了，也就是说，过去没有中国人肺的资料，现在第七军医大学把这一套东西都拿出来了，代表了中国人肺的数据和类型。此前，国际上的标准是由英国人 Boyden 创建，他怎么分型，我们也怎么分型。我们的研究成果出来以后，我们中国就有了自己的资料和依据，中国人有中国人的特点，外国人有外国人的特点，各不相同，我们的分型有创新，资料最完整，数据最准确，这样在全国就有学术地位了，很有成就感。

相反地，肝研究组的工作就不尽如人意了，肝脏本来是很理想的选题，因为当时我国肝胆外科刚刚开始发展，很需要中国人的肝脏资料。但是学术带头人不善组织调度，事无巨细一把抓，其他人只是给他收集数据资料，至于数据怎样利用，不允许别人过问！他本人又没有把数据充分利用好，所以一篇论文都没有发表，填补这个空白领域的成果，被别的科研团队捷足先登了。首先填补了中国人肝脏体质这个空白领域的，是第二军医大学吴孟超教授[①]、第三军医大学黄志强教授[②]。他们都是从事肝胆外科的专家，他们要在临床上有所创新，首先要搞清楚中国人肝脏结构的特点，而我们解剖学者反而没有在这个领域做出应有的成绩。

这个鲜明的对比，使我们这些刚刚从事科研工作的人，首先懂得了科研组织管理的重要性。因此我们由衷地佩服何光篪教授，他不仅要求很严格，也擅长科研工作的组织，很注重青年学者的培养，很支持团队成员开展工作。每个人分工负责的课题，发表论文时这个人就是第一作者，促使各个成员必须开动脑筋去思考，有很大的积极性，效率很高。而何光篪教授作为科研团队的组织者，协调各方，团队成员搞得好，同样能体现他的

---

① 吴孟超（1922- ），马来西亚归侨，生于福建闽清。著名肝胆外科专家，被誉为"中国肝胆外科之父"。1949 年毕业于同济大学，历任上海第二军医大学附属长海医院外科教研室主任、普通外科主任、肝胆外科主任、第二军医大学副校长等职，1991 年当选中国科学院院士。

② 黄志强（1922-2015），广东新会人。外科学专家。1944 年毕业于中正医学院。1949 年11 月入伍，先后担任中国人民解放军第七（三）军医大学外科学教授、西南医院副院长等职。后解放军总医院任外科临床部副主任、总医院专家组组长、全军肝胆外科研究所所长、总医院野战外科研究所所长等职。1997 年当选中国工程院院士。

成就。相反，像肝研究组那样，缺乏组织与规划，只是学术带头人一个人忙来忙去，不让下面的人利用数据写文章，他本人又出不了文章，错过时机，浪费了这个选题。

中国人手的研究

20世纪60年代，是我学术生涯的第一个高峰期，在"文化大革命"开始以前，我共发表了二十六篇论文，是当时国内解剖学界表现比较出色的青年学者，有一定的学术影响。

我们的研究条件很好，学校的教学尸体很多，我跟刘正津很勤快，把教学用过的尸体都背到教研室一个空置的浴室里，只要有时间，就到里面去找材料。选定题目后，能找到丰富的资料，就有论文写作的科学依据，可以发表一篇论文。我们的选题都是围绕着体质调查这个总方针进行，主要的研究方法就是在大量尸体材料基础上，有针对性地将相关器官进行解剖，加以测量、统计、分析、分型、整理，得出结论，填补中国人体质资料的空白区，是很基础的工作。

当时开展中国人体质调查工作，在全国范围内，并没有统一的组织分工，都是各个单位、学者自己去选题。当年的科研非常好做，因为中国人体质资料的空白领域太多，只要全面查阅中文解剖学文献，凡是还没有人报道过的人体结构，就可以去进行研究，谁先发表了相关论文，谁就填补了这个空白领域。中国解剖学会虽然没有统一组织分工，其实通过其主办的《解剖学报》[①]等学术园地，指导着科学研究的方向。比如说，如果我们第七军医大学的肝研究组能将收集的资料早日整理成为论文，肯定是该领域开创性的研究成果，因为这个领域以前做过的研究工作很少，但是，别的研究团体先发表了论文，这个选题就属于重复研究的范畴，创新性价值就消失了。

我初期的研究工作，就是在中国人体质调查这个宏大的课题范畴内，

———————————

① 《解剖学报》于1953年创刊，由中国解剖学会主办，是代表中国解剖学发展水平的权威期刊。

分散、随机地选择一些空白领域来进行研究。比如我独立发表的第一篇学术论文《椎动脉颅内段、基底动脉及其主要分枝的观察》[①]，也属于体质调查范畴，以前椎动脉基底段没有中国人的资料，我自己选题，解剖了一百零四个头颅，把椎动脉的形态学资料集中起来，分类、分型，这就是一篇论文。

随着研究的深入，尤其 1962 年被评为讲师以后[②]，我觉得应该有一个自己的研究方向了。以前都是跟随何光篪教授做研究，或者做一些零散的、不成体系的研究，现在准备选择一个由自己主导，具有方向性的研究领域，进行系统的研究。

我与刘正津两人的志趣相投，决定合作起来开展工作。我们选择了"手的研究"这个方向，因为人体除了最复杂的结构——大脑之外，手的结构最复杂、最灵活，而且功能很重要。我们的策略是"扬长避短"，我们不是搞神经解剖学的，所以不敢选择大脑作为研究的课题，虽然这个领域未知的东西很多，但不是我们的强项。不过，局部解剖学是我们的强项，我们有动手能力强的特点。学校每年局部解剖学课程教学都会使用上百具尸体，我们把它们集中起来，进行解剖，做好数据记录、统计，然后再分型、分类，就变成填补中国人空白的资料。我们分析过研究的前景，做好了系统完整的规划，有信心在这个领域取得独树一帜的研究成果，将开辟一个研究方向，不再是零星的一两篇文章。我们有个雄心壮志，将来一讲到"中国人手的研究"，就得找第七军医大学，因为我们资料最多。

我们着手进行准备工作，收集能供精细研究的材料，不能仅依靠教学用过的陈旧尸体，陈旧尸体粗大的主干结构可用，但精细部分已不够完整。所以我们专门跑到火葬场，跟火葬场的职工搞好关系，请他们协助收集手的研究材料，我们去取回来固定保存，这些都是最珍贵的研究材料。在"文化大革命"开始前，我们已经收集了五十多具新鲜的手标本了，目标是收集一百例，一般的统计学分析，上百的数据就是比较齐全的大样本了。

---

① 发表于《解剖学报》1958 年第 3 期。

② 1962 年 4 月，钟世镇经"全面衡量，业务技术，理论知识及工作能力已具备讲师水平"，被第七军医大学训练部批准晋升为讲师。

与此同时，我们进行了文献研究，查阅外文文献。进行中国人的体质调查，除了要有自己收集的原始资料，进入论文的讨论部分时，必须要有外国人的数据做对比，以此说明中国人和外国人的体质差异，说明我们中国人手的数据、指型，与外国人是不同的，这样一对比，就有了中国人的体质特色。我与刘正津分工收集相关文献，刘正津的英文比较好，英文文献由他收集，我的俄文、德文比较好，负责收集俄文、德文文献。

在我们的研究规划中，系统完整地进行手的研究，首先从活体测量开始，手的外形、手指的长短和类型。活体测量的工作完成后，发表了三篇论文：《手背肌腱的类型及变异》[1]《中国人指型的观察：从指远端相对长论指型》[2]《手的活体测量》[3]，这三篇论文是这个重大研究规划中，取得的初步研究成果。活体测量后的下一步工作就是尸体解剖，遗憾的是，这个工作还没开展，"文化大革命"就开始了，研究工作中断，珍贵的尸体标本损失了，全部规划付诸东流。

虽然这个工作没有如愿完成，但我在以后搞临床解剖学的时候，特别在显微外科解剖学领域，一直比较重视手功能重建的问题。事实也证明，凡是结构复杂，功能意义很重要的器官，都有很多需要研究的东西。手外科现在变成独立的专科，有几位院士都致力于这方面的研究，像王澍寰院士[4]、顾玉东院士[5]，都是搞手外科的，还有个学术园地《中华手外科杂志》，可见这个领域发展得非常快，也取得很多成就，这些都证明我们当年的选题方向没有错。

---

① 钟世镇、何光篪、刘正津：手背肌腱的类型及变异。《解剖学报》，1965 年，第 8 卷第 1 期，第 71-82 页。

② 何光篪、钟世镇、刘正津：中国人指型的观察：从指远端相对长论指型。《解剖学报》，1966 年，第 9 卷第 1 期，第 50-56 页。

③ 何光篪、钟世镇、刘正津：手的活体测量。《解剖学报》，1966 年，第 9 卷第 2 期，第 154-162 页。

④ 王澍寰（1924- ），北京人。手外科学家。1950 年毕业于北京大学医学院医学系。1959 年在北京积水潭医院创建了中国第一个手外科。曾任北京积水潭医院院长，中华医学会骨科学分会主任委员，中华医学会手外科学分会主任委员。1997 年当选为中国工程院院士。

⑤ 顾玉东（1937- ），山东章丘人。手外科、显微外科专家。1961 年毕业于上海第一医学院；1966 年曾参加世界第一例足趾移植再造拇指的工作。现任上海市手外科研究所所长，曾任中华医学会手外科学分会主任委员，1994 年当选为中国工程院院士。

第五章
改革开放前后的两片天空

"牛棚"是所好学校

"文化大革命"开始，停课闹革命，教学工作全面停顿，我们当老师的没事干，刚刚开始的红卫兵大串联，我也出去跑跑，也到北京去看过毛主席接待红卫兵。发觉自己的处境明显不同，是在《公安六条》①颁布以后。《公安六条》是为了镇压叛徒、特务、反动阶级人员制定的，详细的条文我不清楚。审查我的专案组告诉我说：你已经上了《公安六条》了。谁都不敢跟我接触，我也有自知之明，知道自己的问题严重，主动和别人划清界限。以前我与刘正津交往密切，刘正津从来不怕与我来往，不过我

---

① 1967年，中共中央、国务院颁布《关于在无产阶级"文化大革命"中加强公安工作的若干规定》，因其内容分为六条，所以简称《公安六条》。《公安六条》中第四条规定：地、富、反、坏、右分子，劳动教养人员和刑满留场（厂）就业人员，反动党团骨干分子，反动道会门的中小道首和职业办道人员，敌伪的军（连长以上）、政（保长以上）、警（警长以上）、宪（宪兵）、特（特务）分子，刑满释放、解除劳动教养但改造得不好的分子，投机倒把分子，和被杀、被关、被管制、外逃的反革命分子的坚持反动立场的家属等二十一种人，属于专政对象。

怕连累他，也不敢到他那里去。因为停课闹革命，老师无所事事，很清闲也很孤独。我买了本《围棋入门》，买了个棋盘，在家自学围棋。

世态炎凉，对于大多数迫于政治气候和我划清界限的人，我都能理解，但是遇到无中生有、落井下石的人，很是心寒。我女儿钟玲这时十三四岁左右，我家贴有一张毛主席在天安门城楼向群众挥手的画像，有一天，我女儿把它撤下来了，告诉我说：她跟小朋友去看大字报，大字报提到，那张画像中毛主席挥手时，手的影子刚好落到毛主席的脖子上，因此这是阶级敌人阴谋害我们伟大领袖毛主席的反动画像。我对女儿说：不要相信那些没有根据、捕风捉影的分析。然后我就把画像挂回去了。当时虽然是停课闹革命，也要正常上班。在教研室里，大家没事干，就聊一聊大字报，我就讲了这件事。教研室有一位女讲师，是当时训练部党委的委员，她把这件事向训练部党委做了汇报，给我上纲上线，说我公然在教研室诬蔑我们心中最红最红的红太阳。这个罪名如果落实，我就不仅是历史反革命，而是现行反革命了。材料交给了专案组，专案组就此事进行调查。当时专案组好几个成员是我们教研室的教师，我们教研室的讲师程耕历任专案组组长，非常负责，根据调查结果，实事求是地下结论，证明事实并不像举报人所说的那样，我的新罪名没有成立。

我也能理解，人有时是无可奈何。那位女讲师也是地主出身，过去能上得了大学的，有几个不是出身于剥削阶级啊。她要立功赎罪，表示立场鲜明，划清界限，也是无奈之举。我的罪名既然没有落实，也就算了。但是这毕竟是一种扭曲的心理和社会现象。从那以后，我总结出一句话："见人讲人话，见鬼不讲话。"害人之心不可有，防人之心不可无，可以少发表意见，但绝不能"见鬼讲鬼话"，随波逐流。

1968 年前后，"文化大革命"进入"清队"① 阶段，"清队"就是清理阶级队伍，"群众专政"是清理阶级队伍的主要手段，革命群众有权对所谓的

---

① 1968 年 5 月 25 日，中共中央转发《北京新华印刷厂军管会发动群众开展对敌斗争的经验》，要求全国各地"有步骤地、有领导地把清理阶级队伍这项工作做好"，全国逐步开展"清队"运动，这是继"文化大革命"初期"横扫一切牛鬼蛇神"之后又一次大规模的整肃运动，运动目标由"走资本主义的当权派"转变为传统的"阶级敌人"：地、富、反、坏、右、特务、叛徒、漏网右派，等等。

图 5-1　家人合影（1968 年国庆节。钟世镇提供）

反革命实行专政，随意性很强，组织上给我做过的政治结论不算数了，过去说我历史清楚，现在又不清楚了。"文化大革命"结束后，我曾要求组织上给我平反。但组织上说我不属于平反对象，因为我被打入"牛棚"是群众专政："组织上并没有整你，是广大群众整你，你当时领章都还没有摘"。①

　　我已有思想准备，像我们这些人，国民党的残渣余孽，地主阶级的孝子贤孙，肯定是清理的重点对象。之前因为孩子们小，还不懂事，我不敢跟他们讲太多，怕他们思想负担太重。但是，我知道周围同事那些抄家、自杀的遭遇，可能也会落到我身上。② 如果这些事情有一天真会发生，我不希望在子女心目中，也认为父亲是一个应该被唾弃的阶级敌人。所以我找了一个时机，跟女儿钟玲做了一次深入的谈话，把自己参加三青团及青年军的经过和原因完整地对女儿讲述了一次，得到了她的理解。③

　　"清队"运动开始后不久，我进入了"专政学习班"。当时都是突然袭

---

　　① 被打入牛棚的具体时间，现在钟世镇和他的家人都已经记不清了。1968 年国庆节，钟世镇与家人照了一张合影。据此判断，钟世镇被打入牛棚的时间应该是在 1968 年 10 月以后。

　　② 严酷的政治形势已经让钟世镇与古乐梅预感到噩运即将降临，而造反派也一再以杀鸡儆猴的方式来威胁，古乐梅回忆当时的情景，说："我们教研室的张愈强讲师自杀了，他自杀以后，教研室里造反派的头目把我叫去，一同去见张愈强的夫人。为什么要我去？就是有意让我看：这个人是因为这种事自杀的。还有一次，我隔壁有一位教生理的老师姚祖奇被抄家，又把我叫去，抄他的家叫我做什么？就是要我知道：会抄他的家，也会抄钟世镇的家。一连几次这样，我就知道老钟肯定逃不过。"古乐梅访谈，2013 年 7 月 18 日，广州，资料存于采集工程数据库。

　　③ 对于这次谈话，钟玲回忆道："那个时候我年龄小，应该是十四五岁，不是特别懂，但是有一句我是记得的，父亲说：'你记住，我肯定是没有做对不起党、对不起人民的事情。我是参加了这些组织，但我没做坏事'。"钟玲访谈，2013 年 7 月 12 日，广州，资料存于采集工程数据库。

击，一宣布要隔离审查，马上就抄我的家，把我带走。最初我不知道"专政学习班"的含义，以前谁也不知道有"牛棚"这种事物的存在，因为"文化大革命"期间各种学习班很多，叫我去我就去。后来才认识到"专政"二字的威力，文雅的称呼是"专政学习班"，通俗点就是关牛鬼蛇神的"牛棚"，将专政对象关押起来，没有人身自由。当时停课闹革命，学生宿舍都空着，"牛棚"就设在学生宿舍里。学生宿舍正对大门的房间，是"专政学习班"的办公室。专政对象被关在学生宿舍里，一人一个房间，不准互相往来。如果要上厕所，要喊"报告"！看管人员说："出来，到哪里？""到厕所！""去吧！"经过这样一套程序，才可以上厕所。

2009年，国学大师季羡林病逝，举国追忆，因为我不了解他，就上网检索他的生平事迹，发现他写过一本回忆录《牛棚杂忆》，因为"牛棚"生涯是我人生中一个深刻烙印，有所触动，特意去找这本书来读，读后感慨良多，写了一篇《读〈牛棚杂忆〉有感》。

2009年夏，看到了一则重大新闻，知道国学大师季羡林病逝，举国哀悼。对于为祖国文教事业做出过重大贡献的学者，我很想知道他的学术业绩。通过网上检索，知道季老是东方语言文学专家，见长于印度文化、佛学和梵文等。因为我本人对这些学术领域是门外汉，对其学术造诣的辉煌领悟不深，很难提出有关见解。倒是看到他的系列著作中，出版过一部《牛棚杂忆》的小书，颇引起了我的关注。因为"牛棚"一词，在我的脑海中，有过深刻的烙印。为此，我立即上网购买，随即跑马观花式浏览了全书，再回头品味其中与我本人有过切身体验的章节。由于触动较多，就谈一点个人的感想。

首先，觉得季老先生在自序中，十分抱怨两个没有出现的期待，我认为大可不必。他的第一个期待，是折磨过人的"造反派"，应在灯红酒绿之余，扪心自问，写点东西，教育人民；第二个期待，是被罗织罪名的受害者，应抒一抒愤懑，留下点记述，让子孙们吸取点教训。其实，第一个期待，估计永远也不可能出现，正如季老对"变色龙"一词的说明那样：那种人，会看风头，善变颜色，窥探时机，擅长拍马；那种人，永远不会承认做过错事，从来就不是正人君子，有朝风雷动，又成人上人。至于第二个期待，要谅解多数受害者，囿于没有文字修养的功底，无法加以表述，有点错怪了人家。就以我个人为例，对《牛棚杂忆》记述的情况，有三分之一，我亲自经历过；有三分之一，我亲自看见过；有三分之一，我只是听说过。但是，我就没有能力，用文笔描述加以表达。也正是如此，我见到了《牛棚杂忆》后，才会引发共鸣，手不释卷。这一本用血换来、和泪写成的文字，深深地震撼了我的心灵。看过《牛棚杂忆》，季美林这个名字，不再是一般报道中的崇高"大师"，而是一个有爱、有恨、会哭、会笑的老人，真切而又平凡，活泼而又深沉，他把自己的痛苦，用幽默轻松的笔调加以表达，感人至深。

既然我本人没有文字描绘的底蕴，无法将"牛棚"生涯加以表达，只好借花献佛，趁阅"杂忆"东风，选择一部分与季老有点相似，又有不同的地方，谈一点读后感。

对于十年浩劫遭遇到的惊讶、错愕、扭曲、委屈来说，比较之下，我的怨气要比季老小得多。因为我从事过生物力学研究，知道人体跌落实验造成的伤害程度，往往与落差的高度成正比例。按季老先生的说明，头顶上没有帽子，屁股上没有尾巴，历史清白，出身不是剥削阶级，是学系主任，曾经为东方语言文学做出过重大贡献，瞬时间变成了走资本主义的当权派，居然是反动学术权威，无理之极，百口莫辩，落差太大，当然会感到特别愤懑。我的情况，却很不相同，当年仅是一个中级职称的讲师，出身于剥削阶级家庭，当过青年军的上士排附。被戴上地主阶级的孝子贤孙、国民党残渣余孽、历史反革命分子的帽子，当然也感到委屈，也有愤懑，但是辩解的理由微弱，只是无可奈何。我也有很多想不通的地方，对于血统论的口号"老子英雄儿好汉，老子反动儿混蛋"也很反感。觉得为什么把出身不好的人们，定论为娘胎里注定就是反动分子，觉得科学性不强。我有时还瞧不起那批看管"牛棚"的造反派们。想当年，祖国山河被践踏，人民大众被蹂躏，生死存亡之际，我还敢义无反顾地去打日本鬼子的时候，你们的老子们在什么地方？难道抗日杀敌是反革命分子？虽然肉体上，被关押在"牛棚"里，在人屋檐下，无法不低头；但在精神上，有点阿Q精神，飘飘然，还带点抗日英雄的优越感。

《牛棚杂忆》中，记述了不少惨绝人寰的大批斗场面。这些场面，我太熟悉了。这是我的"牛棚"生涯中，三大主要课程之一。从"文化大革命"的清理阶级队伍开始，革命造反派就勒令我到"专政学习班"去学习。这个学习班关押的，都是"牛鬼蛇神"，也就是被加上走资派、反动学术权威、地富反坏右、叛徒、特务等罪名的老干部、知识分子和无辜的人民群众。虽然名称上是"学习班"，但这个学习班没有人身自由，不能与家人接触，就连上厕所，也必须大喊"报告，我要上厕所"，没有得到看管人员的允许，不能离开关押的房间。学习班的三大课程是"参加批斗会""专案组提审过堂""写罪行交代书"。

牛棚第一类课程：参加批斗会

全部"牛鬼蛇神"都要列队参加，到了会场后，环绕主席台前，坐在地下，低着头，弯着腰，出演"陪斗人员"的配角任务。提心吊胆地等候着、猜测着，不知道今天该轮到哪一个倒霉鬼出演主角，登台亮相。召开这种大场面的会，通常都是标志着革命造反派又立了新功，把埋藏得很深的叛徒、特务、走资派给挖出来了。这种在"文化大革命"中，创新构建的大批斗模式，它的行礼如仪的过程是：由几个造反派大吼一声"把反革命分子某某某揪出来"。接下来的就是，押上讲台，反扭胳臂，卡脖子，戴高帽，来个喷气式，泼上墨汁，吐上口沫，有清脆的耳光声、沉重的拳头声、激昂的口号声。宣读过累累罪状后，再拉去游行示众。等到革命群众都走光了以后，"牛鬼蛇神"们再列队低头，回到"牛棚"。其实"陪斗"的任务，也很难受，因为大批斗的主角，一般都是轮流登台，在千夫之指下，打翻在地，再踏上多只脚。每次出场"陪斗"，精神紧张，忧心忡忡，都在准备着，这一次，可能该轮到自己了。我也有与季老先生记述中的相似思想准备，也练习过准备接受喷气式的体能锻炼。可惜的是，我准备要出演主角的机会，最后还是落空了。从专案组透露出来的语气中，所能猜测到的，可能是对我这种历次政治运动中都审查过的“死老虎”，拉出来大批斗还不够资格，因为对革命派来说，不是新挖出来的，立不了新功，意义不大，还排不上主角演出候选人的位置。

牛棚第二类课程：专案组提审过堂

专案组提审过堂，也包括一些“外调”人员的审问。关押在“牛棚”之后，与外界音讯完全隔绝。我只能通过大批斗的批判词中，知道革命形势越来越好，不断挖出新的特务、叛徒、走资派。通过外调人员指定索要的材料，知道有一些人被“逼、供、信”，制造一些新的罪名；知道有更多莫须有的无辜者，正在遭受迫害。

专案组的提审，往往指定我必须交代某些重大问题，例如在60年代初期，国民党叫嚣反攻大陆时，我是如何布置具体接应登陆任务。专案组往往故作神秘地提示：与你同伙的青年军分子，已经供认了有关事实，目前只是给你一个坦白的机会，将自己的罪行，“竹筒倒豆子”还可以争取从宽处理。开始那几次过堂，我的确给恐吓懵了，吓坏了，感到受了天大的委屈，百口莫辩，只能有问必答，详细地将那一年代我本人的历历过程，如实道来。但是，这些没有符合专案组“标准答案”的供词，经常被不耐烦的吼声打断，有时粗口谩骂，有时装作苦口婆心：回头是岸，抗拒从严，好自为之。这种过堂，课上多了，我也变成老学生了、老油条了。专案组那一套，我都摸清了，“黔驴之技”，不过如此。由早期惊恐、惊讶、委屈、愤懑，逐步坦然处之。习以为常以后，既来之则安之，学会了俯首帖耳、低声下气；只是学不会讲假话、捏造事实。日久天长，对听惯了的训斥吼叫和苦口婆心，也有了对策，他们抛过来的大帽子，洗耳恭听，不加争辩，我都戴上；要事实吗？耐心地、虚心地，还是那些日常生活的陈年老账。正如季老先生给批斗会评价的心情一样，在老君八卦炉中锻炼过的孙大圣，世面见多了，对于后来的那些过堂，也颇有失望之感，总结起来，他们的水平都不高。我的情绪平静下来了，可以以逸待劳，暗暗地、不屑地评价这些水平不高的表演。

牛棚第三类课程：写罪行交代书

这是每次提审过堂后所布置的作业，指定问题，限时交卷。若以国民党叫嚣反攻大陆，具体策划接应的作业为例，要我交代1962年由重庆请假返回广州期间的全部罪行。进行作业的初期，我认为完成得不错，自我感觉良好。那时候记忆力较强，能够把半个月假期中的每一天的行踪，叙述得非常完整，一周之内，交出了一百多页的原稿纸，相当于目前一篇博士研究生论文草稿。但是，接下来的提审，对我的交代书大加指责：那是一本流水账，文不对题，没有上纲上线，没有进行阶级分析，没有认罪、服罪的表现，勒令重写。遵照专案组旨意，我得全部重新书写。这一次，我把罪行交代书的关键词，必为"阶级渊源""遥相呼应""罪该万死"，洋洋洒洒又是原稿纸一百多页。每一天的行踪记述，还是万变不离其宗；认识上有所提高之处，加进了深挖阶级根源，那就是去看望过哪一个亲戚，出身于剥削阶级；哪一位串过门的同学，中学时代加入过三青团，还有一些人参加过青年军。然后对每一段落，进行小结性地上纲上线，在1962年那种背景，名义上是探亲访友，实质上为配合国民党的反攻大陆，大造声势。然后是罪该万死，服从定罪。最后签上认罪人的大名。但是，到了下一次提审过堂，还是挨了拍桌子的叫骂和训斥。训词是：只戴了罪名的帽子，没有交代犯罪的事实，大帽子底下开了小差，还要重新书写。专案组布置的下次作业，"标准答案"是接应反攻大陆的罪行事实。看来，作为日渐成熟的老学生，已经逐步摸准了专案组导师的脾气。下一次的作业上，我还会交上一百多页原稿纸，论文的关键词，也会不断提升到新的高度。"专政学习班"的确培养了我的写作技巧和能力，在材料中，对事实和过程，还是那些探亲访友的流水账，不会有造假的东西；但在政治帽子上，我会按照专案组导师们的导向，最后的签名，由"交代人""认罪人"逐步升级为"反革命分子"，加盖了指印。因为这些大帽子，对我来说，已经司空见惯，见怪不怪了。其实，比起"走资本主义道路的当权派""反动学术权威"来说，这些帽子的分量也逊色多了。

《牛棚杂忆》中，有与我相似的历程，也有不同的地方，现就其中一些读时生情、有所感触之处作一点比对。季老先生是先有"大批斗"，后入"牛棚劳改"，逐步"半解放"到"完全解放"。我是先上"专政学习班"，后来监督劳动、"控制使用"到"完全解放"。这些阶段都是先苦后甜、渐入佳境的过程。

监督劳动阶段

世界上的万事万物，都是"有比较，才有鉴别"。比起"学习班"不准走动，不见天日，除了三大主要课程，完全禁锢的处境来说，专案组宣布"牛鬼蛇神"们要进行劳动改造时，确是一个大好消息。先是让"牛鬼蛇神"集中劳改，地点是学校动物所和园林所。我们幸福地看到了久违的蓝天白云，除了清除垃圾外，还学会了专业性的修整葡萄架技术。但是，这种集中劳动的日子不长，因为"牛鬼蛇神"们的劳动积极性很高，很快就将有关的环境收拾得井井有条，劳动力高度积压，达不到劳动惩罚的目的。随后，按照专案组新的布置，在不许乱说、乱动的规定下，实行分散定点的监督劳动。我的岗位是到教学区打扫公共厕所。这样一来，虽然与众多来往人群不许点头打招呼，但有低下头来回走动的自由天地，而且还有一个打扫公共厕所的专业岗位。有了专业岗位，我又有了钻研业务的机会，可以精益求精，想方设法，思考琢磨，将自己的专业做好。面对几个满目疮痍、污垢堆积的公共厕所，我在一般人用水冲一冲，用扫把扫一扫之外，找来一些小砖片，对厕所里的所有瓷砖，逐一加以手工打磨，使之光洁如新。为此，在"牛棚"晚点名训话时，居然多次得到了看管人员的"难得的表扬"。为什么说是"难得的表扬"？因为按照"阶级分析"的理论，一切"阶级异己分子"，有其根深蒂固的反动阶级本质。他们的思想深处，都是反动的东西，如果表面上有半点好的表现，那都是经过伪装的、骗人的伎俩，必须揭开画皮，粉碎阴谋，严防受骗。为此，我还替那位表扬过我的看管人员担忧。这个敢于表扬者，是要冒很大政治风险的，认为"牛鬼蛇神"还做出过半点好事，就是阶级立场不够坚定，不是响当当的革命派，会影响他飞黄腾达的前程。

在厕所劳动期间，虽然我严格遵守规定，从来不与别人打招呼，也不乱讲话，但是常常被别人拉去"被讲话"。"文化大革命"那时已经到了"复课闹革命"阶段，在贯彻"少而精、短而少"的教改中，把以往的人体解剖学、组织胚胎学、生理学、生物化学这四门课程，来了一个四合一，合并成为一门课程：人体学。对那些从来没有教过解剖学的生物化学和生理学的老师来说，让他们讲点人体学大课，经过备课，并不困难。但是，要让他们带实习指导课时，要辨认具体的血管、神经标本，确有较大的困难。为此，我在教学区走廊上走过时，常常被一些老师拉进实习室，立即关上门，要我对着实习提纲，将人体实物标本核对一遍。这些举动算是半地下活动，因为谁都不愿意被视为阶级立场不鲜明的人。不过，对我来说，精神上总感到有不少安慰，以往在批判场合，曾经举手喊口号"横扫一切牛鬼蛇神"的人们，并不见得都是真心实意要打倒我的。

监督劳动晚期阶段

专案组进行了一次长篇训话后，宣布了一项令人高兴的规定："牛鬼蛇神"们不再集中住在"专政学习班"里，可以回家继续交代问题，劳动改造岗位也进行了调整。我的新岗位转到解剖学技术组去做标本。当然，还要我们反复诵读了一段最高指示："资产阶级知识分子占领我们讲台的日子，已经一去不复返了"，并加以说明，虽然我的学衔是"讲师"，但属于资产阶级分子，复课闹革命阶段也不准许上讲台，只能在技术组做教学辅助性工作。在这个岗位上，大约有两年。这个岗位，又比打扫公共厕所高级得多了，毕竟它是我的本行专业。有了这个机会和条件，可以琢磨专业工作。我对每一件标本都要思考分析有关的优点和不足，认真找到有可能改进的思路和措施，既锻炼了动手能力，更有可能解决实际问题。特别重要的，养成了分析思考的习惯，能将零星分散的教训和体会，整理成带有原则性、规律性的理论体系。为此，当这一阶段结束，我能够重新回到讲坛授课时，刘正津老师和我，共同主编了一部我国早期比较系统完整的专著《解剖学技术》。这部专著也成了我国日后各个人体解剖学技术专著类的主要引用文献之一。这一时期锻炼的动手能力，也为我日后调到广州第一军医大学时，别人还不知道我会不会讲课，会不会做科研之前，首先知道我会做精巧的解剖标本。因为，到了新的环境，我还是夹着尾巴做人，不敢乱说乱动，少说话，多干活。只是那些做出来的实物标本，剔透玲珑，璀璨奇妙，非常形象，不需要开口介绍，别人一看就知道有质量、有特色、有水平。这种科学加艺术的技巧，能帮助我在一个陌生的新环境中，很快获得人们的赞誉和认同。"塞翁失马，焉知非福"，要感谢监督劳动的机遇，让我日后有能力带出一批"青出于蓝"的解剖学技术队伍，建立了在国际上有一定学术地位的南方医科大学人体博物馆。

"控制使用"阶段

虽然是渐入佳境，更为自由的阶段，但是，好像是黎明前的黑暗，也是使人特别压抑的难受时期。所以，也可以举一些片段，谈点个人心理上的感受。

（一）"可怕的"表扬大字报

通知我回解剖学教研室参加上课后，我诚惶诚恐地教了一个学期课。期末教学组总结时，教学组长对全组人员进行了讲评表彰，全组六个教员中，除了组长谦虚地没有自我表扬外，逐个点名表扬了四个教员。当然不会提我的名字，我也有自知之明，心安理得地回家睡了个安稳觉。我有提前上班的习惯，第二天一早，在教学楼的大门口前，贴了一张表扬解剖教学的大字报。这是我们刚结束了解剖课程的那个年级，学生们张贴的大字报，除了整体肯定解剖教学组以外，在老师中，只点名表扬了我，却不提其他五位老师的姓名。这一来，与教学组内讲评结果，刚好是天壤之别，也让我吓了一大跳。为此，我赶快将大字报撕下来，不要让后来上班的老师们看见。能得到学生们的认可，在我心中有一股暖流，但也盼望学生们再也不要再贴这种令人生怕的表扬大字报，少给我惹不必要的麻烦。因为我毕竟知道，自己是"控制使用人员"。

（二）涂去了"同志"的介绍信

1970年，学校得到总后勤部的通知，要在第七军医大学抽调五位老师，去办学制为一年半的医训队。学校办公室通知我，立即去武汉市军工医院的企业部医训队报到。随即，在已经印刷好介绍信专本上，撕下一页，填上我的名字后，却在原来印有"兹介绍某某某同志到你欠工作"的介绍信上，用墨笔将"同志"两字涂去。本来，有机会出去教书，表示我还有教书育人的机会，应该是非常愉快的大好事。但是，拿到这张涂去"同志"的介绍信，在我心灵上又蒙上了一片漆黑的乌云，就算能当教师了，也还没有列入"同志"队伍之中，我依然是一个控管分子。

（三）钻研过"离婚学"

季老先生在看够了斗争走资派的场面，考虑到任人宰割快要降临之时，曾经研究过"自杀学"，浮想联翩，他想到过古代的屈原、项羽和近代的希特勒，也分析过悬梁、跳井、氰化钾和安眠药；计划过自杀地点并准备了服用药物。就在千钧一发之际，一个突如其来的大批斗，听够了诬蔑、捏造的一连串"罪状"后，感到愤愤不平，反而激起了要坚持活下去的决心，不再研究"自杀学"了。其实，我自从被勒令参加专政学习班后，也有过错愕、委屈，知道有好几个难友们，在大批斗、提审过堂和"外调"人员审讯后，相继自杀的情况。但是，我本人从来没有研究过"自杀学"。倒是在境遇逐步好转，有了回家团聚，能上讲台传道授业，可以外出开门办学以后，开始潜心研究过"离婚学"。

前面所述的不敢接受表扬大字报的心情、涂去介绍信"同志"二字的乌云阴影，遥遥无期的、控制使用的二等公民身份，使我产生有愧于妻儿的沉重心理负担。在"文化大革命"前，我也曾参加过"四清"工作队。看见过农村的当权派人，经常对"五类分子"（地、富、反、坏、右）进行训话，那些尚未成年的"狗崽子们"，都要培训恭听。这些"龙生龙，凤生凤，老鼠生儿打地洞"的血统论举措，对本应天真活泼孩子们的心灵伤害，特别令人心酸。为此，我这个"控制使用分子"，反复考虑过，如何才有可能少给妻子和孩子们带来终生的苦难。为此，编织了很多用于说服妻子的离婚"理由"，例如：孩子们不能够参加"红卫兵"和"红小兵"的现实；当1970年，部队子弟学校所有适龄学生在参军高潮中离去，学校却要我女儿转入地方学校时的心灵伤害。后来，女儿在农场劳动了三年多，在恢复高考那一年，考试成绩虽然是全农场一千多人中，成绩最好的，但是被我的身份影响，不能进大学。后来在招生老师特别推荐后，只能以"可教育好的子女"身份，好不容易地读了一个中专。我的理由是：为了对孩子们负责，离婚后，由身份为"自由职业"出身的妻子另立户口，孩子们就不再是"五类分子"的后代了；离婚后，妻子、孩子们就能立足于人民行列，可以上大学，可以参军……当我鼓起勇气，罗列离婚诸多有利理由时，招来的即是一连串的"挨骂"。妻子斩钉截铁地把我痛斥了一顿：你的情况我最清楚，不管他们给你戴什么帽子，我都不在乎，含冤受屈都不在意，最多无非是流放劳改，你到什么地方去，我和孩子们就跟你到那里去。而且警告我，今后不准再提离婚的事，不然还要痛斥我。"夫妻本是同林鸟，大难当头相伴飞"。经过一番"挨骂"之后，考验了患难夫妻相濡以沫的亲情，我也就不再研究"离婚学"了。

人情冷暖，世态炎凉

在我进入社会后，工作岗位就是当教师，到"文化大革命"为止，有过许多同事，教过不少学生。当社会骤变，人事扭曲的时候，在我教过和带过的学生和徒弟中，也有季老先生形容过的"变色龙"，那毕竟是少数。但从这些人的表演中，能领略到"世态炎凉"的滋味。当我身陷"牛棚"时，可以无限上纲，无中生有，更有甚者，捏造我在教研室中，公开辱骂红太阳挂像的"罪状"，以致在专案组提审过堂时，要从"历史反革命分子"升级为"现行反革命分子"。其中，也有个别我曾精心培育，开过小灶，盼其早日成才，贫农出身的技术员和烈属出身的新助教。"文化大革命"中打倒了一切反动学术权威，当他们由于出身成分好，被破格提拔为教研室副主任后，在每次斗私批修讲用会上，都要与我划清界限，检查如何受到过我这个资产阶级大染缸的污染，曾经有过成名成家的错误思想，痛批我这个引人变修的阶级异己分子。

"疾风知劲草，患难见真情"，1977年，在我最困难、走投无路的时候，还是我教过的学生，从苦海中把我打捞出来。当长期压抑、身份不明期间，迫使我萌发了要变换一下环境的想法。但是，囿于我的"控制使用"身份，心有余悸，不敢提出调动请求，怕被扣上"阶级斗争新动向"的新帽子。倒是"自由职业者"出身的妻子古乐梅，有胆量找重庆第三军医大学训练部的领导们，要求到广州第一军医大学去，请示放行。由于我是一个等待处理的废品，重庆方面放行的问题不大。关键的问题是，一个政治身份不明的人员，广州方面的第一军医大学会不会接收，这是一个大难题，古乐梅只好只身前往广州进行联系活动，千方百计找人疏通说情。正巧，当年第一军医大学的训练部部长季化，是我在南昌第六军医大学刚参加工作担任助教期间第一批教过的干部第四期学员。那时，我刚参加工作，教的都是干部学员，那两年间，我连续两年被评为三等功，这两次教学三等功的请功者，就是干部学员第四期和五期的学员队。有了这种往事，当古乐梅见到第一军医大学训练部部长季化时，介绍过我的不幸遭遇后，季化部长的表态非常干脆，"钟老师不可能是坏人"。就这一句话，在我最困难、走投无路时，很快办好了调动手续。此后，"潮平两岸阔，风正一帆悬"。

靠学生的真情厚谊，我从那种长期控制使用环境中走了出来。

"完全解放"阶段

1978 年党的十一届三中全会拨乱反正，坚决批判了"两个凡是"，从根本上冲破了长期"左"倾错误的严重束缚，提出了"科学技术是第一生产力""发展是硬道理"等科学论断。在广州第一军医大学这块沃土上，我沐浴着温暖的春风，看到了灿烂的蓝天。1979 年，在我五十四岁那一年，破格提升为副教授（这是"文化大革命"后，在全校第一批提升的四位副教授）。更出人意料之外，赵云宏校长竟然任命我为解剖学教研室主任。为什么是出人意料？当年在部队院校里，让一个有过政治历史问题，又不是共产党员的人担任教研室主任，也算是"敢吃螃蟹"的探险家，领导者是要担当巨大风险的。如果没有"知识分子是工人阶级的一部分"政策，谁也不敢做出充分发挥科技人才积极性的决定。正是这个教研室主任职务，我才有基层的学术决策权，有权选定与时俱进的研究方向，创办主编学术园地，带出一个学术团队。

季老先生的"完全解放"，是以恢复党的组织生活为标志。我的"完全解放"是在 1981 年批准加入了光荣的中国共产党为标志。季老先生"完全解放"后，在 1983 年的第六届全国人大担任了常委；我在改革开放政策导引下，曾被选为第六届全国人大代表。概括起来，《牛棚杂忆》中的一些相似的地方，自然会引起我的共鸣，不过比对起来，又有等级不同的巨大区别。与季老先生比较，他是重量级人物，是学术权威、当权派级别；我是轻量级人物，是普通讲师、一般平民。他是大批斗重点对象，我受过的皮肉之苦较少。他研究过"自杀学"，我研究过"离婚学"，但均不属于自发的、有兴趣的科研项目，所以都没有研究成果。他是国学大师，掌握了生花妙笔，能够将沉重、窒息、压抑、悲愤的经历，用幽默、轻松、超脱、警世的记述，为千秋后世留下一面珍贵的镜子。我是一个庸夫俗子，没有文学底蕴，只能够借读后有感，提供另一侧面的部分资料，作为佐证。

有比较才有鉴别

咀嚼《牛棚杂忆》，想写点读后感的时候，正值观看了庆祝建国六十周年的天安门大游行直播之后。伟大祖国的成长、国家的兴盛，激动人心，值得自豪，在大游行反映的光辉一面中，令人热泪盈眶，幸福无比。我们这些过来人，对建国六十年来的历程，有"三十年河东，三十年河西"的感受，要让年轻人知道改变祖国"东亚病夫""贫穷落后"面貌中，"改革开放"以后这三十年，功绩特别伟大。"兼听则明"，若让年轻人知道一点十年浩劫所创建的专有名词"牛棚"，大有好处。"文化大革命"为什么会发生？"文化大革命"过去了没有？吸取了教训没有？"忧患增人慧，艰难玉汝成"，汲取一些亿金难买的"反面教训"，大有好处。

写于 2009 年 10 月

"推磨"调防

1969 年，总后勤部命令三所军医大学调防，第七军医大学迁至上海原第二军医大学的校址。对于调防的原因和目的，则未加说明。这次调防，我们称为"推磨子"：上海的第二军医大学调到西安，西安的第四军医大学调到重庆，重庆的第七军医大学调到上海。这种"推磨"式的调防，对三所军医大学都造成了很大的破坏。

这次调防，我是被押送着前往上海，出发前不准跟家人联系。[①] 我们这

---

① 第七军医大学分三批迁往上海，1969 年 10 月 15 日，古乐梅等第一批调防的人员由重庆朝天门码头出发，在长江上经过四日多的航行，19 日到达上海。而钟世镇等"牛鬼蛇神"则在 1970 年初，随第二批迁校队伍前往上海。古乐梅访谈，2013 年 7 月 18 日，广州，资料存于采集工程数据库。

些"牛鬼蛇神"有"专车"——大型运输车，由造反派押着我们到码头坐轮船到上海。我们住在最底层的大舱，不能离开，学校其他人员都在上面的船舱。船即将经过武汉长江大桥的时候，突然间几个造反派荷枪实弹把我们全部押起来，勒令我们不准乱说乱动，防止我们破坏长江大桥。现在想起来，这些举动让人不可思议，但这都是事实。我们也觉得好笑，"牛鬼蛇神"居然有那么大的神通，有遥控破坏大桥的能力？到了上海，轮船靠岸以后，学校其他人员都走空了，我们最后才从大舱里被押解登岸，上了大运输车，还是荷枪实弹押着走，押送到第二军医大学的校园，先进行游街示众。

因为我已经被关押一段时间，对这种场面已经司空见惯，倒没有想太多，只觉得荷枪实弹有点过分，何必搞得这么夸张呢，我们手无寸铁，也不会造反。我不知道当时古乐梅和女儿正在路边，看到了我们被押解的情形，我能够理解她的心情。[①]我被关押到"牛棚"后，完全不准联系，她对我的情况完全不了解，第一次看到我，就是被押解的场面，她当然非常担心。

到达上海后，形势没有原来那么紧张了，"牛棚"生活多了"监督劳动"一项，具体情形在我的《读〈牛棚杂记〉有感》中有详细的说明。

最初在重庆的时候，我们都是单独关押，到上海后，像我这种罪行最轻的"死老虎"，可以几个人住一个房间。我跟李复生关在一起。李复生何许人也？是抗美援朝时期的一位师级干部。我跟他开玩笑：你是雄赳赳气昂昂，跨过鸭绿江的，现在怎么跟我这个国民党青年军关在一起了？他说：我过去给国民党的官员看过病，参加革命队伍前，我做开业医生，哪个病人来了，我都得给他看病。现在抓我，就是要我交代与国民党官僚的关系，莫名其妙。

"牛棚"难友在一起的时间长了，相互比较了解，就变成了好朋友。时间一长，我想出了苦中作乐的办法——教李复生下围棋。我也是在"文

---

① 钟世镇到上海前，古乐梅已经听说他们要来的消息。一心渴望重逢的古乐梅以为，钟世镇来到上海之后，就能够回家，她满怀期待地整理好床铺，幻想着钟世镇回家之后，组织上可能会给调整一下住房。钟世镇到达上海那天，她早早就带着女儿出去迎接，结果她看到的场景让她至今心有余悸："敞篷车周围都是荷枪实弹的士兵，押着他们，让他们站在车上游街。我小时候，在兴宁县经常看到要到打靶场上枪毙的人这样游街，把我吓了一跳，如果不是我女儿陪着我，我当时真的支持不住了。"古乐梅访谈，2013 年 7 月 18 日，广州，资料存于采集工程数据库。

化大革命"开始后才学围棋，只懂一些基础。用小纸条捏起来当棋子，白子、黑子，画一个局部的小棋盘，以此打发无聊的日子。在"牛棚"中不能与家里人联系，古乐梅冬天要送被子、棉衣来，也只能到门口交给看守，不能直接见面，也不准通信。有过战争经验的李复生教我，每次古乐梅送衣物来时，可将事先写好的纸条夹在里面带进来。古乐梅每个星期六带孩子去洗澡，会经过我房间的后窗，等她经过的时候，我就将预先写好的纸条丢出来，她捡起来回家后才敢看，只能用这种方式互通消息，了解一下对方的情况。

1970年年初，古乐梅被安排到杭州附近的萧山农场去劳动，我在"牛棚"，孩子们没有人管。我女儿很能吃苦，带着小弟弟，独自主持家务。也有雪中送炭的好心人，我的两家邻居，一个是郑世彬，在第六军医大学时和我同一个教研室，关系很好；另一个是梁延杰，在我和古乐梅不在家时，很照顾钟玲姐弟俩，孩子生病，都是他们帮忙送到医院。

1970年的上半年，"牛棚"撤销，我们可以回家了。但是还要进行监督劳动，随时要集合训话。女儿来接我回家，尽管专案组反复交代我，不许乱走动，我回家第二天，还是带钟玲姐弟到上海的南京路去吃了一次咕噜肉。"牛棚"是所很好的学校，我从入学早期的胆战心惊、惶恐不安，到后来见多识广、坦然应对。我在"牛棚"里，被拍桌子的场面锻炼出来了，也知道他们技止此耳。"牛棚"放出来后，还是有很多清规戒律：不准串联，不能乱跑，不准探亲。我才不管这些！最想好好补偿孩子，孩子无辜受我连累，太可怜了。去吃咕噜肉不算什么，就是想与孩子多沟通。孩子还不懂事，要他们知道父亲遭遇的委屈，又不能让他们无视社会的现实。

铸型标本改良

我从"牛棚"解放出来，参加复课闹革命，但还不能给学生上课。"四合一"的教学改革后，四个教研室合并，并由六七个老师组成了一个制作标本的技术组，我被安排到技术组监督劳动，制作教学标本。这比打扫厕所要幸福多了，毕竟是我的专业，那么久没有接触专业，一旦有了机会和条件，拼命干，也动脑筋干。我第一天上班，用半天时间，就把一个下肢全部解剖出来，制成很好的示教标本。同事们都看呆了，他们说：我们一个星期都做不出来，你半天就做出来了，太厉害了！我动手能力很强，不用多讲话，人家自然会刮目相看。

人生的苦难与机遇往往是并存的，虽然不能上讲台，但是在技术组监督劳动的经历，为我打开了另一扇窗，让我更好地掌握了制做标本的技术，从而有机会在铸型标本①这个领域，进行了一些探索，使这门技术有所发展，进而走向成熟，现在能在医学、形态学的教学、科研和科普教育中发挥一定的作用。

我带研究生，最重视的是创新性思维的培养，教他们学会开动脑筋、分析思考，这很重要。很多具有多年工作经验的技术员，标本制作技术比我更熟练，为什么我在这方面取得的成就会超过他们呢？因为我受过科研基本功的训练，永远追求创新，善于思考分析。可能我做标本没有老技术员那么熟练，但是，每做完一个标本，我都要找一找这个标本有没有不足之处。下一次我就能加以完善，我做的第二个标本肯定比第一个好，第三个肯定会比第二个更好。而思考分析的习惯，则使我将标本制作过程中零星的教训和体会，整理成带有原则性、规律性的理论体系。

在技术组监督劳动期间，我开始致力于改良人体管道铸型技术，制作出更精美、在教学中更能发挥作用的标本。这项工作是刘正津与我共同完成的。我俩是老同事，很投机，共同语言多，关系一直很融洽，我们学术生涯的初级阶段，很多成果都是与对方合作取得的。他是地主出身，每次

---

① 铸型标本是利用具有塑型能力的液体填充剂，灌注到人体器官的内腔、血管及其他管道和间隙内，待填充剂变硬成型后，腐蚀掉周围软组织，留下所灌注管腔的塑料铸型，即成为该管腔形态的铸型标本。铸型标本颜色鲜艳、立体感强，可以直观显示人体器官腔隙管道的形态。见：于频，刘正津：《解剖学技术》，北京：人民卫生出版社，1985年，第193页。铸型标本为了解人体内部管道系统开辟了新途径，为临床外科手术及介入治疗技术的发展创新提供了理论依据。刘宁：《人体管道铸型标本制作技术的研究进展》，《内蒙古农业大学学报》，2004年，第31卷第2期，第316-318页。

搞政治运动也是靠边站。不过，他没有青年军的历史，所以他是属于"团结"的对象，我是属于"打击"的对象（估计青年人都不了解，过去的历次政治运动中，要对全体群众进行"摸底排队"，划分三类对象：依靠对象、团结对象、打击对象）。但是，他对我的态度从来没有变过，始终保持信任和尊重，我还在监督劳动的处境中，他就敢于跟我一起合作进行铸型标本的研究。刘正津和我一样，喜欢钻研技术。2013 年 4 月，我写了一篇随笔《影响人生的幸运机遇》，其中特别写道："在贴心的良朋挚友里，要特别感激患难见真情的刘正津讲师。在人们怕惹火上身的环境下，在我孤独无助的情况中，仍敢经常与我促膝谈心；我在技术组'监督劳动'时，还敢与我一起研究新的技术方法。这里，留有我们之间最为珍贵的历史文献：一部 1979 年第三军医大学出版的《解剖学技术》，署名人是：刘正津、钟世镇。这是我的人生中，第一次参加主编的专著，能反映我在'十年浩劫'中，还有事业，还有协作者，还有良朋挚友。"

人体管道铸型技术很早就产生了，早期铸型材料主要是赛璐珞——就是制作乒乓球的材料。但是赛璐珞非常脆，做出来的小血管铸型，稍微一动就断。[1] 其实，早期吴孟超教授的研究团队曾制成肝脏的管道铸型标本，但是没有保存下来，就是因为太脆了。[2] 虽然对他们开展外科术式创新起到了作用，但是无法完好保存珍贵的标本。铸型标本改良最主要的任务之一，就是找到适用的填充剂，使制作出来的铸型标本可以长期保存。

----

[1] 铸型标本制作技术起源较早，文艺复兴时期，达·芬奇就曾将蜡熔化后注入脑室，待蜡硬固后，去除脑组织，制备出脑室铸型标本。1957 年何光篪曾采用牙科可塑材料铸造内耳模型，铸型质量有所提高。见：刘瑜梅：《犬、猪、羊与人冠状动脉分支分布的比较研究》，新疆医科大学，2008。但蜡及牙科可塑材料凝固时间过快，不便加压灌注，对于流程长、管道细小的血管系统并不适用。早期使用的填充剂，还有松脂、低熔合金、赛璐珞等，其化学物理性能均有某些缺点，标本制成时间稍长即易变形、断裂。见：于频、刘正津：《解剖学技术》，北京：人民卫生出版社，1985 年 11 月，第 193 页。没有满意的填充剂一直阻碍着铸型标本制作技术的发展，直至20 世纪 70 年代，钟世镇和刘正津经过刻苦钻研，大胆探索，在上百种现代高分子化合物中，找到过氯乙烯、ABS 树脂、聚甲基丙烯酸甲酯等适用的填充剂，并研究出先进的灌注成型方法，使血管铸型技术得到了快速发展。见：李忠华、徐达传：《人体管道铸型技术的研究进展》，《中国临床解剖学杂志》，2006 年，第 24 卷第 5 期，第 592-593 页。

[2] 1959 年，为开展肝胆外科，吴孟超使用管道铸型技术，采用赛璐珞灌注中国第一具完整的肝脏血管模型。

第五章　改革开放前后的两片天空　　**117**

铸型标本技术对我们来说是一个新的领域，需要一点一滴的摸索、揣摩。人体管道铸型的填充剂，大多是用高分子化合物。填充剂要灌注到人体管道中，需要先转化成流体，塑料的类型很多，有的能够溶解于相应的溶液，有的则要在高温下进行热压才能融化。灌注到人体管道中的填充剂，就不能用热压的方式，要用溶解的方式。传统的填充剂不理想，应该怎样革新？如何溶解塑料，使用哪种溶剂最合适？怎样的灌注技术才能更好地把人体中不同的管道显示出来？其中很多与材料学相关，需要不同学科的知识和技术，我们就去找化工厂请教。

当年上海的浦东区还很荒凉，只有几家工厂，其中有间很有名的珊瑚化工厂。我们登门去求教，将已经灌注好的标本带过去给他们看，把我们制作过程中遇到的困难告诉他们。比如说：已经制作好的肝脏标本，血管都灌注出来了，但是很脆弱，稍一受到振动等外力影响，小的分支就折断了，能不能使血管的填充剂不至于太脆？又如：灌注的大血管充盈不够饱满，因为随着溶剂的挥发，管道会缩瘪，这种情况怎么处理？

珊瑚化工厂科研组对我们的来访很感兴趣。他们说：他们这个化工厂生产很多品种的高分子化合物，客户的主要需求是用来做家具和装饰品，他们不知道在医学研究上还有用处。我们说血管的铸型太脆了，改进的办法很简单，在配填充剂时，适量加点塑化剂，就可以变软了；管道的充盈不够饱满，改进起来也很容易，工厂里有多种成型剂，有收缩性很小的高分子化合物，我们可以拿回去试用。珊瑚化工厂很慷慨，我们没有专门的研究经费，需要三两瓶溶液试剂，一些不同品种的塑料原料，他们都无偿地送给我们。而且还很高兴，因为他们的产品能开发出新用途。

在化工厂的帮助之下，找到满意的填充剂以后，我们自己查阅一些专业书籍，最重要的是不断探索，根据自己的实践经验进行总结提炼，系统分析铸型材料的品种、性能、特点，阐明铸型制作的原理和技术要点：如何控制血管分支的粗细？如何调节成品的软度、脆性？如何用色泽配置区分性能不同的管道？按照标本设计目标要求，该选用什么塑料填充剂？用什么溶剂？操作关键要点是什么？从而将铸型标本发展成为有理论体系、有技术特色的一项专门技术。

1970—1975 年，第七军医大学在上海办学期间，除了到武汉总后勤部企业部工作的两年时间，我将大部分的精力都放在解剖学技术的研究上，即使在恢复教学工作以后也没有停止。"文化大革命"结束后，我和刘正津将长期实践积累起来的经验进行总结，将零散的标本制作技术，整理成为比较系统、有规律性、有理论依据的专著，出版了《解剖学技术》一书。[①]《解剖学技术》是国内第一部解剖学技术专著，国内举凡编解剖学技术的专著，所使用的参考文献，最早的就是这部书。我们在人体标本制作技术发展的历史上，取得过阶段性的成绩，在国际上也有我们的特色和先进性。当然也是因为外国人注重前沿性、高科技，不太注重这些近似手工艺的技术。

20 世纪 70 年代开始有些国际交流了，巴基斯坦是中国的老朋友，第七军医大学第一次接待的外事代表团，就是巴基斯坦的军事医学代表团。学校领导想到我们解剖学教研室的人体铸型标本，展示效果会比较好，因此提前两三个月通知教研室，突击做一批铸型标本，在巴基斯坦代表团来校时作为学校的一个参观点。我承担了这项任务，在这两三个月里，突击做了近二十件大的人体铸型标本，很好看。巴基斯坦军事医学代表团参观时，反应很强烈，高度赞扬，说以前从未见过。我们也有信心，在全世界来说，我们的铸型标本都是拿得出手的，能为学校增光添彩。代表团的这些反映，我都是后来才了解到的。当时我还属于被监管分子，国际交流的场合，要加强警卫工作，我们这一批被监管分子，被通知集中到学校的植物园里劳动一天。代表团离开后，我才回家。古乐梅问我：代表团看了你们做的标本高兴不高兴？我都没办法回答，感到心力交瘁，没想到会受到那么大的委屈，那么不信任我，标本让我来做，外宾来参观，居然还怕我破坏。

---

① 该书 1979 年由第三军医大学出版发行。全书共五章，约十二万字，从"尸体的防腐和固定"到"解剖标本的设计"，系统而详细地介绍了人体解剖学的技术方法，是中国第一部全面、系统研究解剖学技术的专著。"其中最具特色和创新性的内容就是人体铸型标本制作技术……以后的铸型标本技术，都是在这个基础上进步和发展起来的，可以说这部书，是铸型标本技术的奠基石。"见：李忠华、徐达传：《人体管道铸型技术的研究进展》，《中国临床解剖学杂志》，2006 年，第 24 卷第 5 期，第 592–593 页。

开门办学，广阔天地

图 5-2　钟世镇在武汉长江大桥留影
（1970 年冬。钟世镇提供）

1970 年①，学校派我到总后勤部企业部在武汉成立的一个医训队搞开门办学。临行前，我到训练部秘书那里开介绍信，这次开介绍信的经历是我人生中一个深刻的记忆片段。人事部门的介绍信都是已经印好了的，格式一般是："兹介绍某某某同志到你处，处理何种事宜，请予接待！"办手续时填上名字，盖个公章就可以了。而我待遇不同，秘书在"兹介绍某某某同志"的空格里填上了"钟世镇"后，抬头看看我，想了一下，将原来印好的"同志"两个字，用墨笔涂掉了。原来我不能被称为"同志"？我觉得很可悲，这说明我不是革命阵营里的人，在政治身份上和别人不是平等的。

医训队的主要负责人是一个营职教导员，叫周海清，此外还有一个队长，一个秘书。师资的配备由第七军医大学负责，医训队来第七军医大学看过档案，挑了五六个人。其中只有我是训练部的教师，其他都是学校附属西南医院的人，有儿科罗德芬教授、耳鼻喉科任光珍讲师、妇产科王仲祥教授，还有一位内科的老教授齐学明。医训队设在武汉市硚口区的军工医院，该院调派了两三个医生参加临时教学工作。

去武汉参加开门办学，实际上是对我最大的解放，我在学校里，长期

----

① 去武汉的时间，钟世镇与古乐梅都不太确定，印象中是 1971 年。钟世镇传记《化腐朽为神奇》（2001 年）采用这种说法。钟世镇家庭影集中有一张 1970 年摄于武汉长江大桥的照片，据此判断钟世镇应于 1970 年到武汉医训队工作。此外，钟世镇到武汉一段时间后，为女儿钟玲联系到湖北沙洋苗子湖农场劳动，钟玲确切记得去农场是 1971 年 2 月。

是被群众专政，抬不起头。开门办学这一年多，对我来说太幸福了！到了一个新的广阔天地，这里的人并不知道我的历史，只知道我是来帮助做教学工作的钟老师，学员对老师都非常尊敬，感觉像从地狱变成了天堂。

周海清教导员指派我担任教员组的组长。我说：我现在连政治结论都没有，还属于管制对象——连同志都不是。我老老实实把主要历史问题告诉他，他笑一笑："档案我都看过了，不就是以前那些历史问题嘛，不算什么大事，让你当你就当吧。"他这么豁达，我也就放心了，觉得教导员对我太信任了，一去就让我当干部，教员里有那么多教授，竟然让我这个讲师当教员组组长。

医训队的领导是政工干部，业务工作由我负责。医训队有一百多名学员，都是军工系统各工厂卫生员中的骨干、准备提拔的医务干部，大多数教学对象没有接受过系统医学教育。学制一年半，培训的时间这么短，作为教员组组长，必须要全盘考虑如何规划和实施教学工作，才能有效完成任务，所有的教学计划、教学大纲都由我来制定。既然领导信任，我也浑身是劲，与教员组的同事合作得非常好，医训队的任务完成得非常出色。

整个教程才一年多，我本人专业的解剖学，集中时间授课，一个月左右就要完成。解剖学教学完成后，我又开始教过渡性的诊断学课程，从基础过渡到临床。三个月的基础课教学很快就完成了，第四个月开始进入临床教学阶段，我又能教什么？本来我有解剖学专长，教外科学最适合，但是我不敢。现在有医患关系不和谐的问题，经常发生医疗纠纷，打官司时很麻烦，往往有理说不清。但是，"文化大革命"期间若发生了医患矛盾，判断是非的原则很简单："阶级斗争为纲"。手术中发生病人死亡，死因有争议时，先要进行阶级分析，如果主刀的医生是资产阶级出身，死亡病患是无产阶级，是贫雇农，那就是阶级报复。这一套让我胆战心惊，避之唯恐不及，所以我不敢教外科学。我选择了教内科学，我在教诊断学时，接触了不少内科学的东西，对教学内容比较熟悉。内科学中，我选择了教传染病学，这些病往往来得快，去得也快，风险最小。传染病学并不是我的专业，我经常请教齐学明教授，在他的帮助下，顺利完成了教学工作。

进入临床实习后，因为军工医院规模不大，无法容纳那么多实习学员。

把医训队大部分学员的实习安排在湖南省岳阳市人民医院进行，其他的学员分散到湖北咸宁、蒲圻等地的多个县级医院。开门办学，教员组巡回指导，每个地方工作一个月半个月不等。我记得还出过娘子关，到过山西省的医院。

虽然我有意避开了外科学的教学，但我的专业毕竟是解剖学，又一直很关注解剖学在外科上的应用，在教员组巡回指导过程中，每到一个县级医院，我都会到手术室去。期间，观摩到一些医生的手术，触目惊心！刮宫术出现了肠子被刮穿的后果，引发了腹部大感染，说明这个医生基本知识和操作技术都太差，不然不会出这么大的事故。再如疝气，肠子突出腹壁，掉到阴囊里。处理方法是先把腹壁切开，将肠子拉回去，再把疝囊处理好，是比较简单的一个手术。从人体解剖结构来看，腹壁有三个不同走向的肌肉层次，有斜行的，也有横行的，顺着肌纤维的纵行方向切开损伤最小，按肌纤维的横行方向切开损伤最大。正规的手术操作步骤，应逐层顺着肌纤维损伤最小的方向交叉切开，损伤最小，效果最好。而那个医生用手术刀来一个直切口，就把腹壁肌层全部切断了，这样切对病人的损伤肯定比较大。肠子之所以会突出来，是因为腹壁个别部位较薄、较松弛，突出时还带着保护肠子的囊状腹膜，叫作"疝囊"。正确的手术处理方法，是将肠子归复原位后，把腹膜形成的疝囊作结扎封闭处理，这样肠子才没有再突出来的通道。但那个医生对疝囊不做任何处理，这样过一段时间肯定还会复发，因为留下了一个便于肠子突出来的隧道。这些对临床医生来说，都算是比较简单的手术，也是非常简单的解剖学常识。

复杂一点的手术就更加可怕了。胃溃疡要做部分胃切除，是普通外科学的一般手术，难度最多属于中等。在一例胃部分切除手术中，鲜血竟然喷到照明灯上了。为什么有那么大的动脉被切断？就是因为不熟悉局部解剖学的缘故：胃的旁边是脾，脾动脉是很粗的，本来稍微熟悉解剖学就不至于损伤脾动脉，竟然也把它切断了，而且是盲目切断，鲜血才喷得那么高。其实，如确有需要，大的动脉也是可以切断的。不过，一定要先将准备切断的大动脉两端双重结扎，然后再行切断，就可以避免出血或者出很少的血。这些本来都是很基础的知识，但并不是每一个基层医生都懂。

医训队工作期间，走访各地基层医院的见闻，那些不称职的医生所施行的粗暴手术给病人带来的痛苦，给我的印象非常深刻。之所以下定决心要搞"临床应用解剖学"，就是因为开门办学看到的手术事故，让我刻骨铭心。我时常想，外科医生如果能对解剖学再熟悉一些，就能减少临床事故的发生。承担医训队临床教学任务的医院中，岳阳县医院的医生素质就很好，没有出现过什么手术事故。作为医学的基础学科，解剖学的任务不仅是让学生了解人体的结构，更重要的是帮助学生解决日后临床上遇到的问题，成为能够救死扶伤的合格医生。看来，我们过去教解剖学，单纯以描述形态结构为主，对临床需要的关键要点针对性不强，需要亡羊补牢。所以，当我成为教研室主任，可以规划团队的研究方向时，我就选择了"临床应用解剖学"，而正是这一符合临床实际需要，有极大创新空间和社会效益的研究方向，成就了日后我的学术地位。所以说，开门办学的社会实践，是"文化大革命"赐予我的另一个机遇。

重 返 讲 台

从武汉医训队回到上海后，我能够上讲台讲课了。我还没有完全解放，但不再是"监督劳动"状态，而是"控制使用"对象，看起来是进入了渐入佳境、更为自由的阶段，但是，好像是黎明前的黑暗，另有一种压抑的痛苦。"控制使用"是很可悲的——明明我和其他人一起工作，但是我有历史问题、出身不好，只能够被控制使用，不属于平等的公民范畴，看起来比监督劳动好，但也是一种令人十分心酸的人生境遇。

人体结构与功能学的教学组已经解散，恢复了解剖学教研室。当年的教学改革很频繁，没有成效，便又退回原地。"文化大革命"一开始，何光篪教授就作为"反动学术权威"被打倒了，一直"靠边站"，没有教研室主任，只设了两个副主任，都是我的学生：一个是技术组原来的组长，叫白永庆；另一个是助教，叫真炳攸。两个副主任全面负责工作，教研室有几个教学组，我所在的教学组共六个人，一个组长，五个教员。当时是短学制①，一个学期的解剖学教完了，教学组进行年终总结。我记得很清楚，我们的教学组长，逐一对每位老师进行了表扬，一共六个人，表扬了四个，组长很谦虚，没有自我表扬，此外就只有钟世镇不在受表扬之列。

年终总结交上去的第二天，刚刚结束解剖学课程的同学们将一张感谢教学组的大字报贴到教研室的门口，这个大字报中，除了感谢教学组集体外，只点名表扬了一位老师，就是特别表扬钟世镇老师。我上班很早，六点多钟就到了教研室，在门口看见了那张大字报，我心情特别紧张，赶紧把它撕下来。因为是"控制使用"对象，我连表扬都害怕了。这个小小的插曲也让我感到一丝温暖，我的工作态度与教学水平，同学们心中自有公论。

当时像我这种身份的老师，如果受到学生的表扬，很有可能会被冠以"拉拢、腐蚀革命青年"的罪名。有一位我过去教过的学生，留校后由我负责带教培养，他聪明能干，为使他早日成才，我经常给他开小灶，精心指导。在"文化大革命"中，我这个学生经常在"斗私批修"讲用会上批判我，说我是个大染缸，对他灌输了很多成名成家的思想，拉他走向资产阶级泥潭，把我苦心孤诣指导他掌握专业的做法，冠以"腐蚀革命青年"的罪名。疾风知劲草，世乱见真情。我心里很清楚，自己培养的学生，一般内心深处对老师还是很尊重的，在特殊的环境中，为了自己的前途，被迫要与我划清界限，大多数人是身不由己，因为他们首先得考虑保护自己，这些我都能理解。但是，部分别有用心、善于投机的败类，出于利益驱使，落井下石，迎合献媚，出卖别人换取自己向上爬，这已经丢失了底线。

在"牛棚"里，还有出去的盼头，但是"控制使用"这种二等公民身份，让我当时觉得有可能伴随我的终生。那种不敢接受表扬大字报的心情、涂抹介绍信"同志"二字的乌云阴影，使我感到"这世界已经没有我的份了"，万念俱灰，但不希望连累孩子，不希望连累妻子。

孩子是最无辜、最可怜的。受我的连累，女儿不能参加红卫兵，儿子不能参加红小兵。"文化大革命"期间有一种极"左"的"血统论"，认为"老子英雄儿好汉，老子反动儿混蛋"，按这种观点，当时我们这些反革命

---

① 1970年，各军医大学恢复招生的第一年，制订了"基本一年制"的教学计划，实际执行中困难重重，1972年全部改为三年制，直至1978年恢复高考之后，才恢复五年制。

的子女，被称为"狗崽子""可以教育好的子女"，是低人一等的。"文化大革命"前，我也曾下乡参加过"四清"工作队，见过对"黑五类分子"（地、富、反、坏、右）训话时，他们尚未成年的孩子都要培训恭听，这种待遇对本应是天真活泼的孩子们的心灵伤害，格外令人心酸。我的儿子像我，身体很好，力气也比同龄的孩子大，但是跟别的孩子有冲突，他只能挨打，不能还手。我女儿从小就很优秀，能歌善舞，但是她没资格参加红卫兵。到上海后，第七军医大学的子弟被安排到同济中学读书。在1970年的一次参军高潮中，第七军医大学几乎所有的适龄子弟都去参军了，她却走不了。当时她觉得非常压抑，想摆脱那种环境。我去武汉医训队后，得知当地部队接管了一个沙洋劳改农场，很多军工系统的子弟都到那个农场劳动，我就把她送到那个农场。她很争气，组织上安排她做卫生员，她没有接受，坚持在大田劳动。1973年，在周恩来的主张下，举行了"文化大革命"期间唯一一次的高考。之前都是推荐读大学，只有出身好的子弟才有机会读大学，那次高考使出身不好的年轻人也有机会读大学。钟玲参加了这次高考，尽管钟玲的考试成绩是最好的，依然只能被一所中专学校——湖北省沙市市卫生学校录取，而能被这所学校录取，还是因为这所学校的招生指标中有一个专门给"可教育好的子女"的名额。

看到孩子的这种遭遇，我想到了离婚。如何与古乐梅谈，我考虑了很久：我已经没有前途了，但是不要连累你，不要连累子女。你的家庭成分是自由职业者，如果跟我离婚，孩子跟我划清界限，就不是反革命子女了，将来还可以参军、上学。我觉得理由很充分，谁知刚一提离婚她就拍案而起：你的历史我最清楚，没有见不得人的东西！大不了去劳改，到哪里我都跟着你，再也不准你提离婚！

古乐梅的态度，对我至关重要。当时意识形态影响一切，一旦将哪个人划为反革命分子，第二天马上就离婚的，比比皆是。[1] 患难之中见真情。

---

[1] 2010年，在接受广东省电视台《第一访谈》栏目组采访时，古乐梅曾说："今天挨批判，明天就离婚，当时很兴这风气。但对我来说不可能。"著名历史学家何兆武在他的口述自传《上学记》中有这样的描述："凡定了反革命或者右派的，往往都要离婚，只有名演员新凤霞例外。新凤霞的先生吴祖光是右派，文化部的领导出面劝她离婚，但新凤霞硬是不肯，这是我所知道的唯一一例外。"

在当时那种形势下，我们俩都想象不到我以后的处境会有何改观，觉得此生只能如此了。在这种情况下，古乐梅能够做出这么坚定的选择，难能可贵，因为这意味着可能牺牲一生的前途。更重要的是她坚信我不是坏人，我感受最委屈的就是被说成是坏人，她那么坚定地认为我是好人，对我来说是一个极大的安慰，是我生活下去的精神支柱。

人生新起点：第一军医大学

1975 年，"文化大革命"接近尾声，第七军医大学接到通知，回迁重庆。① 迁校时发生了一个小波折，我们的运输船经停武汉时，尸体标本大概是因为封装不够严密，甲醛的气味泄漏出来。有人发现里面有尸体，不清楚是什么状况，要学校派人去处理，学校派解剖学教研室技术组的组长赵克勤去处理这个问题，教员里最熟悉解剖学技术的就是我，他就把我带去。那是我这辈子第一次坐飞机，飞机很小，是五十座的小客机，从上海飞到武汉，紧急处理尸体暴露的问题，到了现场，向对方解释清楚这是教学用品，解决了问题。

学校迁回重庆后，改称第三军医大学。军队的好处是服从命令听指挥，什么环境下都能够工作，迁回重庆后马上就投入工作。但是学校在两次迁校过程中破坏得很严重，原来的科研标本、设备，很多带不走，损失非常大。

1976 年 10 月，"四人帮"倒台。大家很高兴，我也高兴，但不会特别高兴。长期被打入另册的经历，对我的影响一时不会消除。我在第七军医大学工作的二十多年，大部分时间都有政治运动，心情是很压抑的，即使"文化大革命"结束了，还是惊弓之鸟，对那些曾经整过我的人，也不能完全心无芥蒂，特别想脱离这个让我触景生情的环境。恰在此时，我们听

---

① 1975 年 7 月，第七军医大学回迁重庆，同时中央军委通知改称第三军医大学。

说广州成立了第一军医大学。

原来的第一军医大学在长春，1958 年整建制转业移交地方，就是后来的白求恩医科大学①，第一军医大学这个番号就没有了。林彪得势的时候，他的基地在广州军区，军区司令员黄永胜是林彪集团的骨干。当时广州军区没有军医学院，林彪想把广州军区发展为独立王国，后勤系统里不能没有一个军医学院，就把东北的解放军齐齐哈尔医学院南迁到广州。林彪叛逃后，广州军区调整改编，这所军医学院由总后勤部接管，因为第一军医大学的番号还空着，就填补了这个番号，因此虽是最晚成立的军医大学，名称却是第一军医大学②，后来居上。我们到总后开会很神气：四所军医大学的干部集合，一、二、三、四，每次都是我们排在最前面，而这个第一其实是这样来的——不仅是最后成立的一所军医大学，也是当时整体水平最低的一所军医大学。

"文化大革命"结束后，加强军医院校建设。因为第一军医大学起点最低，总后勤部决定重点支援第一军医大学建设，从其余三所军医大学调拨师资，每个学校抽十五名骨干教师，支援第一军医大学。这次师资调拨体现了地区差异，上海的第二军医大学很少老师愿意来，只来了一两个，因为上海太好了；重庆的争着来；西安的愿意来，尽管第四军医大学最强，但是有一批广东籍的老师希望回家乡。因此第一军医大学早期的骨干师资，很多是第三军医大学和第四军医大学调来的，第二军医大学没有完成任务。

---

① 1954 年军医大学整编合校期间，天津的第一军医大学（前身为晋察冀军区白求恩卫生学校）与长春的第三军医大学（前身为长春医科大学）合并，校址设在长春，校名定为第一军医大学。1958 年 6 月 6 日，第一军医大学移交吉林省，1978 年改校名为白求恩医科大学，2000 年并入吉林大学。

② 第一军医大学沿革：1951 年 10 月，以东北军医第二陆军医院为基础组建东北军区军医学校，校址在黑龙江省齐齐哈尔市。1952 年 7 月改称第十一军医中学，1954 年 5 月改称第十一军医学校。1958 年 6 月，国务院、中央军委决定，将该校移交给黑龙江省，改称齐齐哈尔医学院。1962 年 1 月，经国务院批准，学校重归部队建制，属总后勤部领导，校名为中国人民解放军齐齐哈尔医学院。1966 年，改称中国人民解放军军医学院。1969 年 8 月迁至湖南省长沙市，1970 年 2 月迁至广东省广州市。1975 年 7 月改称第一军医大学。2004 年 8 月 24 日，第一军医大学集体转制，移交广东省，校名改为南方医科大学。

当我们听说第一军医大学要扩建，从其他军医大学调拨师资的消息，感到是一个机遇，是客观需要与主观愿望的结合。我们正希望换个环境，能回到家乡就是最理想的了。那时我历史反革命分子的帽子还没有正式摘掉，不敢乱说乱动，古乐梅虽然是反革命家属，但她的家庭成分比我好，是自由职业者，不是剥削阶级、打击对象，胆子大一点，由她去积极争取。一方面是向第三军医大学的领导打报告申请调离，这个问题不大，学校随时可以放人，关键是广州能否接收，因为我的历史问题，估计有困难。因此古乐梅特地以探亲的名义请假回广州，到第一军医大学联系调动。她首先找到解剖学教研室的领导，当时教研室主任是钟英教授，就是我过去在南昌第六军医大学解剖学教研室的同事钟英（钟英教授先期从重庆第七军医大学调动到齐齐哈尔医学院①，后跟随齐齐哈尔医学院迁到广州）。钟英教授很欢迎，但他是党外人士，不能做主。副主任孙博是党员干部，古乐梅又找到孙博，问钟世镇这样的人能不能调到第一军医大学来。孙博犹犹豫豫不敢答应，像我这样长期关押、控制使用的对象，新单位一般不敢轻易接收。

军队院校主管教学工作的是训练部，相当于普通高校的教务处，但是比教务处的权更大，人、财、物都有权调度②。古乐梅找到训练部，当时训练部的副部长季化③，是南昌第六军医大学干部第四期的学员，也就是我工作后教的第一班学员，我参加工作后立的第一个三等功，就是他们请功的，和我有深厚的师生情谊。干部班的学员，都是抗日战争和解放战争年代部队的卫生人员，老资历的军队干部，其中很多人在军医大学毕业后当了行政领导。季化对我当然非常熟悉，古乐梅跟他倾诉了我在"文化大革命"中的遭遇，季化当场表了态：钟老师怎么可能会是坏人！

---

① 1962年，齐齐哈尔医学院由地方重归部队建制，总后勤部指令当时的三所军医大学，调给一批高、中级教学人员。

② 1958年军医大学统一设定编制机构，学校机关仅设训练部、政治部、物资保障部（1960年改称校务部）三个部门，训练部统管教学、临床管理、科学研究、医教器材供应等工作，职权范围较大。

③ 季化，生于1921年。江苏阜宁人。1941年5月参加革命工作，1941年9月加入中国共产党，1963年毕业于解放军第七军医大学医疗系。

学生最好，学生最亲，最清楚老师的为人——这个态度决定了我的命运。我们这个级别教师的调动，并不需要请示校长，训练部就可以决定。古乐梅回到重庆后，很快就接到第一军医大学的调令，我们马上办了调动手续。我很幸运，在走投无路之际，好在有我的学生鼎力帮助，才能调入第一军医大学。

来到第一军医大学，解剖学教研室有二十多人，是比较大的基础学科，实际负责人是孙博。我初入新单位，低调做人，一般不讲话。当时政治学习仍很频繁，一个星期有两个半天政治学习，其实没有什么可学习的，又硬性规定集中学习，愈学习愈离谱，大家就是聊天、开玩笑。有些人很喜欢发言，我在旁边坐着暗喜，轮不到我发言。一定要发言，就表个态：赞成！——拥护领导的决定，服从组织安排。

教研室有个技术组，我最喜欢到技术组去。技术组都是年轻人，比较好接近。"文化大革命"期间我在技术组监督劳动时练就的标本制作技术有了用武之地，除了上课，大多数时间是帮他们一起改进技术，年轻人都很欢迎。我教他们一个技术方法，他们就能做出一件新型标本，一下子就做出十几件很好看的标本。在同事们都不了解我是否有科研和教学能力时，先知道了我会做精妙的标本。我做的铸型标本拿出来，人们都会眼前一亮：从来没见过这么高水平的标本，剔透玲珑，既有科学价值又具艺术观赏性。

我们的老校长赵云宏[①]工作很深入，经常到基层来。解剖标本虽然不会说话，但外行一看，觉得美观漂亮；内行一看，就知道这里有技术含量，有学术创新。这些解剖标本先声夺人，使赵云宏校长对我刮目相看，留下一个很好的印象。1978年，来到第一军医大学短短一年之内，我的机遇就来了。钟英教授调到图书馆去当馆长，孙博到北京搞中西医结合，解剖学教研室负责人空缺，赵云宏校长任命了两个新的副主任，一个是孟宪

---

① 赵云宏（1922-2002），江苏南通人。1939年参加革命，先后担任军医、卫生队长、后方医院院长、纵队卫生部长等职，参加过孟良崮、淮海战役和渡江作战。1950年入协和医学院学习。1955年获学士学位后，历任中国人民解放军第二军医大学军事卫勤教研室教员、教研室主任、训练部部长。1966年调到中国人民解放军齐齐哈尔医学院，先后任副院长、院长。1975年7月-1990年7月任第一军医大学校长。

玉，一个是我。1979 年，又出人意外地任命我为解剖学教研室主任。①

我有这样的机遇，从大的角度来说，是因为社会环境变化了。没有改革开放，我们校长也没有那么大胆，把我任命为教研室主任。社会政治环境对个人境遇的影响太大了，全面否定"文化大革命"后，我的罪名与历史包袱，都不复存在了。虽然我曾遭受过不公平的待遇，但是精神负担没有了。从此就拼命工作，为自己失去的光阴，为党和国家的医学教育事业工作。2009 年，国庆六十周年时，我曾感慨：这六十年是三十年河东，三十年河西，截然不同。前三十年是"以阶级斗争为纲"，后三十年是改革开放，两者的差别我体会非常深。阶级斗争为纲，越革命越穷，越穷越是无产阶级；改革开放使我们国家真正强盛起来，我们有了经济实力，也有了自己的学术成就。这就是改革开放前后的两片天空。改革开放以前，在频繁的政治运动中，也有风和日暖的时候，但是气候变化无常，一下子阴雨绵绵，一下子狂风暴雨，捉摸不定。改革开放以后，不再提阶级斗争为纲了，提的是实事求是，提的是实践是检验真理的唯一标准，一心一意在发展建设上。因此，将来我们国家还是要继续实事求是，把自己工作做好。

从小的角度来说，"文化大革命"的苦难，对我来说是因祸得福，监督劳动学到的手艺，为我创造了机遇，帮助我在一个陌生的新环境中，很快获得人们的赞誉和认同。另一点是遇到了深入基层的好领导，不用个人高谈阔论，就得到认可和赏识。我能当教研室主任，是我们老校长赵云宏有眼光、有魄力。我从没想到，我一个曾经的阶下囚还可以当教研室主任。说实话，我并不是一点行政组织能力都没有的人，与同学们一起参加青年军，我还当了上士排附，曾经也是少年气盛，敢想敢干，后来长期被视为阶级异己分子，整个人就消沉下来了。赵云宏校长最初任命我为副主任，

---

① 1979 年 11 月 12 日，钟世镇被正式任命为解剖学教研室主任。《干部任免报告表》中所提德才表现：历次政治运动能积极参加，表现较好，能积极贯彻执行党的三中全会精神，组织观念较强，对自己要求严格，待人虚心诚恳，团结同志较广泛，思想作风正派，解剖专业较精通，有钻研精神，注意培养新生力量，关心青年教员的成长，工作积极热情，模范作用较好。不善于搞行政工作，工作欠大胆。任免理由：补充缺额，专业技术较好，建议提升为训练部解剖教研室主任职务。见：钟世镇干部档案正本，干部任免报告表，1979 年 11 月 12 日。存于南方医科大学人事处人事科。

还可以说是善用我的业务能力，任命我当主任，那就不同了，我是基层教学单位的主帅了，真正有组织教学科研的决策权。在当时的部队院校，让一个有过政治历史问题，又不是共产党员的人担任教研室主任，算是"敢吃螃蟹"的冒险家，要担巨大的风险，如果有人说他招降纳叛，会对他有很大影响，这说明赵云宏校长有魄力、有担当。我非常感激赵校长，他从来没有找过我单独谈话，也没有搞庸俗的那一套——把我作为亲信培养，他只知道我做的工作符合他的要求，他就要这样的干部。

我不当教研室主任，也肯定能当一个很好的助手，但是，我不可能有权力去选择学科的发展方向。这个主任官不算大，但有基层的学术决策权，可以选择学科研究方向，可以创办学术刊物，打造学术团队。

播 种 与 收 成

筚路蓝缕

1978 年左右，赵云宏校长为第一军医大学做了一个建校规划，他的口号我记得很清楚："三年之内，要在广州站住脚"。口号很实在，也反映了当时学校根本就没有地位，在广州还站不住脚。

第一军医大学的发展历程中，赵云宏校长居功至伟。他的成绩也有机遇的因素，他原来是学校的革委会主任，"文化大革命"期间没有校长，凡是没有受打冲击，还能当革委会主任的，一般都被视为追随林彪、江青反革命集团的人。按道理，后来清理三种人①时，他应该有份，即使不判罪，起码也要撤职。他的机遇是：1969 年，林彪搞了一个军委的"一号命

————————————

① "文化大革命"结束后，对"三种人"进行清理，即追随林彪、江青反革命集团造反起家的人、帮派思想严重的人、打砸抢分子。

令"①，以配合战备需要的名义，将老干部从北京疏散到外地，叶剑英元帅被流放到长沙。老帅们本来都有保健组，疏散时连保健医生都撤销了。到长沙后，林彪集团通过部队系统授意地方"与叶帅保持距离"，因此地方和军区领导都对叶帅很冷淡，叶帅身体不好，不仅不派医护人员，连药品都不提供。当时刚好齐齐哈尔医学院南迁，第一站到长沙，曾打算在长沙建校未果，停留了半年左右。这期间，赵云宏校长多次派医护人员给叶帅治病，并解决药品，而且表面上还要回避，避免被邱会作知道。清算林彪、江青反革命集团时，赵云宏被列为邱会作派系分子，主持军委工作的叶帅讲了几句话：赵云宏不可能是邱会作的人，如果他是邱会作的人，不会给我派医疗组。这就是患难之中见真情，叶帅蒙难时，赵云宏校长敢于伸出援手，说明了他的品行。

叶帅对第一军医大学的建设很关心。第一军医大学迁到广州后，最初入驻暨南大学的校舍，1978年，暨南大学复办，当年就要招生开学，马上就要收回校舍。叶帅亲自过问，批准我们选定广州市北郊麒麟岗为新校址，这块地过去是野战部队山炮营驻守的几个高地，很荒凉，部队派了工兵团来，一下子就打平了，开始大规模建设第一军医大学。我们的惠侨楼②也是在叶帅的支持下办起来的，当时建惠侨楼是非常敏感的问题，还没有全面改革开放，还有"崇洋媚外，里通外国"的说法，轻易不敢跟华侨扯上关系，第一军医大学则因为有叶帅的支持，在国内率先建起了惠侨楼。叶帅的支持对第一军医大学的发展起到了非常关键的作用，现在南方医科大学的校门口还保留着叶帅题写的"第一军医大学"的校名。

赵云宏校长很有魄力，建医院、建学校、提拔干部，开展对外交流合作，还搞经济开发，兴建南方制药厂（三九集团前身），著名的"三九胃泰"就是那里研发生产的。只要对学校发展有利，赵云宏校长什么都敢搞，而且都搞出了成就，第一军医大学很快就发展起来了。学校的起点那

----

① "一号命令"又称"第一号号令"，是指1969年10月中旬，林彪通过军委办事组发给全军的战备命令。根据这一命令，一些老同志从北京疏散到外地。

② 第一军医大学附属南方医院于1979年年底创办港澳病房，后扩建为惠侨楼，是专为港澳台同胞、海外侨胞和国际友人提供医疗、保健、康复的医疗机构。

132

么低，没有赵云宏校长的魄力，就没有今天。

我刚到第一军医大学时，学校的
设备条件非常差。以解剖学科来说，
没有标本陈列室，技术组连必备的加
工工具也没有。1978年，暨南大学
对我们下了逐客令，当时麒麟岗新校
舍还在施工，大兴土木。解剖学教研
室被安排在一个施工的工棚里，上课
没有课室，就在临近的农村里借场

图5-3 参加全国人民代表大会（1986
年。摄于人民大会堂。钟世镇提供）

地，非常狼狈。课室归还给暨南大学了，但尸库还没有搬过来，搞科研
一定要尸体材料，没有尸体材料就无从取得科学的证据，这是起码的条
件。所以我们那时搞科研非常艰苦，踩着永久牌的单车去暨南大学做解
剖，那时我身体比较好，从麒麟岗到暨南大学一般四十分钟就可以到了。
只要有空就到那里去，年轻人都骑着单车跟我走，中午就在尸库里吃饭，
我们都习惯了，也无所谓。在两个停尸台中间架两个凳子，中午在那里
休息一下。

学校现在的实验大楼是1980年完工的，这是学校发展历程上的一个
标志，从此我们开始有了教学的基地。在那段时间，我们的学科发展很
快，我们的确是夜以继日地工作，也的确做出了很多成绩，大家都很有成
就感。从我个人的发展来说，1979年，我五十四岁的时候，晋升为副教
授①。当时亦算是破格提拔，是学校在"文化大革命"结束后第一批晋升
的四位副教授之一。当时晋升职称和现在不同，不是每年评，而是几年一
次。1983年，我当选为第六届全国人大代表。从无名小卒到全国人大代表，
也就两三年时间。1985年，六十岁时，水到渠成，我成为正教授。

2004年8月，根据国务院、中央军委的命令，第一军医大学退出中国
人民解放军序列，由总后勤部整体移交给广东省管理，更名为南方医科大

---

① 1978年12月，第一军医大学党委决定：根据钟世镇同志学识水平和专业知识，经研究
拟提升为训练部解剖学教研室副教授，1979年9月5日经总后政治部干部部审批通过。（钟世镇
干部档案正本，科学技术干部呈批报告表，1979年9月5日。存于南方医科大学人事处人事科。）

学，全体老师集体转业，我也脱下军装，从军人成为老百姓。中国改革开放后经多次裁军，现在全国军队只有两三百万人，根本消化不了四所军医大学培养的那么多五年制医学毕业生。军事医学教育应该精简整编，主要教学和科研任务都围绕着军事医学开展，一些不属于军事医学范畴的、与民争利的学科没有必要保留在军队序列。

第一军医大学集体转制，吸取了过去的一些经验教训：过去有些军队院校转制，把学校拆散了，最好的学科和资源留到部队，不好的下放到地方，整个学校的完整性就被破坏了，造成极大的浪费。吸取这些教训，第一军医大学采取整体移交的方式，最精华的学科、最优秀的人才，整体移交给地方，不能拆分，教师则集体转制。我服从命令听指挥，当时的校领导觉得还需要我，我就跟着学校转到地方来。有些老教授不愿意跟学校转，就留到部队的干休所。

转制对学校的发展来说，既是挑战，也有机遇，军队实行的是计划经济，市场经济则要求有竞争意识，优胜劣汰。现在，南方医科大学的建设目标是"国内一流、国际有影响的研究教学型多科性医科大学"，长江后浪推前浪，雏凤清于老凤声，这个目标要靠新一代去实现。但我也希望年轻人不要忘记曾经的两个建校口号——"要在广州站住脚""努力赶上先进院校"，这反映了南方医科大学的发展历程，反映了我们是如何在起点很低的情况下，面对现实，明确目标，扎实工作，一步步发展到今天的。

图 5-4　解剖学教研室全体人员合影纪念最后的军装（前排右六为钟世镇。钟世镇提供）

团队建设

管理是一门最伟大的科学。对科研工作来说，有效的管理使所有的部门都能得益。对于管理科学，我是门外汉，但也有一些自己的经验与感受。

解剖学教研室，起家的时候非常艰难，早期我们的教研室籍籍无名。我担任主任后，有了决策权，开始考虑如何发挥大家的积极性，开展学科建设。家家有本难念的经，每个单位都难免有矛盾，解决这个问题，用人很重要。我很讨厌那些形式主义的东西，习近平总书记曾经讲过："空谈误国，实干兴邦。"搞学科建设的原则也是这样，不能空谈，要做实际的工作。用人同样如此，布置工作时，我很少轰轰烈烈开会讲话，每个人都有长处，管理者要知人善任，用好他的长处；人无完人，管理者要宽容一点，尽量减少个人缺点造成的负面影响。因此，我们学科比较和谐，能将每个人的积极性都发挥出来，尽管我们这个学科先天条件比不上其他学科，不是前沿学科，尖端人才不愿意到我们这里来，但我们把现有的人员用好了，哪怕他是技术员，我也让他在技术上有发展，发挥所有人的力量，同样能搞好学科建设。

我这个教研室主任做得不容易。最初，钟英教授刚刚调离解剖学教研室时，学校任命我和孟宪玉为副主任，并指定孟宪玉为临时负责人。孟宪玉是一个老党员，又是党支部书记，威信很高。但他当领导有局限性，事无巨细一把抓：既然让我做负责人，什么东西都要由我来管。连教研室、实验室所有的钥匙都是放在他的口袋里，别人不能随便用。他很勤劳，但热衷于事务管理，喜欢事事亲力

图 5-5　解剖学教研室创业者合影（左起为刘牧之、张永起、王起云、钟世镇、孟宪玉。资料源于《钟世镇院士八十寿辰纪念册》）

亲为，孤军奋战，不倚靠群众。我虽然也是副主任，但他从来不找我商量工作。因为我当时全力以赴做科研，我们也没有矛盾，配合得很好。

我们都没想到，后来学校会任命我为主任，孟宪玉为副主任。原来他是教研室的临时负责人，又是党支部书记，看到这样的任命，心里肯定不痛快。我能够理解，以他的情况，有点情绪很正常，将心比心，我想如果换做是我，我也肯定会觉得委屈。孟宪玉为人比较温厚，没有难为我，只是有点消极怠工，既不拆台，也不帮忙。我心里有数，这是因为他还不信任我的能力，因为我到第一军医大学后不显山也不露水，可能他也想看一看：钟世镇有这个组织能力吗？他是支部书记，任何大事，我都主动找他商量，他愿意出主意我就参考，不愿意出主意我也向他说明我的想法和计划，事事都尊重他。这样的情况过了半年多，形势逐渐明朗：教研室风调雨顺，发展得很快。所有的工作都很顺利：科研开展起来了，大量论文发表了，学科地位也提高了。他是很热心工作的，有点坐不住了，表示愿意多承担一些工作。听到他的表态我很高兴，委托他分管教师的行政管理。针对他搞行政管理事无巨细一把抓的问题，我提醒他：要做好副主任，不能采取事务主义的管理办法，要抓主要的事务，层层负责，教学上有教学秘书，科研上有科研秘书，技术上有技术组长，团结和领导好他们，由他们再去带领下面工作的开展，这样工作就轻松得多。但是他闲不下来，老去管那些琐碎的事。我还有办法：他以前没开展什么科研，我给他一些选题，都是已有一定研究基础，认真去做就能出成果的，他需要抽出时间来搞科研，精力就不再放在琐碎的事务工作上，慢慢地也就不再采用那些事务主义的管理方式，而是层层负责，提高了管理效率。更重要的，他有了科研成果，在学术上可以有所发展。所以我们关系愈来愈好，合作无间。我当主任以后，一连十一年，教研室每年被评为先进集体，并七次荣立集体三等功，教研室的党支部年年是先进党支部，孟宪玉出席了总后勤部先进党支部书记的表彰大会，可见团结、和谐的班子对集体的发展非常重要。

对于教研室的学科建设，我早就有自己的想法，过去我没有权，带不动，因此我先找到适合的突破口，先从做标本开始，带领技术组取得了一些成绩。但做标本毕竟不是主要的学术工作，最重要的还是尽快产生科研成果。过去，在学术刊物上仅有第一军医大学解剖学教研室发表的一篇技术方法的小文章。教研室的年轻人从来都没有搞过科研，以前我跟何光篪教授做体质调查，有研究经验和创新思路。我们有那么多教学尸体，我就给他们出主意：第一步可以进行基础的体质调查研究工作，针对中国人体质调查的空白领域，收集、积累资料，进行统计分析，再与外国文献进行对比，一篇论文就出来了。我帮年轻人选题目，他们去做，马上就有成果面世了，那几年，我们教研室发表了几十篇文章。群众拥护，也替领导争光，所以那几年立功、选模范，都有我的份。①

后来我们开展临床应用解剖学研究，实践需求牵引理念，用外科的临床需要牵引创新思路。科研工作最重要的是创新思路，如果连问题都提不出来，科研工作就无法进行。因为了解外科医生需要什么，我的问题有的是，我依据临床需要帮助年轻人进行科研选题，重点是结合到显微外科的新方向。只要年轻人愿意搞科研，我都给他出主意，我每出一个主意，跟着我的年轻人就能完成一篇论文。所以我不需要靠行政命令来强制，而是用有发展前景的学科方向作为无形的凝聚力，吸引年轻人自愿跟着我工作，很快形成了有明确研究方向的学术团队，并自力更生建立了很好的学术平台。

科研管理理念不同，效果自然不同。我们教研室的另一位教授也带领一个团队搞显微外科解剖学，他组织能力很强，擅长公关，能说会道。他也有雄心壮志，把几个年轻的助教组成一个科研组，搞盆部显微外科学，如果能搞成功，就是一组课题。他在科研组很有权威，吹哨子：集合！大家一起到实验室去，一起搞解剖、找材料、测量数据。因为他很会组织，工作效率很高，几个月后收集了很多数据。可惜就是思路不对，怎样找到这些材料之中的规律？怎么加工成论文？对此他就没有章法了。应该说这位教授的科研基本功还是略为薄弱，他知道要收集资料，有了资料才能写

---

① 1978年11月，钟世镇担任解剖学教研室副主任三个月左右，即荣立三等功，先进事迹有："带动全组和全教室的科研工作，培养训练和提高了中青年教师的科研工作水平，起到了核心作用。"1979年12月，再次荣立三等功，先进事迹为："实干巧干，以身作则，对教研室的科研和人员培训等工作，都起到了领导的作用。"1983年，被授予社会主义精神先进个人称号并记三等功；同年被树为总后系统先进个人标兵，多次受嘉奖。1981年加入中国共产党后，1982年、1986年、1987年、1991年，分别经总后勤部和总政治部批准，先后四次被评为全军优秀共产党员。

论文，但是论文应该有新见解，对于这一点他没能准确的把握。后来，他的科研组五六个人只发表了一篇文章。我带领科研团队，很重视培养团队成员的科研基本功。基本功里，除了资料收集、论文写作有章可循，更重要的一点是科研思路。科研需要创新，你选的题目在哪一点上是你的创新？光有资料不行，有了充分的资料，不等于能出一个好的论文，好的论文应该突出要点，解决问题，资料的存在是为了说明观点。跟我做科研不需要大张旗鼓，有了选题自己收集材料，几个月后，每个人都能出一篇文章。我也不搞那些形式，不吹哨子上班，也不需要集合，主要从思路上点拨一下，年轻人都很聪明，有了清晰的思路，他就能做出成绩，所以我这个学术团队就很自然的形成了，很牢固也很和谐。这些年轻人都感激我，发表论文的时候往往也署上我的名字，我做第一作者的论文并不多，但我署名的有很多。①

作为教研室主任，我除了考虑年轻人的前途，也要考虑中年教师的科研发展。当时教研室与我年龄接近的教师大概有六七个人，这六七个人就有六七个不同的研究方向。其实还不能称为研究方向，因为都还没有看到进展，只能算是愿望。对于这些中年教师，我不要求他们一定要跟着我的研究方向，他们愿意搞什么方向，我都支持。刘牧之教授过去搞淋巴的解剖学，掌握淋巴管注射的技术，淋巴管特别细，注射很难，我支持他去搞淋巴这个方向。刘牧之教授做研究很扎实，做了很多工作，材料非常丰富，但不善于总结。科研材料要突出主要创新点，要把零乱的材料变成规律性的东西，才能作为理论依据，才算科研成果。我就帮他梳理一下，使之系统化，后来他出版了一部淋巴解剖学的专著②。对他的一些研究内容，我看到了临床应用前景，就提醒他结合临床需要，进行有针对性的研究，进一步形成临床解剖学的成果。如朱家恺③教授开展淋巴静脉吻合术，刘

---

① 截至2013年，钟世镇共发表学术论文一千三百零七篇，其中独著及第一作者二百八十七篇。

② 刘牧之：《人体淋巴系统解剖图谱》，科学出版社，1982年。钟世镇审阅。

③ 朱家恺（1931-　）。1952年毕业于中山大学医学院。中山大学附属第一医院显微创伤外科教授、主任医师，博士生导师，曾任中山医科大学副校长。在国内率先开展多种吻合血管的皮瓣移植术、周围神经束间移植术、淋巴静脉吻合术，创办《中华显微外科杂志》，是中国显微外科的奠基人之一。

牧之就提供了重要的帮助，他可以把看不见的淋巴显示出来，协助手术顺利进行，朱家恺也非常感激他。以后刘牧之成为在淋巴解剖学方面有研究特色的一位教授，我们合作得很好。

我当教研室主任不久，就开始考虑人才梯队的建设和交班的问题。① 按现在的退休制度，稍有成就的时候就已经到了退休年龄，这是历史原因造成的，我们这一代人普遍成名比较迟。因此，在学科发展走上正轨后，我开始考虑交班的问题。开始我选的接班人是王国英，我的一个女学生。她的科研基本功很好，科研思路也很好，而且很有组织能力，人际关系处理得非常好。她很争气，还是副教授的时候就当选为全国解剖学会的常委，后来曾留学日本。我已经提她做了副主任，准备由她接班。② 但是事情的发展不能尽如人意，王国英的丈夫原来也是我们学校的，后来他出国留学，最终决定留在美国发展。这种情况下，让不让王国英出去？不让她出去她的家庭可能破裂，让她出去，我的这个好接班人就走了，最后我们忍痛放她出去，就再没有回来。

我正式辞去主任职务时，③ 接班人有两个人选。一位是刘大庸④，现在已经退休了，是搞神经解剖学的，组织能力比较强，但起步晚，学术影响力还不够；另一个是徐达传⑤，徐达传在学术上有成就，但组织能力稍有欠

---

① 钟世镇曾起草过四次请辞教研室主任的报告，第一份报告写于 1985 年 9 月，文中说：我生于 1925 年农历八月初六日，到今年 9 月 29 日满六十周岁，进入老年阶段。自然规律不可抗拒，年届花甲有自知之明。为此，恳请领导上免去本人教研室行政职务，以利教研室的发展。1991 年 9 月 4 日，时任第一军医大学训练部部长白宝满在该辞职报告上批复："钟教授，因为人民的事业需要你多干几年，所以这份报告被我压到今，现奉还。它是您高尚风格的见证。"其后钟世镇曾分别在 1991 年、1993 年、1995 年提出辞职。

② 1992 年钟世镇写给弟子周长满的信中提到：教研室实际工作，已由胡耀民主持，威信已树立，中间不会有断层。今年已确定让王国英出来任副主任，作为下一步的学科带头人。由于王国英本人的表现好，能团结同志，估计后来居上也不会有多大的阻力，年纪大一点的同志也能拥护她。

③ 1996 年 12 月 10 日，经第一军医大学政治部干部部批准，钟世镇正式辞去教研室主任职务。

④ 刘大庸（1943- ），辽宁昌图人。1965 年毕业于中国人民解放军齐齐哈尔医学院，留校从事解剖学教学工作。

⑤ 徐达传（1951- ），江西贵溪人。1969 年入伍，1970 年进入中国人民解放军军医学院，为短学制学员，毕业留校工作。后随钟世镇从事临床解剖学研究，取得大量成果，1992 年享受国务院政府特殊津贴。为钟世镇创办《中国临床解剖学杂志》的接班人、教授、博士生导师。

缺，遇事容易固执。我把两个人的优缺点告诉领导，由领导决定。领导最后决定让刘大庸接班，因为他处事比较温和，刘大庸干了三年左右。现在教研室由欧阳钧[①]来负责。我不当太上皇，当好顾问，有问必顾，遇到问题需要我的意见时，我就把我自己的思路、成功与失败的教训告诉他。

学术橱窗

第一军医大学原来没有陈列标本，我来到这里之后白手起家，从无到有建起了标本陈列馆。没有原材料，过去我和刘正津在上海通过化工厂的帮助实现对铸型标本的改良，按这个思路，我先打听哪里有化工厂，带着技术员到化工厂找原材料，有时候还要跑到佛山去，找到原材料后回来带他们做铸型标本。后来年轻人都可以自己做了，我就不做了，把年轻人做的东西集中起来，由一个房间到两个房间，慢慢扩大，就自然形成了标本馆。后来我们学校的新建筑陆续建成了，学校在药科楼的顶楼提供给我们一层楼专门摆放标本，成为我们的第一个标本陈列馆。

1977年，我们的铸型标本先后参加了广东省卫生成果汇报会和广东省科技展览会，受到好评。当时学校整体水平很低，没有什么影响，我们的铸型标本首先为学校建立了良好的形象。我们的标本馆第一次在国内外学术界的同行面前正式亮相是在1988年，当时中国解剖学会举办第一届中国国际解剖科学学术讨论会，会议在广州召开。[②]这次会议很重要，邀请了国际上很多知名专家，会议由中山医科大学承办，执行主席是中山医科大学的副校长祝家镇，我是执行副主席。会议安排中有一个环节是解剖学

① 欧阳钧（1967- ），1990年入钟世镇门下攻读硕士研究生，1996年取得博士学位，博士期间主要围绕脊柱生物力学进行研究，博士课题为《脊柱创伤和退行性变的术式之后对脊柱稳定性的影响》，属于脊柱生物力学研究。现为南方医科大学人体解剖教研室主任、教授、博士生导师。在任期间，不断发展广东省医学生物力学重点实验室与广东省组织构建与检测重点实验室的建设，开展骨与关节的生物力学研究和创伤相关的骨与骨骼肌修复研究。先后承担科技部"863"计划课题、国家自然科学基金资助课题、广东省重大专项课题等多项课题研究。

② 第一届中国国际解剖科学学术讨论会于1988年12月7-9日在广州举行，会议由中国解剖学会主办，广东省解剖学会和中山医科大学承办。有来自美国、日本、英国、澳大利亚、加拿大等十八个国家的代表出席会议。

标本馆的现场参观，原计划参观中山医科大学的解剖学标本，但他们在会议开始前还没把标本准备出来，因此临时改为参观第一军医大学的标本陈列馆，这个意外的插曲使我们的标本馆在这次会议上一鸣惊人。特别是加拿

图 5-6 技术人员探讨铸型标本的制作（李忠华提供）

大多伦多大学的 L. Moore 教授评价道：我们的标本馆在标本质量和数量上都已超过他们的格兰特博物馆。多伦多大学的格兰特博物馆是国际上公认的顶级人体标本馆，他承认我们超过了他们，这对我们是一个最有效的宣传，从此我们的标本陈列馆不仅国内知名，也取得了国际地位。这也很正常，我们的标本陈列馆是在格兰特博物馆之后建成的，后来者总要居上。

参观这我们标本馆的国际友人很多，"生物塑化"技术的发明者、被誉为世界塑亿之父的冯·哈根斯（Gunther von Hagens）来华讲学时，也来参观过我们的标本馆，并认为这是他所到过近百个有代表性的同类陈列馆中，综合水平最好的。

人体标本陈列馆能从一个侧面反映一个国家的形态科学水平，随着我们的标本馆逐渐成为学校的一个重要学术橱窗，学校也越来越重视。原来标本馆在药科楼 16 楼，不便于参观。2006 年，解剖学教研室搬到新建成

图 5-7 与第一届中国国际解剖学术大会与会代表合影（右一为钟世镇。钟世镇提供）

图5-8　原来的人体标本陈列馆（左起为洪辉文、李忠华、钟世镇、王兴海。李忠华提供）

图5-9　现南方医科大学人体博物馆局部（李忠华提供）

的生命科学楼时，我们向学校申请，专门给我们半栋楼用于建设标本陈列馆。学校不同意，只给了我们半层楼，而且是与其他学科合建展览馆。在这里，我们建成了南方医科大学人体博物馆，主要的规划和设计工作是解剖学教研室的高级工程师唐雷①完成的。因为是与其他学科合建的，博物馆中还有病理标本，甚至还有一些鸟兽标本，但主要是解剖学的标本。后来其他学科也都认可，这个博物馆是属于我们解剖学教研室的。人家来参观的目的，毕竟不是来看那些鸟兽标本，主要还是来看我们的铸型标本。

现在人们来参观南方医科大学的人体博物馆，夸我们做得多么好，不知道我们曾失败了多少次。我们是在长期的实践过程中，逐步完善了人体标本制作技术，并形成了理论体系。从标本陈列馆到人体博物馆，我们的学术橱窗不断发展。年轻人发挥了重要作用。建设过程中，困难是有的，没有经费、场地，尸体来源困难，这都经常碰到，要年轻人各显神通，自己去解决。我的团队后继有人，我特别高兴。通过标本馆的建设，一批技

---

①　唐雷（1959-　），浙江温州人。1982年毕业于上海电视大学机械制造专业，现为南方医科大学基础医学院解剖学教研室高级工程师，硕士生导师。"863"计划"数字化虚拟中国人的数据集构建与海量数据库"首席工程师，现主要从事数字人和数字医学的研究。

术员成长起来，成为优秀的人才。像王兴海①、李忠华②，都是技术员出身，学历不高，我手把手教他们制作铸型标本，教他们写论文，指导他们申报课题、编写专著，他们都做到了，成长得很快。1982年，继刘正津与我的《解剖学技术》之后，李忠华主编出版了一部铸型标本的专著《人体铸型标本的设计和制作》③，后来又主编、出版了一系列学术专著④。王兴海、李忠华先后以第一作者，凭借标本制作技术的研究获得了国家科技进步三等奖和二等奖。人体解剖学技术项目相继获得国家科技进步三等奖和二等奖，让学术界的很多人感到意外，想不到古老的人体标本制作技术还有可能得到国家级的奖励。这说明在貌似平凡的岗位上，只要是有心人，经过刻苦努力，还是有创新发展的可能。古老的标本制作技术，若能从工匠水平提高到工艺水平，同样是创新开拓的成果。我们也非常重视铸型标本技术的广泛传播与推广应用，经常为外单位代培技术人员，后来国内很多单位都是在我们这里学习了铸型标本的制作技术，回去后建起自己的标本陈列馆。

---

① 王兴海，1951年2月生，1983年毕业于第一军医大学护士学校，现为高级实验师，广东省解剖学会技术学组主任委员。1989年主持的课题"人体解剖标本制作法的研究和应用"获得国家科技进步三等奖，1991年获得首届广东省丁颖科技奖。

② 李忠华，1970年入伍，做卫生员，后因表现优异提干，参加在职学习，获大专文凭，在第一军医大学解剖学教研室任技术员。跟随钟世镇开展解剖学技术研究，现为高级实验师。在解剖学技术领域有大量研究成果，其承担的《外科实用管道铸型标本制作法的研究和应用》2000年获得国家科技进步二等奖。

③ 李忠华：《人体铸型标本的设计和制作》，华南理工大学出版社，1982年。

④ 钟世镇为《人体管道铸型彩色图鉴》撰写的序言："想不到在技术组监督劳动学到的技艺，帮助我指导培育了新一代的解剖学实验技术队伍。弟子不必不如师，师不必贤于弟子，曾经受过我指导的弟子，已经是新竹高于老竹枝，雏凤清于老凤声。这一批冰寒于水，青胜于蓝的技术骨干，不仅关于精雕细刻，还能条分缕析地将实践成果，升华到著书立说。为此，我十分荣幸地先后为我学科新秀们担任主编出版的四部专著作序。"这四部专著是《人体铸型标本的设计和制作》（李忠华，1992）、《人体解剖学标本彩色图谱》（纪荣明，2001）、《解剖学技术》（第二版）（李忠华、王兴海，2001）、《人体管道铸型彩色图鉴》（李忠华等，2001）。

第六章
临床解剖学

启 航

    1978 年，中国解剖学会在桂林召开，这是"文化大革命"结束后的第一次学术会议。[①] 这次会议，标志着中国解剖学学术研究的重新起步，是探讨中国解剖学"往何处去"的方向性会议。就我个人而言，这是我第一次参加全国学术会议，并促成我学术事业的启航。

    这次会议主办方最初并没有发给我们会议通知。我们学校 1975 年才正式改称为第一军医大学，学校前身齐齐哈尔医学院过去是中专，后来专门

---

    ① 指中国解剖学会第六届学术年会暨全国代表大会。中华人民共和国成立前，中国解剖学工作者分别于 1920 年、1947 年召开两次全国性的学术会议，后追溯为中国解剖学会的第一届、第二届学术年会。1952 年，中国解剖学会重建后，分别于 1956 年在北京、1962 年在上海、1964 年在长春召开第三至五届学术年会。"文化大革命"开始后，全国学术活动宣告中止，至 1978 年 11 月 6-13 日，中国解剖学会第六届学术年会在桂林举行，中国解剖学界开始恢复学术活动。本次会议出席代表一百名，除进行学术讨论和科研成果交流外，讨论了全国解剖科学的科研规划，并改选了理事会，对中国解剖学事业在新时期的发展是一次关键性的会议。会议有八个专题，第一个就是人体解剖学的发展及其教学改革，通过探讨，为人体解剖学发展指明了方向。

培养军队的干部学员，起点不高，没有什么学术影响，全国性的解剖学学术会议不给我们发会议通知也很正常。1978年3、4月间，我去上海的第二军医大学参加全军解剖学教学大纲编写委员会的一个会议，听第二军医大学的同行提起这次会议，我才知道还有这样一个全国性的会议。我有自知之明，知道我们没有接到会议通知大概是因为我们还不为学术界所知，但是，我们非常想参加这个会议，怎么办？我看了发给第二军医大学的会议通知，上面说如果提交学术论文，就可以作为论文报告代表参加会议。回到广州后，我花了两三个月做了一篇论文：《颅内外动脉吻合术有关血管的解剖学研究》。论文完成后，我寄到中国解剖学会，询问学会：我有学术论文，能不能给我一个参加会议的名额？学会答复：学术会议，有论文就欢迎。因此，我很幸运地获得了参加会议的机会。

参加这次学术会议对我有很大的帮助，结识了很多前辈与朋友，了解到国内外解剖学发展的状况与水平，有了这些信息，我才有广阔的视野，才有坚定的信心。我带去一个心脏冠状动脉的铸型标本，中国解剖学会的理事长、著名人类学家吴汝康[①]教授大为赞赏，没想到我们的标本能做得这么漂亮。

在这次会议上，就中国的人体解剖学研究"往何处去"这个主题，代表们见仁见智，各抒己见。作为我国人体解剖学阶段性的历史任务，中国人体质调查这项工作应该完成，但是，在"文化大革命"之前这个领域积累的材料已经比较丰富了，有部分资料需要补充，但不能作为主要的工作。下一阶段应该怎么走？过去十年，我们与世隔绝，不了解国际上解剖学的发展状况。1978年11月，第十一届三中全会还没有召开，改革开放的局面还没有正式开启，但已经有一些国际交流了，上海医学院的郑思竞[②]教授等人已经出国访问过。大会专门安排这些曾经出国访问的教授介

---

① 吴汝康（1916-2006），江苏武进人。人类学家、古人类学家。1940年毕业于国立中央大学生物系，1946年赴美国密苏里州圣路易斯华盛顿大学医学院解剖学系学习，获博士学位，1949年回国，在中国科学院古脊椎动物研究所从事研究工作，1980年当选为中国科学院院士（学部委员）。1978-1986年，任中国解剖学会理事长。

② 郑思竞（1915-2013），江苏靖江人。1940年在东吴大学获得硕士学位，1951年获哈佛大学博士学位。1940年起在上海医学院任教，曾担任中国解剖学会副理事长、中国解剖学会体质调查委员会主任、上海市解剖学会理事长、原上海医科大学基础医学院院长等职。

绍国外的解剖学发展状况，使国内的解剖学者很震撼，听到很多闻所未闻的陌生名词，诸如核磁共振、CT等高科技设备都已应用到解剖学研究上了。据这些专家介绍，国外在二十世纪三十年代，大体解剖学，也就是肉眼解剖学、宏观的解剖学研究，基本上已经结束了，这时国外学者大多转向高分子生物等高精尖的研究。给人的感觉是，大体解剖学已经没有什么前景了，就像古诗句形容的"古道西风瘦马，枯藤老树昏鸦"，成为夕阳学科。

部分与会学者提出，在人体解剖学领域，只有神经解剖学这个分支学科还有一些创新的余地，解剖学对万物之灵的智力中枢——大脑，还没搞清楚，特别是涉及功能的部分。既然还没搞清楚，就有创新的余地。所以这次会议后，中国多数医学院校的解剖学教研室，选择的科研研究方向都是神经解剖学。

但是，我该选什么方向？我想起"文化大革命"开门办学时，那些手术事故给我留下的强烈感受：只要外科医生的解剖学知识丰富一点，就能治病救人；如果没有必需的解剖学基础，可能会害死人。基于切身经历，我提出了解剖学为临床外科服务的观点，准备走临床解剖学这条道路。尽管很多人都觉得大体解剖学难有作为了，我还是坚信自己的选择。别人有别人的优势，我有我的特色，找准自己的学术定位，坚持自己的特色和优势，才能走出一条路来。搞神经解剖学，我们没有科研基础和设备，只能步人后尘，凑凑热闹。但是搞临床解剖学我有优势，我动手能力强。因此，我决定要走一条自己的路，特别是赵云宏校长任命我当教研室主任以后，我更加坚定了信念，沿着临床解剖学这条新路，一直走下去。

显微外科解剖学

临床解剖学研究方向能迅速取得成果并造成影响，得益于一个重要机遇，就是中国显微外科的兴起。陈中伟[1]教授的断肢再植成功以后，得到了政府的重视与支持。"文化大革命"中，知识分子地位不高，在那种环境中，政府大力宣传陈中伟，为知识分子打了一支强心针，有关显微外科的相关学术研究很快活跃起来了。

所谓显微外科，实际上是放大镜下的手术，组织学的显微镜起码要放大到八十倍，而显微手术的显微镜只放大到十倍到十五倍左右，放大的倍数过高，医生无法进行准确操作。放大十倍后，显微镜下那些小血管、小神经、小淋巴，就是在解剖学教科书里找不到的。传统的人体解剖学资料，只做六的分支；组织学和电镜技术关注的微细胞结构，对手术操作来说，又过于纤细，而这些在电镜和传统的解剖学教材中都找不到的小分支偏偏就是显微外科操作的对象。显微外科的发展让我们发现，在解剖学领域，肉眼解剖与显微解剖（组织学）之间还存在着很大的一片空白，即巨视微观解剖学（Macro-Microanatomy），这是肉眼解剖难以涉及，而显微镜解剖（组织学）又已经遗弃的领域。过去，在这个领域也做过一些研究，但是在显微外科发展起来以前，巨视微观解剖学的应用价值不明确，现实需要不迫切，所以没有产生什么影响。随着显微外科技术的发展，迫切需要巨视微观领域的解剖学资料作为手术设计的理论基础，因此，这个领域便成为临床解剖学研究最早的一个突破口。

中国首例肢体淋巴静脉吻合术

我在显微外科解剖学这个领域，第一个公开报道的成果是与朱家恺教授合作进行的中国首例肢体淋巴静脉吻合术。

我与朱家恺教授是中山大学医学院的校友，我比他早半年毕业。中山大学医学院原是六年制，中华人民共和国成立以后，各行业的建设都需要人

---

[1]　陈中伟（1929-2004），浙江宁波人。骨科专家。1954 年毕业于上海第二医学院，在上海市第六人民医院工作。1963 年 1 月，陈中伟为青年工人王存柏右手行断肢再植手术，获得成功，这是世界上第一例成功的断肢再植手术，由此被国际医学界誉为"世界断肢再植之父"，1980 年当选为中国科学院院士（学部委员）。2004 年，意外坠楼逝世。

才，当时正值抗美援朝时期，对医生的需求很大。我 1946 年入学，1952 年毕业，是正常的六年制；朱家恺是 1947 年入学，因为人才需求迫切，柯麟院长当机立断，决定他们班提前毕业，也在 1952 年毕业，但比我们迟了半年。我们年级叫 52A 班，朱家恺那个年级叫 52B 班。我们很熟悉，朱家恺是尊敬的柯麟院长选定的一个好骨干，柯麟院长曾准备筹建一个骨科医院，由邝公道教授当院长，朱家恺当副院长，对朱家恺非常器重。

图 6-1　参加中法第三届显微外科大会（1987 年。左起于国中、朱家恺、钟世镇、庞水发。钟世镇提供）

　　朱家恺较早开展显微外科，曾创办《中华显微外科杂志》[①]，在这一领域有很多建树。1979 年，他关注到国外有淋巴管吻合术治疗下肢水肿的报道，有些下肢水肿是因淋巴回流出现障碍，把淋巴管接通就可以消除水肿。他想开展这个新术式，并做好了前期工作，研究了国外的文献，进行了动物实验，选定了典型病人，但是他不熟悉人体淋巴管的解剖学。因为我们关系很好，他就来寻求我的帮助。我对淋巴管的解剖也不是很熟悉，但是我们教研室的刘牧之教授专门从事淋巴管的研究，我们就请朱家恺看刘牧之做的人体淋巴管标本，标本做得很好，非常纤细。我们还在十个新鲜的下肢上进行解剖，总结了下肢淋巴管分布的一些规律。但是朱家恺还是感到没有足够的把握，不知道在活体上做手术时，能否找到那么细小的淋巴管。因此做手术那一天，他请我和刘牧之到他的手术室去协助他，手术一边进行，一边讨论探索。朱家恺的技术很好，只要找到了主要的淋巴管，就能把它吻合起来。我与刘牧之帮忙按照国外文献介绍的方法，使用

---

　　① 　1978 年 8 月创刊，中华医学会主办。原刊名为《显微外科》，1985 年更名为《显微医学杂志》，1986 年改为现刊名。

色素造影方法使淋巴管显影。淋巴管的确很不好找，我们又提示他：浅淋巴管有其分布规律，是跟大隐静脉伴行的，大隐静脉很容易找到，你先找到大隐静脉，在它的附近再找淋巴管。因为手术的创口很小，对病人的影响不大，我们就一边做，一边讨论，手术持续了八九个钟头。终于成功吻合，这就是中国第一例淋巴管静脉吻合术治疗下肢水肿的临床工作。

这个工作在中国是首创，在基础工作上我们有一些协助与配合，朱家恺非常感动。后来，我们建议朱家恺：如果继续开展这类手术，不要总找浅淋巴管，因为浅淋巴管比较细，而且分散，要找深淋巴管，深淋巴管虽然比较少，但很好找，又比较粗，于是他又改进了这个手术，在这个领域又开创了国际先例。

手术成功后，我们又在这方面进行了一些后续研究，进一步找出人体淋巴管的规律，为以后相关手术的成功实施提供保障。后来随着技术的发展，这个手术已经不是最好的方案，研究就慢慢淡下来了。但是这次合作对我们的帮助很大，我们的刘牧之教授，搞了一辈子的淋巴研究，早期只发表过一篇技术方法性的文章[1]；结合临床进行研究后，他在短期内发表了大量的学术论文，而且通过与临床需求相结合，把他长期研究过程收集到的资料进行整理，出版了专著，这是朱家恺教授对我们的帮助。

自体阑尾移植修复尿道缺损术

1979年，解剖学教研室配合本校第二附属医院泌尿外科的张兆武教授，开展了自体阑尾移植修复尿道缺损手术的研究。

尿道损伤可以用各种方法修复，但是有些病例会形成严重的局部瘢痕，堵塞尿道，达不到预期效果，还是需要做引流，无法真正解除病人的痛苦，这一直是泌尿外科的一个难题。阑尾是盲肠上一个小小的凸起，也是一个细长的管道，在生理上没有特别重要的功能，如果发生梗阻和化脓，就是阑尾炎。一般的阑尾炎手术，外科的实习医生都会做，切掉就可

---

① 刘牧之：《人体淋巴系统标本注剖法》，《解剖学通报》，1965年第4期，第64-68页。

以了，对人体没有太大的影响。张兆武教授考虑阑尾的结构是很完整的小管道，是不是可以移植用来代替尿道，因为它是活的管道，瘢痕长不进去，这样就能解决严重瘢痕造成尿道不通的难题。他的想法很好，也成功进行了动物实验。其实把阑尾切下来很简单，但是如何移植到受区，把阑尾的血管与会阴部的哪个血管吻合起来最好、最方便？张兆武就带着疑问来找我们。

医生不能拿病人做试验，我们可以拿尸体做试验。我们按照张兆武的思路，把会阴部所有的血管、神经的分布规律搞清楚，再按照临床的需求，有针对性地给他讲清楚，把阑尾移植过来以后，与会阴部哪个血管吻合最好，阑尾能够成活。最后，张兆武实现了一个术式的创新，而我们除发表了学术性论文《阑尾移植代尿道的应用解剖学研究》[①] 外，还发表过科普性文章，题目是:《阑尾不是废物，可以修补尿道》。[②]

周围神经损伤的研究

1979 年，对越自卫反击战爆发，战争中的伤员紧急治疗由军区各战伤急救医院处理，可以进行择期手术治疗的伤员则会转到后方的大医院来。战后，第一军医大学附属南方医院一下子接收了一大批对越自卫反击战的伤员。前线下来的伤员，特别是能够回来进行康复治疗的，很多属于战伤中的周围神经损伤。周围神经损伤是很难处理的，搞不好容易瘫痪，怎样能使这些伤病员的功能恢复得更好，临床医生需要我们从解剖学角度提供帮助。

过去我们没有开展过周围神经的专门研究，接受了这个任务，我们就要深入进行研究。周围神经纤维可以自体再生，不过有些是运动神经纤

---

① 钟世镇、陶永松:《阑尾移植代尿道的应用解剖研究》,《广东解剖通报》, 1980 年，第 2 卷第 1 期，第 63–66 页。本文观察五十例成人尸体的阑尾和一百侧成年男尸的会阴部，对供区和受区进行应用解剖研究，对供区的选择与处理、受区吻合血管的选择、寻找血管的方法提出有临床参考价值的研究结论。

② 钟世镇、陶永松:《阑尾不是废物，可以修补尿道》,《大众医学》, 1982 年第 10 期，第 18–19 页。

维，有些是感觉神经纤维，如果接错了，就算接起来了也没有功能。所以我们要研究分析神经纤维的性质，哪一段属于复合神经，哪一段属于运动神经，哪一段属于感觉神经。关于周围神经的研究，我给我的学生们布置了很多分题：有的做桡神经，有的做尺神经，有的做坐骨神经。从机理上，找到神经纤维的不同类型，分布区域的一般规律。这些搞清楚了，我们再建议临床医生：通过手术恢复神经的传导功能时，怎么做才能使功能恢复得最好。围绕着神经功能束的鉴别、神经干内功能束的定性和定位、选择神经缝合方式的解剖学依据、神经定向再生、神经再生微环境、促神经生长活性物质等，我们开展了一系列周围神经损伤功能修复的基础研究。在这方面取得的比较突出的成绩，是阐明了神经干结构特点与缝合方法的关系，为神经显微外科提供了手术的指导原则；完成了骨骼肌作为神经缺损移植体的实验研究，并对国际上最早开展的两例用骨骼肌桥接周围神经长段缺损的临床术式进行了指导。[1] 后来，在朱家恺教授开展神经束膜吻合术时，我们也给了他一些建议。

我们开展的周围神经吻合术解剖学研究，一般是针对自体移植，进行对周围神经结构的功能分析，把每一段的分布搞清楚，对医生修复时选定手术方案是有帮助的，但并没有完全解决周围神经损伤修复的问题。到目前为止，周围神经损伤修复还有很多有待解决的问题。现在，中山大学中山医学院的刘小林教授，开展了组织工程领域的"神桥"研究，借助去细胞同种异体神经修复材料桥接缺损的神经，为神经缺损患者带来福音。因为异体神经涉及很多免疫学的问题，研究过程也十分艰难，这说明科学研究不断在进步。

肩胛骨旁皮瓣移植修复掌骨及软组织缺损

1982 年，福建漳州的解放军一七五医院邀请我做讲学。在那里我遇到一个病例，右手外伤，第二、三掌骨损伤，整个手的功能就没有了。一七五

---

① 1987-1990 年间，十余家单位将此方法应用于临床，对于坐骨神经、正中神经和尺神经等不同长度缺损的病人采取此法修复获得成功，其中缺损最长者达十厘米。

医院创伤外科中心的杨立民医生考虑，能不能修复掌骨作为支撑，有了支撑，手掌和手指就可以恢复一定的功能。我就跟他共同研究。人手指骨较短，比较灵活；掌骨比较长，不需要很灵活。修补掌骨缺损并不困难，移植一块骨头就可以接上去，有了桥接，指骨末端就可以活动了。关键问题是供区的选择，我告诉他们：比较容易取的是肩胛骨，肩胛骨是扁平的骨头，取掉一部分没有关系；肩胛骨的血管特别粗大，很容易吻合，在显微外科开展的早期，血管吻合技术还不像现在这么精细，所以最好选用粗一点的血管。他们接受了我的建议，手术准备期间，我先带手术医生去看尸体解剖，搞清楚移植肩胛骨时怎样把血管和骨头一起拿下来。开展临床解剖学的做法通常都是这样，先做尸体解剖，然后在病人身上做，尸体解剖实际上就是在尸体上的模仿手术，模仿手术做得心里有底了，再在病人身上做，就不会那么冒失。后来，手术非常顺利，术后患者功能恢复很理想，一个创新性术式就这样做成功了。相继又做了两例，均获成功。后来，我们结合临床对肩胛骨骨皮瓣做了大量的应用解剖学研究，发现肩胛骨外侧缘是一个比较理想的供骨部位。

吻合血管移植腓浅神经修复缺损二十五厘米的正中神经

1983 年，我们协助番禺县人民医院的钟汉柱、第一军医大学附属医院骨科的刘知难等人，开展了吻合血管移植腓浅神经修复正中神经缺损的手术。这是一个创举，是首例吻合血管移植腓浅神经修复正中神经，而且修复的正中神经损伤长达二十五厘米，当时也创造了一个纪录。现在腓浅神经手术比较常规化了，说明这个手术并不难，只是过去没有做过。刘知难想开展这个新术式，不知道神经应在哪里取，取多长。提出手术方案的时候，心里没有底。临床医生提出问题，我们要当好配角，帮助他把手术设计科学化，分析哪一条神经管辖哪个范围，移除了影响大不大。腓浅神经移走后，对功能的影响很小，因为神经分布区彼此重叠，有部分代偿范围，去掉以后，不会造成前臂或手部感觉丧失。将腓浅神经的解剖学搞清楚，确立了手术方案后，手术一做就成功了。

血管植入术治疗股骨头坏死

1993年，好军嫂韩素云的事迹感动全国，她为支持丈夫献身国防事业，挑起生活重担，由于长期过度劳累，患双侧股骨头缺血性坏死。1994年，广州中医学院第一附属医院把她接到广州，为她免费治疗，袁浩[①]教授是她的主治医生。为了保证手术效果，袁浩向我咨询怎样更好解决血供问题。我很早就认识袁浩，他以前在海南地区人民医院工作，当年海南还没有建省，还是海南行政区的时候，袁浩在那里举办过一个显微外科学习班，曾经请我去讲学。1985年，他调到广州中医学院工作，因为和我熟悉，有什么问题就找我。

缺血性股骨头坏死，也叫无菌性股骨头坏死，治疗的要点就是帮助股骨头重建血供，血运丰富就不会坏死。袁浩在股骨头坏死方面进行过长期的研究，尝试过用邻近的血管植入来进行治疗，但效果不是很好。1989年，袁浩曾请我们对进行血管植入术后的股骨头坏死标本进行解剖学分析，证明血管束植入人体坏死股骨头后，有新生血管生成，改善了股骨头的血运，周围有新骨生成，但是植入的血管量很有限，成活的范围不大，效果不明显。

通过对以前失败病例的分析，根据韩素云的情况，我告诉他，最好多植入几根血管。对于可供选择的血管束和手术的注意要点，我们也进行了应用解剖学的研究，为手术的开展提供依据。袁浩根据我的建议，执行了这个手术，后来韩素云术后恢复得不错，轰动一时。

但是，不能说多束血管植入术治疗股骨头坏死就是一个完美的、毫无争议的手术方案。有时候，一个新术式成功后，都说这个手术是最完善、最先进的。现在循证医学理念得到重视：医疗的实践要经得起时间的检验，手术方案是不是真的好，要通过实践后所有资料的反馈再确定。缺血性股骨头坏死，是骨科里的老大难问题，到现在还是一个学术

---

① 袁浩（1926-2011），浙江富阳人，著名中西医结合骨伤科、股骨头坏死专家。广州中医药大学首席教授、博士研究生导师。

争议很多的问题。血管植入术有作用，但牵动的范围有限，多个血管植入也不能够完全将整个坏死的股骨头养活，这个手术有一定应用价值，但能不能说它是一个完善的方案？要更多的依靠循证医学证据才能合理评价。

前臂岛状皮瓣移植修复手部组织缺损及拇指再造

随着我们在显微外科解剖学方面不断取得成果，全国越来越多的医院对我们有所了解，遇到解剖学上的困难会主动找到我们。前臂岛状皮瓣移植用于修复手部组织缺损及拇指再造的课题，是广州军区武汉总医院的骨科主任郑玉明提出的。具体方案是把前臂的岛状皮瓣逆行旋转，修复到手上，适用于修复手部外伤导致的大片皮肤缺损，以及拇指缺损需要拇指再造的情况。岛状皮瓣的动脉好处理，静脉不好办，静脉是回流的，逆行旋转，很容易造成静脉回流不通，发生肿胀，搞不好会坏死。郑玉明来咨询我们，能不能通过解剖学研究解决岛状皮瓣逆行旋转静脉回流的问题。

这个题目交给孙博，做了很多实验研究，也做了一些人体解剖研究。静脉有很多瓣膜防止逆流，其功能有差异，有些稍加压力能冲得开的，有些是只能往一个方向流的，我们找出其中的规律，替郑玉明解决了静脉回流问题，他的手术成功了，发表了临床手术成功的报道[1]，我们则发表了解剖学应用研究的论文[2]。看我们论文的题目就知道，我们跟临床是互惠互利的合作，临床医生的成就我们绝对不争，临床医生也不会跟我们争解剖学部分的研究成果。这个手术以后也成为临床上应用比较广的手术，岛状皮瓣到处都可以用，问题是静脉回流，这个问题解决了，就能得到广泛的应用。

---

① 郑玉明、李运连、陈庄洪等：《前臂岛状皮瓣移位术在手外科的应用（附 16 例报告）,《解放军医学杂志》，1983 年，第 3 期，第 168-171 页。

② 孙博、刘牧之、原林等：《前臂桡侧岛状逆行旋转皮瓣静脉回流的解剖学研究》,《临床应用解剖学杂志》，1983 年，第 1 卷第 1 期，第 8-12 页。

学 术 园 地

1978 年 10 月，中国解剖学会广东解剖学分会召开了学术年会，期间选举了广东解剖学分会理事会，我被推选为副理事长。一方面是代表学校的学术地位，我已经是第一军医大学教研室副主任，由我出面代表学校参与解剖学会的工作。另一方面是沾了老师的光，因为我是叶鹿鸣教授培养的弟子，叶鹿鸣教授对广东省解剖学界的影响还在。分会理事长是中山医学院的许天禄教授[①]，他也是我的老师。我读书时他在岭南大学医学院工作，虽然当时中山大学医学院、岭南大学医学院和光华医学院尚未合并，但是已经有了一些交流与合作，学校曾借调许天禄教授讲授组织胚胎学，我听过他的课，虽然次数不多，许天禄教授讲得非常好，很有条理，给我的印象很深刻。

1979 年，学术研究刚刚重新起步，我们也刚刚选定临床解剖学这个研究方向。我考虑我们搞开拓性的、方向性的研究，没有一个学术园地，发展是很困难的；有了学术园地，才能团结起学术队伍，才能开创有特色的学术发展方向。我就跟我的老师——叶鹿鸣教授和许天禄教授商量，由广东省解剖学会主办一个刊物，两位老师都非常支持，决定由我负责，筹办了一个《广东解剖学通报》。[②]

《广东解剖学通报》的创刊可谓白手起家，艰苦创业。当时国家经济还不很繁荣，经费来源困难。朱家恺教授刚创办《中华显微外科杂志》时，都是用打字机打出来，油印机印刷的。我搞《广东解剖学通报》的时候比他条件略好一点，已经用铅字排版印刷了，但要自己去找印刷所，为了节约经费，我跑了好几个地方，最后在五山找到一个印刷所，自己骑着自行

[①] 许天禄（1906-1990），福建闽侯人。1936 年毕业于北京协和医学院并获博士学位，曾出任岭南大学医学院院长。中华人民共和国成立后任中山医学院解剖科组胚教研室主任。

[②] 1979 创刊时名称为《广东解剖通报》，1981 年改称《广东解剖学通报》，1999 年改刊名为《解剖学研究》。

车去送稿子。组稿、编辑、校对的工作都是自己做，很艰苦。最初稿源不稳定，还不能定期出版，1979 年只出了一期，1980—1982 年，每年出两期。办了两三年，效果还不错，我们早期的很多文章都发表在这个刊物上。

后来，我觉得笼统的《广东解剖学通报》体现不了我们在临床解剖学方向上的特色和优势，应该把方向集中起来，准备改为临床解剖学方向的刊物。当时广东省解剖学会中其他单位的成员，如中山医学院的同志，觉得《广东解剖学通报》已经有一定基础，做这么大的改动不合适，所以《广东解剖学通报》就改由他们接管主办，我则另起炉灶，从 1983 开始创办《临床应用解剖学杂志》。老前辈很支持，叶鹿鸣教授和许天禄教授都写了贺词[①]。我自己写了《发刊词》，阐明我们的办刊宗旨："为临床应用解剖学的发展开辟新的园地。希广大解剖学者多从临床实践需要精选科研课题，使临床应用中最急需的形态学研究迅速开展起来。希望有志于应用解剖学的科研工作者关注临床工作，与临床医师多交换情报，加强彼此之间的联系，共同探讨有关的问题，使古老的形态科学能为现代医学科学服务，使基础理论与临床实践更密切配合，互相促进，将临床应用解剖学推向新的阶段。"

由于办过几年《广东解剖学通报》，我已经比较有经验了。学校在经费上也有支持，条件有所改善。《临床应用解剖学杂志》创刊伊始，我就把起点定得比较高，申请了国内统一刊号[②]。想办好刊物，第一步工作是培养人才，因为没有编制，编辑都是由解剖学教研室的人员兼任，没有办刊

---

① 许天禄《祝〈临床应用解剖学杂志〉创刊》：我省解剖学会的同志们倡议创办《临床应用解剖学杂志》已在全国发行，并争取向国外发行。对此，我十分赞同和支持。这完全符合党对我们的要求。我衷心祝愿它在全国专家们的帮助和指导下迅速成长，成为我国解剖学为"四化"服务，为国争光的生气勃勃的园地之一。叶鹿鸣《欢欣和期望》：社会主义事业不是刻板的，而是要动脑筋，想办法，提出问题，创造条件，解决问题，以推动我们的社会主义社会不断前进。我很高兴能看到《临床应用解剖学杂志》在我国诞生。临床解剖学在当前是一门很有前途的科学，它和现代医学的发展是密切相关的。我盼望有更多的人从事这方面的工作，既促进解剖学事业的发展，又可促进我国的解剖学更好地为经济建设、为生产发展服务。

② 钟世镇 1984 年 8 月 9 日写给弟子周长满的信中说：《杂志》明年将交邮局发行，但条件太苛刻，要求付一万份起码发行费（一万多元）。但杂志未交邮局发行前，只发行了二千多份，亏损太大，学校不太愿意出钱。反正总得闯，学校不贴钱，我们准备自己贴。

经验，会影响办刊水平。1984年，我派徐达传参加中华医学会在北京举办的一个编辑业务学习班，去学习怎样办杂志，怎样当编辑，学会一套正规的方法。又邀请中华医学会杂志社社长廖有谋①编审做顾问，每一次杂志出版后都寄两本给他，其中一本供他在上面修改返还给我们，告诉我们哪些做法是好的，哪些需要改进。我们还聘请叶鹿鸣、许天禄、何光篪、何凯宣等解剖学专家作杂志的基础顾问，请朱家恺、陈中伟、张涤生②、盛志勇③、顾玉东等外科专家做临床顾问，所以我们进步很快。

1985年，刊名改为《临床解剖学杂志》，由中国解剖学会出版，成为真正的国家级刊物。1987年，因为国外也即将创办《临床解剖学杂志》（*Journal of Clinical Anatomy*）④，为了避免混淆，我们决定从1988年起，将杂志的英文刊名改为 *Chinese Journal of Clinical Anatomy*，中文刊名与英文刊名保持一致，改为《中国临床解剖学杂志》，杂志的主管单位改为中国科学技术协会，主办单位改为中国解剖学会，我们是承办单位。杂志的地位再上一个台阶，稿源方面有很大改善，可以接收到国内一些顶尖的学术机构和学者的来稿，杂志的影响越来越大。

有了学术阵地，我就可以发表我的学术见解，大家愿意投稿，愿意合作，就可以形成一个学术平台。通过这个刊物，我们召开了很多学术交流会议，形成比较稳定的专业方向，这条路就愈走愈顺，使临床应用解剖学走出一条新路。办这个刊物，不单纯是供大家发表文章的学术园地，真

---

① 廖有谋（1930-2000），江苏嘉定人。1954年毕业于江苏医学院并留校任教。1956年4月调到中华人民共和国卫生部医学教育司工作。1975年调到中华医学会编辑出版部，历任编辑出版部副部长、部长，中华医学会杂志社社长。

② 张涤生（1916-2015），吉林长春人。整形修复外科、显微外科和淋巴医学专家。1941年毕业于国立中央大学医学院，1944年，加入中国远征军赴印度战区做外科医生。1946年赴美国宾夕法尼亚大学医学院进修整形外科。1948年回国任教于国防医学院。新中国成立后先后任教于上海同济大学医学院、上海第二医学院。1966年调任上海第二医学院附属第九人民医院，先后任整复外科主任和院长。1996年当选中国工程院院士。

③ 盛志勇（1920- ），浙江德清人。创伤外科学家、烧伤学家。1942年毕业于上海医学院，1947年入美国得克萨斯州立大学医学院进修。历任军事医学科学院实验外科系副主任，解放军总医院创伤外科主任，解放军第三〇四医院副院长。1996年当选中国工程院院士。

④ 北美临床解剖学会（AACA）与英国临床解剖学会（BACA）共同出版，1988年创刊，创刊时钟世镇被聘为国际编委。

正要起到学术阵地的作用，应该注重总结学科进展，引导学科发展，发挥科技期刊的学术导向功能。在这个杂志上，我发表了很多的"编者按"和"述评"类的文章①，实际上等于我们杂志的"社论"，几乎每年都有一篇，做出对当年学科发展得失的总结，阐明专业发展方向的思路，目的性很强，对引导科研工作有很大的好处。同时通过筛选、刊用稿件的原则，校正投稿人科研选题方向，对科研工作者的工作起到引导作用。在创刊五周年之际，我写了一篇《我国现代临床解剖学的动态》，向有意从事临床解剖学研究的学者说明我们筛选稿件的方针：一些研究者热衷于热门的选题，但没有自己的创新点，重复别人做过的工作；另一些研究者喜欢选冷门的题目，但是没有注意到需要性原则，不考虑自己的研究有没有临床实用价值，有没有实际的社会效益；还有一些不符合临床应用解剖学这个主要宗旨，诸如一些只满足于收集数据，不解决临床中遇到的实际问题的稿件，我们都不会选用。通过这种筛选稿件的原则，使学者们重视研究的创新性与效益性，写出更多符合临床需求的文章。

后来，显微外科领域曾一度出现术式命名非常混乱的现象。这种情况下，《中国临床解剖学杂志》与《中华显微外科杂志》共同做出了一些努力，厘清了一些有争议的问题，统一了命名，对改变这种混乱状况，发挥了一定作用②。规范命名不仅仅是名词本身的问题，实际上关乎科技创新

---

① 1984年，撰写《概述和争议、应用上的要点》发表于第2卷第1期；与孙博、陈遥良合撰的《显微外科应用解剖学的进展》发表于第2卷第2期；与安徽医学院解剖学教研室张为龙合作撰写《我国临床应用解剖学两年来的成就》，发表于第2卷第4期；1985年，撰写《骨科应用解剖学近况和展望》发表于第3卷第3期；撰写《开展临床解剖学研究的体会》发表于第3卷第4期；与张为龙合撰《进一步开展临床应用解剖学的研究》发表于第3卷第1期；1986年，与孙博合撰《周围神经应用解剖学研究的进展》发表于第4卷第4期；与孙博、孟宪玉合撰《我国显微外科解剖学近况》发表于第4卷第3期。这些述评类的文献，在学科发展的初级阶段，总结了学科发展取得的经验与教训，为今后的发展指明了方向。

② 针对显微外科解剖学命名混乱的问题，钟世镇等曾发表多篇文章。如徐达传、钟世镇：《足趾游离移植现行有关血管名词的商榷》，《中华显微外科杂志》，1994年，第17卷第3期：226-227；钟世镇、徐达传：《皮瓣的命名及其解剖学依据》，《中华显微外科杂志》，1995年，第18卷第2期：82-83；钟世镇、徐达传：《组织瓣的解剖学基础与命名的关系》，《中华手外科杂志》，1998年，第14卷第4期：194-196。以《组织瓣的解剖学基础与命名的关系》一文为例，钟世镇与徐达传从组织瓣的解剖结构性质、解剖学血供类型、临床术式对组织瓣的名称加以统一规范，提出名称组合的顺序，要依组织瓣的术式、解剖结构的性质和组织瓣应用目的三个层次进行。

的本质。所谓创新，首先是命名让人感觉是创新，但是有时新命名只是颠来倒去变换说法，事实上还是原来的东西。很多显微外科的术式是一个道理、一个基础、一个用法，但是可以有好几个名称，评审专家如果只看命名，不真正去看文献，就会认为又出现了一个创新的术式。看了文献就知道，实际上并不是创新。

显微外科领域，大家追求创新术式，到了一定阶段，没有规范化的命名原则，就会出现一些混乱的现象。尤其是皮瓣与其他组织瓣，由于应用广泛，有时同样的解剖部位与结构有了新应用形式，就会被赋予新命名。在科学研究中，同样一个事物，你用了这个名词，他用了那个名词，不加以统一规范，很容易混乱，对科学发展没有好处。之所以会出现这种混乱现象，就是因为没有命名的科学依据和原则，这是事物发展过程中不可避免的阶段，但从科研管理的角度来说，应该加以规范化。因此，我建议显微外科学会、《中华显微外科杂志》《中国临床解剖学杂志》联合起来，专门讨论一下组织瓣与皮瓣命名的问题，确定新命名基本的原则和依据。在显微外科发展过程中，我最少提过两三次组织瓣命名混乱的问题，也参加过两三次相关的讨论，提出制订命名的原则：要有解剖学基础理论的依据，要有临床实际应用的依据，两个方面结合起来，这个新命名就能成立；如果不符合这个原则，新的命名就不可信，科学性不强。我们的刊物就是通过这些"述评"表达方向性的原则，来规避学术研究中的乱象，使科学研究沿着规范的方向进行。学术团体、学术刊物是有权威性的，经过讨论把原则向大家公布，能

图 6-2　钟世镇（左一）与 *SRA* 期刊主编 Chevrel 签订双边
协议书（1988 年 12 月。何光篪主持仪式。钟世镇提供）

取得一定的成效，避免混乱，新成果的评估评奖也有依据。

命名混乱的现象随着新事物的不断产生，过一个阶段又会出现。最近这几年，穿支皮瓣的研究很热，也出现了一些命名的混乱现象，以前已经普遍应用的轴型皮瓣，现在加了"穿支"两个字，就是创新了，我也看不惯，不过已经不应该我管了，徐达传他们在做相关的工作[①]，但我每次都建议，命名的混乱问题要解决，不能够数典忘祖，科学发展要有继承性，创新要有依据。

《中国临床解剖学杂志》很早就对国际学术交流比较重视，由于第一军医大学建校较晚，早期还没有与国际学术界建立起稳定的交流关系，最初的国际学术交流，多由一些历史悠久的院校和前辈学者为我们牵线搭桥，但由于我们在临床解剖学上有特色、有优势，交流关系一建立起来就比较稳固。在同济大学裘法祖[②]院士的介绍下，我们与欧洲的 *Surgical and Radiologic Anatomy*（*SRA*，《外科与放射解剖学》）[③]建立了联系，1988 年 12 月，第一届中国国际解剖科学学术讨论会期间，双方正式签订合作协议。协议约定双方互刊对方的全部文题和摘要，并可以向对方推荐文章，对方还邀请我担任他们的助理主编，国内不少学者的文章经过我们推荐发表在

---

① 轴型皮瓣是含有与皮瓣纵轴平行的轴心动脉和静脉的皮瓣，因在游离皮瓣移植时，轴型血管可以通过显微外科技术加以吻接，又称可吻合血管型皮瓣，临床应用上有很大优越性。穿支皮瓣属轴型皮瓣范畴，是仅以管径细小的皮肤穿支血管供血的轴型皮瓣，穿支血管是指由源血管发出，穿经深筋膜为皮下组织和皮肤供血的营养血管。穿支皮瓣仅利用主干血管的皮支，并不涉及筋膜或其他深部组织，供区损伤小，在小型化、微创化、精细化上有所发展，成为科研热点，从而也出现很多乱象，穿支皮瓣的定义、穿支血管的分类、穿支皮瓣的命名等相关名称相当混乱。对此，2006 年，《中国临床解剖学杂志》第 3 期组织出版一期穿支皮瓣专题。唐茂林、徐达传合撰《穿支皮瓣解剖学研究中存在的问题及对策》，试图规范国内穿支皮瓣的研究。为了规范穿支皮瓣的学术交流，推动穿支皮瓣的发展，2010 年 7 月 30 日－8 月 2 日，《中国临床解剖学杂志》与中国解剖学会临床解剖学分会邀请了部分从事穿支皮瓣研究的基础与临床专家，就穿支皮瓣及相关术语，在银川召开了穿支皮瓣研讨会，与会专家经讨论，形成《穿支皮瓣及相关术语的专家共识》，发表于《中国临床解剖学杂志》2010 年第 28 卷第 5 期，钟世镇对此文提出指导意见并进行了补充修改。

② 裘法祖（1914—2008），浙江杭州人。著名外科学家。1936 年于同济大学医学院前期结业后，赴德国慕尼黑大学医学院求学，1939 年获博士学位，1946 年回国，在同济大学医学院附属中美医院任外科学教授、矫型外科主任。1993 年当选中国科学院院士。

③ 1978 年创刊，原刊名 *Anatomia Clinica*（《临床解剖学》），德国施普林格出版公司（Springer）出版。

SRA 上。后来，北美临床解剖学会与英国临床解剖学会共同创办《临床解剖学杂志》，因为我在国内有点代表性，创刊的时候邀请我担任国际编委，换届的时候，我推荐了王国英做编委。《临床解剖学杂志》与欧洲的 *SRA* 还有一些矛盾，彼此都希望我不与对方合作，他们有这样的意图，但不便于直接表达，我们也装作不知道，不希望介入这些无谓的纠纷。

在我看来，这些外国杂志的论文质量还比不上我们中国的，影响因子也很低，零点几，说明引用率很低。外国的临床解剖学刊物，优点是论文作者以临床学者为主，论文的临床针对性强，但解剖学专业基础不足，理论深度不够。比较而言，我们的研究队伍以解剖学者为主体，而且我国绝大多数的解剖学者，是医学院校培养的，与欧美解剖学者多数出身于生物学专业有所不同，我国解剖学者对临床医学的知识面较广，所以理论水平和临床针对性都比较高。

我们也尝试过办英文版杂志，因为中国的临床解剖学在国际上的确是独树一帜，比较有特色的，但用中文发表的文章外国人看不懂，无法扩大国际影响。当时台湾爱国企业家尹衍梁先生，有意资助国内的科学教育事业，知道我们的人体标本陈列馆很有水平，愿意为我们提供资助。我们提出了两个愿望，一是办一个英文杂志，二是想将标本陈列馆扩建为人体博物馆。尹衍梁先生同意了，每年给我们拨二十万元用于办杂志，拨了五年。我们办了 *Journal of Clinical Anatomy*（《临床解剖学杂志》）。杂志创办起来了，但后来没有维持下去。办一个外文杂志很容易，在香港随时都可以注册，关键是稿件的质量。同类型的杂志，美国有，欧洲也有，我们办外文杂志，稿源要好，不然竞争不过人家。但是质量高的稿件，作者不愿意投给我们，因为我们是试办阶段，没有影响，没有人引用，因此就不会被 SCI（科学引文索引）收录，研究人员要凭 SCI 收录证明去申请基金、评职称，所以我们竞争不过人家，后来投资也中断了，就停办了。我们提出的建设人体博物馆的愿望，因为当时的教研室负责人把规模搞得太大，有一些不切实际的要求，在后来的具体谈判过程中，他们不满意我们的规划，协作中止了。后来尹衍梁先生，联同台湾实业家陈由豪、杜俊元先生，与中国工程院联系，由中国工程院管理、承办，设立了"光华工程科技奖"①，2016年的第十一届"光华工程科技奖"成就奖颁给了钟南山院士。

《中国临床解剖学杂志》已交到徐达传的手上，我们这一代人，大多是过了时才成名的，并不是在我们最能干，精力最旺盛的时候取得事业上的成就。我知道事业一定要靠年轻人来发展，所以辞了主编职务，希望年轻人早日接班，我当个顾问，给他们出点主意。徐达传很勤奋，不仅在显微外科解剖学方面做了大量的成果，而且在出版刊物的过程中，发现他确实具有这方面的才干，在专业上有才华、有眼光，对大量的稿件处理得当，自然而然成为编辑部的骨干，实际上，此前大量的工作早已由他承担，选他来接这个班，也是水到渠成。1992年，本刊创刊十周年时，在昆明举行了一次编委会，我让徐达传来做会议主题报告，让大家知道：他已经是杂志真正的骨干人物，实际上的负责人，有能力、有才干来担负这个重任。1994年，我正式卸任主编，由徐达传接班，我担任名誉主编，当时徐达传刚刚四十出头，在国内这么年轻就做核心期刊的主编并不多见。

2013年是《中国临床解剖学杂志》创刊三十周年。在十周年、二十周年的时候，我都写了纪念文章。② 很多老一辈的学者也很关心刊物的发展，创刊十周年的时候，何光篪教授曾写了一篇文章，对本刊做出了较高的评价。③《中国临床解剖学杂志》在中国现代解剖学的发展历程中确实发挥了一定的作用，而以后的发展之路还是任重道远。临床解剖学属于大体解剖学范畴，是医学基本功，只要想当医生，就一定要学解剖学。但它是古老的学科，不是最前沿的学科。当前都比较关注那些前沿学科：基因工程、组织

① 光华工程科技奖1996年经国家科技奖励办公室批准设立，出资人除三位台湾实业家外，还有两院院士朱光亚，2002年再获科技部批准，并在"工程奖"基础上增设"成就奖""青年奖"，中国工程院负责评奖的具体工作。第十一届光华工程科技奖于2016年6月1日颁发。

② 钟世镇、徐达传：《解剖学应为医学事业的发展做出新贡献：纪念〈中国临床解剖学杂志〉创刊十周年》，《中国临床解剖学杂志》，1992年，第10卷第2期；钟世镇：《老学科的发展要有新的结合点：纪念〈中国临床解剖学杂志〉创刊二十周年》，《中国临床解剖学杂志》，2003年，第21卷第6期。

③ 何光篪：《我国应用解剖学的沿革：纪念〈中国临床解剖学杂志〉创刊十周年》，《中国临床解剖学杂志》，1993年，第11卷第1期，第1-3页。开篇写道："我们的《临床应用解剖学杂志》创办十年了，这是一个值得庆贺的日子。十年来，这个刊物在第一军医大学领导的关怀和解剖教研室全体的支持下，在主编和编委们的努力下，特别是在钟世镇教授的苦心营运下，刊物办得生动活泼，欣欣向荣，我个人深有感触。"

工程、免疫学。趋势如此，文章发在那些领域的杂志上才有分量。现在学者都追求 SCI、追求影响因子，是不是影响因子低的就一定不好？不见得。外科学的国际期刊，没有影响因子很高的，因为外科也是比较成熟的学科，影响因子高低一定程度上取决于所属学科的发展阶段，学科越不成熟，越需要相互印证，所以引用就多，影响因子就高。临床解剖学还是日薄西山，属于夕阳学科，将来它不可能发展得很高、很前沿，但是很基础，很有用。

学 术 基 石

1984 年，我主编的《显微外科解剖学》① 出版，这是国际上的第一部显微外科学专著，所以一向获得比较高的评价，其实以后在这部专著的基础上，我们还有很大的发展。专著的出版是学术研究趋于成熟的必然过程。学术发展的关键是创新，这种创新性的苗头，最早主要反映在学术会议上，学术会议的信息往往是最新的，有什么思路和意见，不一定很成熟，都可以在学术会议上交流。然后是发表论文，学术会议上报告的东西，整理成为论文通过学术期刊发表，变成真正的学术文献，论文是相对比较成熟的阶段性学术成果。最后，将这些较成熟的、学术领域相近的成果汇集起来，编成比较系统的、完整的、有较强理论依据的文集，就形成了具有学术发展里程碑性质的专著。1984 年，我在显微外科解剖学研究领域，已经积累了几十篇论文，我认为，应该把它变成比较成熟的，有规律性、原则性的理论体系，就开始组织专著的编写。

科研发展到一定阶段，通过学术交流活动，志同道合、风格接近的学术队伍逐渐形成了，到我编专著的时候，心里就有数了。除了前言、绪论、章节拟定，是由我亲自执笔、规划外，各章节分别邀请不同研究领域的专家参加。组织瓣、神经、器官、创伤修复等专业领域中，哪些人在国际国内有学

---

① 钟世镇：《显微外科解剖学》，人民卫生出版社，1984 年。

术代表性，跟我又是好朋友，我估计还请得动，就邀请他来参加。代表我国显微外科解剖学发展高峰的这一代人，基本上都加入了编写的阵营①。

后来，我结识了陈中伟，他对我说：国外还没有显微外科解剖学方面的专著，你把《显微外科解剖学》翻译成英文，在国外出版吧。他经常出国，对国外的情况比较熟悉，帮我介绍了出版社。1985年，《显微外科解剖学》的英文版 *Microsurgical Anatomy* 在伦敦出版。②

我的另一部英文版专著《临床显微外科解剖学》（*Clinical Microsurgical Anatomy*）③是1991年出版的。这部专著的出版有一个故事：张涤生院士在国际显微外科、整形外科领域很有影响，在他的争取下，第十届国际显微外科学术会议原定于1989年9月在上海召开，张涤生院士担任组织委员会主席和大会主席。会议从1986年开始筹备，张涤生院士邀请我担任显微外科解剖学组的组长，我答应下来。为了参加这个会议，我要拿出国内显微外科解剖学最新的研究成果，与同际同行交流，所以叫我的研究生们把我们的论文和著作翻译成英文。很可惜，这个会议筹备了将近三年，因为1989年的一场政治风波，这个国际学术会议取消了。但我们因此编成 *Clinical Microsurgical Anatomy* 专著，后来在香港出版。

1995年，我的第二部显微外科解剖学专著《显微外科解剖学基础》④出版。比起第一部《显微外科解剖学》，在篇幅和内容上有一定的发展。那些年正是显微外科解剖学迅速发展的时期，不断涌现新的研究成果，必须及时整理，以充实显微外科的基础理论，为临床实践提供可靠的依据。比如说，出现了筋膜瓣这种新的组织瓣，是第一部专著中没有的，这也是因应临床医生精益求精的要求，因为皮瓣移植的创伤很大，要搬走一大块皮

---

① 参与编写者包括来自浙江医科大学、上海第一医学院、安徽医学院、蚌埠医学院、南京医学院、白求恩医科大学等十四个单位，四十多位从事显微外科解剖学及显微外科临床的学者。前言中提及"尚有部分临床上未曾开展的手术项目，我们根据解剖学的基本规律，认为有可能加以应用的设想，也初步编入书中。"

② 1985年10月31日，由英国麦克米伦技术出版社（MacMillan Technical Publishing）出版，译者为韩永年、颜文静。

③ 1991年，由香港医药新知出版公司（Med Info Publishing Company）出版。

④ 钟世镇：《显微外科解剖学基础》，科学出版社，1995年。本书为中国科学院科学出版基金资助项目。

肤组织。如果保护好皮肤这部分，只把皮下的筋膜抽出来，同样可以修补别的地方，供区创伤小、缺损少。临床上有了需求，我们就要对皮下筋膜的血管分布进行研究，这就是筋膜瓣的显微外科应用解剖。增加了这部分内容，就是我们跟随临床需求，与时俱进的发展。

1988—1992年，我们受人民卫生出版社的邀请，出版过一部《临床解剖学丛书》[①]，这部丛书应该说是失败的教训。我担任总主编，丛书有四个分册，每一分册有两位主编，共八位主编，主编及参编的专家都以解剖学者为主。这部丛书出版后效果不好，原因很简单，虽名为《临床解剖学丛书》，实际上脱离临床需要，因为都是解剖学者做主编，知识结构与临床需求不太吻合，意义不是很大。所以后来人民卫生出版社曾提出再版这部丛书，我没有同意，觉得这是书生著作，脱离实际，我自己都觉得给临床带来的效益不大，就不应该再版。

后来山东科学技术出版社找到我们，提出资助我们出版一部《现代临床解剖学丛书》。山东科技出版社有一个很好的条件，他们有泰山科技专著出版基金会[②]，财力比较雄厚，吴阶平[③]院士担任基金会主席。获得基金资助，我们就什么都不用操心了，出版社负责给我们用最好的纸张，最好的技术印刷。得到了出版社的立项后，我邀请吴阶平院士担任名誉总主编。吴阶平很认真，也很谨慎，他说："这部丛书那么大部头，一千多万字，质量一定要有保证，你先把第一个分册的稿件让我看过以后，我再决定是否担任名誉主编！"我就把《显微外科解剖学》分册的稿件送给他看。他看过后，马上同意担任丛书的名誉总主编，并送来了他的题词："结合手术要求探讨解剖学要点，通过解剖学进展提高手术水平。"《现代临床解

---

① 《临床解剖学丛书》，钟世镇总主编。共四个分册，达三百余万字，其中，《头颈部分册》由张为龙、钟世镇主编，1988年出版；《胸部和脊柱分册》由刘正津、陈尔瑜主编，1989年出版；《四肢分册》由王启华、孙博主编，1991年出版；《腹盆部分册》由韩永坚、刘牧之主编，1992年出版。

② 山东科学技术出版社"泰山"科技专著出版基金于1988年成立，1992年扩大为山东省"泰山"科技专著出版基金会，提供科技专著的出版资助。

③ 吴阶平（1917-2011），江苏常州人。著名医学家、医学教育家、泌尿外科专家。曾任全国人民代表大会常务委员会副委员长、中国科协副主席、中华医学会会长、中国医学科学院院长、北京协和医科大学校长。中国科学院与中国工程院资深院士。

剖学丛书》布置编写的时候是九个分册，耳鼻喉科分册最后没有出来，实际出版了八个分册[①]，2000—2001 年陆续出版。吃一堑，长一智，吸取上次丛书失败的教训，邀请编写人员时，我确定了临床学者的比例要多于解剖学者的原则，期望借重临床学者的亲身体会，突出解剖学在临床工作中的实用价值。丛书只有《显微外科临床解剖学》分册和《胸外科临床解剖学》分册分别由我和刘正津两个解剖学者担任第一主编，其他六个分册都是临床学者担任第一主编。

通过《现代临床解剖学丛书》的出版，我们与山东科技出版社建立了情谊，他们很认真，出版的质量很好。以后，我的很多书都在那里出版。《现代临床解剖学丛书》之后，我们发现，这部丛书还有不少赶不上形势发展的地方，例如外科学和解剖学迫切需要的形态学插图，就明显不足，因此我们又出版了一套与丛书配套的图谱，《钟世镇临床解剖学图谱全集》[②]，共九个分册，从 2005 年到 2009 年全部出齐。

2006 年，《现代临床解剖学丛书》再版工作启动，我已经交班了，是我的学生们组织的，居然还在丛书名上挂了我的名字，叫《钟世镇现代临床解剖学全集》[③]。这几部丛书的出版和再版，应该说是逐步发展和进步的，

[①]　《现代临床解剖学》丛书总主编钟世镇，共八个分册一千余万字，其中各分册主编为：《显微外科临床解剖学》（钟世镇、徐达传、丁自海）、《腹部外科临床解剖学》（裘法祖、张祐曾、王健本）、《骨科临床解剖学》（郭世绂）、《胸外科临床解剖学》（刘正津、姜宗来、殷玉芹）、《颅脑外科临床解剖学》（王忠诚、于春江、吴中学）、《泌尿外科临床解剖学》（梅骅、苏泽轩、郑克立）、《口腔颌面外科临床解剖学》（张震康、邱蔚六、皮昕）、《妇产科临床解剖学》（苏应宽、栾铭箴、汤春生等）。

[②]　丛书总主编钟世镇，九个分册：《骨科临床解剖学图谱》（徐达传，2005）、《泌尿外科临床解剖学图谱》（丁自海、李忠华、苏泽轩，2005）、《妇产科临床解剖学图谱》（原林、王兴海，2005）、《口腔颌面及颈部临床解剖学图谱》（张正治，2005）、《显微外科临床解剖学图谱》（王增涛、王一兵，2009）、《胸心外科临床解剖学图谱》（姜宗来，2005）、《腹部外科临床解剖学图谱》（刘树伟、柳澄、胡三元，2006）、《神经外科临床解剖学图谱》（于春江、张绍祥、贾旺，2006）、《眼耳鼻咽喉科临床解剖学图谱》（孔祥玉、韩德民，2006）。

[③]　丛书总主编丁自海、王增涛。共十个分册：《血管外科临床解剖学》（汪忠镐、舒畅，2009）、《妇产科临床解剖学》（郎景和、张晓东，2010）、《眼科临床解剖学》（刘祖国、颜建华，2009）、《耳鼻咽喉临床解剖学》（许庚、王跃建，2010）、《骨科临床解剖学》（靳安民、汪华侨，2010）、《口腔颌面外科临床解剖学》（王兴来，2011）、《胸心外科临床解剖学》（姜宗来、于伟勇、张炎，2010）、《脊柱外科临床解剖学》（丁自海、杜心如，2008）、《颅脑外科临床解剖学》（于春江，2011）、《泌尿外科临床解剖学》（苏泽轩、那彦群，2010）。

这是事物发展的必然过程。这一系列丛书已经变成山东科技出版社的名牌了。因为畅销，临床医生愿意要，临床解剖学，一定要临床医生欢迎才是成功的。学术专著的不断出版，意味着学术研究已经系统化，走向成熟，为中国临床解剖学，奠定了较系统完整的理论体系。

人 才 培 养

教育工作者和科学家两个身份，我更重视教育工作者这个身份。归根结底我是教师，我的任务不是单纯的科研，更重要的任务是培育人才。但科研工作搞好了，人才培养的质量就更高，从这个角度来讲，抓科研的目的之一也是培养人才。

在开展临床解剖学研究的实践中，我体会到，从事这个研究方向，比较容易实现科研与教学、就业的有机结合。开办医学院校，当然是以培养医生为主。我们的解剖学课程，主要目的也是为临床医学打好基础。老师如果能紧密结合临床学术上的最新发展，联系临床的有关问题去传授形态学知识，就容易把课讲活。因此，科研与教学容易结合，科研成果容易介绍到课堂上去。

我们学科起步比较晚，1980年才开始招硕士研究生，早期的培养方向主要是显微外科解剖学。第一届招了一名研究生——周长满[①]，他原来是北京军区一个军医学校的老师，到我这里攻读硕士研究生。当时我们条件很差，他没有地方住，就住在原来实验楼潮湿的地下室。他毕业后的发展也很艰苦，出国深造、单位体制改革，各种问题错综复杂。他遇到问题就写信给我，我一般是有求必应，希望能多送他们一程，帮助他们得到更好的发展。

经过十多年的努力，1991年我们有了博士点。在从事临床解剖学研究

---

① 周长满（1955- ），北京人。1983年于钟世镇门下获得硕士学位，1992年于加拿大Laval大学医学院获得博士学位，现任北京大学医学部基础医学院解剖学与组织胚胎学系教授、博士生导师。

的基础上，我们在博士生培养模式上形成了一个特色——"跨学科培养外科学博士"。有了博士点后，招解剖学的博士生，报名的人寥寥无几，门可罗雀，所以我们早期培养的博士都是自己教研室的学生，因为这个学科不是很前沿的学科，研究生一般不想报。从需求上来说，国内医学院校的解剖学师资也处于饱和的状态。但外科临床医生的需求很大，相应的博士点又比较少，因此，我们提出"跨学科培养外科学博士"。我们搞临床应用解剖学，对外科临床的发展比较了解，具备跨学科培养外科学博士生的条件。博士生毕业以后不是留在解剖教研室当老师，而是到临床当外科医生，这就吸引了很多人来报考，我们就不再是门可罗雀，而是门庭若市了。报考的人多了，我就可以挑选比较优秀的学生培养。跟外科学专业的博士点比较起来，我们有优势：针对外科的临床专科，让学生打好解剖学的基础，将来学生就业后，临床手术技能暂时比不上人家，但是基础研究的功夫肯定比别人扎实。临床的操作技术可能通过锻炼提高，但基础研究的底子难打，临床上大多没有条件做基础研究。因此我们培养的博士独树一帜，有我们的特色。我们还与一些三甲医院外科联合培养博士生，一般情况下，我们会征询送培单位的意见，按其学科建设与学术发展的实际需要，选择博士生学位论文的选题，所以用人单位也很欢迎。

现在有些导师把研究生当作自己的劳动力，导师去申请课题，有了基金，招来了研究生，不管学生个人的情况和意愿，一味地要求学生为他做事，给他收集材料，将来他的课题就可以交差了。我从来不会这样做，我的主要原则是因材施教。招来研究生，我首先要了解：你是哪个单位来的？你原来有什么研究基础或研究兴趣？你毕业以后准备从事什么工作？然后再帮助学生结合自己将来的发展方向进行选题，归根结底是要解决学生将来就业的问题。很多研究生是没有办法才考解剖学，当问到他：你是不是喜欢当解剖学老师啊？都摇头，都想当医生。想当医生可以，想当什么医生呢？想当肝胆外科医生，我在肝胆外科里给他选题；想开展颅脑外科，我在颅脑外科里给他选题；想搞显微外科，我在显微外科里给他选题。要处处都为学生着想，按照他的志向和基础，让他能够学以致用。现在很多研究生所学不能致用，研究生学位论文跟他以后的职业是两回事，这就是浪费。当前研究生培养的制度是导师负责制，因此选导师太重要了，导师没有选好，学生一点办法都没有。我不能说我这个方式就是正确的，只希望所有的导师都要多为研究生的出路着想。

跨学科培养外科学博士，对我来说是一个教学相长的过程。我直到现在思路还比较多，很多是学生给我的启发。外科从头到脚，颅脑外科、头颈外科、普通外科、肛肠外科、泌尿外科，包括美容整形，都有我的学生。中山大学第三附属医院美容整形外科的主任颜玲[1]、广州军区总医院整形外科齐向东[2]，都是整形外科领域出色的青年专家，也是我的学生。学生毕业后到临床上工作，把临床上遇到的问题带回来，跟我们共同研究，帮助我们继续开拓教研室的研究方向。要真正做好一个医生，在工作中遇到的问题太多了，学校中学到的知识不能解决的问题也太多了，有好的科研思路，就会认识到，如果对这些问题加以研究，就可以前进一步，创新思维就是这样来的。我的这些学生，他们遇到的很多问题我原来都不熟悉，对我很有启发，如果将来还有人来读我的研究生，我就会把这些问题提出来，让他们考虑是否能在这方面继续钻研。

做一名能适应社会发展的研究生[3]

作为研究生教育，已经开始进行专门知识和技能的培训。由于今后每一个人学习的专业不同，培训的要求也会有所不同，在这里，只是交流一下，新旧两代人之间对"做人""做事""做学问"的看法而已。特别要提示的是，我们这一批老人，在旧时代所有的经历和体会，已经无法与新时代可以比较了，因为每一个时代有每一个时代的旋律，每一代人有每一代人的不同境遇。例如，我们那一代人，在学校毕业以后，都是由组织上统一分配工作，对于择岗就业，从来没有

---

[1] 颜玲（1964- ），女。1996年师从钟世镇攻读博士学位。2001年7月赴美国凯斯西储大学进行博士后研究。2003年回国，任第一军医大学南方医院整形科副主任医师、副教授。2007年调入中山大学附属第三医院整形外科担任学科带头人，出任科主任。

[2] 齐向东（1968- ），女。2002年入钟世镇门下攻读博士学位。现任广州军医广州总医院整形外科副主任医师、硕士生导师。

[3] 整理者按：本文为钟世镇2010年9月为新入学的研究生做讲座的发言稿。

花过时间，也不需要自己去动脑筋思考。还在十多年前，珠江三角地区的医院，到处都需要研究生，研究生毕业后都很容易找到正式的工作岗位。但是近年来有了不小的变化，研究生毕业后的就业形势相当严峻，就算找到了接收单位，都要有一个临时性、适应性的试用期。过去形容医生这种职业时，称之为"医不叩门"，医患关系和谐，也算是社会上不同的职业种类中，是值得很多人羡慕的一种职业。但是近年来由于多种原因，医患关系并不和谐。根据"中国医师学会通过医师报的一份调查"，竟然有八成的医师不满意当前的医患关系，甚至有七成的医生子女不愿意去报考医学院校。这些现象表明，社会在不断地变化，新的情况在不断地出现，需要我们去了解、去认识、去适应，才有可能跟上时代的发展。今天的讲座，准备侧重讲一点"做一名能适应社会发展的研究生"。

（一）要准备走坎坷不平的人生道路

研究生们对人生充满希望，期望自己一生有所作为，这是值得赞赏的人生选择。因为渴望成就、期望成功、向往辉煌，是推动人们进取、开拓、创新的巨大精神力量。一个人活在世上就要有追求、要有理想、要有精神。但是，还需提醒的是，积极的人生价值观，必须以科学的世界观为基础。因为理想不等于现实，客观世界的发展变化，不取决于个人意志。在人生旅程中，既有艳阳高照，也有阴霾遮天，甚至是狂风暴雨。人生的道路不是平坦的，一帆风顺的人生是不存在的，更不是一条铺满鲜花的道路。每一个人都要有"居安思危"的"忧患意识"。例如，中秋节即将到来，在人们欢庆中秋佳节的时候，都非常欣赏苏东坡表示欢乐祝愿的词句"但愿人长久，千里共婵娟"。但是我们也必须提醒的是，在这个词句的前面，还有很深刻的、哲理性很强的描述，那就是："人有悲欢离合，月有阴晴圆缺"，而且高度地概括了一句，"此事古难全"。或者像唐代诗人李峤所描述的"圆魄上寒空，皆言四海同；安知千里外，不有雨兼风？"随时都有可能遇到"天有不测风云，人有旦夕祸福"。你们现在还处于学习的阶段，一般来说，道路上的坎坷还不会特别险峻。不过从学校毕业后，就要进入社会工作，会遇到许多新的情况和新的问题。中国有一句成语："天下不如意事常十居八九"。每一个人，要有迎接困难的思想准备，要有接受挫折的承受能力。但是事物总具有正反两个方面的不同意义，"有磨皆好事，无曲不文星"，每个人都要经受得起顺境和逆境的考验，而且逆境的考验可能更为重要，因为自古以来，大凡有所成就者，都经历过许多逆境的考验。

（二）要认识和适应客观，立志改造客观

"知人者智，自知者明"，我们要"贵有自知之明"。每一个人的思想意识和行动是否正确，取决于主观是否符合客观。因此，有四个需要注意的环节，这就是："认识自己""认识客观""适应客观""改造客观"。我们的最高目标是能够"改造客观"，但要达到这个境界，前面的三个环节都不能空缺，最前面的两个环节，"认识自己"和"认识客观"，要求有分析判断能力，有自知之明，能了解形势。第三个环节"适应客观"，要具有很强的能力才能做到，达尔文学说的要点，讲文明一点，叫做"物竞天择，适者生存"，讲残酷一点，叫做"弱肉强食，优胜劣汰"。当然，纯粹的生物进化观，不符合先进社会发展的目标。贯彻落实科学发展观，当前的国家政策，提出来要构建"和谐社会"，要求具有高度的人性化和道德观，反映在医学模式的发展上，以往提的是"生物医学模式"，现在提的是"生物—心理—社会医学模式"。医学模式中，虽然只增加了"心理社会"四个字，但有高度的深刻意义，今后担负治病救人任务的医务人员，更需要培育社会人文科学的综合素质，学习心理学、社会学、伦理学、法律学等有关的人文关怀和心理疏导修养。你们在学校毕业，到达工作岗位以后，首先要解决的，还是"适应客观"。然后，随着你们学术地位的提高和行政权力的发展，在你有条件、有力量、有可能的情况下，再做出一些"改造客观"的、伟大的创新性业绩来。

（三）善于承受挫折，锻炼适应能力

孟夫子对人的培育成长，有一段大家都非常熟悉的话："天将降大任于斯人也，必先苦其心志，劳其筋骨，饿其体肤，空乏其身，行拂乱其所为，所以动心忍性，增益其所不能"。这些古训，主要用于说明"自古英雄多磨难，从来纨绔少伟男"。因此，要求研究生们，善于承受挫折，锻炼适应能力。

锻炼适应能力，对每一个人的成长非常重要。结合我本人的经历和体会，可以概括为"量力而行，尽力而为"。为什么要"量力而行"？因为客观世界的大环境，是大多数人无法改变的，但是，"尽力而为"对于每个一人来说，通过本人的努力，都有可能做到。其实，"尽力而为"的要点，就是努力把当前的岗位工作做好，想方设法，竭尽全力做得最好。有不少不由个人选择的环境和场合，我都比较努力去适应并做好当时的岗位工作。

"只要是金子，放在任何地方都会闪光"，一个有能力的人，放到任何岗位上，都会做出比一般人更为出色的事业来。希望研究生们不仅要有好的志气，还要有好的心态，特别在当前就业择岗非常困难的现实情况下，要能适应千变万化的客观环境。人的一生不可能都是一帆风顺，顺境的时候要"居安思危"，逆境的时候要"坦然自处"。即使受到委屈，也要"咬定青山不放松，管他东西南北风"。要"宠辱不惊"，首先能把所在岗位的工作做得很出色。人生的机遇很关键，但是没有能力，不会适应环境，有了机遇也不可能将岗位工作做好。

（四）行成于思，思可创新

研究生阶段，有一项特别重要的培训教育，就是创新思维的养成。

1. 什么是创新？

"有所发明，有所发现，有所前进"，是创新性的高度概括。若加注解，可以就国家设立的科技三大奖所属范畴，作为比对的说明。

（1）国家科学技术发明奖范畴（有所发明）。"有所发明"的要点是前所未有。指过去从来没有的东西，现在被发明了，如电灯、电话、电脑、电视、网络等。评奖时，特别注意"发明点"，而且要申请商业专利的保护权。

（2）国家自然科学奖范畴（有所发现）。"有所发现"的要点是发现了以前没有被认识到的事物规律。就是指过去本来就存在的客观事物，但现在才被认识到，例如新行星、新大陆等。以医学上的胰岛素为例，其实人体内本来就存在有胰腺和胰岛细胞，会分泌胰岛素，但是过去还不知道胰岛素与血糖代谢的关系，后来搞清楚了胰岛素与血糖代谢的规律，这就是一项重大的发现。但是这种规律性的发现，不能申请商业专利保护权，但有发现的创始权，例如只要提到镭的放射性元素，都会指出这是居里夫人首先发现的。

（3）国家科学技术进步奖范畴（有所前进）。"有所前进"的要点是在原有的基础上，有新的进步、新的提高、新的发展。在医学研究中，研究生进行的工作多数属于基础研究和应用基础研究。基础研究的创新性是指对学科发展有价值的理论性问题。应用基础研究的创新性，表现在能够指导实践的，能提高预防、诊断、治疗、康复效果的新技术、新方法、新材料、新器材、新见解、新手术方案等。没有新意的，简单重复的课题不能算是科学研究。应当加以说明，有些课题虽有重复，但仍有意义和价值。例如核爆炸技术、航天技术、高产的水稻杂交技术；医学上一些难度大、效益高，能够标志技术发展阶段性的高难度技术，或在国内，或在本地区还是新开展填补空白性的项目等，都可以列为有创新进步意义的研究。

2. 如何才能创新？

如何创新的灵活性很大，这里提出两点供参考："掌握信息"和"起点要高"。"新"与"旧"是相对而言的，是相互比较中存在的。从主观愿望出发，每一位研究者并不希望自己所选的是重复别人的东西，其所以会出现重复他人的结局，主要是不了解有关的动态和信息，以致辛辛苦苦，自以为是创新性的结果，事实上是别人早已发表过并为许多实践证明过的东西。"温故知新"，要了解有关科技信息，当然要阅读有关文献资料，在文献浩如烟海的今天，要学会文献检索的方法。借鉴文献资料可以学得经验，吸取教训，少走弯路，避免重复，提高研究工作的起点。

3. 创新的有关思路

通俗地讲，就是"人无我有，人有我新，人新我优，人优我廉"，总而言之，要有特色、要有优势、要有效益。按照国家中长期科技发展规划纲要，在自主创新中，包括有原始创新、集成创新和引进消化吸收再创新。当前，还有一些人士狭隘地认为，只有原始性创新才能算是有价值的创新。这种认识，失之片面。我们要推崇原始性创新，鼓励原始性创新，但是不要轻视其他创新。其实，对我国科技事业有巨大震撼的"两弹一星""载人航天"，就有不少引进消化吸收再创新的内容；"杂交水稻"也不算是原始性创新，但是这种解决民生实际的技术运用，体现了"科学技术是第一生产力"的真谛。研究生既要有强烈的创新激情，又不能脱离客观环境。不要提出高不可攀、令人望而却步的过高目标，才有可能设计出脚踏实地、切实可行的对策。要像运动队伍的冲击目标那样，有层次之分：国家级运动队冲击的是奥运奖牌，省市级运动队要求的是全国名次，我们南方医科大学的校级运动队，希望的是在大学生运动会上获得优异成绩。如果把校级运动队的目标，定在奥运或全国运动会的奖牌上，就不符合客观现实，并不具备可行性的条件。

"千里之行始于足下，合抱之木生于毫末"。科技创新，要勇于实践，勤于积累，要把握好由量变到质变的过程；不是急功近利，一蹴而就所能解决的问题。"温故知新""行成于思"。科技进步，要继往开来，充分借鉴前人的经验和教训，要养成多动脑、勤思考的习惯。若能发现教科书、以往的文献和常规诊疗方案中，还存在有不足的问题，又能加以补充、改进、完善或纠正，就是创新的过程和成果。现代科技发展迅猛，许多创新性工作，要求有不同专业间的交叉融合。为此，研究生们，还要有善于协作、融入群体、甘当配角的素养。

认识和了解创新，还要兼顾宏观和具体两个侧面。宋朝诗人张九成有一名句："不上泰山顶，安知天地宽"。在泰山的山顶上，有一个石碑上刻着"会当凌绝顶，一览众山小"。启示我们看问题要站得高，才能看得远。"不畏浮云遮望眼，只缘身在最高层"，要知道国际性和全国性的形势，利以指导自身事业的取向。研究生要充分利用在校学习的条件，获取宽广的科技信息。这些信息是日后结合实况，进行分析判断，做出最佳选择的依据。研究生毕业离校后，要进入社会，社会上的分工有所不同，岗位性要求十分具体。为此，在校学习期间，对日后的择岗就业应有所准备。要"学以致用"，要避免"学非所用"，要为将来的岗位工作，打下良好的基本功。

（五）健康的业余爱好，有助于学术成才

当前的教育方针，特别强调综合素质的提高。医学院校也大力倡导加强人文社会科学的学习。健康的业余爱好，对学术思想有很好的影响。著名的分子肿瘤学家与基因治疗专家顾健人院士的自述中，很生动地介绍音乐爱好与学术思想的关系。他说，现代科学已成为群体的智慧结晶，居里夫妇通过小规模实验能够取得高水平成果的时代已经过去。当研究室主任，好比是交响乐队的指挥。当指挥就是要尽可能发挥每一位艺术家的积极性，指挥不一定事事都比一个乐手高明。顾健人院士是从爱好音乐当中，品味当好学术带头人要像一个交响乐的指挥那样。我个人的业余爱好是体育运动，中学时在"足球之乡"的梅县读书，入选过学校足球代表队，是预备队员；大学时是年级篮球队正式队员，拿过年级比赛的冠军；在重庆第三军医大学期间是全校羽毛球单打冠军，参加过全军运动会，是成都军区羽毛球队的队长兼教练，是国家二级运动员。"文化大革命"期间我的政治身份变成了批判斗争的对象，在要求大家要划清政治界线的现实中，没有人敢与我这类"牛鬼蛇神"交往，只好买几本"围棋入门"，自己摆棋谱学会一点脑力运动的围棋。综观起来，体育运动有很多好处，首先有一个比较健康的体格，我的天资不高，从中学到大学从来就没有考过第一名，只有依靠"勤能补拙"的办法，采取"笨鸟必须先飞"的对策，"人一能之己百之，人十能之己千之"，人家八个小时可以做出来的东西，我加班到十个小时也能够做出来，努力赶上形势。较好的体格为我提供了长期坚持"先飞"的体力条件。当过足球队员的经历，帮助我在学科建设中既要培养"球星"，像梅西、罗本那样，有带球突破的能力，更要重视全体协调配合，像西班牙队那样，才能取得最后的胜利。当过羽毛球队的队长兼教练，我特别重视年轻人的基本功训练。例如一个"高远球"掌握好了，就有机会由被动到主动；"步法训练"时，上一个动作还没有结束，就得考虑下一个动作的应对。此类教练员的心得和体会，能够提高我担任研究生导师的指导水平。运动员必须有敏捷的应变能力。围棋对弈中，步伐太小了占不到地盘，步子跨得太大了，又容易出现漏洞，受到攻击，每走一步棋都是有可能"得"，也有可能"失"，充满着辩证法则。这些思路为我选择科研方向、调整学科布局、做出科学决策都很有帮助。有时看点小说，读点诗词，能帮助我在论文写作和讲课报告时，语言文字不至于过于干瘪。古句今用，若引用得当，有如"画龙点睛"，可以借助古句中含蓄的哲理，将个人的情感深刻地表达出来。

（六）诚信待人，配角人生

最后，谈一点做人的问题，因为做事的前提还得先做好人。如何做人？这里头有很多哲学上、社会科学上深奥的理论，是比较难讲清楚的大问题。但是，事业成功的基础首先取决于做人是否成功，因此，还得讲一点。最近，胡锦涛总书记特别强调要全面实施素质教育，教育的核心是要解决好培养什么人的重大问题，要求"育人为本、德育为先"。如何做人，就是要处理好人与人之间的关系。按照矛盾的绝对性和普遍性原则，只要有人群的地方，就会有人与人之间错综复杂的矛盾存在。因此，每一个人不必逃避矛盾，不要想象最好到一个风平浪静、没有人事纠纷的单位，像"世外桃源"式的单位去工作。每一个人，首先要有面向矛盾，迎接矛盾的思想准备。既然所有事物都有矛盾存在，就要提高自己处理和解决矛盾的能力，这就是学习如何做人的道理。

依我个人的体会，能不能处理好人与人之间的关系，有一个简单明确的标志，那就是在群体里头，能不能与大多数人团结共事，也就是当前"构建和谐社会"的主题。要想融入社会群体之中，其实要求也不多，只要能做到"严以律己，宽以待人"的话，绝大多数的人民内部矛盾，都可以迎刃而解。宽以待人的前提，是"待人以诚"，要求在处理人际关系时，多为对方考虑一下，也就是说"肯替别人着想，是第一等学问"。如果做到了这一点，凡是与这种坦诚待人、宽以待人的人相处过的人们，都会感到在感情上非常融洽，在人格上受到了尊重，在工作上得到了帮助。通常说："善门难开，善门也难闭"，大家知道你是一个乐于助人的善人，就会有更多的人来求你帮助，就像你们在学生团体中，被大家推举出来，担任任劳任怨为大家服务的优秀兼职干部那样，大家愈信任你，要求你做的任务就愈多，肩上挑的担子就愈来愈重，如果你还能够胜任，就说明你的能力愈来愈强。相反的，有的人看起来似乎很聪明，但是个人的私心杂念太重，凡事沾了他的手，就要占点便宜，只为自己打算，不替别人着想，甚至损人利己。这种人必然会与周围的人有层出不穷的利害矛盾、纠缠不清的是是非非。即使大多数人顾全大局，息事宁人，不加计较，采取惹不起还躲得起的敬而远之的态度，"得道多助，失道寡助"，这种人的结局一般都是孤家寡人，冷冷清清。这种人无法融入群体之中，谁也不来找他，没有知心朋友，工作似乎会越来越清闲，但精神上很空虚，牢骚会越来越多，日子越来越不好过。看起来，能不能融入群体之中，能不能与周围的人团结共事，是如何做人这个综合素质的十分灵验的一个评价标准。就拿我这个中国工程院院士来说，作为衡量学术成就其中的一个标志，就是曾经拿到过多少国家级的科技奖。我算拿到过比较多的六个国家科技进步二等奖，但在这六个能代表国内领先水平的奖励中，只有一个"显微外科解剖学研究"项目，我曾经是第一作者，算是唱了主角的角色。而在其他五个项目中，我都是作为配角的参加者。由此可见，我的人生还算是"配角人生"。

为此，希望同学们在学习期间，争取在学生团体和社会性组织中担任一点组织性和服务性工作；如果将来有机会去勤工俭学，做做钟点工，做点家教，兼任助医、助教、助研、助理类"打工职务"，可以从中学到很多做人、做事的道理和能力。

在结束这个讲座的时候，我提示同学们要准备走坎坷不平的道路，善于承受挫折，锻炼适应能力，立志岗位成才，能够融入群体，成为对社会发展有贡献的优秀人才。

图6-3　钟世镇、王国英、殷玉芹（左起。钟世镇提供）

做老师的很幸福，多年来培养了这么多学生，总打电话来关心、问候老师。我最喜欢的学生是王国英，不仅聪明能干，更重要的是为人非常好。她现在犹他州的一个大学工作，那所大学在美国不算很好，她在那个岗位上发挥的力量也比较有限。其他学生现在做出成绩的也不少。军队里有四个骨科的专业医院，叫院中院，实际上不是一个医院，而是医院中一个很强的学科，其中有三个院中院的院长都是我的博士生：第四军医大学西京医院的骨科医院，院长裴国献[1]；成都军区昆明总医院附属骨科医院，院长徐永清[2]，现在是全军显微外科学会的理事长；很有名气的广州军区总医院也搞了一个骨科医院，前任院长叫尹庆水[3]，现任院长叫夏虹[4]，他们都是我的学生。勤快的学生我都喜欢，事业上的成就主要靠他们自己努力，我只能培养他们的科研基本功、科研的思路。

在培养学生方面，我比较在意实际的东西。现在有些教育指导方针我

---

[1] 裴国献（1954-　），1994年师从钟世镇，攻读博士学位。现为第四军医大学西京医院骨科医院院长，主任医师，博士研究生导师，中华医学会显微外科学分会主任委员。曾获得"全国首届中青年医学科技之星""国家级有突出贡献的中青年科学技术专家""全国百千万人才工程首批人选"。总后"军队科技金星"等荣誉称号。

[2] 徐永清（1962-　），1999年于钟世镇门下获博士学位。现任成都军区昆明总医院全军骨科中心主任，附属骨科医院院长，主任医师、博士生导师。

[3] 尹庆水（1952-　），1991-1994年就读第一军医大学研究生班，师从钟世镇。广州军区广州总医院骨科医院主任医师，教授，博士生导师，全军创伤骨科中心主任。

[4] 夏虹（1962-　），1999年师从钟世镇攻读博士研究生。现为广州军区广州总医院骨科医院院长，骨科医院院长、主任医师、博士生导师。

并不完全赞成，动不动就说培养创新型人才，我很少提这个，我主张岗位成才。岗位选择不能完全由个人决定，我希望我的学生在任何岗位上都能够胜任。我很少对学生说：我准备培养你当个大科学家，我没有这个本事，但是我希望你将来到任何岗位去都能够做好工作。总提创新，其实从无到有的创新太难了，科学研究里真正的原始创新很少，要争取在原有的基础上有所改进。

1989年，我被评为全国优秀教师。我们的教学成果《解剖学课程建设》分别获得全国优秀教学成果奖和全军优秀教学成果一等奖，《教书育人，培养德才兼备的研究生》和《人体解剖学跨学科培养外科学博士新模式》两项成果先后获得全军优秀教学成果二等奖。这些奖项肯定了我们解剖学教研室在人才培养方面的成绩。

除了本校的教学任务，我很难忘在显微外科发展高潮的时候，与陈中伟院士等到全国各地开办显微外科学习班的经历。1984年，袁浩教授在海南岛办了第一届显微外科学习班。他邀请陈中伟和我去，我们住在鹿回头国宾馆，我与陈中伟由此相识。陈中伟这个人很好相处，很开朗。他知道我搞显微外科解剖学，就建议：老钟，我下午准备讲上肢的显微外科手术，上午你讲显微外科解剖学，是不是先给我打个基础，先讲一讲上肢的解剖学。我有的是材料，他给我出什么题目，我都能配合他，他非常满意，说：我办了很多学习班，从来没有像这次这么舒畅。因为基础的问题他根本不用讲，基础由我来打，他直接告诉大家怎么做手术就可以，所以我们非常投缘。陈中伟早已因断肢再植成功名满天下，到处都请他讲学，只要有人请他讲学，他就邀请我。从1984年起，十年八年之内，我走遍了全国，到处讲学。现在我之所以在显微外科学领域有一定名望，是因为很多从事显微外科的医生都是我在显微外科学习班的学生。这种学习班对显微外科的推广起到非常大的作用，当时很多基层医院还没有开展显微外科，很多外科医生还不知道显微外科能够解决什么问题，通过学习班使他们了解到，原来所谓显微外科就是在放大镜下做手术，做得非常精细，掌握这个技术，过去不能做的手术现在就能做，过去手术后功能恢复得不好的现在就特别好。

钟世镇写给弟子周长满的书信摘编[①]

到京后是一个新环境，各地习惯传统不同，换了新环境有一个对比。对比的结果要有分析，思路是：两地各有优点，自己做得到的就吸取其优点部分；两地也必然各有其缺点，自己应引以为戒，减少盲目性，永远保持清醒的头脑，有自己的见解和倾向性。因为，目前还不是你们这一辈人主事的时候，不要去干预力所不及的问题，争取在自己力所能及之处，点点滴滴做起来。你有紧迫感就很好，人要有点志向，事实胜雄辩，只有拿出实际工作以后，才有可能改变人们的看法。

北京医大的实验形态学有基础，据我所知，他们投入的脱产人力很大，这不是你那边能办到的。不能照套他们的科研组织办法和选定人力投资过大的题目。你应走自己力所能及的科研道路。目前你已经在起步了，祝你坚持走下去，持之以恒是会做出成绩的。（1984年5月1日。）

论文书写基本要点已能掌握，有独立工作能力，这是对我的极大安慰。为了不断提高，从严要求，应注意：

1.此类文章主要是写给临床骨科医生看的，按这个对象来写文章，结构仍嫌烦琐，仍应进一步精简。例如，那么精细的软组织测量标准误差，临床医生看了嫌啰唆，从科学性意义上说，做过实际工作的人都知道，软组织测量那么精细是很难重复出来的。不要以为放上小数点后多位的标准误差，似乎很精细，但重复不出来，其实并不科学。认识解决了，就可以进一步精简，使读者少分散精力，多突出应用要点，这是做"应用"解剖学与传统的描述性解剖学重大区别之处。

2.外文书写不正规，外文印刷体书写也要练习，不能让校对和排版工人去猜是什么字。一个高质量的定稿，要求立刻能排印，不出任何问题，不需编辑人员另外加工，包括标点符号、注解等。

3.插图要自力更生，现在刘牧之老师太忙，身体又不好，我们不

[①] 整理者按：在人才培养方面，钟世镇写给弟子周长满的信颇具启发意义。我们将其中较有代表性的段落摘编于此。

敢多去麻烦他。绘图的比例要与印刷制版要求相结合，要全面分析。例如图1，以线条为主，制版时半栏图就够了。但原图太大，得缩小一半以上，但贴的字码太小，缩小后比例太小。又如图4，是粗线条简图，一般只能占半栏，但原图画得太大，得缩去三分之二，有时印刷厂缩小制版的焦距有限，造成困难。今后绘图不能只考虑画大些，再去缩小，线条易掌握。若从制版考虑，以缩小三分之一至一半为宜。再缩下去，加工就有困难。

4. 表格往往用以表达概括对比性问题，要设法安排好，不要随便多列表格。

5. 现代刊物趋势，在科研大量涌上后，文章宜短不宜长，宜简不宜繁。不是特殊情况，文、图、表、参考文献，不要超过稿约要求。这也是一种锻炼。短文章，编辑部容易考虑发表；字数多的文章，编辑部只能有选择发表一部分。文章质量与字数多寡不是成正比例的。长文章摆流水账，其实易写；短文章概括凝练，其实难写，力求锻炼自己。（1984年6月22日）。

作者栏不要写我和孙博，因为我们确实没有花时间和精力参加工作。署名也要实事求是。提纲未细看，提不出具体意见。

关于出版，在京时我已大致与你谈过。国家级出版社很难挤进去，排队太长。你的出书计划很难为人民卫生出版社采纳。地区性出版社，目前都搞改革，除科普性、营利性书籍外，对高级参考书一般均属无利可图。故对专业性较强的书籍，多采取自负盈亏的合同法。所以在京时我也提示，若你们学校可以资助或贷款，可以进行，不然很难办到。（1986年10月11日）。

到国外学习，在条件、环境、信息、技术上有许多优越之处。读博士研究生，研究课题往往与导师有关，只能随遇而安。但若有选择余地，应力求能进能退，能深能广，不宜钻到过分狭小的领域。结合我国的国情和工作单位的条件，选题时和掌握技术方法时，多着眼于应用理论的探索；不宜选择纯理论性的探索。若有可能，利用国外条件、装备，多学习掌握一些新的技术方法。因为科研题目，往往只是很小的一个局部，为了深入取得依据，都在狭小的范围内重复。如果只局限于一个小范围，将来条件、环境改变后，难以适应，实际工作能力和应变灵活性不高。若能利用机会，通过课题或国外有利条件，多学习掌握新的技术方法，打好扎实的基础，这些技术方法对许多研究课题均有帮助，有利于在较广泛的领域中运用新技术进行创新性探索，有较大的自主灵活性。

国外生活条件目前确比国内好，学术上的管理制度有许多好的经验，均应很好体会学习。人总是要有点精神的，我们是中华儿女要为祖国争光。在国外学习，要用刻苦奋斗的实际行动，发挥中国人的聪明才智，让外国人承认我们是优秀的民族，处处显示我们立志振兴祖国科学的品格。我们承认由于历史的原因，我们在学术科技上与目前一些先进的资本主义国家有较大差距，但我们决不甘心于这种状态。在吸收国外先进科技的同时，应注意我们自己也有特点，若能充分扬长补短，结合我们自己的特点，也能在本土充分调动潜力，争取作出贡献。我们的事业在祖国，能在条件艰苦，起点较低的具体环境中，运用国外所学技术，建立自己的事业，其乐无穷。

祝你抓紧时机，努力奋斗！（1989年3月5日。）

目前国内形势好，对知识分子虽然在经济上不可能有很大的照顾，但在工作条件上和发挥工作专长上是认真的，精神上是愉快的。由于国际影响大有好转，均对我们的祖国有利。谢谢你们导师的邀请，由于我不搞脊髓科研，而且外文口语有困难，故不准备申请去开会。

明年十月，将在北京举办"第二届中国国际解剖科学研讨会"，内容包括神经生物学、组胚、细胞化学组织化学、人类学、人体及临床解剖等。如果你们导师愿意参加，请你来信告知，我将中国解剖学会邀请信附上，请转交！并感谢他对我的邀请，但很抱歉，我未能去。

知道你的学习情况，特别是为国争光的志气，十分欣慰，有你们这一批爱国争气的学生，是老师的最大幸福。（1991年4月6日）。

我今年六十七岁了，您记得准确。这个年纪，是我做最后一项工作的阶段了——"交班"。其实，我这几年做的，都是交好班的工作。

所以，接到你的来信，特别高兴，像我们这种年龄的人，自己出不了成绩了，但十分希望自己的学生们出成绩。从您的来信中饱含对祖国的理解，对民族的自尊，对振兴祖国的志气，使我感觉到，你已经变得成熟起来了，有自己的抱负，有自己的志向，有自己追求的高尚目标。（1992年4月12日。）

我今年六十九岁了，领导上同意我从教研室主任职务上退下来，留下一个全军重点实验室主任的虚职，但在招研究生和科研协作上，仍有实效。您的学术地位和学术活动，我尚有余力影响的，当尽力而为。（1994年3月9日。）

配角的舞台

我们从事临床解剖学研究，选题原则是从临床的需求出发，去提供配合资料，始终遵循选择这个研究方向的初衷：服务临床所需，为医生治病救人提供解剖学依据。桂林会议上我提出临床解剖学方向时，不少解剖学界的老前辈不赞同，在理念上出现了分歧，分歧的关键正是我提出的口号：解剖学研究要为临床外科服务。而有些老前辈坚持认为，解剖学是基础理论学科，按照理论指导实践的原则，不能把服务作为学科发展的方向，不应提解剖学为临床服务，只能提用解剖学理论指导临床外科的实践。"服务临床"和"指导临床"，就是配角和主角两种不同的定位，理念上有了分歧，导致了发展方向的不同。

20世纪80年代我国出现了显微外科解剖学研究的高潮，很多院校都参加了，中国医科大学、第二军医大学、第三军医大学都在搞，但为什么我们深受临床医生欢迎，而那些致力于基础理论研究的单位，在学术交流会上，在实际工作中，却总是格格不入，无法融入临床医学的大家庭里？坐在一起闲谈时，外科医生很客气地对他们说：你们的基础研究做得很完整，很仔细，科学性很强，资料很丰富。言外之意是：就是没有用！这是因为学术理念的不同，所采取的研究方式就截然不同。

在理论指导实践的理念指引下，有些单位搞显微外科解剖学研究时，不问外科操作是否需要，在皮瓣移植术研究时采取的方式是把局部血管解剖学搞得愈细愈好，要显示出理论的完整、高深、系统。有的单位进行下腹部皮瓣的研究，一个皮瓣区，坐标一划，划了几十个方格，每个方格里有多少血管，静脉动脉比例有多少，都有数据，把局部血管解剖学搞得非常详细。但是临床医生根本不要，临床医生说：我刀子一切，哪里都会出血，这些细小的血管，我们并不在乎；我们在乎的是怎么样找到能够供养这一块移植体的主要动脉和静脉，主要的血管找到了、接通了，移植体能够成活，手术就成功了。

基于临床解剖学要为临床服务的理念，临床需要什么，我们就研究什么。我们专门去研究主要血管的分布规律，外科医生在常规的手术切口里找不到供血主干时，按照我提出的分布定律，就一定能够找到。我没有那么多数据，但是外科医生很欢迎。当时何光篪教授还批评过我：钟世镇啊，你不要因为现在有点名气了，东西就愈做愈粗。他觉得我做的东西粗糙，因为他是一位严谨的老科学家，我们思路不同。我是有用就好，他是愈细愈好。我们过去开展中国人体质调查，对中国人的肺进行了研究，对肺的支气管与血管进行分类、分型，这些研究成果从临床解剖学角度来说，没有太大的意义，对临床医生来说可有可无。临床医生要做肺段切除，是非常简单的，把要切除的支气管一夹，打气，肺胀不起来的部分就是那个支气管所管辖的范围，把它切掉就可以了。至于那么多的分类、分型，临床医生记不住，也不需要。开展临床解剖学研究并不是做得愈细愈好，而是愈有用愈好，片面强调理论完整，忽略了临床应用目的性，这种研究没有太大意义。

"指导临床"与"服务临床"，主角与配角，两种不同的定位是导致科研理念思路上分道扬镳的原因；也是大家寻找协作伙伴时，有些基础研究单位受到临床欢迎，有些并不受临床欢迎的原因。从转化医学理念来说，我很重视效益，有用的东西我就做，没用的东西不需要做得那么细，浪费很多时间，这些数据谁都不要。我现在对研究生也这样要求，数据一定要，但数据一定要突出自己的创新点，说明要解决的问题。

在研究方法上，我们认为，论文应当对临床工作有所帮助，应当是临床医生愿意阅读的文章。基于这种认识，我们调整了科研设计和论文写作风格，较多地仿效中华医学会所办的临床期刊的文风和格式，突出临床应用目的，开门见山，一事一议，精简扼要。别看我们的文章都很简短，但对临床医生很有用。据我们接触到的许多临床医生们反映，他们对传统的、系统的、全面的解剖学论文并不很感兴趣，而比较欢迎能解决实际问题的小文章。正因如此，我们的学术论文不仅能发表在解剖学专业刊物上，也能在许多临床期刊上发表：像《中华泌尿外科杂志》《中华显微外科杂志》《中华实验外科杂志》《中华手外科杂志》《解放军医学杂志》等等。可见，开展临床解剖学研究，使解剖学与临床医学有了合作与交流，扩大了解剖学学术发展的空间。

甘当配角，服务临床，帮助我们形成了需求牵引的研究模式，使临床的需要成为我们解剖学的创新源泉和研究基础。很多老朋友问：为什么你的思路这么多，有那么多稀奇古怪的选题？其实，那些不是我的思路，都是临床医生送上门的主意。在临床实践中，新问题层出不穷，促使临床医生不断寻找解决问题的新方法，有开拓精神的医生，他们在诊疗手段上勇于探索，迫切要求创新，因此，必然会要求我们提供形态学上的新资料、新数据，为临床实践提供依据。这些医生们所提出的问题，通常都是文献上找不到的，也正是我们科研选题中既有创新性又有实用价值的课题。了解临床学术动态，结合临床的最新发展，才有可能选好科研题目。我们充分发挥了学科自身的特点和优势。临床医生是不敢在病人的活体上随便开展一个新术式的。但是，在尸体上不会出医疗事故，通过在尸体上的模拟手术，我们就可以安全可靠地去探索规律。很多人体解剖学者在科研选题上感到有困难，颇觉"山重水复疑无路"，而我们在密切结合临床的探索中，则发现有取之不尽的题目，可谓"柳暗花明又一村"。现在看起来，我选择服务临床的研究方向，还是大有可为的。

显微外科的发展，是我们从事临床解剖学的第一个机遇。我国显微外科的临床业绩出现较早。1963年陈中伟、钱允庆首先报道的断肢再植，

1966年杨东岳[①]、顾玉东、汤钊猷[②]首例足趾游离移植再造拇指，把中国的显微外科迅速推向国际先进学术行列。显微外科要求心灵手巧，中国人心灵手巧，所以对小血管的吻合比外国人有优势。因此，中国的显微外科在国际上享有很高的声誉和学术地位，国外同行也承认。同时，中国临床解剖学研究对显微外科的基础理论支持，在国际上也是最早、最系统的。早期的显微外科，因为缺乏系统的理论基础，仅是众多外科技术中的一种操作技术而已。经过临床解剖学的整理和概括提升，形成了系统、完整的基础理论体系，才使显微外科从操作技术发展成为一门新的分支学科——"显微外科学"。陈中伟说过：我国的显微科发展得那么快，临床手术那么扎实、可靠、安全，是因为有很扎实的理论基础。这个理论基础有很多，解剖学是显微外科形态学的理论基础，这方面的基础，应该说我们比国际上其他国家强，也就是说，我们解剖学者作为配角，配合得比较好。

我们开展显微外科解剖学研究，概括起来基本上是三种形式：第一种，纯粹的需求牵引，临床提出了创新术式，但是缺乏形态学依据和理论支持，我们根据临床需求进行人体局部的解剖学研究，配合完成临床任务。第二种，引导临床创新，根据解剖学的基础结构，提示临床医生，如果这样做，有可能创新术式，他们接受了我们的意见，进行实践，取得创新。第三种，也是我们对显微外科学有较大贡献和突出成就的部分，就是把显微外科解剖学零星分散的东西，加以系统化、规律化，提升为理论原则，能指导临床的实践，成为今后开展显微外科的基本理论规范。

第一种情况最多，临床医生需要什么，我们就配合做什么。例如自体的组织瓣移植，因为没有免疫学的问题，可以把自己身体上的组织搬过来搬过去，挖东墙补西墙，临床上要移植哪个地方，我就为他们进行哪个地方的解剖学研究，并把规律讲清楚。比如第二脚趾移植修复手指，移植时最大的困难是寻找吻合血管，每个人的血管分布都不可能完全相同。如果

---

①　杨东岳（1929-1981），山东历城人。骨科专家。1948年考入华东白求恩医学院，1952年被选送上海第一医学院高师班。毕业后任上海第一医学院华山医院医师、骨科副主任、显微外科研究室副主任、教授。1966年2月13日，完成世界首例游离足趾移植再造拇指手术。

②　汤钊猷（1930- ），广东新会人。著名肿瘤外科专家。1954年毕业于上海医科大学，后任复旦大学肝瘤研究所所长，1994年当选为中国工程院院士。

不清楚解剖学，第一例手术可以成功在脚趾上找到第一侧背动脉，很粗，很容易就吻合了，第一例手术成功了。而这个手术要在其他单位开展时，有可能在同样的位置找不到相同的血管，手术就做不成。我们解剖学能解决这个问题，我们搞解剖没有医疗事故，尸体也不会跟我们打官司的，临床医生不敢随便试，我们可以。第二脚趾肯定有血液供给，问题是要找出比较粗、容易吻合的血管，尽管每个人的血管分布不同，但其中还是有规律性存在，我解剖几十具尸体，找出其中的规律，然后再告诉临床医生：第二脚趾的血管有三种不同的类型，有一种浅的类型，手术时很容易找到；另一种居口间，难找一些；还有一种，深处于脚底，找起来最困难。外科医生在手术时，如果在浅层没有找到，可以依据这个规律，去中间或者脚底找，就一定能找到。又例如用腹部皮瓣修复破损的鼻子，我告诉临床医生，在腹部取供区的材料时，这块材料有什么血管可供吻合。我最早在桂林会议上宣读的论文《颅内外动脉吻合术有关血管的解剖学研究》，也是一篇临床解剖学的论文。颅内外动脉吻合研究，就是针对颅内发生动脉栓塞，供血有困难的情况，可以把颅外面浅部的血管，在颅骨上打个窟窿，接进去，就能恢复供血了，我把颅骨内外的血管分布搞清楚，告诉外科医生在什么地方打洞，找哪条血管最好。这些都是局部的术式，这类课题我们做得最多，临床需要什么，我们就做什么，因为我们不怕出事故，可以追根究底，这样就可以寻找到个体差异中的规律性，保证临床医生的创新手术万无一失，这是我们早期走的第一步。

第二种情况，我提出了一些思路，让别人去探索。比如说挖掘新的组织瓣、皮瓣供区，提供更多的部位，供设计游离皮瓣时参考选择。皮瓣是显微外科用得很多的一个领域，一个新的游离皮瓣供给区能否成立，与临床解剖学密切相关。我们在肩胛皮瓣膜、股前外侧皮瓣、臂中部外侧皮瓣，足外侧皮瓣等新供区的临床解剖学研究成果，在外科临床得到广泛的应用。又如，我们在配合临床开展"阑尾移植代尿道应用解剖学研究"的同时，认识到阴囊皮瓣是一个值得推荐的新游离皮瓣区。阴囊皮瓣有稳定的轴心血管，有与轴心血管伴行的感觉神经，神经粗细也达到了显微外科技术容易吻接的程度。阴囊皮瓣部位隐蔽，供取材的可能性大，对美观没有明显的影响①。所以苏泽轩②教授进行尿道缺损修复术时，我提示他也可以考虑用阴囊皮瓣，阴囊皮肤非常松弛，切除一部分影响不大，有很完整的表皮，卷起来变成一个圆筒，同样形成通畅的管道。特别是阴囊靠近尿道，就不需要吻合血管了，把原来皮肤的血管保留，移植过去，叫作带蒂移植，也就是移位，这个手术就更简单，成为修补尿道的另一个新术式。③皮瓣移植可以做成各种不同的移植体，甚至可以拿皮瓣来再造阴茎。利用游离皮瓣修复创伤组织的缺损，已经为显微外科医生广泛应用。为临床服务，开展基础的理论研究，要有前瞻性，关注临床需要，为临床提供新思路，启发临床医生创新术式。我们提出的很多新思路，在临床上都有很好的应用。像双侧胸锁乳突肌转位再造舌、颞肌及筋膜皮层贴全术式设计、重建肛门的血管移植新方法、多神经蒂肌移植修复晚期面瘫、小器官移植的供体应用解剖学，均已为外科学界广泛应用。

我们在显微外科解剖学领域所取得的最重要的成就，是通过临床解剖学的研究，把临床各类术式创新的解剖学依据，加以整理，将分散零星的东西，概括提升为规律性的理论原则。其中比较大的贡献是对组织瓣进行分型分类，皮瓣、肌瓣、骨瓣、筋膜瓣，这些组织瓣都有个规律：小血管供血，组织瓣最重要的就是供血来源与血液回流的途径。显微外科一个最大的成就，是过去不能做的手术现在能做了，不管人体哪一块组织，移植到别的地方去，有血液供给和回流，它就成活了。所以过去发表了很多文章，今天发现这里是一个供区，明天发现那里又是一个新的供区，哪里没人用过，我最先搞了，都是创新，临床上先后有上百种的皮瓣、肌瓣、骨瓣创新术式，但这些都是单向的，缺乏严格系统的理论依据。我把这些所有的东西规律化，不管是什么供区，要找到供血的动脉和回流的静脉，根据血管的发生、形态、分支分布，对组织瓣进行分类分型，把众多的组织瓣，依据人体结构的特点，按血供的分布归纳成为几个类型：直接皮肤动

---

① 钟世镇、陶永松：《阴囊皮瓣的应用解剖学：新的游离皮瓣供区》，《广东解剖通报》，1980年，第2卷第2期，第49-51页。

② 苏泽轩，暨南大学第一附属医院器官移植中心主任医师、教授。

③ 暨南大学附属第一医院泌尿外科苏泽轩最早开创阴囊皮瓣修复尿道狭窄和尿道下裂新术式。

脉，肌间隙皮肤动脉，肌皮动脉。[①] 这样我把全身的规律都找出来了，根据这个规律，外科医生进行手术时，"万变不离其宗"，不管在全身任何部位移植皮瓣的供区，都属于这三种类型之一。按这种规律，不需要参考过去做过的相同组织瓣，就能找到供血的主要动脉。这个贡献比较大，因为可以说是"放之四海而皆准"的、原则性和规律性的东西，可以指导临床，指导今后科研的开展。

这三种情况，反映了临床解剖学发展的不同阶段。解剖学始终是基础学科，具有指导临床实践和配合临床研究的双重任务，这两种任务是相辅相成的辩证关系。一开始，我们在处理这两种关系时，较为强调配合临床这个方面，甘当配角，做好配角。我们的认识是，临床解剖学是一种应用理论科学，一切科研成果应有助于新的诊疗方法的发展。但是，作为基础学科工作者，我们也要注意应用理论科学本身的规律性，对临床实践发挥指导作用。所以在我们进行临床解剖学研究的早期，多数是根据临床实践所遇到的问题去收集资料，提供数据，对临床工作加以配合和印证；到了后期，当我们比较准确地把握了临床有关专业的发展趋势后，也能逐步做到依据解剖学的理论基础，按形态学的规律，提出指导临床创新发展的合理建议。

国外的解剖学者多数出身于生物学专业，临床的知识基础比较薄弱，解剖学专业期刊上很少找到临床解剖学的论文。但是临床解剖学毕竟是发展外科必不可少的一个基础，只能由临床医生越俎代庖。所以国外的临床解剖学资料，多数出现在外科学期刊上，临床医生参加研究多，基础理论人员参加研究少。主要优点是目的明确，密切联系临床实用，但限于缺乏充分的尸解条件，专业基础不足，理论深度不够，资料的精确性和系统性不足，规律性的概括提高受到一定的限制。

中国的解剖学者多是医学院校毕业，临床医学的知识基础较好，有可

[①] 钟世镇对组织瓣血供类型规律性的研究，见钟世镇、孙博、刘牧之等：《皮瓣血供的解剖学类型及其临床意义》，《广东解剖学通报》，1982年第2期，第131-136页；钟世镇、孙博、刘牧之等：《皮瓣血供的解剖学类型》，《临床应用解剖学杂志》，1984年，第2卷第1期，第1-5页。钟世镇、徐达传：《肢体血供规律与组织瓣设计的关系》，《中国临床解剖学杂志》，1996年第3期，第161-164页。

能开展临床针对性较强的研究。而比起临床人员所做的研究，则更容易上升到规律性的理论。在科学研究中寻找规律性，要求有一定的数据积累，有统计学的意义，这涉及研究条件的问题。没有达到样本数量的要求，就没有统计学意义，所以我们尽量要拥有大样本。搞大样本，我们教学机构比临床医院有优势，我们要为学生上解剖实习课，现在每年招几千学生，学生的解剖学课程，特别是局部解剖学，要准备人体标本供学生实习用，人体标本数量充足。比如说，我们进行肩胛骨骨瓣的应用解剖学研究，就在学生用过的人体标本上，将肩胛骨骨瓣有关的血管、神经搞清楚。学生上解剖课只是要把基本的血管、神经弄清楚，不搞这些专题性的东西，这个部位的标本材料，一般学生在实习时是不会破坏的。我们能发表那么多篇文章，得天独厚的条件是我们有足够的人体标本，研究的样本比较大，结果比较可靠。所以说，这种建立理论基础的工作，只有我们解剖学学者才能够承担。

配角在一定情况下，也可以转化成主角，我懂得这个人生哲理。在临床工作中，功劳主要是属于临床医生的，我们解剖学者是当配角的。但是在我们将显微外科学系统的理论基础建立起来以后，解剖学最终还是回归到基础理论的指导地位。我作为解剖学者，跨学科担任中华医学会显微外科学分会的常委①，还长期担任《中华显微外科杂志》的副总编，这也体现了显微外科对解剖学理论基础地位的认可。

---

① 中华医学会显微外科学分会于 1989 年 5 月在庐山召开成立大会，期间举行的第一届委员会议上，钟世镇当选第一届常委。

第七章
抬头看路　低头走路

发现方向　构建平台

　　学科要发展，学科带头人一方面要有广阔的学术视野，不断发现新的方向；另一方面要重视实践，搭建好的平台。1993 年，我们建立了临床解剖学研究所，现在由徐达传教授负责，主要开展针对外科临床的应用解剖学研究。后来我们看到医学生物力学研究潜在的前景，又建立了一个医学生物力学重点实验室，现在由欧阳钧教授负责。2000 年左右，组织工程的研究很热，虽然还没有显现出特别好的效果，但是我们也赶了这个时髦，搞了一个组织构建与检测实验室，被批准为广东省重点实验室。现在微创外科（腔镜外科）发展得很快，我们又成立了一个微创外科解剖学研究所，由丁自海①教授负责。后来为了使数字人技术更好地应用于医学，我

---

① 丁自海（1952-　），1985 年山东医科大学人体解剖学专业硕士研究生毕业，任教于济南医学高等专科学校解剖教研室。2001 年调入第一军医大学，现任南方医科大学解剖学教授，博士生导师，微创外科解剖学研究所所长，广东省创伤救治中主副主任。

们又成立了数字医学研究所。现在我们有两个重点实验室，三个研究所。这些研究机构初创时一般都是由我牵头组织，担任主任或所长，现在都由年轻人接班了。要有广阔的学术视野，才能抓住机遇。想往哪个方向重点发展，就要搭建平台，成立相应的机构，便于学术交流，争取研究经费，打造学术团队。实际上学科主体没有变，只是多挂了几个招牌，但是这些招牌对促进学科发展很有帮助。

医学生物力学重点实验室

任何科学研究都有高潮有低谷，显微外科解剖学也一样。想当年，创新空间很大，到20世纪80年代的后期，随着一部部显微外科解剖学专著陆续出版，显微外科有关的解剖学理论和技术基本上比较成熟了，最好用的都变成常规的了，再要创新就要去找边边角角、特别难弄的地方，虽然也是创新，但是代价太大，技术要求太高，效果不好，欠缺应用价值，慢慢创新就少了。如果临床解剖学还是单打一，只搞显微外科，进一步发展面临困难。我们的研究方向应该与时俱进，所以在显微外科最高峰的时候，我们没有陶醉于丰收季节的喜悦，而是冷静思考，及时调整方向。20世纪80年代起，我们开始关注生物力学。

力学是个大学科，经典的力学在理工科领域，和解剖学在医学领域的地位一样，是古老学科，是很重要的基础学科，但要创新很难。力学与生命科学相结合形成的交叉学科就是生物力学，用力学的理论技术来研究生命科学、人体，这个领域就有很多新的东西。传统的材料力学研究已经很透彻了，但对骨骼的力学，很多方面还不清楚，对软组织、肌腱、神经，这方面的研究更少了。因此，这个交叉学科用古老学科的理论、方法、技术，来研究新的生物材料，形成一个有较大创新空间的领域。

我与临床医生接触比较多，了解到骨科医生很需要生物力学。骨科是外科里最大的一个科，骨骼创伤性的打击，就涉及力学问题；治疗和康复器材，比如支架、钢板、螺丝钉，也都跟力学有关系。现在我们都买外国的，为什么进口的可以用二十年，国产的用五六年就产生疲劳性的断裂呢？跟生物力学研究水平有关系。了解到临床上的这种需求，借助"七五"计划期间，总后建立一批全军重点实验室的机会，我们开始筹建医学生物力学实验室。

　　生物力学中很多基础理论属于工科的范畴，我们没有研究基础，善于学习、接受新事物能力强的年轻人发挥了很大作用。1985年王前[1]成为我的研究生后，就开始参与生物力学实验室筹建工作，一边在学校上基础课，一边到华南理工大学力学系旁听多门力学课程，假期还到上海、北京、长春等地的生物力学实验室和材料试验机厂，熟悉设备和工作流程。1986年，通过广东省生物力学与流变力学专业委员会搭桥，我们结识了生物力学领域著名专家杨桂通[2]教授，先后派王前和欧阳钧到太原工业大学跟随杨桂通教授深造。1988年又派王前去英国牛津大学娜弗尔德矫形外

科生物工程中心学习半年。1987年，又招收到国防科技大学培养的力学专业硕士研究生朱青安[3]来校工作。这些年轻人学成归来，根据他们的意见，添置仪器设备，进一步装备医学生物力学实验室。1988年，全军重点

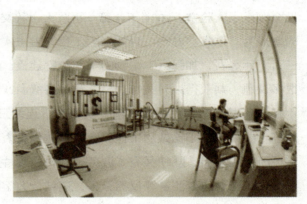

图7-1　MTS多功能实验室（李忠华提供）

---

　　[1]　王前（1963- ），1994年在钟世镇门下取得博士学位，毕业论文为《鼠成骨细胞体外骨生成的细胞组织化学研究》，攻读博士期间在钟世镇指导下开展的"力-电环境促进骨愈合机制研究"获得军队科技进步二等奖。现任南方医科大学南方医院副院长，临床检验诊断学科带头人，教授，博士生导师。

　　[2]　杨桂通（1931-2016），河北新河人。力学家，塑性动力学专家。中国最早倡导并从事生物力学研究的学者之一。1950年考入山西大学土木系，1957年进入北京大学数学力学系进修，后赴苏联留学攻读塑性力学研究生，学成后回到山西大学任教。1984年起，担任太原工业大学（现太原理工大学）校长。

　　[3]　朱青安（1962- ），1987年于国防科技大学取得力学专业硕士学位，1995年于钟世镇门下取得医学博士学位，2000年起在加拿大不列颠哥伦比亚大学骨科研究所担任研究科学家。2009年起在南方医科大学南方医院脊柱骨科工作，现为教授，博士生导师。

图 7-2　钟世镇与三维打印骨盆模型（资料来源于网络）

实验室医学生物力学实验室建成，并发表了学术成果①。

由于我们原来搞临床解剖学已有一定成绩，开展生物力学的研究时，学校非常支持，愿意投入经费，所以发展比较快，实验室创立初期，我们使用学校经费购置了国产的材料试验机和扭转试验机。1996年购置了中国大陆第一台 MTS bionix 858 生物力学试验机。1993年，被总后勤部批准为首批全军重点实验室。2004年，第一军医大学移交广东省，医学生物力学实验室成为广东省"五个一科教兴医工程"重点实验室，学校从省里争取到三百万元经费，加强医学生物力学实验室建设。医学生物力学实验室拿了很多课题，共获得过科技部、省、市等各级科研基金经费近千万元。2010年起，获得国家特色学科专项经费资助，连续三年，每年三百五十万元。这些主要都是欧阳钧做的工作。有了这些经费资助后，医学生物力学实验室不断得到发展，陆续又有了疲劳试验机、膜片压力系统、细胞力学加载系统、非接触应变测量等仪器设备，还结合数字医学发展添置了图像重建和有限元分析软件，引进了步态分析系统，建立了步态分析实验室。步态分析目的是观察术后康复的程度，通过步态的分析取得量化的指标，因为这是检验手段，不是治疗手段，临床康复虽然必需，但发展也不是很大，还是跟治疗相关的科研发展比较快。2013年，我们又购置了一些新的仪器设备，引进了三维（3D）打印技术设备，3D打印号称是"第三次工业革命"。我们第一步准备先利用3D打印进行铸型标本的复制，铸型标本都来

---

①　1988年王前硕士学位论文《弹性加压外固定治疗兔胫骨骨折的生物力学评价》被第十三届 Hoffmann 国际骨折外固定大会录用为大会口头交流论文。同年，第一军医大学医学生物力学实验室钟世镇、李汉云、朱青安署名发表第一篇文章：《锁骨切除后的生物力学测试和分析》，《中国临床解剖学杂志》，1988年，第6卷第3期，第136-139页。

自尸体材料，来源较少，现在可以用 3D 打印复制了[1]。

按照传统力学的分类方法，医学生物力学可以分为生物固体力学、生物流体力学、生物运动力学等。生物固体力学主要研究骨骼、软骨、皮肤、血管、肌肉、韧带等固体材料的力学问题；生物流体力学主要研究血液、体液在血管内、人体内运动，以及气体在体内流动的力学问题；生物运动力学主要研究人体运动状态中的力学问题。组建医学生物力学实验室之初，我们主要是跟骨科合作，主要方向是骨肌系统生物力学，也就是骨骼与肌肉的生物力学，一方面是研究它们的生物力学稳定性，另外一方面是对它们运动状态下的分析。最早的研究成果主要是脊柱的生物力学研究，我有好几个研究生都做这个工作。到了 20 世纪 90 年代，随着经济的迅速发展，汽车越来越多，交通伤越来越多，工伤也比较多，骨科发展很快，我们的生物力学研究就到处都有人需要了。在与战创伤和骨科有关的生物力学研究上，我们开展了撞击性损伤、骨折愈合与应力伤关系、脊柱稳定性与临床术式关系等相关研究。在国内脊柱损伤的研究我们是走在前面的。除此之外，我们还做了一些人工椎体等创伤救治器械的研制。[2] 也做了一些理论性的研究，例如交通事故伤机制研究、中医推拿手法安全阈值等。中医推拿治疗如果掌握不好尺度有时会导致瘫痪，于是我们布置几个研究生对中医推拿进行生物力学研究[3]，推拿手法用力到什么程度会达到极限，超过这个极限就会造成损伤，为推拿这种传统的中医外治法提供新

---

① 据 2015 年 4 月 23 日新华网报道，3D 打印技术成功指导国内首台复杂肝切除术。珠江医院肝胆一科数字医学临床研究中心与南方医科大学人体解剖学教研室数字医学研究所 3D 打印中心合作，建立了联合研究团队，将 3D 打印技术应用到肝胆外科疾病的临床诊治。利用 3D 打印肝脏立体模型指导手术精确切除病肝，将肝脏切除部分减少到 42.8%，对患者术后正常恢复有非常重要的作用。另据了解，钟世镇团队正在利用同种异体骨粉作为打印材料，研究 3D 骨骼打印技术，有望投入临床。

② 第一军医大学医学生物力学重点实验室研究成果《三种新型脊柱内固定系统的研制开发与推广应用》2004 年获得军队科技进步一等奖。获得八项专利。同时针对国内缺乏相应的创伤救治器械力学技术标准的现状，与企业合作进行相应研究，逐步建立起适于中国人体质特点的医疗器械力学技术标准。

③ 邬黎平：《颈椎推拿的作用机理及优化研究》，南方医科大学博士论文，2010 年（导师钟世镇）；徐海涛：《腰椎手法推拿力的量化研究和有限元分析》，南方医科大学博士论文，2008 年（导师徐达传、李义凯）。

的科学依据，来保证它的安全实施。李义凯[1]是南方医科大学中医药学院针灸骨伤科教研室主任，1995年到1997年跟我做博士后研究，在这方面有一系列的研究成果。

现在生物力学研究有两个发展方向：一个是微观的，叫超微生物力学，在非常细微的材料上来做，创新性很强，但是需求性差，真正应用于临床上的不多；一个是宏观的生物力学，创新比较难，但是实用性很强，研究出来马上可以应用于临床。生物力学的微观领域我们没有涉及，在宏观领域我们有一定的影响。在骨科生物力学领域，国内最早做出成果的是戴克戎[2]院士，他在上海交通大学附属第九人民医院工作，因为上海交大的理工科非常强，开展生物力学研究有良好的条件，戴克戎院士在王成焘[3]教授的支持下，做出了很多成绩。戴克戎是搞临床的，我是搞基础的，做生物力学的侧重点有所不同，但我们都是做宏观的生物力学，他们的研究力量和理论基础都比我们强，我们能在这个领域分一杯羹就不错了。总体来说，我们这个实验室在国内解剖学科中占有比较领先的地位，后来很多大学的解剖学科都成立了生物力学实验室，但没有几个单位能够很好地运转。很多单位的仪器设备都比我们先进，但他们的设备很少有人用，我们的设备不算很先进，但适用性强，使用率很高。

我们开展医学生物力学研究，也走过弯路。起初我们坚持既往的临床解剖学方向，很多研究与骨科医生合作，因为应用性比较强，能解决临床的问题。跟我们合作的骨科医生相当多，很多人找上门来求助，业务很

---

[1] 李义凯（1962- ），1995-1997年在钟世镇指导下进行博士后研究，从事中医正骨手法的临床解剖学和生物力学等研究工作。相关研究有国家自然科学基金课题《颈部旋转手法的生物力学和临床解剖学研究》（1998-2000）、《旋转手法对腰椎内外结构位移和内在应力影响的实时监测研究》（2002-2004）、《颈部旋转手法所致咔哒声响量效关系的生物力学研究》（2004-2006）。现为南方医科大学中医药学院针灸骨伤科教研室主任，教授，博士生导师。

[2] 戴克戎（1934- ），福建厦门人。骨科生物力学专家。1955年毕业于上海第一医学院。现任上海交通大学医学院附属第九人民医院上海市关节外科临床医学中心主任、上海交通大学医学院骨与关节研究中心主任，是中国最早从事骨科生物力学研究的开拓者之一。2003年当选为中国工程院院士。

[3] 王成焘（1940- ），天津人。1962年上海交通大学毕业留校任教。长期从事数字制造技术与临床医学相结合的研究。现任上海交通大学机械与动力工程学院生物医学制造与生命质量工程研究所所长，教授，博士生导师。

忙，我们也很有成就感，感觉自己帮助临床医生解决了问题。但骨科医生需要的生物力学强调实用性，深度不够，很少能写出高水平的论文。尽管我们很早就预测到医学生物力学是大有前景的，但因为早期的决策稍有偏差，一直是被骨科医生牵着走，长期注重实际应用，很少进行深度的理论研究。后来我们检讨了过去的研究方向，两方面都要重视，欧阳钧接班后，重点考虑在理论上有所提高。①

组织构建与检测重点实验室

2000 年左右，组织工程是一个十分热门的领域，我们筹建了组织构建与检测实验室，得到了广东省科技厅的大力支持，2001 年建成广东省组织构建与检测重点实验室。

组织工程领域广阔，包含很多研究内容。构建出一个组织工程产品后，在进入临床应用之前，还要进行检测。我们一直贯彻切合临床应用的方针，所以我们的组织构建与检测实验室主要开展下游的构建和检测这两部分工作。实际上还是一直围绕着骨科相关内容，在软骨、骨骼肌这一块进行研究。这些年，在这个领域里我们也得到了国家自然科学基金等大型项目的立项。

组织工程这个新兴的学科，主要是利用支架材料和种子细胞、干细胞的体外培养，尝试在体外构建一个组织，甚至器官，之后用于人体的修复，前景是非常看好的。2008 年之后，研究热度曾慢慢降低，但现在重

---

① 据欧阳钧介绍：医学生物力学实验室最初的骨科生物力学研究主要是评价临床上固定器械的固定效果，为临床提供参考依据，对于其稳定性的机理和改进涉及较少。随着近些年来的许多新的技术手段和设备的引入，实验室开始着手进行其相关的机理研究，并着手研究开发具有自主知识产权的骨科固定器械，在实验手段上也开始从原来的标本实验中走出来，慢慢过渡到活体实验，比如步态分析，以期在更高的层次上与临床结合、为临床服务，践行转化医学的理念。目前主要的研究方向有：为结合老年骨质疏松的问题，研究骨质疏松骨折预测及骨科固定器械的强化，从实验生物力学和计算生物力学两个方面开展研究。同时还开展了细胞生物力学的研究，结合组织工程学研究，开展骨和软骨的组织构建。在这两个方向上实验室都获得了多项国家专利，也在国际专业期刊发表了相关的研究论文。见：欧阳钧访谈，2013 年 8 月 7 日，广州，资料存于采集工程数据库。

新升温。最早，在这个领域里，人们对材料的认识，对种子细胞、干细胞的认识不足，认为构建成组织之后马上就可以用于人体修复。实际上对于材料降解的匹配问题，对于种子细胞的分化问题等基础研究并不充分，所以在 2008 年前后出现了研究的瓶颈，构建出来的组织在体外可以很好地运行，移植到体内去，很快就退化了，并不能有正常的功能。这几年，随着材料科学的进展，有了越来越多可以做组织工程支架的新型医学生物材料，干细胞的研究也有一定进展，除了胚胎干细胞，现在有骨髓间充质干细胞、脂肪干细胞、iPS 等，所以组织工程这个领域又开始走上坡路，组织构建与检测实验室应该会有比较好的发展。

微创外科解剖学研究所

医疗器械的发展会促进医学的发展，内窥镜的发展充分说明了这一点。内窥镜是很早就出现的一种医疗器械，如膀胱镜、直肠镜、喉镜、食管镜、气管镜，等等，利用一个软喉，一个镜子，可以看到内部脏器。以前我们说内窥镜是无孔不入，人体上有窟窿的地方就可以插进去，能看清 X 射线不能显示的病变。早期内窥镜只应用于临床诊断，后来器械越来越进步，在前面加上钳子，加上激光，就可以用来做手术，成为手术器械了。过去是无孔不入，后来无孔也入了，比如胆囊，不需要经食管进入，在腹部打一个小孔，将内窥镜插进去就可以做手术了。因为切口很小，创伤很小，称为微创外科，也叫腔镜外科。很多手术过去是大开盖，做肝脏的手术，先把皮肤、肌肉划开、牵拉开，暴露整个术野，然后再做手术，损伤很大。现在用腔镜做手术，只需开个小孔，用一根细小的管子，就可以完成手术了。

微创手术当然好，创伤小、康复快，但也带来了新的问题，刚开展腹腔镜、胆囊镜手术时，也出过一些事故。一不小心，激光切割时切到大血管，止血止不住，甚至会死人；或者出现误切，因为腔镜看到的是"一孔之见"，对周围的比邻关系不清楚，出现失误把大神经切断了，人会残废，甚至有生命危险。出现了这些新问题，解剖学又有新任务了。过去的解剖学层次是由浅入深、由表及里，现在需要由内而外分析结构。微创手术是在镜中看到人体内部局部结构，需要知道周围有什么东西。我们解剖学相应地就要发展微创外科解剖学，因此又产生一个新的学科方向，显示出新的生命力。

丁自海调到第一军医大学以后，他对微创外科解剖学有兴趣，我们支持他，在2004年建立了一个校级的微创外科解剖学研究所，丁自海任所长。搞微创外科解剖学，就是根据临床的需要，对人体内部哪一部分进行手术，我们就相应地把周围解剖学的比邻关系搞得清清楚楚，哪里有大血管，哪里有大神经，虽然手术时只能看到一点，但我们根据解剖学研究可以知道这一点附近有哪些大的结构，实现"窥斑知豹"。你看到是独木，但是我告诉你这是森林的一部分，这样就可以使微创外科安全可靠，可以减少很多事故和不必要的损伤，临床医生非常欢迎。

广东省创伤救治中心

我们解剖学教研室牌子很多，其实就是为了发展不同的研究方向搭建的平台，成员还是解剖学教研室这些人员，由不同的教授牵头负责，负责人有自己重点的研究方向。这些研究方向实际上也有交叉。比如：微创外科通过腔镜技术做脊柱手术，手术之后脊柱的稳定性好不好？牢固不牢固？需要有生物力学的评价；在生物力学评价的过程中，植入的一些器械位置正确不正确？需要影像学来支持，都是互相关联的，并不是完全独立的分支。

我们开展医学生物力学研究，与临床骨科关系最密切，因为骨科都是硬碰硬的，骨头断裂都跟力学有关。在骨科临床里，除了部分先天性疾病以外，最多的病源就是创伤。广东省有个不太光彩的第一，交通事故伤是全国第一。创伤素有发达国家社会病之称，广东省是现代化、工业化发展的先行地区，工伤、交通伤多发，这些都属于创伤。由于创伤救治水平滞后于工业化发展程度，广东省的创伤死亡率、伤残率，均高于其他先进的工业化国家和地区。因此我考虑将我们的基础研究与社会需求结合起来，走出一条新路，向广东省申请创办一个创伤救治中心。2000年经广东科技厅批准，广东省创伤救治中心成立。上级没有投入多少经费，但有这个招牌，我们就可以到处去联系，亮出这个招牌：我代表一个省级的科研中心，如果医院跟我合作，我可以协助医院进行大量的基础研究。基层医院不可能在理论研究方面投入太多精力，我们的生物力学、组织工程、微创外科解剖学、显微外科解剖学，都可以紧密地与临床结合，基层医院很喜欢跟我们合作，这样我们的基础研究就得到了良好的应用平台。

创伤救治中心主要的运营方式是科研协作，只要基层医院愿意跟我们合作，就是我们的研究基地。做我们的研究基地有好处，我们是省里的一个重点科技平台，可以组织实施一些科研课题，珠三角地区有很多二甲医院，实际上实力很强，优秀人才很多，但是他们申报课题需要经过基层的审批，直接申报省级课题很困难，跟我们协作就可以申报广东省科技厅创伤救治中心的课题。尽管课题经费额度不大，但是属于省级的科研课题，对基层医院的工作人员个人发展很有帮助。经过十多年来的发展，现在我们已经有了近五十个研究基地。

广东省创伤救治中心最主要的骨干是欧阳钧教授，因为他是解剖学教研室的负责人，又是生物力学重点实验室主任，由他担任创伤救治中心的副主任。另外一位副主任是丁自海教授，他比较外向，拓展能力强，了解基层的需要。创伤救治中心的事务很多，由李忠华担任办公室主任，负责一些对外联系的事宜。在这几位骨干的努力下，工作推动得很好。创伤救治中心的科研结构非常好，多学科覆盖，创伤救治基础研究与临床应用紧密结合，从创伤的院前急救，到医院的紧急处置，一直到后期的康复，都有协作单位。我们与协作单位之间合作融洽，业务上互相协作，互通有无，你愿意我们就一起来做，因此形成了一个跨学科的协作研究团队。

数字人与数字医学

起步

1987 年，我在为《临床解剖学杂志》创刊五周年写的《我国现代临床解剖学的动态》中，曾提及"电子计算机图像处理系统的出现，将为形态学研究的深化指出一条新的道路"。当时我并没有预料到将会有数字人的出现，但已初步意识到计算机这种新的技术手段应该在解剖学上加以应用。我的这个思路是受到左焕琛[①]的启发，她是左宗棠的后人，后来做了上海市的副市长，她曾经两度出国留学，做的就是计算机与解剖学结合的研究，她跟我谈到这种发展趋势，我觉得有必要在学科里呼吁一下。

真正形成数字人研究思路，得益于我们的标本陈列馆。标本陈列馆是我们的学术橱窗，凡是到第一军医大学来参观的人，内行外行都喜欢去看。外行看热闹，内行看的是门道：肝脏外科的看到了肝脏标本就不走了，手外科的看到手的铸型标本就不走了，但也有一些参观者不是医学专业的。有一次，一批计算机专家来参观，他们在参观时提到：这些人体标本可以在计算机中进行三维重建。这批计算机专家是哪个单位的我已经记不清了，说者无心，听者有意，他们的话给了我启发。我们的尸体来源太少了，如果能三维重建多好。所以说，由配合外科术式的标本制作，到解剖学与数字化技术结合，是无心插柳柳成荫的结果。

我们去查阅文献，发现国外已经有数字人的研究。第一个开发数字人的国家是美国，1988年，在美国国立医学图书馆主持下，提出开发整个人体图像数据集的可视人计划（Visible Human Project，VHP）。当时有几个小组去争取这个课题，1991年，美国国立医学图书馆将VHP项目委托给科罗拉多大学医学院Spitzer教授进行研究。1994年，首例人体图像数据集诞生。韩国是继美国之后第二个开展数字人研究的国家，2000年，韩国开始进行可视人研究的五年计划，由韩国亚洲大学和韩国科学技术信息研究院承担。2001年2月，获得了第一例具有东方人种特征的可视韩国人（Visible Korean Human，VKH）人体数据集，并且在分辨率和数据精度上都超过了美国。

---

① 左焕琛（1940- ）湖南湘阴县人。1962年毕业于上海第一医学院，留校任教。1982-1983年、1990-1991年两次赴美国斯坦福大学医学中心研修计算机三维重建技术和多媒体技术在解剖学中的应用，长期从事人体解剖学的教学和临床解剖学的科研工作，尤其是在心血管影像诊断的解剖形态学和计算机三维重建与显示方面的研究，开拓了应用解剖学研究的新领域。1995年起历任上海市卫生局副局长、上海市副市长等职。

图7-3　第一百七十四次香山科学会议现场，左起为罗述谦、钟世镇、李华（资料源于《钟世镇院士从教五十五周年暨八十华诞纪念册》）

了解到国际上数字人的研究进展后，我们意识到这是个前沿性的研究领域，考虑在国内开展相关工作。第一步，我要全面了解国内有哪些人从事相关的研究，以便建立科研协作关系。第一个想到的是中国科学院计算技术研究所，首都医科大学在计算机医学应用方面也很有名气，我们就联系了中国科学院计算机研究所的李华[①]、林宗楷[②]两位研究员，首都医科大学的罗述谦[③]、秦笃烈[④]两位教授。我们一起探讨：美国的两例数字人已经开始为世界各国引用，韩国也正在进行，我国今后开展数字人的研究，是不是也去引用美国人和韩国人的数据集？答案是否定的，人种体质有民族的特征，不能也不应该用外国人的数据集作为研究中国数字人的依据。从国家信息基础设施建设的战略考虑，我国不能没有自己的人体数据集。2001年3月，我们联名写了一个报告：《关于数字化虚拟人体[⑤]计划的建议》，递交给卫生部，卫生部科教

---

① 李华（1957-　），辽宁沈阳人，从事计算机应用技术研究。中国科学院计算技术研究所研究员，博士生导师。

② 林宗楷（1934-　），福建莆田人，南京大学数学系毕业，中国科学院计算技术研究所研究员。

③ 罗述谦，1966年毕业于中国科技大学近代物理系，曾先后在核工业部第九研究院、郑州大学工作，后到美国威斯康星大学生物工程中心、加拿大蒙特利尔脑图像中心做访问学者，1996年起任首都医科大学教授，长期从事生物医学信号与图像研究，专长人工智能和模式识别理论。

④ 秦笃烈（1939-　），毕业于复旦大学数学系。首都医科大学教授，长期从事医学信息学、医学专家系统、医学Web资源发掘等医学信息学领域教学和研究。

⑤ 美国与韩国的数字人研究计划中，数字人的名称为可视人。数字人发展阶段可分为数字可视人、数字物理人、数字生理人、数字智能人，可视人为数字人的初级阶段。中国研究起步阶段命名为数字化虚拟人，在二百零八次香山会议上，专家认为数字人包含虚拟人体概念，将这一概念规范命名为数字人。

司就此致函秦笃烈教授和我，指出：该计划建议是瞄准国际科技前沿的重要构想，将与信息主管部门沟通，引起重视、共谋发展。6月1日，秦笃烈教授向时任全国人大常委会副委员长的吴阶平院士提交了报告，6月7日，吴阶平对报告做了充分肯定，并致函科技部和卫生部，希望尽快实施该项计划。6月29日，科技部办公厅向吴阶平汇报：将建议"863"计划生物与现代农业技术领域和信息技术领域专家委员会及相关主题专家组共同讨论数字化虚拟人体计划的立项问题，同时积极支持按照"863"计划的有关规定和程序申请"863"计划相关领域的课题。

之后我们向香山科学会议理事会提出申请，就数字人议题举办香山科学会议[①]。香山科学会议是不定期的，向理事会提申请，理事会认为议题有价值就批准召开。理事会提供会议经费，一般会期三四天，五六十个人参会。虽然规模不大，但是讨论的都是科技前沿问题，而且不要求做任何结论，就是进行研讨，是很好的学术创新与学术交流平台。因为在香山饭店召开，所以叫香山科学会议。理事会接纳了我们的申请，2001年11月5—7日，举行了第一百七十四次香山会议，会议主题是"中国数字化虚拟人体的科技问题"，这是中国第一次开展对数字人的学术探讨。

这次香山会议设三位执行主席，我是第一执行主席，另外两位是李华研究员、罗述谦教授，我们三个共同商议决定邀请哪些会议代表，这次会议有来自美国、韩国、香港、澳门和内地有关高等院校、科研院所共四十二位专家学者参加。

"中国数字化虚拟人体的科技问题"这个主题，意味着当时我们心里还没底，中心议题是探讨开展中国数字人研究可能会涉及的科学问题。李华研究员代表执行主席作总述评报告《中国数字化虚拟人研究》。我做

---

① 香山科学会议是由国家科技部发起，在科技部与中国科学院的共同支持下于1993年正式创办。第三届香山科学会议理事会由科技部、中国科学院、国家自然科学基金委员会、中国科学院学部、中国工程院、教育部、解放军总装备部、中国科学技术协会和卫生部等九个部门的代表组成。基础学科的科学前沿问题与重大工程技术领域中的科学问题均可作为会议主题。会议实行执行主席负责制，主张学术平等，提倡发表不同意见，并不要求达成共识。期望在多学科交叉的自由讨论中，基于对已经进展的总结和评论，展望未来的发展趋势，剖析关键的科学前沿问题及其解决方法，探索学科新生长点。

了中心议题述评报告《人体模型获取方案和技术》，这份报告就是说明我们中国开展数字人研究的具体方案：一方面是介绍国外的情况，美国和韩国数字人的进展；另一方面提出吸取国外的经验和教训后，我们自己如何开展工作，特别提出我们的人体管道铸型技术可以应用于数字人的研究。这次会议还特别邀请了韩国亚洲大学郑民锡博士做了题为《可视韩国人：获取序列断面的另一次尝试》的报告，介绍了韩国的可视韩国人计划。

与会专家一致认为有必要在中国启动"数字化虚拟人体研究"，指出这是一项具有战略意义的科学研究计划，涉及新世纪众多学科的前沿技术，反映一个国家的综合实力，应由国家立项，列入国家科技发展计划，启动国家高技术发展"863"计划重大专项或其他重大专项。香山科学会议有一个好处，香山科学会议理事会由国家科技部、国家自然科学基金委员会、中国科学院、中国工程院等部门的代表组成，这些理事单位都会派人去听，他们不发表意见，只要有研究意义，应该扶持，就会提供相应的政策与经费支持。因为本次香山科学会议有科技部、国家自然科学基金委员会的成员列席，所以会后中国数字人的研究得到了各方面的支持，开展得比较顺畅。

图 7-4 数字人项目组访问韩国（2002 年 3 月，前排左四为钟世镇。资料源于《钟世镇院士八十寿辰纪念册》）

2001 年 10 月，《数字化虚拟人体若干关键技术》被列入国家"863"计划生物与现代农业技术领域的生物信息技术主题。中国科学院计算技术研究所为课题的依托单位，第一军医大学、首都科技大学、华中理工大学为参加单位，课题完成时间为 2003 年底 [①]。2002 年，我们有了经费，将承担 "863" 课题的单位组织起来，组成一个十一人的代表团到韩国考察。到美国去考察花费太大了，韩国比较近，可以节约经费，而且韩国的数字人研究有比美国先进的地方。此行主要去了韩国的亚洲大学医学院和韩国科学技术信息研究院。考察的收获很大，我们原来是通过文献检索途径收集的信息，没有真正看到设备，也不知道具体怎么操作，到韩国后，结合文献渠道获得的信息，看到实际的操作和设备，我们心里有了数，可以少走弯路，也知道了他们的缺点在哪里，我们怎么在他们的基础上进行改进。

数字人问世

2002 年，"863" 计划进行专家组中期检查。为了推动研究进度，决定进行第二个 "863" 立项，课题名称改为 "数字化虚拟中国人的数据集构建与海量数据库"，改由第一军医大学负责，由当时的解剖学教研室主任原林担任首席科学家。中科院计算技术研究所、首都医科大学、华中科技大学为参加单位。"863" 项目是一个总的课题，里面有很多分支，我们四个单位参与数字人的研究工作，立项后根据不同单位的特长进行分工，各单位承担相应的研究任务，分配科研经费。第一军医大学承担的研究任务是数据集的构建。首都医科大学、中科院计算所和华中科技大学负责后续的数据处理工作，包括重建与分割，并利用我们的数据集编成一些专项应用软件。其中最基础和最主要的工作就是数据的采集，首先要有数据，否则就是 "巧妇难为无米之炊"。我们负责先把米提供出来，再加工由不同单位的根据自己的专长来进行。

进行数字人的数据采集，最关键的环节，也是我们遇到的第一个难题是尸体冰冻切削和数据采集设备的研制和设计。该怎样切削，切削的每个断面怎样记录下来，这个最基础的技术问题不解决，工作就进行不下去。解决这个问题以工程技术手段为主，我们不熟悉，为此我们引进了高级工程师唐雷。唐雷不是学医的，他是个怪才、全才，聪明能干，知识面

---

① 钟世镇：《数字人和数字解剖学》，山东科学技术出版社，2004 年，第 15 页。

很广。唐雷的父亲是一位高级工程师，参与过三峡水库的建设，"文化大革命"中受到波及，影响了唐雷求学，学历不高，但是他很聪明，做过很多行业，曾在工厂打工，后来开公司也很成功。我认识他，是因为他在南方医院挂职，南方医院每年的年终晚会、花车游行等活动，舞台设计的工作都是他负责，因此我们知道他有这方面的能力。后来我们在设备方面遇到困难，就找他进行咨询。一开始唐雷是"友情出演"，帮我们解决了关键的技术问题，包括冷库设计，机械的设计、制造、安装，数据采集系统、存储系统的设计等。研究很快有了实质性进展，逐渐步入正轨。我发现唐雷的作用不可取代，他也喜欢我们团队的氛围，并愿意把数字人的研究作为自己今后的事业，我们就争取特招他入伍。因为他不符合特招入伍的条件，我们专门到总后申请，总后领导说：引进人才可以，为什么不引进高端的人才？我们回答说：我们这个工作就需要他，博士不一定能代替他的工作，他在数字人研究中起的作用非常重要。

另一个关键的环节是标本的遴选。以美国的数字人女性标本为例，采样时五十九岁，一些器官已经萎缩，并不具有代表性。既然我们要做，首先应该让中国的第一个数字人具有广泛的代表性。我们参照《中国人体质调查》，按照解剖学的统计学，选择比较接近于正态分布最高峰的人群，比较理想的应该是青壮年，没有疾病的，身高中等的，可以代表我们中国人的数据。按照这样的条件，选择标本大概花了一年多时间。我们先选定了一个二十八岁的男性标本，非器质性疾病死亡，本人同意捐赠遗体。2002年12月，我们又获得一个女性标本，广西一个十九岁的女孩因不慎吃了毒蘑菇，死于广州，家属同意捐献遗体。经过我们的仔细检查与评估，最终决定首先以这个女性作为人体标本采集数据。先选定的是男性标本，但是第一个切削的是女性标本，因为在我们开始切削时，第三军医大学已经完成了一个男性标本的数据集，为了避免重复，我们先进行了女性标本的切削。

在标本切削和数据采集的技术流程中，第一步是标本处理。首先是尸体固定，然后进行血管灌注，应用管道铸型技术显示血管系统，这个特点其他的数据集没有，将来利用我们的数据集，管道更清晰，可以分离出来，形成独立的三维人体血管系统。尸体处理时间只用了八小时，保证了新鲜度。然后进行标本的包埋与定位，过去主要用福尔马林来进行尸体的防腐固定，但用于数据采集的尸体标本就不能用这种方式，要冰冻起来，保证标本比较完整、不变形。因为水结成冰后脆性较大，而且冰具有较高的反光性和透明性，对断层图像的质量有影响，所以冰冻的包埋材料还要进行处理，添加一些成分。

下一步是尸体切削与数据采集，与国外的数据集相比，我们有很多改进。美国使用的工业铣床，高度不超过四十厘米，所以他们把尸体截为四段，分段包埋，分段切削，缺点是分段处数据丢失，影响了精度。我们吸取这个教训，采用了整体

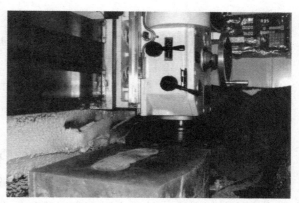

图 7-5　第一军医大学数字人切削专用铣床（资料源于《数字人与数字解剖学》）

包埋，整体铣切，保证了数据的完整性。美国是卧式包埋，立式切削，韩国是卧式包埋、卧式切削。我们采用立式包埋、立式切削，从头切到脚，这样切更方便一些，更重要的是使我们的标本和国外的标本形态上有区别：国外的标本长时间平躺，背部呈平板状，肌肉没有弹性，人体的曲线丢失；我们考虑人体三分之二的时间是竖立的，所以采用立式包埋、立式切削，采集到的数据更能准确反映体位的形态与脏器的位置。美国人是异地冻存，在室温下切削一段时间，快要融解时再送回去冰冻，多次装夹造成数据丢失。我们是一次装夹，连续冰冻连续切削。为实现这些改进，设计了很多配套的设备，自行设计、改造组装了适合人体切削的专用铣床；利用教学楼一楼和地下室设计了双温冷库，一楼作为进行切削采集工作的冷藏库，地下室作为冻存标本的冷冻库，两层套起来，切削时尸体可以提升。每切一片，用扫描设备采集一个图像[1]，"女一号"切了8556片，媒体

---

[1]　第一例数字人图像采集使用 A3 尺寸的扫描仪，第二例使用 A4 尺寸扫描仪，第三例使用飞思后背数码相机，搭载哈苏相机和卡尔·蔡司镜头。见：唐雷访谈，2013 年 1 月 8 日，广州。

的朋友经常问：你们切了几千片，我们能不能看得到这些切片？实际上不是有那么多切片保存下来，是铲掉一片照一个相，每个断层都有一个图像的资料。图像采集的技术要点是恒定，如果不恒定要重新配准，所以都是连续的摄影。我们切削第一个标本时很辛苦，工作人员分三班倒，人停机不停，二十四小时运作，相比国外"人停机停"的做法，优点是使得数据的精确度更高。

"女一号"的数据采集工作从 2003 年 1 月 17 日开始，经过 744 个小时的连续工作，2 月 16 日，标本切削和数据采集完成，数字人"女一号"正式问世了。"男一号"标本切削和数据集构建工作则是 2005 年才完成，因为标本质量特别好，我们没有贸然动刀①。

从第一百七十四次香山科学会议到数字人"女一号"的诞生，仅用了一年多时间完成了国外三四年的历程，这个进程确实是比较快的。有多方面的因素：得到了科技部、自然科学基金委员会和总后勤部的大力支持；从美国和韩国数字人技术中吸取到经验和教训，从而在设计上有所创新；还有多家科研单位的密切协作。

数字人研究过程中遇到的主要困难就是第一次吃螃蟹，心中没数，边进行，边探索。以机器设备为例，切削的机器工业上有很多，我们选择立式切削，要求有所不同，要对已有机械进行设计改造，再重新订做，这些工作是以唐雷为主。尸体处理由技术人员负责，也有挑战，数字人是健康的尸体标本，非常难得，可供切削的标本只有一具，不像我们以前做尸体灌注，可以用教学尸体，一用就几十具，所以都是试探着做，做不到淋巴那些很精细的管道，首先是把主要的管道显示出来。

与美国和韩国相比，数据集采集加工的原理都一样，但方法有所改进。他山之石，可以攻玉。我们进行数字人的研究，是在国外已有的基础上发展起来的，走的是一条引进、消化吸收、再创新的道路。通过前期的

---

① 数字人"男一号"于 2005 年 5 月完成，断面为 0.2 毫米，切削为 9215 片，图像分辨率为 4040×5880。2006 年 1 月 16 日，由中国科学院院士工作局、中国工程院学部工作局和科学时报社共同主办，经 570 名中国科学院院士和中国工程院院士投票评选，《最高分辨率"中国数字人男一号"诞生》入选 2005 年中国十大科技进展新闻。

考察和文献研究，我们认真分析了美国与韩国数据集在关键技术和数据集构建环节上的不完善之处，避免重蹈覆辙。低温冰冻，低温铣切；立式包埋、立式切削；进行血管灌注实现血管标记，都是我们的独创。在数据精度上，美国两例 VHP 数据集的断层间距分别为 1.0 毫米和 0.33 毫米，我们要求切削的精度要超过美国人，数字人"女一号"的切削间距达到 0.2 毫米，后来有一具男性标本，切削精度达到 0.1 毫米，切到一万多片，大力宣传：中国后来居上了，美国人切得比较粗，我们切得更细。其实切削精度是一个辩证的问题，理论上是切削精度越高越好，这样可以获得更为精细的人体数据，但在实际工作中，精度越高，得到的数据集就越大，就需要更大型的计算机处理这些海量的数据，如此大的数据量使得后续开发只能在少数拥有海量存储和超高速运算计算机的单位进行，会导致研究成果难以推广应用，只得束之高阁。

数字人的研究有四个阶段：第一个阶段叫作可视人，实现可视化，就是看得到，我们有数据集，就可以实现可视化了。第二个阶段叫作物理人，真正的骨头碰到外力打击的时候，就会骨折，把物理学的参数与数字人结合，它就可以显示这个物理的反应，这个工作我们也已经开始在做。第三个阶段就非常难了，叫生理人，达到生理人阶段的数字人就跟人一样：比如它有一个肿瘤，从一个细胞，不断地增生，长得越来越大，以后压迫血管，出现症状，供血不足，坏死，生理人可以重现这一生理、病理的变化。第四个阶段叫作智能人，数字人可以思考。现在也有智能机器人，机器人还会比赛打球，但机器人打球都是呆头呆脑的，我们人类的儿童也可以赢它，说明智能化太难了。数字人的研究中，目前还有很多有待探索的难题。不仅构建"数字化物理人"和"数字化生理人"的功能参数提取技术还十分匮乏，即使在第一阶段的"数字化可视人"技术中也还有不少瓶颈。例如，在医学上有重大意义的周围神经系统和淋巴系统等，还难以进行图像识别分割。血管的标识可以根据管道的特性进行灌注，神经有什么特性，我们还没有找到 [①]。

---

① 据唐雷介绍，曾尝试用生物酶和多光谱照射的方法进行神经标识，效果都不理想。唐雷访谈，2013 年 1 月 8 日，广州。

从数字人到数字医学

2003 年，我们举办了第二次数字人议题的香山科学会议——第二百零八次香山科学会议。与 2001 年的情况不同，我们经过了两年实践，建立了自己的数据集，也初步开始将数据集的资料结合到专科进行应用，所以会议的主题有所变化：2001 年的第一百七十四次香山会议是把中国还没有做过的东西提到日程上来，会议主题是"中国数字化虚拟人体的科技问题"，是提出问题，揭开中国数字人研究的序幕。这一次会议的主题则是"中国数字虚拟人体研究的应用和发展"：我们有了数字人，今后要考虑继续发展和如何应用的问题。关键是应用，将数字人技术转化为社会效益，使数字人能够应用于各行各业。我们的数据集构建成功后，大家非常兴奋。数据集是基本的资料，这个资料如何利用，各个学科可以各显神通。数字化人体数据库可分为基本数据库，也就是一次数据库；分割数据库，也就是二次数据库。一次数据库是研发库，目的是按需对数据集进行分割并赋值，以产生能够直接使用的二次数据库；二次数据库是应用库，目的是将数据用于各自不同的研究领域。[1] 在会上大家交流了很多，有一些初步的成果和成品也进行了展示。

图 7-6　钟世镇（前排左一）在第二百零八次香山科学会议上做报告（资料来自香山科学会议网站）

2003 年，对于数字人的应用大家都还在探索。2007 年，我们医学从业

---

① 据唐雷介绍，至 2013 年，三百多家单位已签合同应用南方医科大学的数字人数据集，不提供底层数据。对于应用数据集的提供，根据对方的情况确定合作的方式，根据双方洽谈的结果，提供有偿或无偿的数据。唐雷访谈，2013 年 1 月 8 日，广州。

者的思路就很清晰了，最重要的目标是在医疗上得到应用。数字人的虚拟仿真，在教学上能得到良好的应用，在这个环节上，国外搞得比较早，对人体数据集的开发和利用很充分，VHP 数据集已被四十三个国家，一千多个研究机构引用，编制了不同专业的大批虚拟仿真软件[①]。德国在这方面做了很多工作，他们连自己的数据集都没有，就用美国的 VHP 数据集编成一些软件，做得很好，肌肉的收缩、伸张，都可以做成动画式的虚拟仿真。我们不开发数字人的教学软件，也是因为竞争不过他们，人家的软件已经在全世界发行了，我们再搞就是重复研究了。因此我们略过这个环节，集中精力使数字人技术尽快直接应用于医疗。

2007 年，第三军医大学的张绍祥[②]教授牵头筹办了全国首届数字医学学术研讨会，会议由中国解剖学会、中国数字人研究联络组主办，第三军医大学和重庆市解剖学会承办，在重庆举行。就这样，从 2003 年到 2007 年这四年，转变了方向。现在我很少提"数字人的研究"，只提"数字医学的研究"。医学是对数字人利用得最多的领域，医学研究的对象就是人，在医学上使用好这种技术，可以提高救死扶伤的效率，所以数字医学发展得非常快。

看到这个方向对头，2008 年，我与王正国[③]、戴克戎等几位平常兴趣相投的院士向中国工程院联名申请，由工程院与国家自然科学基金委员会主办了第十一次"工程前沿"数字医学研讨会。中国工程院是中国最高的研究机构，是科研人才最集中的地方，每年都规划相关会议，列入其中的都是中国科技急需发展的重大方向。王正国、戴克戎、俞梦孙、朱晓东、阮雪榆等几位院士和全国的八十多位专家参加了研讨会。这样效果不同了，数字

---

① Visible Human 数据集已经成为可以购买的产品，也可以通过订立合同从 Internet 下载。除了美国国立医学图书馆以外，还在意大利、日本和新加坡建立镜像站点。这样，VHP 数据集就成为全世界医学界的共同财富。哈佛大学、斯坦福大学、罗耶尔大学、科罗拉多大学、华盛顿大学、德国汉堡大学、日本、澳大利亚、新加坡等都在利用 Visible Human 数据集进行开发。

② 张绍祥（1957— ）重庆綦江人，1957 年 10 月出生，医学博士。现任第三军医大学副校长，人体解剖学教授，博士生导师。所从事领域为数字医学，在数字化人体、薄层影像断面解剖学和医学图像计算机三维重建研究方面形成了优势与特色。

③ 王正国（1935— ），安徽合肥人。中国冲击伤、创伤弹道学、交通医学研究的主要创始人之一。1956 年毕业于中国医科大学，在中国人民解放军军事医学科学院野战外科研究所从事研究工作，1978 年野战外科研究所划归第三军医大学建制。1994 年当选为中国工程院院士。

医学成为中国工程院一个重点的发展方向，对数字医学的发展很有好处。

　　在第二百一十八次香山科学会议上，考虑到数字人研究的持续性发展，需要有相应的学术组织为依托，大家商量成立一个学会，但是因为涉及的学科领域太多，学会一时不容易成立，所以在这次会议上成立了过渡性的"中国数字人研究联络组"，计划将来发展为正式的学术团体。由我担任组长，牛憨笨①院士、罗述谦教授和李华研究员担任副组长，第二百零八次香山科学会议的与会专家，只要本人同意，都是这个联络组的成员。联络组虽然比较松散，但也可以把相关人员组织起来，如果我领导得好，就可以定期举行多学科的综合性学术活动，加强各学科的技术协作互补，也相当于群众性的学术团体。2007 年，全国首届数字医学学术研讨会期间，中国数字人研究联络组改为中国数字医学研究联络组，邀请了医学口的一些专家，把从事相关研究并有代表性的学者请进来。因为是松散的组织，只需邀请就可以，也不需要经过选举，还是让我当组长。联络组这种松散的民间组织形式，仅是一种临时性的过渡组织，不是正式的学术团体，缺乏团体组织的领导，既无周详的发展规划，也无定期的学术活动，不能够保证教育、科研、医疗、管理、研发等环节的联络沟通，所以后来准备成立中华医学会的数字医学分会，我们这个联络组又改为数字医学分会的筹备组，同样是我当组长。2011 年，中华医学会数字医学分会成立，现在是中华医学会一个新发展的学会，将来就可以变成一个新兴的学科。数字医学分会正式成立后，由张绍祥教授担任主任委员。本来我们这些老人都不应该参加了，还专门为我们成立一个专家顾问委员会，这个顾问委员会的主任也是我，不干活的职衔都是我的，干活要靠张绍祥他们这一代了。

　　张绍祥是刘正津的弟子，我们非常熟悉。在开拓数字医学研究领域的过程中，我们有很多合作。早期在数字人的研究过程中，我们存在学术竞争关系。第一百七十四次香山科学会议张绍祥也参加了，会议结束后，大家回去都开始探索。我们申请到"863"的项目，张绍祥申请到国家自然

---

　　①　牛憨笨（1940-　），山西壶关人。1966 年毕业于清华大学无线电电子学系，1968-1999 年，工作于中国科学院西安光学精密器械研究所。1999 年以来工作于深圳大学，任深圳大学光电子学研究所所长，光电工程学院院长。1997 年当选中国工程院院士。

科学基金的课题"中国数字化可视人体分割数据集的建立"。究竟谁第一个拿出了数字人研究成果？有争论①。唐雷很好胜，一度产生矛盾，最终让我来做主，我的主张是息事宁人，和衷共济，特别是我跟刘正津那么深的交情，张绍祥是刘正津的弟子，算起来我还是他的师伯，就尽量大家一起合作。而且我要考虑数字医学事业的长远发展。媒体曾经给我戴了个高帽，说我是"中国数字人之父"。我说：如果一定要给我戴顶帽子，只能说我是中国数字人跟数字医学的倡议者，真正的工作是张绍祥这些年轻学者做的，他们正处于干工作、出成果的时候。张绍祥是学医出身，与唐雷不同。唐雷是半路出家，他的特长在搞硬件、技术这一块。我心里有数，事业要发展，要靠张绍祥他们。我就做和事佬：你们应该联合起来，最好还是让张绍祥来挑这个头，因为他是搞医学的，唐雷应该在数字医学研究中做好技术上的助手，因为他还欠缺扎实系统的医学基础。经我一调解，不打不相识，以后大家就变成好朋友了，我们联合起来申请科技奖，大家彼此谦让。2007年，"中国数字化人体数据集的构建"获得国家科技进步二等奖，张绍祥排名第一；推我做排第二，第三才是唐雷，大家很和谐。如果不合在一起，恐怕也拿不到二等奖，因为没有把全国的研究力量和研究成果集中到一起，国家奖毕竟代表国内的先进水平，当时去申报奖项，我们差一点就拿到一等奖了，如果不合起来，谁都拿不到。现在唐雷和张绍祥，称兄道弟很亲热，在数字医学方面合作得非常好。

广东省有自己的数字医学学术组织——广东省医学会数字医学分会，它的成立还早于中华医学会数字医学分会，这个分会的成立是基于我的学生——南方医科大学附属珠江医院方驰华教授开展的数字肝脏研究，得到了广东医学会等各方面的支持。方驰华教授当主任委员，唐雷是副主任委员。我们又成立了南方医科大学数字医学研究所，由唐雷负责，作为在广

① 在学术论文上，第一军医大学首先产生研究成果，2002年6月，第一军医大学完成实验准备工作，包括人体标本遴选、实验设施和设施建设、标本动脉灌注，并进行了标本试切；8月，根据在数字人切片模型建造方面已开展的工作，在《中国临床解剖学杂志》上以专栏的形式发表八篇论文，内容包括人体标本的遴选、数据采集技术、尸体材料预处理、动脉灌注方法、人体表面三维重建及显示等数字人研究的各个方面。数字人人体标本的切削则是第三军医大学首先完成，2002年10月，第三军医大学首先完成了一例男性标本的切割与数据采集。

东省开展数字医学研究的平台。

　　数字人技术在医学领域有广阔的应用前景。应用数字人技术，可以进入手术入路方案的设计，可以对手术的术式进行评估。现在已将数字人的阶段性研究成果成功应用于临床外科手术的模拟研究——借助数字人先练习一下手术，可以利用数字人技术进行理想的虚拟导航手术，例如在脑科的数字化导航手术中，采用数字化的测量技术，可以使脑内微小的器官重现。数字医学在临床上还有很多其他应用：无论患者还是医者，对于手术的结果都是被动接受的，虽然说人体是一架精密的仪器，但是哪个外科手术里面有尺子？不可能去测量，全凭医生的经验。比如做一个股骨头置换手术，要把坏的股骨头切掉，切多少全凭经验。利用数字医学在前期就可以找到一些特征点，哪一点到哪一点切断。找到这些特征点后，还可以设计一些夹具，这样闭着眼睛也能切，手工切厚薄不均匀，而用机器切起来就很简单，设定好刀和板之间的高度，刀一旦转起来，高度是固定的，剩下的工作就是往前推了，可以切得平整均匀。骨盆切除术，要放回一个假体，过去只能按大概的型号，1号身材、2号、负1号、正1号，不是为每个人量体裁衣，只是大致吻合。数字医学就不同了，可以通过 CT，通过影像学，进行立体重建，这个假体装上去就非常适合。诸如此类，都是数字化技术在医学上的应用。很多媒体记者来问，数字人做完没有？永远没有完的时候！就像买电脑，谁买了电脑都会后悔，过两年又落后了，新型号不断涌现，运算速度又快了，应用软件又多了，操作又简单了。用先进技术解决医学领域的问题，不断在创新，在发展。

应用于航天医学

　　航天医学的五〇七所，正式名称是航天医学工程研究所，所长宿双宁[1]

---

[1]　宿双宁（1951-　），广西南宁人。1968年就读第一军医大学，毕业后留校从事生理学教学。后攻读医学硕士，1985年毕业后，分配到航天医学研究所。1992年起参加中国载人航天工程，后任航天员系统总指挥兼总设计师，负责中国航天员队伍的选拔与训练、航天员医监医保和航天员系统总体设计。现为北京航天医学工程研究所所长。

原来在第一军医大学生理学教研室工作。他知道我们搞数字医学与医学生物力学，认为航天医学的一些工作，我们也可以参加，就分了一些相关的课题给我们。

我们第一次参与航天医学的研究工作，是为"神舟六号"航天员座舱的设计提供实验参数。航天员座舱在回收的时候最危险，回收舱落地的时候，如果冲击太厉害，航天员有生命危险。为避免冲击要采取很多保护措施，回到大气层后，返回舱打开引导伞，主伞有足球场那么大，但是落地

图 7-7　参观航天员训练站（左起为古乐梅、钟世镇、宿双宁。钟世镇提供）

的时候速度还是太快，还要有一个制动的反推火箭，先爆破再落地，以此来保障航天员的安全。即使这样也还不够，如果降落场的风速比较大，降落伞没有及时脱离，发生滚动也会伤害航天员。"神舟五号"杨利伟回来是非常危险的，着地时的冲力还是太大。根据这些问题，为了保障航天员的安全，我们与航天医学研究所合作进行了"921返回舱非正常着陆的冲击试验"。

国防科研有个非常好的制度，不在乎能不能发表文章，实际上出于保密制度，他们一般也不允许发表文章。任务非常明确，有需要就立项，承担者按期完成研究。我们负责的课题就是研究返回舱非正常着陆时，怎样保障航天员的生命安全和身体健康。为此我们建了冲击塔和跌落台，做了一些仿真非正常着陆的落地冲击实验，做出了两个数据。首先用机器人模拟人体来取得实验数据，看机器人在各种不同的着陆状况中有什么损坏；然后测试新鲜尸体在非正常着陆时的损坏。其实最后还要进行活人实验，不过这不属于我们的任务。我们根据实验数据提出保护航天员的方案：凡是非正常着陆的冲击，颈椎和腰椎容易损伤。针对颈椎损伤我们提出做一个颈套，就算受到重力冲击也不会损伤颈部；针对腰椎损伤我们提出调整

座椅设计。两个建议，总装备部接纳了一个，颈套这个方案他们不同意，航天要求太严了，即使增加一个小小的东西都有很大影响，颈套太大了，不能接受，但他们把改进座椅缓冲装置的建议吸收到总设计方案里，首次应用到"神六"的座舱设计中，并一直沿用到"神十"上。

我们最早进行的"返回舱非正常着陆冲击试验"，大部分研究手段是属于生物力学范畴的，由医学生物力学实验室承担，后来也有数字化的模拟。"神七"以后，又有了新的任务，航天员太空行走时，怎样避免宇宙辐射的伤害？我们承担了一个课题"数字化人体辐射模型的构建"，但因为我没有直接参加，具体情况不太了解。数字医学在航天医学中的应用，主要由唐雷负责，他知识面很广，头脑非常灵活。航天医学出现了什么新问题，有什么新要求，根据我们自身的特色和优势，可以参加哪一部分的研究，他都积极参与，也等于滚动课题。

第八章
配角人生不染尘

学 术 交 往

得益于从事临床解剖学的研究，我学术界的好朋友比较多，我们与临床医生结合是各取所需，情投意合。刚刚开展显微外科解剖学时期，我处于"求职上岗"的阶段，首先拉了我一把的好友，是朱家恺教授。朱家恺很有开拓精神，追求创新，改革开放后，科学的春天来了，他带头搞显微外科。有一些手术国外文献提到了，中国还没有人做过，他想开展，但对相关的解剖不熟悉，就会找我，因为我们是好朋友。他要上什么新手术，没把握，就到我们尸体房来做，在尸体上搞熟了，再去完成、推广这个新手术。最开始的一些选题思路，就是他提供给我的，我们配合他完成了一些创新术式。后来，朱家恺主编的《中华显微外科杂志》，邀请我跨学科担任副主编，还特别增辟了"应用解剖学专栏"，为我们的专业提供了学术园地。

陈中伟院士，自从我们在海南岛的显微外科学习班结识，一见如故，

图 8-1　钟世镇（左）与陈中伟在海南讲学时的合影
（1984 年。资料源于《钟世镇院士八十寿辰纪念册》）

情投意合，成了莫逆之交。此后陈中伟总找我合作，只要是他主持的显微外科讲学活动，都会邀请我参加。我们携手跑遍了天涯海角、大江南北，培训了大批显微外科优秀人才，也帮助我建立了在这个领域的学术地位。他曾经说："中国显微外科之所以能在国际上长盛不衰，钟世镇提供了坚实的解剖学理论基础。"换别人说这些话，估计没有多大影响；但是陈中伟这么说，影响很大。1995 年我编写《显微外科解剖学基础》时，他帮我撰写了开篇章节《显微外科的发展概况》。在显微外科解剖学这个领域，我得到他的很多帮助和启发。后来，我要搞数字医学，他很支持。2003 年，我主持召开第二百零八次香山学术会议的时候，陈中伟也来参加，还对周围神经干内功能纤维的虚拟仿真进行了开拓性的尝试。当我主编出版《数字人和数字解剖学》时，陈中伟担任了第一副主编。我们一直都在合作，如果他不是发生意外的话，我们本来还应该继续合作下去。他的去世是国家的损失，他比我还年轻，如果不是发生意外，应该还能做很多工作。2013 年，为庆祝陈中伟断肢再植成功五十周年，举办了中华医学会第十届显微外科学术会议暨世界断肢再植成功五十周年庆典，我特意撰写了《感谢断肢再植之父对临床解剖学的提携》一文，回顾了我与陈中伟的友谊。

感谢断肢再植之父对临床解剖学的提携

参加"世界首例断肢再植五十周年庆典"，抚今追昔，感慨良多。饮水要思源，数典要忆祖。忆往昔，当知识分子还属于臭老九时期，听到了竟然有人能为工人阶级接活了断肢，还受到了周恩来总理的接见，有如一声春雷。这则新闻，用事实驳斥了"知识无用论"，为老九们争了一口气，那就是断肢再植之父陈中伟这个名字，出现在我脑海中的第一个印象。

"好风凭借力，送我上青云"。"文化大革命"后，各行各业都面临着重新起步的迷茫。古老的人体解剖学往何处去？扑朔迷离，前途未卜，众说纷纭，莫衷一是。我所选择的临床应用解剖学生涯，开始探索二岗。在这个起步阶段，我有幸在显微外科领域，找到了配角性工作，先后结识了显微外科学界的许多老师和战友。在这一批良师益友之口，陈中伟教授对我的学术成就，给予了重大帮助。在1984年之前，我虽然在显微外科应用解剖学的研究已经做过较多涉及面较宽的工作，但是还没有把这一领域的科研成果，概括提升到系统性、原则性、规律性、理论性高度。

"有缘千里来相会"。我有幸于1984年，作为全国显微外科讲学团的成员，参加了海南岛的讲学活动。相聚于海南鹿回头宾馆一号楼，结识了如雷贯耳的著名学者陈中伟，有机会亲聆教诲。"近水楼台先得月，向阳花木易为春"，在这一次近距离接触中，陈中伟教授用其丰富的临床开拓创新性实践，以其广博的国际学术交流见闻，让人顿开茅塞。"不登泰山顶，安知天下宽"，攀登学术高峰，要站得高，才有可能望得远。陈中伟教授高瞻远瞩的宏观卓识，开拓了我的思路；我的一些粗浅见解，也得到了他的鼓励和赞扬，令人"如坐春风之中，仰沾时雨之化"。陈中伟教授提供的许多导向性原则，为我出版国内外最早的《显微外科解剖学》（1984）和 *Microsurgical Anatoma*（1985）专著，提供了开拓性思路。我们一见如故，成了莫逆之交。此后，只要是陈中伟教授主持的显微外科讲学活动，都会邀请我去担当助手性工作。"几经离聚交逾厚，无可周旋意最真"，我们携手跑遍了全国的天涯海角、大江南北，培训过大批显微外科优秀人才。"春种一粒粟，秋收万颗籽"，参加过陈中伟教授培育众多英才的工作，我引为自豪。

"随风潜入夜，润物细无声"。我早期虽然做过不少皮瓣供区创新发掘工作，但比较零碎分散，得到陈中伟教授的启示后，能提升为血供规律性高度概括；我在前期比较关注移植体的成活，得到陈中伟教授的启示后，更重视成活后的功能康复机理。后来，我在倡导数字人和数字医学研究工作中，陈中伟教授给予了鼎力支持。2003年，他亲自参加由我主持的第二百零八次香山科学会议，还为周围神经干内功能纤维的虚拟仿真，进行了开拓性尝试，并欣然同意在我主编的《数字人和数字解剖学》专著中担任第一副主编。

2010年，中华医学会显微外科分会授予十二位专家"显微外科终身成就奖"的场合，我与陈中伟院士，本来可以同台亮相的机会已经错失。"阳春布德泽，万物生光辉"，现在举行"世界首例断肢再植五十周年庆典"之际，我们要颂扬陈中伟院士"独留巧思传千古"的高超学术成就。我作为临床应用解剖学的工作者，更要感谢他"高节人所重，虚心世所知"的关怀。他曾为我们的《人体管道铸型彩色图鉴》的出版，题辞："解剖图鉴对外科医生来说，就像军事地图对军事家一样重要"，充分肯定我们为外科学家服务的微薄工作。他对我们这些"配角"们，有一句特别暖人心窝的评价，他说："我国显微外科能够长期跻身于国际先进学术行列，得益于应用解剖学理论依据和支持。"今天，我们深情缅怀把毕生精力和全部才华，奉献给伟大祖国医学事业的陈中伟院士。

张年甲教授和我是老关系了。我刚到江西的第六军医大学时，他是江西医学院的，我们同时加入中国解剖学会南昌分会，是老朋友。后来他调到江西医学院宜春分院工作，成为很有名的教授。1987年，他把参与中国人体质调查工作时收集的腹盆部资料写成了一部专著，叫作《腹盆部血管解剖学》[①]。因为我在临床应用的针对性方面给了他一些建议，他很客气，把我列为第二主编，实际上主要工作都是他做的。张年甲非常用功，年纪已经很大了，还要搞美容解剖学。因为我们是老搭档，他还想与我合作，来征求我的意见，我还笑他：老都老了，还改这个行干什么。他非常执

---

① 张年甲、钟世镇：《腹盆部血管解剖学》，科学出版社，1987年。

着，放下身段，亲自到整形美容外科去，拜年轻的专科医生为师，了解他们需要什么，然后才有针对性地编写《美容应用解剖学》①的专著，每天都工作到深夜。1996年1月4日，他还给我打电话讨论专著的编写，跟我通电话的第二天，他因为心肌梗塞，倒在讲台上。后来我听说，他是正讲着课时突然倒下去的，临终前还说：快叫方老师来！他的意思是：我这堂课还没有完成，叫他来帮我讲下去。他真是一个非常执着的人，也真正是一位把终生都奉献给解剖学和医学教育事业的好人。每当想起他，我都觉得他是我们这一代知识分子的典型代表，感到悲凉，也感到悲壮，我们的执着与坚守，可能在有些人眼里看起来很傻，但我们自己觉得不枉此生。张年甲去世前，已经把《美容应用解剖学》这部专著的材料搞好了，出版的时候，他的几个学生要我担任主编。我一再推辞，他的学生王向义②教授等人非常客气，坚持说：我老师一定要您当主编。所以我挂了一个主编，为本书写了后记《烛到尽头光更灿》，这部专著是整形美容外科领域的第一部解剖学专著，希望它的出版能告慰张年甲教授的在天之灵。

烛到尽头光更灿

《美容应用解剖学》的出版，为张年甲事迹陈列馆增添了一件珍贵的陈列品。

张年甲教授是科教战线上一名英勇的战士，是忠诚职守、鞠躬尽瘁牺牲在战斗岗位上的烈士。1996年元月4日下午，从宜春打到广州的长途电话里，张年甲教授向我布置了《美容应用解剖学》编著计划；1996年1月5日早上，当不幸被心肌梗塞击倒之际，拼搏在教学阵线前沿的这位指挥员发出的最后一道战斗命令是："叫方老师替代我上课！"这就是他在科教战线最后一场战斗中，运筹帷幄、前赴后继的战况实录。

张年甲教授是科教园地上一位勤奋耕耘的园丁，他是我国腹部血

---

① 钟世镇、张年甲：《美容应用解剖学》，江西高校出版社，1999年。
② 王向义（1960- ），张年甲弟子，现任江西宜春学院美容医学院副院长兼医学美学研究所所长，教授。

管体质调查研究的开拓者，根据他本人积累的系列研究资料，编著了具有我国民族特色又有临床指导意义的不朽著作《腹盆部血管解剖学》，在中国解剖学发展史上，留下一座丰硕的里程碑；在教书育人方面，他"俯首甘为孺子牛"，数十年如一日，广育众才，特别在中专师资培养上，作出过突出贡献。他是"人民教师奖章"获得者，他的荣誉称号是"全国教育系统劳动模范"和"全国教育系统关心下一代先进个人"；他的真实写照是：视学校为家园，视学生为儿女，视标本为宝藏，视事业为生命。

张年甲教授在学术上是一位永不停步、不断进取的开拓型学者。以他毕生最后主持的大型学术工作《美容应用解剖学》编著为例，这个学术领域并不是他的原有研究方向。作为长期从事血管学和人类学研究的解剖学工作者，他对美容应用解剖学确是一位外行人。记得当初他邀我参加这项工作时，我曾一再推辞，不敢参加，理由是门外之汉，不敢问津。但张年甲教授却知难而进，"欲穷千里目，更上一层楼"。他已逾古稀之年，用"咬定青山不放松"的坚韧精神，广泛收集文献。为追求真知，他"不耻下问"，这位老教授真心诚意甘拜年轻的专科医生为师，尊尊敬敬地当好小学生，在手术和临床第一线专心学习。张教授确是"苍龙日暮还行雨，老树春深更著花"。他以奉献社会美好的需求，抱着添砖增瓦的心态，敢于做第一个吃螃蟹的人，为发展我国美容医学教育，勇挑重担，主持了这部《美容应用解剖学》的编著工作。遗憾的是，他没有目睹本书的正式出版。"烛到尽头光更灿"，张年甲这支红烛，从顶燃到底，一直都是光明的。

在学术工作上，我曾有幸两次参加张年甲教授主持的专著工作。在《腹盆部血管解剖学》和《美容应用解剖学》的编著中，都是依靠张教授的殷实资料、匠心设计、巧妙构思进行编纂的，我仅在结合临床应用针对性方面，提供过粗浅的建议。这次编著《美容应用解剖学》过程中，不幸中途失去了权威的指挥员。我这个远离编著前沿阵地的副手，实际作用显得十分微弱。但《美容应用解剖学》终于能够问世，这里要感谢湖南科学技术出版社，要感谢众多竭诚倡导开拓美容医学教育事业的专家们，要感谢一切共襄张年甲教授未竟事业的同事们和学生们。要特别感谢关怀本书编著全过程的美容医学专业系列教材主委张其亮教授，要特别感谢承担具体任务的、张年甲教授的学生和接班人王向义主任，他们才是真正的主编人。

张涤生院士与其说是朋友，更应该说他是我们的老前辈。因为筹备第十届国际显微外科学术会议，我认识了张涤生院士。他也搞过肢体淋巴水肿的治疗，但他与朱家恺不同，朱家恺是外科手术吻合，他是烘绑疗法，就是把水肿的部位放到他自己研制的一个治疗仪里，用烘绑帮助回流。他知道我和朱家恺搞淋巴管的吻合术，向我了解过一些相关的情况，但我们没有什么具体的科研合作。他和我一样，有过从军经历，他上过真正的战场，抗日期间，他曾随中国远征军到过印度战场，在最前线从事战伤救治工作。最近[1]，张涤生院士了解到崔永元做了一个口述历史采集工作，名为《我的抗战：三百位亲历者口述历史》，采访了三百位抗战亲历者，很感动，他说："老抗战"已是存者寥寥，为了支持这项工作，我有责任、有义务写下自己的经历。因此张涤生院士特意撰写了回忆录《我的抗战：第三百零一位亲历者口述历史》[2]，回忆了他在抗战期间的经历，这部书完成后，张涤生院士专门邀请我为他写序。

现在我参与转化医学的推动工作，与戴克戎院士同声同气。我们也是老朋友，戴克戎院士聪明能干，人很活跃，思路非常广，既注重前沿，也很实干，旦期在骨科生物力学方面做出很多成绩，现在又大力推广转化医学理念。他跟我非常好，有什么事往往都找我一起合作，我在他那里得益不少，很佩服他。2001 年评选院士的时候，骨科有两位候选人，戴克戎和一位西北的候选人，只能有一个人能当选。西北的那位院士现在已经去世了，如果他那一年不能当选，下次就超龄没有机会了。大家都觉得应该支持大西北，就建议戴克戎让一让。当时戴克戎也六十多岁了，到下一届再申请时也超龄了，超龄也可以参加遴选，但是要有六位院士推荐，我是六

---

① 2013 年 7 月 24 日口述。

② 张涤生:《我的抗战:第三百零一位亲历者口述历史》，未刊稿，2013 年。

个推荐人之一。我对他的情操很敬佩，也满怀歉意：本来头一年就该投你的票的，现在你超龄了，还要找六位院士推荐。

我和王正国院士很熟悉，他是第三军医大学的，我也在第三军医大学工作过。王正国最初是在北京的军事医学科学院工作，因为野战外科在那里不是重点发展方向，后来野战外科研究所被下放到重庆的第三军医大学。他很能干，到重庆去打出了一片天，把创伤外科搞起来，后来当选为院士。第三军医大学三位院士（黄志强、程天民、王正国）中，王正国是最活跃的，跟我关系很好。我们有相似的经历，他也是从无名小卒开始，摸爬滚打出来。王正国为人非常好，我这里搞创伤研究也好，后来做数字医学也好，只要我有什么事需要他出面，他都帮忙，有求必应。他担任过中国工程院医药卫生学部的主任委员，在学术界很有影响力，对我帮助很大。

程天民和我也是老关系了。我在第七军医大学工作的时候，他是团支部书记，我是支部的学习委员，关系非常好。程天民研究防原医学，1996年他先成为院士，到我当选院士时，程天民帮了很大的忙。1996年我没评上，1997年再度参加遴选，实际上也很困难。工程院医药卫生学部有四个学组：基础医学组、内科学组、外科学组、药学组，解剖学属于基础医学组，但是搞基因工程、免疫学、分子生物学的也在基础医学组，我们这个古老学科跟人家没得比，讲到 SCI，国际上的影响因子，他们肯定远远超过我。评审过程中，基础医学组四五十个候选人，第一轮初审要选出十个人到大组里去参加下一步的评选，我想出去很难。我的主审人就是程天民，他很巧妙，他说：钟世镇著作不少，奖也很多，但是他的学术成就从理论上讲，我们也不能特别准确的评价，只是听说和外科联系很密切，是不是先把他从基础医学组中推出去，让他到大组，看看人家怎么评价。就这样我在基础医学组的初审中勉强出线，进入第二轮。到大组就不同了，四个组在一起评，能说会道的都是外科医生，外科里我的关系就太多了，很多人说：钟世镇帮了我的大忙。我的票数一下子就上去了，所以说我当院士也有偶然性。

两院院士中，还有很多好朋友，像搞手外科的王澍寰，我们是在学术会议上遇到的，也是一见如故，很投缘。我跟顾玉东也很好，顾玉东这人很有魄力，所以他在手外科能打出天下。还有阮雪榆[①]，上海交通大学搞材料的，也是非常能干，主持了很多大型科研项目，他是广东人，每次都跟我用广东话交谈。

图 8-2　赴日讲学留影（右一为太田义邦，前排坐者为钟世镇。钟世镇提供）

在对外学术交流方面，因为我中学和大学时学德文，工作以后学俄文，学习英文是在 20 世纪 60 年代，中苏关系紧张以后。由于英文的文法、发音与德文、俄文都不相同，我年龄也大了，口语跟不上，学英文就落伍了。因此，我很少参加对外交流。我出国收获不大，不能用口语跟外国同行交流，最好是派学生去，因为他们外语好，而且他们迟早要接我们的班，他们的成长对于我们的事业更有意义，所以只要有出国机会，都推他们出去。我觉得对外交流还是非常重要的，我的学生出国留学时，我给他们交代的任务是：派你出去，主要目的不是在国外做好一篇创新性的论文就回来，出去后要抓紧时间多看看，开开眼界，要尽量多收集信息，拓宽视野，为我们学科的建设提供一些新的思路。不要局限于一个单位，老是跟着一位导师，老是在实验室做课题，做完了就回来，这样意义不大，课题国内也可以做，出国还是以开阔眼界为主。[②]

我第一次出国是到日本去，应日本大阪齿科大学的太田义邦教授邀请，

---

① 阮雪榆（1933-　），广东中山人。压力加工专家。1953 年毕业于上海交通大学。现为上海交通大学材料科学与工程学院名誉院长、国家模具 CAD 工程研究中心主任、上海模具技术研究所所长。1994 年当选为中国工程院院士。

② 1989 年钟世镇首位硕士弟子周长满到加拿大攻读博士学位，行前，钟世镇写信嘱托："有机会见到的学术信息和你自己的分析见解，请多介绍，帮助我们了解国际学术动态。"20 世纪 80 年代，王前、王国英等弟子出国学习归来后，钟世镇都布置他们将对国外学术发展状况的所见写成论文或在学术会议上进行交流，使国内学术解可以了解到国际上的发展情况。

他原来是第四军医大学的客座教授。1993 年，他从第四军医大学回日本途经广州，我们请他做了一次讲座。他也搞铸型标本，他的铸型标本针对口腔科，是显微的，我们是肉眼的。他很幽默，讲座开场先说：我来到你们这里，先参观过你们的标本陈列室，才知道在这里做铸型标本的学术报告是班门弄斧。因为他很佩服我们的铸型标本制作技术，1994 年 10 月，邀请我到日本去参加日本齿科大会，并让我在会上做专题报告。因为我外语不行，请了一个翻译，报告的形式很简单，我把我们的铸型标本展示出来，大家都叫好。在国外，特别是日本，中国大陆学者能做专题报告是很少有的情况，我做完报告，很多中国学生围上来，大多数是台湾的学生。他们说：从来没有中国人在大会上做过专题报告，您是第一位，很有民族自豪感。从此我们学校与大阪齿科大学结成协作单位，我被聘请为大阪齿科大学的名誉教授。后来太田义邦教授退休了，他的接班人也与我们合作得很好。

　　我去过澳大利亚，主要目的并不是进行学术访问，而是因为我的儿子钟鸣在澳大利亚。因为"文化大革命"的原因，钟鸣中学都没有念好，后来没有升学，在国内发展得也不太好。中国有一阵"出国热"，很多在国内没有发展前景的年轻人选择出国，钟鸣也自费出国留学了。出去以后很艰苦，不懂外文，又没有专业技术，只能在唐人街端盘子，口语熟练之后，利用他在国内上电视大学时学到的一些计算机知识，做起了计算机修理工作。后来计算机修理行业很萧条，没有人修理了，一坏就换零件，他就转行搞厨具。厨具倒对了，搞厨具很辛苦，有很多石头的面板，要自己锯，自己扛。澳大利亚人喜欢享受生活，不愿意从事这些辛苦的行业，中国大陆去的很能吃苦，所以他现在做了个小老板。国外没有计划生育，他生了三个小孩，本来我希望，这三个小孩有一个能回来陪爷爷奶奶也好，不行，因为在国外长大的孩子很单纯，国内的人际关系相对复杂，他们回来不适应。既然他们回不来，20 世纪 90 年代，我们还年轻，每年我们夫妇到澳大利亚看他们一次。布里斯班最高的学府是昆士兰大学，1996 年，通过一些国外的朋友介绍，我们顺便去参观一下。参观发现，别的不说，起码他们的铸型标本制作与我们相比太落后了，他们要我做个学术报告，我们的幻灯拿出去，人家都叫好，就建立了一个初步的联系。在昆士兰大学，解剖学不是重点学科，也没有多少经费，很少有学术交流活动。他们很想到我们这里来交流学习，但一直没有来成。

我们与香港、台湾学术交流要比与外国的交流频繁得多。香港大学和香港ロ文大学，与

图8-3　钟世镇（右）、魏福全在第三届海峡两岸手功能重建高峰论坛上（2012年。钟世镇提供）

我们有很多合作研究和学术交流，关系很密切。2002年，我与王正国院士等人接受台湾中华骨科交流学会邀请，一起到台湾访问。当时我们学校还属于军队系统，我们这些三级以上的教授都算将军，去台湾的手续比较复杂，要经过总政的批准，办了大概一年。台湾之行收获很大，参观了阳明大学和台湾最具代表性的一些医院。长庚医院是台湾最大的私立医院，荣民总医院是最大的公立医院，我们参观长庚医院时很震惊，规模非常大，离市区很远，却是最旺的医院，经营得很好，长庚医院的管理模式很值得我们参考。认识了很多台湾骨科学界的朋友，现在联系还是很密切，他们来到大陆就会来叙旧。

台湾的学术氛围很不错，手外科、骨科等专科跟大陆联系很密切。长庚大学医学院的院长魏福全[①]教授是整形外科的专家，我们的丁自海教授跟他们联系比较多。有一次丁自海告诉我，魏福全想与大陆开展手外科的两岸学术交流。2010年，我们合作举办了海峡两岸手功能重建高峰论坛，第一次是在南方医科大学办，当时规模很小，有十六位专家参加[②]。同时约

① 魏福全，整形外科专家。1972年毕业于高雄医学院医学系。现为长庚大学医学院院长，国际整形重建外科联合会副秘书长。

② 首届海峡两岸手功能重建高峰论坛于2010年7月16-18日在广州举行，海峡两岸手功能重建不同领域做出突出贡献的专家同台演讲，介绍各自在该领域的开拓性工作，同时探讨两岸的科研合作事宜。2011年，第二届海峡两岸手功能重建高峰论坛在台北举行，2012年，第三届海峡两岸手功能重建高峰论坛在山东济南举行。

定了第二届，在台湾举行，第三届又回到大陆，现在已经发展成为一个常规化的学术会议了。第二届在台湾举行时，我也作为大陆手外科的代表参加了，事实上不应该由我来代表，手外科应该是顾玉东、王澍寰他们做代表，在做报告时，我把大陆的手外科整个发展过程与现状向台湾的同行做了介绍。

领　路　人

回顾过去，早期解剖学与生理学还没有分家。当发展到解剖学与生理学各自独立的阶段，人体解剖学研究以纯形态学的描述为主，出现了系统解剖学这个专科名称。随着医学的发展，尤其是外科学的诞生，有很多外科手术需要与人体结构相结合，因此出现了局部解剖学、外科解剖学、应用解剖学等专科名称。临床解剖学这个专科名称的正式形成，首见于1991年全国自然科学名词审定委员会公布的《人体解剖学名词》[①]，表明密切结合临床的解剖学研究方向，符合科技发展的需求，通过实践检验，被正式确认。科学名词对于国家科技制度具有法定性质的意义，词条的建立象征着临床解剖学真正成为科学领域的一个分支。

在临床解剖学的发展过程中，解剖学者不断引进新技术，拓宽探索领域，继早期最有影响的显微外科解剖学之后，又出现了医学生物力学、影像断层解剖学、微创外科解剖学、数字解剖学等研究方向。其中，中国解剖学会人体解剖学专业委员会的导向作用不容忽视。学会是领导学科发展的学术团体，全国学会就是一个指挥全国学科发展方向的决策机关，办好学会很重要。解剖学能够有所发展，中国解剖学会的领导至关重要。

中国解剖学会进步的表现，首先是分支机构的设置越来越合理。我在"文化大革命"以后开始参加解剖学会，早期学会的组织机构是很粗糙的，

---

① 解剖学名词审定委员会：《人体解剖学名词》，科学出版社，1991年。

只有人体解剖学专业委员会、组织学与胚胎学专业委员会、神经解剖学专业委员会等、人类学专业委员会四个分支机构①，后来根据学科发展的需要不断设立新的专业委员会。② 1988年，在人体解剖学专业委员会下设临床解剖学

图 8-4　大庸会后留影（左起为刘正津、何光篪、钟世镇。钟世镇提供）

组。2006 年 10 月，在南京举行的中国解剖学会第十一届全国代表大会期间，正式宣告临床解剖学分会成立。成立分会就是承认在解剖学这个大的学科领域里，临床解剖学是一个重要的发展方向，说明经过我们的努力，临床解剖学已经争得了一席之地。

我在 1986 年的中国解剖学第六届代表大会上当选为学会的副理事长。理事长是薛社普院士③，他是组织胚胎学方面的权威教授，在学会中，神经解剖学、组织胚胎学由他主抓，我这个副理事长分管了人体解剖学这个方面。在人体解剖学专业委员会里，第一任主任委员是何光篪教授，后来他退下来了，人体解剖学专业委员会就由我接班。我跟何光篪教授领导这个分会的时候，还是做得比较好的，注重学科发展的前瞻性。

----

①　1982 年 9 月 16-22 日，中国解剖学会第五届代表大会暨学术年会在江西庐山召开。期间召开第五届理事会第一次会议，理事会决定成立四个专业组：大体解剖学组、神经解剖学组、组织胚胎学组、体质人类学组。何光篪担任大体解剖学组组长。1985 年 9 月 21-23 日，在安徽省屯溪市召开了中国解剖学常务理事扩大会，会议决定专业组改称专业委员会。在 1986 年举行的中国解剖学会第六届全国代表大会上选出各专业委员会的主任委员，人体解剖学专业委员会主任为何光篪，副主任为钟世镇、高贤华。

②　目前中国解剖学会的分支机构有：人类学专业委员会、人体解剖学与数字解剖学专业委员会、神经解剖学专业委员会、组织胚胎学专业委员会、断层影像解剖学专业委员会、再生医学分会、临床解剖学分会、医学发育生物学分会。

③　薛社普（1917-　），广东新会人。细胞生物学家，实验胚胎学家。1948 年毕业于中央大学，获硕士学位。1951 年获得美国华盛顿大学博士学位。回国后先后于大连医学院、北京师范大学、北京中央卫生研究院从事教学与科研工作。1959 年起任协和医学院教授。1991 年当选中国科学院院士。

　　1985 年、1989 年，我们在屯溪与大庸召开了两次人体解剖学"研究方向与方法"研讨会①，学术界公认这两次会议在中国现代人体解剖学的发展历程中具有里程碑的意义。我们开会的主要目的是考虑科研方向的发展前景，有什么方向，有什么可能，应该在哪个领域探索。采用研讨会的形式，大家畅所欲言，凡是合理的东西，我们都把它总结起来，作为整个学科发展可供参考的方向。比如，在大庸会议上，尽管当时我们的医学生物力学实验室也只是刚刚起步，我就极力推广生物力学解剖学的研究。② 现在我依然很怀念屯溪会议和大庸会议的工作方式。

　　关于中国解剖学会今后的发展，我认为，通过学术组织主要解决的问题应该是：我们这个学科将来怎么发展。要领导好一个学术团体，最重要的是探索发展的方向，有什么前景，有什么困难，总结成功与失败的经验教训。不能一开学术会议就是论文报告，论文报告完就结束，没有意思。我主张：学会的任务是指导、开拓、绘制和规划前景，这样的学会才是好学会。

　　对于我们解剖学者来说，尽管随着学科逐步成熟，临床解剖学的创新看起来有困难，但事实上不困难。现在临床医生能够解决的东西还很有限，很多东西要他们去创造发明，他们的创造发明里肯定要涉及我们形态学，也就是说，我们解剖学在临床应用这方面大有可为，只要临床还有困难，我们就有可能有助手性、配角性的工作可以做。

　　近几年，我经常就转化医学理念的推广做一些呼吁工作。转化医学就是说：基础研究的东西，要转化成临床实际需要的效益，临床提出的问题，要转化成基础研究的规律，叫作双向转化。这个理念其实早就有了，

---

①　关于"人体解剖学研究方向与方法"，中国解剖学会人体解剖学专业委员会共举行了四次研讨会：1985 年 9 月 21-23 日在安徽省屯溪市，称为大体解剖学研究经验交流及方向探讨会；1989 年 10 月 20-25 日在湖南省大庸市，称为临床与应用解剖学学术研讨会；1993 年 10 月 15-17 日在重庆市，1995 年 9 月 17-21 日在上海市，分别称为第三次与第四次科研方向与方法研讨会。
②　以大庸会议为例：本次会议的目的和任务为互通信息、交流经验、探讨临床解剖学发展的前景与措施。专题发言围绕四个方向进行：发展应用解剖学的意见，介绍国外临床解剖学的信息，新学科、新技术的介绍，开展临床解剖学研究及措施。在新学科、新技术的介绍方面，钟世镇提出发展外科解剖生物力学的研究，左焕琛对计算机图像分析三维重建技术进行介绍，陈昌富介绍了影像技术的发展和应用，都对以后的解剖学研究方向有深远的影响。

以前我们搞临床解剖学，都是有应用效益的，正因为符合转化医学的理念，才有好的发展。为什么现在还要大力宣传？就是因为有很多东西已经走了样。举个例子，现在国内要提职称，都有量化指标，要有多少论文，有多少科研基金，论文影响因子有多少，得到多少奖，哪一个级别的奖，这些是不是能够反映真实的学术水平？不！我常开玩笑说：如果我有病要做手术，我不会找那些破格提升的尖子，我要找那些老黄牛，职称提不上去，因为他不会发表论文，但是手术做得特别好。

这反映了一个问题，近年来发现，有很多所谓论文是垃圾论文，论文发表后谁也不看，连作者本人也不看，就是为了拿一个学位，拿一个职称。专利亦如此，现在中国的专利那么多，但是如果没有开发产品的价值，就不能转化为经济效益。现在提出一个新的定义：什么叫创新？创新是我们的知识转化为社会效益或者是经济效益的一个过程，如果不能转化为社会效益和经济效益，这些论文和专利都不算是创新。因此形成了转化医学，比较有名的杂志，像 *The Lancet*、*Nature* 等，都在提倡，使转化医学成为近些年国内外一致注重的理念。国内的戴克戎院士、中国工程院医药卫生学部主任杨胜利院士[①]等，都在进行提倡转化医学的工作。

现在我参加学术会议时，如果要我讲话，我还是遵循我一贯的原则——因材施教，我要问一下：来参加会议的是哪些人，从事什么工作，对什么问题感兴趣，需要在我这里得到什么帮助，有针对性的做好准备。现在大多数的会议都安排我讲一些宏观的东西，因此我也到处讲转化医学，具体结合到解剖学科，来说明创新是重要的，但创新要有转化医学的理念指导，要有用，不要搞空洞的东西。纯理论的研究不一定马上有效益，要扶持，但是不能所有人都搞纯理论研究。现在我们国家的科研决策也是这样，要对基础理论研究大量的投入支持，但是同时要特别重视能转化成为社会效益或者经济效益的研究。

---

① 杨胜利（1941- ），江苏太仓人。生物技术专家。1962 年毕业于华东化工学院有机化工系。现任中国科学院上海生物工程研究中心研究员。长期从事基因工程在酶、发酵和制药工业中的应用研究和开发。1997 年当选为中国工程院院士。

一片冰心在玉壶

从 1951 年敬爱的柯麟院长命令我担任解剖学教研室实习助教那一天，我就意识到，我在医学领域扮演的角色，将是一员配角。医学的主要使命是治病救人，救死扶伤，舞台上的主角是临床医生。人体解剖学的教师，只能讲解人体的结构知识，只能与没有生命的尸体打交道，再没有机会出演治病救人的主角。

但是，在解剖学这个古老的学科，我能做出一些成绩，得到了社会的认可，归根结底，恰恰是因为我为治病救人的外科医生当好了一名配角。"牡丹虽好，仍需绿叶扶持"，今天，学科分化程度远胜往昔，像居里夫妇那样，仅靠两夫妇的艰苦奋斗就能有重大突破的时代已经不复存在，没有科研协作是很难取得重大科技成就的，而科研协作就必然有人当主角，有人当配角。

甘当配角，体现在科研理念上，也体现在合作模式上。我们做临床解剖学，一般是和临床医生协作研究。想当年开展科研协作，我什么类型的人都遇见过，协作得好，我们一辈子都协作，变成好朋友；协作得不好，就是一锤子买卖，下次不干了。世间百态，跟人的素质有关，宽容、和谐，就一辈子都当朋友，狭隘的人以后就不联系了。像我这种性格的人，比较容易跟人合作，因为我从不斤斤计较，这是能够开展良好协作的基石。我的协作经验就是互敬互利，不要太过汲汲于名利。在成果发表时，我从来不要求作为第一作者，不做名利之争。我知道，真正能够直接治病救人，救死扶伤的，肯定是临床医生，不会是我们解剖学工作者，我们的任务是协助他们，做好"配角"。甘当配角的理念，使我们很容易跟临床医生相处，合作融洽，协作单位非常多，极少为了争名争利发生矛盾。特别是在国内显微外科遍地开花的阶段，新术式的开展需要解剖学的依据，很多外科医生都愿意找我们合作，由此成就了我的配角人生。

有一次，我去北京参加学术交流活动，东道主安排了宴会，参加宴会的一位书法家，为每位专家题写了一张横幅。原来拟定给我题写的是"龙马精神"，我改请他为我题写了"配角人生"四个字，此后，这横幅一直挂在我的办公室。

从事解剖学，就是要服务临床，就是不能怕当配角。三百六十行，是社会分工的需要，每个行业的社会地位不同。我们不能同前沿学科比，但是要把自己的本行做好。行行出状元，临床解剖学我们做得最好，也算是状元。我这个行业，不是最先进的行业，也不是治病救人、救死扶伤最主要的角色，我们要当好大领域的"配角"，当好本行业的"状元"。

1997年，我已进入古稀之年，没想到又当选为中国工程院院士。中国工程院是1994年才成立的，原来只有中国科学院，没有工程院。但是中国科学院偏重基础研究，很多搞应用研究的人很有意见。例如航天、地质、勘探开发，很多在这些领域取得重大成就的学者，评选中科院院士很难通过，因为应用研究不是原始创新。最明显的例子——袁隆平，他的水稻增产研究取得很伟大的成绩，但是不能当选中国科学院院士，因为杂交水稻不是原始创新，袁隆平只是用好了这个方法，带来了经济效益。鉴于这些情况，尤其是改革开放以后，工程技术人员发挥的作用越来越显著，1994年中国工程院成立。成立之初院士少，把原来中科院里与应用研究有关的院士作为两院院士——既是中科院院士，也是工程院院士，所以有些老科学家是两院院士，是因为这样的历史原因，以后再没有新增的两院院士了。①

图8-5　第一军医大学举行钟世镇教授荣获中国工程院院士称号庆祝大会（中为钟世镇。钟世镇提供）

---

① 第一批中国工程院院士遴选包括三十位工程背景比较强的中国科学院学部委员，遴选原则是：中国工程院的发起人，有国外工程院院士称号的中科院学部委员，对工程技术确实有重大贡献者，来自产业部门研究院所及大学的中科院学部委员。后又增加了几位年长且德高望重的中国科学院院士加入两院院士行列。

1995 年开始吸收新的院士，增选院士有几个渠道：一个渠道是省部级单位的推荐委员会，广东省有，卫生部有，军队系统由总后党委来推荐；另一个渠道是学会和学术团体推荐；还有一个方式是三位院士共同推荐。通过这几个推荐渠道，选出正式的候选人，上报到工程院。工程院进行选举，大概有三四百个正式候选人，工程院每年只有六十个名额，这六十个名额往往还用不完。第一轮选举将四百个候选人减少到二百个左右。第二轮要答辩，答辩通过了成为院士。1997 年起，因为工程院院士已经比较多了，改为每两年增选一次。

1996 年，学校报了我，但是我没有选上，搞应用科学的老科学家都是那几年参加工程院院士评选，我跟他们相比资历又浅一点，还轮不到。1997 年，本来学校没准备上报，是总后勤部和总政治部提醒学校：钟世镇虽然在 1996 年没有选上，但排名已经很靠前了，再报吧。所以又报了一次，因为前一年，很多老一辈的科学家已经当选了，就轮到我了。学校当然很高兴，专门召开了一个庆祝大会，雷杰政委①给我挂了个大红大彩，以示庆祝。

当选院士之后，生活还是有变化的，我写过一篇感想《亲友如相问，冰心在玉壶》，主要的感想就是：我没想到古稀之年能当了院士，本来是"晚年唯好静"，现在又卷入到这个热闹的旋涡里来了。院士不是职务，是一个荣誉称号，有了这个称号，大家都来请，什么会都邀请我参加，我的日程排得满满的，其实没有几个会是我本行的。不去人家又说架子大了，请不动了。我本来就是挺随和的人，那就参加吧，而参加了实际上什么问题也解决不了。但是有了这个称号也有好处，现在我一般不申请基金了，但年轻人要申请基金，写上我的名字，说：我们是钟院士支持的，对开展工作有很多便利。

多年来我获得了很多荣誉，年轻的时候觉得这些荣誉能带来成就感，觉得自己的努力得到了认可，年纪大了，也都看得淡了，大多数奖励我都记不清了。自己最看重的，还是《显微外科解剖学的研究》所获得的国家

---

① 雷杰（1945-2001），安徽萧县人，1965 年参军，1993 年晋升为少将，1994 年任第一军医大学政治委员，党委书记。

科技进步二等奖，因为是国家级的奖励，代表了国家级的科学技术发展水平，也代表了我所开辟的显微外科解剖学这个学术方向得到了认可。1985年，我的《显微外科解剖学的研究》获得国家科学技术进步二等奖。当时国家科技进步奖刚刚开始设立①，我不太熟悉奖项申报的程序，姜泗长②教授跟我关系特别好，我当选第六届全国人大代表时，几个军队代表中他资格最老，我们总跟着他。他提醒我：你的《显微外科解剖学》可以报奖。他给我出了很多主意，我按他的建议进行申报。20世纪80年代，国内评奖还不是特别看重SCI，国内发表的文章都被认可，我们已经有一百多篇文章了。最重要的是，《显微外科解剖学》的专著已经出版了，我已经把显微外科有关的基础研究提升到理论性、规律性的层次，不再是东一个西一个的大杂烩，因此获得了国家的科技进步二等奖。

我曾获得过六个国家科技进步二等奖，除了上述的"显微外科解剖学的研究"，我算是第一作者，唱了主角之外；其他的五个项目，我都是一员配角，只提出过部分思路，由别人去做成功的。如高建华③教授的《真皮下血管网皮瓣的开发与拓展应用研究》④，属于整形美容外科的成功例子，我配合过其中的部分工作，署名排在最后。再如我的研究生裴国献的课题《严重特殊类型肢体创伤修复新技术应用研究》⑤，我只是提醒过他：下肢遭遇了巨大的损伤，邻近的主要血管都破坏了，你想一想，用什么办法能将远方的主要血管桥接过去？他做成功了，拿到国家科技进步二等奖，我是作者之一。广州军区广州总医院在处理上颈椎疾病方面有特长，但是上颈椎的神经、血管和脊髓的关系非常密切，必须要注意避免损伤脊髓，如何避免？我提供过解剖学的有关资料和思路，他们的创新性手术做成功了，获得国

---

① 国家级科学技术进步奖于1984年由国务院设立，该奖项是1999年国务院颁布《国家科学技术奖励条例》设立的五项国家科学技术奖中的一项。

② 姜泗长（1913-2001），天津人。耳鼻咽喉科专家。1938年毕业于北平大学医学院。中国人民解放军耳鼻咽喉科研究所所长、教授。1994年当选为中国工程院院士。

③ 高建华，南方医科大学南方医院整形科主任、教授、博士生导师。

④ "真皮下血管网皮瓣的开发与拓展应用研究"，2003年获得国家科技进步二等奖，钟世镇排名第十，课题负责人高建华。

⑤ "严重特殊类型肢体创伤修复新技术应用研究"，2002年获得国家科技进步二等奖，钟世镇排名第二，课题负责人裴国献。

家科技进步二等奖①。从科研项目上来看，我的人生，六分之五是配角。

　　另一个对我具有特别意义的奖项是"柯麟医学奖"②。我亲身经历过中山大学医学院的柯麟时代，我认为那是中山大学医学院最辉煌的时期，就像赵云宏校长之于第一军医大学，柯麟院长是一位开拓者，把中山大学医学院建起来，所以我和我的同学都非常尊敬我们的柯麟老院长，在他去世以后，为他设立了柯麟医学教育基金，每年都向有成就的校友授予柯麟医学奖。第一年这个奖就颁给了我，奖金很少，但对中山大学医学院校友是最高的荣誉。所以每次填写材料我都会报上这个奖，这个奖比何梁何利奖影响小，但是意义不同，它代表母校给我的荣誉，又以柯麟院长命名，所以才让我觉得无比骄傲。

　　2010年，中华医学会显微外科学分会的学术年会召开，裴国献主持，他提出要为在显微外科领域有贡献的老专家专门设立一个"中国显微外科终身成就奖"，这是最高的荣誉，共有十二个人获奖，十二位获奖者里，当时有六位已经去世了：第二军医大学的屠开元③教授，人体断肢再植术成功以前的动物实验就是由他做成的；第四军医大学陆裕朴④教授，是一个非常了不起骨科专家；陈中伟教授是举世皆知的世界断肢再植之父；杨东岳教授，进行了第一例游离足趾移植再造拇指手术；东北的杨果凡⑤教

---

①　"严重性寰枢椎脱位合并四肢瘫新术式研究"，1990年获得国家科技进步二等奖，钟世镇排名第三，课题负责人刘景发。此外，钟世镇获得的另外两个国家科技进步二等奖是："外科实用管道铸型标本制作法的研究和应用"，2000，排名第五；"中国数字化人体数据集的建立"，2007，排名第二。

②　1998年，钟世镇获得首届柯麟医学奖。

③　屠开元（1905-1999），上海人。著名的医学教育家，骨科学和创伤外科学的奠基人和开拓者之一。1929年在德国柏林大学获医学博士学位。第二军医大学原副校长。1960年，他在极度简陋的条件下，开展了完全离断肢体再植术的动物实验，成功地解决了小血管吻合后的通畅率以及再植肢体远段肿胀等关键问题，为中国创建断肢再植术打下了坚实的实验基础和有关的理论基础。

④　陆裕朴（1917-1993），江苏宿迁人。骨科学专家。1942年毕业于中央大学医学院，1949年赴美国留学。曾任第四军医大学副校长。1976年指导完全离断的十指再植全部存活，为世界第一例。

⑤　杨果凡（1928-1997），黑龙江拜泉人。整形外科专家。1948年毕业于中国医科大学。历任东北军区第一陆军医院军医，沈阳军区总医院整形外科主任、主任医师兼第四军医大学教授。1981年首次报道前臂桡动脉皮瓣，国际上称为中国皮瓣。

授，前臂皮瓣（被命名为中国皮瓣）的发明人；还有解放军三〇一医院的朱盛修①教授。活着的还有六位，其中四位参加了那次会议：德高望重的张涤生教授，此外有朱家恺、于仲嘉②和我，我们四个人照了一张相。有两位没有到会：一位是顾玉东院士，另一位是八十九医院的王成琪③，他培养了很多学生。获奖者中，十一位是外科专家，只有我一个是解剖学家。

图8-6　四位获奖专家合影（左起为于仲嘉、朱家恺、钟世镇、张涤生。钟世镇提供）

　　其他的更多的奖项和称号，像"何梁何利奖"④"总后科学技术一代名师"⑤等，我只能说：很感谢各个方面给我这么高的荣誉，但是人一红百顺，重重复复的荣誉称号太多了，也没有什么意思。有时候，这些奖项有一些奖金，可以用于推动学科建设，这是一件好事。2009年，我获得广东省科技突出贡献奖，有二百万元奖金，规定其中一百五十万元用于学科建设，就是奖给教研室的，五十万元奖给个人。我从以往的经历中得出结论，不能当太上皇，所以我从主任的岗位上退下来，从不干预新领导的任何工作，这一百五十万元怎样支配我不过问。我个人的那五十万元就可以拿来培养二部，有些人出国进修得不到资助，我可以帮他们解决困难，这是我可以支配的。

---

　　①　朱盛修（1930-2006），湖北麻城人。骨科专家。1956年毕业于哈尔滨医科大学，分配到中国人民解放军总医院（三〇一医院），曾任骨科主任。

　　②　于仲嘉（1929-　　），山东文登人。显微外科学专家。1959年毕业于安徽医学院，分配到上海市第六人民医院，1964年起开展断肢再植、四肢显微外科的实验和临床工作。

　　③　王成琪（1931-　　），山东费县人。1944年参加革命，从事部队卫生工作。1963年毕业于第七军医大学，后任济南军区八十九医院副院长兼全军创伤骨科研究所所长。

　　④　1996年，钟世镇获得何梁何利基金科技进步奖。

　　⑤　1996年，总后勤部评选二十一位专家教授为第一批总后科学技术一代名师。

曾经有媒体记者问过我：为什么你在学术上的成就越来越大，但在论文署名上越来越靠后？其实这是最值得欣慰的好事。长江后浪推前浪，一代新人胜旧人，就是学术发展的客观规律。老科技工作者，在发表成果和申报奖项时，应该多给年轻人创造机会，因为事业的发展归根结底要依靠年轻人。像 1989 年，我们解剖学教研室的"人体解剖标本制作法的研究和应用"，获得了国家科技进步三等奖，当年申报国家科技进步奖规定作者不能超过五人，我们教研室刚好有五名年轻的技术员，所以这个国家科技进步三等奖就没有我的名字。到我这个年纪都很现实，日薄西山，风烛残年——现在还有光辉，风一吹就没有了，这是自然规律。人应该知足，知足者常乐。我很愉快，按平均寿命我有得赚了，有得赚就应该高兴。在我这个年龄段，最重要的是能够愉快地度过晚年。现在，我已经是"九零后"了，不谈什么人生计划了，听取"冰寒于水"的门徒们的好消息是我最大的享受。2014 年，我九十周岁的时候，出版了《配角人生》[①]，把我人生主要的经验，把我学生们的成就，能够记录下来，我觉得很满足了。

现在回望自己走过的路，有个人能力的因素，还要有机遇，有能力不一定能成功。我经常讲起我的遭遇，用意是，提示现在的年轻人，"天下不如意事，十居八九"，人生的旅途上，既有艳阳高照，也有阴云遮天，有时候还是狂风暴雨，一帆风顺的人生是不存在的，更不是一条铺满鲜花的道路。要有"走坎坷不平人生道路"的准备。顺境的时候要居安思危，逆境的时候要坦然自处。人的一生，总会有挫折的，有的人受挫就折，每挫每折，结果一蹶不振；有的人遇挫不折，越挫越坚强，这种人终会有所成。

一个人渴望成功，向往辉煌，是值得赞赏的人生选择。人生就是要有追求，要有精神，要有理想。但是，积极的人生观，必须以科学的世界观为基础。也就是主观的愿望要与客观相符合。主观与客观的关系，大概有

---

① 2006 年，钟世镇的弟子将钟世镇的一些人文类作品加以整理，编为《夕花朝拾》——耄耋为夕，文思为花，后辈为朝，承传为拾，书名寓意传承钟世镇宝贵的人文财富。2010 年，钟世镇八十五岁寿辰之际，提出不接受任何形式的祝寿仪式，只希望在《夕花朝拾》的基础上，增添《桃李芬芳》一章，供门下弟子展示业绩和成就。

四个环节：首先要认识自己；然后要认识客观；接着要适应客观；最后有能力了，再去改造客观。最高的目标是改造客观，但是，之前的三个环节要先解决好。我的体会可以用两句话概括：第一句话是"量力而行"，第二句话是"尽力而为"。客观的大环境，大多数人都没有办法去改变，但是要尽自己最大的能力，把岗位工作做好。这也是我反复跟学生们强调的——岗位成才。

成功的因素还有"做人"的问题，做好事情的前提是做好人。诚信待人，融入群体是关键。个人体会，学习做人有个很简单的标志：就是在群体里能否与多数人共事。要求也不多，"肯替别人着想，是第一等学问。"做到了这一点，与你相处过的人们，都觉得人格上得到尊重，工作上得到帮助，如沐春风；只为自己打算，不替别人着想，甚至损人利己，结果是孤家寡人、冷冷清清。这种人不可能有知心的朋友，不可能融入群体，工作上好像越来越清闲，其实在他精神上会越来越空虚。有句俗语："善门难开，善门也难闭。"大家都知道你乐于助人，就有更多的人来求你帮助，不知不觉之间，你的担子就会越来越重，如果你不负众望，能把服务性工作做好，说明你的能力就越来越强了。

每一个时代，有每一个时代的旋律；每一代人，有每一代人的境遇。每当与年轻人讲座，邀请我谈点个人的感想与见解，我考虑到人生旅途中经常涉及的问题，可以归纳为如何做人，如何做事，如何做学问，因此把我的毕生体会概括为三句话，说给年轻人：交贵于诚，诚则有朋；业精于勤，勤能补拙；行成于思，思可创新。

附录一 钟世镇年表

1925 年
9 月 24 日，出生于广东省五华县周潭约冰鉴村（现五华县周江镇冰坎村）。父亲钟岐，母亲李芷。

1932 年
入读钟氏家塾琴书第。

1933 年
入读澄海县立女子小学。

1935 年
冬，入读广州私立培英中学附小。

1937 年
6 月，回到家乡五华读私塾。

1938 年

8 月，就读于五华私立培英小学。

1939 年

1 月，入读五华乐育初级中学。

1942 年

1 月，初中毕业。就读于五华县布项村私塾。

9 月，入读广东省梅县乐育中学。

1943 年

10 月，乐育中学高中部的同学集体加入三青团。

1944 年

11 月，毅然决定放弃学业、投身抗日，报名参加青年军。

1945 年

3 月，青年军入营，入伍后先由驻广东省蕉岭县的青年军新兵第一总队接收，原地集训。后到福建省龙岩的军士队受训。

5 月，钟世镇被编入青年军二〇九师六二五团三连，任上士排附，驻广东蕉岭广福乡。

8 月 15 日，抗日战争胜利。

11 月，随青年军开赴福建，驻南平。

1946 年

1 月，随青年军开赴浙江宁波。

6 月 3 日，完成抗战光荣使命，复员。

6 月，赴杭州参加升大学的补习班，为期三个月。

9 月，考入国立中山大学医学院。

1947 年

上半年，大学一年级下学期，修习课程包括德文、生理学、医科动物学、普通化学、普通物理学、数学、国文、英语。

下半年，大学二年级上学期，修习课程有解剖学、组织学、胚胎学、生理学、化学生物、德文、心理学、英文。

1948 年

上半年，大学二年级下学期，修习课程有解剖学、组织学、胚胎学、有机化学、德文、心理学。

下半年，升入大学三年级，修习课程有病理学、尸体解剖实习、细菌学、寄生虫学、药物学。

对国民党统治下的腐败现象产生不满，感情上倾向共产党，开始参加共产党领导的地下学联活动。

1949 年

夏，参加中山大学暑期工作队，开展农村群众工作。

9 月，广州解放在即，为避免国民党撤退前夕转移和破坏校产，国立中山大学医学院组织成立应变委员会，担任纠察队队长。

10 月 14 日，广州解放。

1950 年

4 月，由中山大学原地下学联成员岑军辅、周福郎介绍，加入新民主主义青年团，担任团支部书记、团总支部委员。

6 月，朝鲜战争爆发。国内掀起"抗美援朝，保家卫国"的运动，报名参加中国人民志愿军，未被批准。

1951 年

6 月，开始毕业实习，担任中山大学医学院解剖教研室实习助教工作。

8 月 3 日，与古乐梅结婚。

9 月，参加光华医学院举办的"中南行政区高级解剖师资进修班"。

1952 年

6 月，大学毕业，分配到江西省南昌市中国人民解放军第六军医大学，担任解剖学助教。

1953 年

8 月 30 日，女儿钟玲出生。

本年度因教学成绩突出，荣立三等功，并受团内通报表扬。

1954 年

4 月 7 日，中央军委作出《关于军医大学整编的决定》，将七所军医大学合并成为四所，其中第六军医大学与第七军医大学合并，命名为第七军医大学，校址定在重庆。

7 月 28 日，中国解剖学会南昌分会成立，加入第一个学术团体。

8 月 27 日，原第六军医大学教职员工携图书、仪器等校产迁离南昌，于 9 月 12 日到达重庆。

本年度因教学成绩突出，荣立三等功，并受团内通报表扬。

1955 年

第七军医大学开始肃反运动，于重庆凤鸣山进行隔离审查。

1956 年

9 月 4 日，形成肃反审查结论：不以反动党团骨干论处，可作为历史问题看待，继续留校工作。

1957 年

夏，赴北京看望古乐梅。

1958 年

7 月，被指派到学校果儿丘农场参加干部锻炼，时间半年。

10 月，在《解剖学报》第 3 期发表第一篇论文《椎动脉颅内段、基底动脉及其主要分枝的观察》。

本年，被评为技术革新和教学二好标兵。

1959 年

年初，成为成都军区羽毛球代表队运动员，兼任队长、教练。

3 月 20 日，儿子钟鸣出生。

5 月 6—16 日，代表成都军区，到北京参加全军第二届运动会羽毛球比赛。

本年度荣立三等功；并因在校内开展群众体育运动成效良好，被评为体育工作标兵。

1960 年

3 月 12 日，填写《志愿参军申请书》，8 月 1 日起正式批准入伍。

4 月，在《解剖学报》第 1 期上与陈尔瑜、何光篪、刘正津、张素贞合作发表了《中国人肺的支气管和血管一、右肺上叶的支气管和血管》。

本年度被评为五好积极分子；并代表学校出席重庆市科学技术、文化、卫生、体育方面社会主义建设先进单位和先进工作者代表大会。

1962 年

4 月，晋升为讲师。

12 月，在《解剖学报》Z1 期上与刘正津、何光篪、张素贞、陈尔瑜合作发表了《中国人肺的支气管和血管二、右肺中叶的支气管和血管》。

前往陕西省西安市参加全军解剖学教学大纲的编写制订。

1963 年

7 月，在《解剖学报》第 2 期上与何光篪、刘正津、张素贞、陈尔瑜合作发表了《中国人肺的支气管和血管三、右肺下叶的支气管和血管》和

《中国人肺的支气管和血管四、左肺上叶的支气管和血管》两篇论文。

1964 年

4 月，在《解剖学通报》第 2 期上与刘正津合作发表《足部常见的肌肉变异调查》论文。

7 月，在《解剖学报》第 2 期上与张素贞、何光篪、刘正津、陈尔瑜合作发表了《中国人肺的支气管和血管五、左肺下叶的支气管和血管》，与刘正津合作发表了《髂内动脉及其主要分支的观察》和《闭孔动脉的起源及股环与邻近血管的关系》两篇论文，与刘正津、何光篪合作发表《中国人的腰神经丛》。

12 月，在《解剖学报》第 4 期上与刘正津合作发表了《肠系膜下动脉及其分枝的观察》。

1965 年

3 月，在《解剖学通报》第 1 期上与刘正津合作发表了《肱二头肌的额外头》和《臀部肌的形态变异》两篇论文。

4 月，在《解剖学报》第 1 期上与何光篪、刘正津合作发表了《手背肌腱的类型及变异》。

8 月，在《解剖学通报》第 4 期上与何光篪、刘正津合作发表了《骶神经丛及盆内脏神经》，与刘正津合作发表了《颈外动脉及其分支的观察》。

1966 年

6 月，在《解放军医学杂志》第 3 期上与刘正津合作发表了《坐骨神经在臀部的表面标志》。

7 月，在《解剖学报》第 2 期上与何光篪、刘正津合作发表了《手的活体测量》。

1967 年

因曾担任三青团职务，属于"反动党团骨干分子"，成为专政对象。

1968 年

"文化大革命"进入"清队"阶段，被关入"专政学习班"，即俗称"牛棚"，失去人身自由。

1969 年

10 月，三所军医大学调防，第七军医大学奉调迁往上海原第二军医大学校址。

母亲李芷去世。

1970 年

年初，在被管制的情况下到达上海，开始被准许从事打扫厕所等一类监督劳动。

上半年，解除管制，监督劳动的岗位变为在解剖教研室技术组制作标本。

冬，被借调到在武汉硚口军工医院开办的总后企业部医训队承担教学工作。

1972 年

冬，返回上海第七军医大学。

1975 年

7 月，第七军医大学回迁重庆，改名为第三军医大学。迁校期间被派赴武汉解决尸体标本暴露问题，第一次搭乘飞机。

1977 年

1 月，中央军委号召全军深入开展"学习雷锋、学习'硬骨头六连'、学习航空兵一师党委"，被评为"三学"运动积极分子，参加总后"三学"运动大会。

5 月 17 日，调到广州第一军医大学，担任解剖学讲师。

改良铸型标本制作技术所制作的铸型标本参加"1977年广东省卫生成果汇报会"。

3 月，参加在上海第二军医大学召开的全军教学大纲编审会。

4 月，第一军医大学由广州石牌迁往麒麟岗。

8 月，被任命为第一军医大学解剖学教研室副主任。

10 月，受"文化大革命"干扰被迫停止活动十余年的广东解剖学会恢复学术活动，举行学术年会，当选副理事长。

11 月 6—13 日，参加在桂林召开的中国解剖学会全国学术会议及第四届代表大会，宣读论文《颅内外动脉吻合术有关血管的解剖学研究》，并展示心冠状动脉铸型标本。

11 月，荣立三等功。

12 月，第一军医大学党委决定：根据钟世镇同志学识水平和专业知识，经研究拟提升为训练部解剖学教研室副教授。

1979 年

1 月，被评为第一军医大学"学雷锋积极分子"。

与刘正津合编的第一本著作《解剖学技术》由第三军医大学出版社出版，该书成为后来编写各种《解剖学技术》专著的主要引用蓝本。

5 月，经总后政治部干部部审批通过，提升为副教授。

5 月，为中山医科大学教授朱家恺开展的国内首例肢体淋巴管静脉吻合术提供上肢和下肢浅部淋巴管与静脉吻合的显微外科应用解剖学资料。

7 月，主持创办的《广东解剖学通报》创刊号发行，初为内部发行，当年只发行一期。在创刊号上与陶永松、刘牧之、马富合作发表了《颞浅动脉及其分支的调查》和《面动脉（面段）的调查》。

9 月，以钟世镇等人临床应用解剖学的研究成果为指导，第一军医大学第二附属医院泌尿外科开创自体阑尾移植修补后尿道缺损手术。

9 月，开始招收显微外科解剖学专业研究生。

11 月 12 日，被任命为解剖学教研室主任。

开始筹建第一军医大学人体标本室。

1980 年

1 月，荣立三等功。

1 月，广东省解剖学会召开学术年会，在会上汇报《广东解剖学通报》编委会工作并做了《显微外科的进展与应用解剖学关系》专题报告。

7 月，在《广东解剖通报》第 1 期发表《显微外科的进展与应用解剖学的关系》；与刘牧之、朱家恺合作发表了《正中神经的显微外科解剖学研究》，与陶永松合作发表了《阑尾移植代尿道的应用解剖研究》和《小肠代食管的应用解剖研究》，与韩震合作发表了《有机玻璃及其单体在解剖技术学上的应用》和《各种塑料在解剖标本铸型中的选择》，与韩震、王兴海合作发表了《控制塑料铸型标本粗细的方法》，与刘牧之合作发表了《下肢淋巴系显微外科应用解剖 1. 下肢浅部淋巴管》。

12 月，在《广东解剖通报》第 2 期与陶永松合作发表了《阴囊皮瓣的应用解剖学：新的游离皮瓣供区》，与韩震合作发表了《甘油的一般性能及在标本封装上的应用》，与陈清亮合作发表了《腱鞘灌注标本制作法》，与王兴海合作发表了《头颈部铸型标本的自然腐蚀法》。

1981 年

4 月 3 日，由孟宪玉、胡耀民介绍加入中国共产党，成为预备党员，次年转为正式党员。

12 月，主持的科研课题"正中神经的显微外科解剖学研究""阴囊皮瓣的应用解剖学"获全军科技进步三等奖。

12 月，在《广东解剖学通报》第 2 期上发表了《科研论文写作浅谈》。

本年度共发表学术论文二十九篇，其中第一作者五篇，内容涵盖皮瓣、肌瓣、小器官移植的应用解剖学研究，周围神经的应用解剖学研究，解剖学技术等领域，其中在《广东解剖学通报》第 1 期上与陶永松、刘牧之等人合作发表的《肌间隔血管皮瓣：新型游离皮瓣的解剖学研究》一文，基于对皮肤血供规律的研究，在传统的直接皮肤血管皮瓣、肌皮血管皮瓣和动脉干网状血管皮瓣三种类型基础上，提出一种新类型的肌间隔血管皮瓣。

1982 年

6 月，经中国人民解放军总后勤部批准，被评为优秀共产党员。

9 月 16—22 日，中国解剖学会第五届代表大会暨学术年会在江西庐山召开，期间选举并召开第五届理事会，代表中南区当选为常务理事。在会上做"显微淋巴管外科及其应用解剖学的进展"学术报告。

9 月，担任编审的《人体淋巴系统解剖图谱》一书，由科学出版社出版，该书曰刘牧之编写。

10 月，代表中南区当选中国解剖学会常务理事。

12 月，与解放军 175 医院创伤外科中心合作，应用肩胛骨旁皮瓣移植修复一例右手二、三掌骨及手背软组织缺损患者，取得成功。

本年度共发表学术论文二十二篇，其中第一作者四篇。与孙博、刘牧之、徐达传合作发表《皮瓣血供的解剖学类型及其临床意义》一文，按血供类型将轴型皮瓣分为肌腔隙血管皮瓣、肌皮血管皮瓣、动脉干网状血管皮瓣，提炼皮瓣血供类型的规律。此后陆续对皮瓣、组织瓣的血供类型进行系列研究，使组织瓣由零散的研究上升为有规律性的理论体系。

1983 年

3 月，当选为第六届全国人民代表大会代表，任期五年。

4 月 5 日，与第一军医大学南方医院骨科副教授刘知难、番禺县人民医院钟汉柱等人合作，为番禺农民何照棠进行吻合血管移植腓浅神经修复缺损二十五厘米的正中神经手术，取得成功。这是显微外科的一大创举，此前未有吻合血管移植腓浅神经的报道。

5 月，主持的科研课题"肌间隔血管源游离皮瓣的解剖学"获全军科技进步二等奖。

9 月，所主持的课题"尺神经的显微外科应用解剖学研究"获全军科技进步三等奖。

9月，荣获总后勤部双先代表会"先进个人标兵"称号。

一手创办的《广东解剖学通报》获得国内统一刊号，改由中山医学院接管。重新创办《临床应用解剖学杂志》，撰写《发刊词》，阐明办刊宗旨是为临床应用解剖学的发展开辟新的园地。

本年度荣立三等功。解剖学教研室被总后勤部评为精神文明建设先进集体。

本年度共发表学术论文二十七篇，其中第一作者四篇。

1984 年

4月，专著《显微外科解剖学》由人民卫生出版社出版，是国际上第一部显微外科解剖学专著。

4月，在《临床应用解剖学杂志》第1期上发表了《概述和争议、应用上的要点》一文，指出应用解剖学论文写作的问题。

7月，在《临床应用解剖学杂志》第2期上与孙博、陈遥良合作发表了《显微外科应用解剖学的进展》一文。

10月19—24日，中国解剖学会学术年会在河南省郑州市举行，任大体解剖专业组负责人。会后，与张为龙合作撰写《我国临床应用解剖学两年来的成就》一文，在《临床应用解剖学杂志》1984年第4期上发表，总结1982—1984年间临床应用解剖学取得的成就。

12月，荣获"全军后勤科技工作先进个人"称号。

接待中国人民解放军总后勤部部长洪学智视察第一军医大学，考察人体解剖学科。

中华医学会海南分会在海南举行显微外科学习班，前往讲学，期间得以结识世界断肢再植之父陈中伟，结下深厚友谊。

科研成果《人体淋巴系统解剖学研究》获军队和省级科技进步二等奖，排名第二。

本年度解剖学教研室被总后勤部评为科技先进单位。

本年度共发表学术论文三十三篇，其中第一作者四篇。

1985 年

4—6 月，湖南省卫生厅和中国人民武装警察总部委托湖南省显微外科协作组主办显微外科推广学习班，期间前往长沙讲学。

4 月，在《临床应用解剖学杂志》第 1 期上与张为龙合作发表了《进一步开展临床应用解剖学的研究》，分析临床应用解剖学的研究现状。

7 月 8 日—8 月 12 日，青海省卫生厅在西宁举办青海省首届显微外科学习班，为期三十五天，期间前往讲学，为学习班讲学的专家还有著名显微外科专家陈中伟、朱家恺。

7 月 25—29 日，参加了《解放军医学杂志》在昆明召开的周围神经损伤专题座谈会。

9 月 20 日，山东省青岛市解放军四〇一医院成立全军手外科中心，前往参加成立大会，同时出席的专家还有张涤生、王澍寰、程国良、王成琪、孔令震、朱盛修、潘达德等。

9 月 21—23 日，参加在安徽省屯溪市举行的中国解剖学会 1985 年常务理事扩大会。会议期间，大体解剖学组举办了大体解剖学研究经验交流及方向探讨会，在会上做题为《开展临床解剖学研究的体会》的报告。

10 月，所主持的科研课题《显微外科解剖学的研究》获国家科技进步二等奖。

10 月，在《临床应用解剖学杂志》第 3 期上发表了《骨科应用解剖学近况和展望》，根据中华医学会骨科学会第二届全国学术会议收到会议论文情况，分析骨科应用解剖学研究近况，并指出发展方向。

11 月，晋升为教授。

12 月，在《临床应用解剖学杂志》第 4 期上发表了《开展临床解剖学研究的体会》，阐明临床解剖学这一学科方向的发展前景。

专著《显微外科解剖学》经韩永年、颜文静翻译，英文版 *Microsurgical Anatomy* 由英国麦克米伦科学出版社出版。

参与编写的《人体解剖学释疑》《解剖学技术》由人民卫生出版社出版。

《临床应用解剖学杂志》改名《临床解剖学杂志》，由中国解剖学会主办，成为全国一级学会出版的学术期刊。

科研成果《肌间隔血管源游离皮瓣的解剖学》获军队和省级科技进步二等奖，排名第一；科研成果《肩胛骨皮瓣的吻合血管移植》获军队和省级科技进步二等奖，排名第二。

本年度荣立三等功。

本年度共发表学术论文二十一篇，其中第一作者一篇。

1986 年

7月1日，经中国人民解放军总后勤部批准，被评为优秀共产党员。

10月22—26日，中国解剖学会第六届代表大会暨1986年学术年会在武汉举行，期间选举产生了第八届理事会，当选为中国解剖学会副理事长，代表理事会做闭幕总结。总结报告在《解剖学研究》1986年第4期上发表。

在《临床解剖学杂志上》与孙博合作发表《周围神经应用解剖学研究的进展》一文，对1980年以来开展的周围神经应用解剖学研究进行系统的总结。

主持国家级课题《周围神经的显微外科解剖学》研究。

当选北美临床解剖学会会员。

参加中法第三届显微外科大会。

第一军医大学临床解剖生物力学实验室成立。

参与编写的《中国人体质调查》一书，由上海科学技术出版社出版，这是中国人体质调查这一中国解剖学重大历史任务的阶段性总结。

本年度共发表学术论文二十四篇，其中第一作者三篇。

1987 年

5月，获得全军医学科学技术大会三等奖。邓小平为本次大会题词：尊重知识，尊重人才。

6月10—14日，参加在重庆举行的解剖学技术经验交流会，并在闭幕式上致辞。

7月，经中国人民解放军总后勤部批准，被评为优秀共产党员。

10 月 8—10 日，参加中国解剖学会 1987 年学术年会暨中国解剖学会成立四十周年庆祝大会，做专题报告。

与张年甲共同编写《腹盆部血管解剖学》一书，由科学出版社出版。

参与编写的《常用皮瓣和肌皮瓣的解剖及临床应用》一书，由科学技术文献出版社重庆分社出版。

《临床解剖学杂志》创刊五周年，在该刊当年第 4 期上发表《我国现代临床解剖学的动态：纪念本刊创刊五周年》一文，对中国临床解剖学的发展现状与趋势进行了分析。

在《临床解剖学杂志》第 4 期上与王前、孙博合作发表了《压力对骨愈合的影响》一文，是开展骨的生物力学研究后的初步产生的研究成果。

参加在西安举行的中华医学会全国显微外科学术会。

科研成果《周围神经干内研究及其在显微外科应用上的意义》获军队和省级科技进步二等奖，排名第二；科研成果《淋巴管收缩功能的实验研究及其临床意义》获军队和省级科技进步二等奖，排名第二。

本年度共发表学术论文十七篇，其中第一作者一篇。

1988 年

3 月 15—19 日，中国解剖学会第八届第四次常务理事会在广州召开，会议批准成立了临床解剖学组及组织化学和细胞化学组，任临床解剖学组副组长。

3 月 17 日，应邀参加暨南大学医学院人体解剖学教研室和组织学胚胎学教研室学术活动。

7 月，由第一军医大学政治部批准转为文职干部。

10 月 10—16 日，出席在湖南省大庸市召开的手部创伤后显微修复座谈会。

12 月 5—6 日，德国斯普林格国际出版社（Springer International）旗下期刊 *Surgical and Radiologic Anatomy*（SRA，《外科与放射科解剖学》）与《中国临床解剖学杂志》签订合作协议，互刊文题和摘要。被聘为该刊助理主编。

12 月 7—9 日，第一届中国国际解剖科学学术讨论会在广州举行，担任大会执行副主席，来自十八个国家和地区的二百三十五位解剖学专家参加会议，会议专家参观了第一军医大学人体标本陈列馆。

被聘为美国 *Clinical Anatomy*（《临床解剖学杂志》）编委。

参与编写的《中国医学百科全书：解剖学》一书，由上海科学技术出版社出版。

担任总主编的《临床解剖学丛书》第一分册《头颈分册》由人民卫生出版社出版。

为《医学基础学纲要：系统解剖学纲要》担任审阅，由广东科学技术出版社出版。

《临床解剖学杂志》改名为《中国临床解剖学杂志》。

在《中国临床解剖学杂志》第 3 期上与古计明，孙博合作发表了《国内影像解剖学概况》，提出配合影像技术开展解剖学研究的思路。

在《解剖学报》第 4 期上与何光篪合作发表了《大体解剖学研究概况与展望》，指出大体解剖学这门古老的形态学科，随着科学技术的进步，相关学科的渗透，研究技术和方法的更新，各个研究领域不断地深入。

科研成果《严重性寰枢椎脱位合并四肢瘫新术式研究》获军队和省级科技进步二等奖，排名第三；科研成果《用骨骼肌桥接长段神经缺损的研究》获军队和省级科技进步二等奖，排名第二。

本年度共发表学术论文二十七篇，其中第一作者两篇。

1989 年

4 月 11—18 日，赴香港参加国际周围神经学术会议，会议期间作两个主题报告。

5 月 8 日，参加在江苏省扬州市召开的中国解剖学会编辑出版工作委员会，介绍了《中国临床解剖学杂志》两年多来的工作情况。

5 月 10—12 日，出席在江苏省扬州市召开的中国解剖学会第八届理事会第五次常务理事会会议。

5 月 14—16 日，出席在江西省九江庐山召开的中华医学会显微外科学会成立大会，被选为学会常务委员。

9 月 10 日，被评为"全国优秀教师"，中华人民共和国国家教育委员会、中华人民共和国人事部、中国教育工会全国委员会授予优秀教师奖章。

10 月 20—25 日，参加在湖南省大庸市召开的中国解剖学会 1989 年临床与应用解剖学学术研讨会，在会上做了《发展外科解剖生物力学的研究》的报告。

12 月 23—30 日，出席在中山医科大学举行的广东省解剖学会第七届代表大会暨 1989 年学术年会。

第十届国际显微外科学术会议拟于当年在上海召开，会议筹备期间任显微解剖学术组组长，后因故会议被取消。

在《中国临床解剖学杂志》第 2 期上发表《努力发展本刊的国际学术交流》一文，介绍了在第一届中国国际解剖科学学术讨论会后，《中国临床解剖学杂志》在开展国际学术交流方面所做的工作。

科研成果《坐骨神经出口狭窄症的研究及临床应用》获军队和省级科技进步二等奖，排名第三。

担任总主编的《临床解剖学丛书》第二个分册《胸部和脊椎分册》由人民卫生出版社出版。

受聘为《中华显微外科杂志》副总编。

参与编写《解剖学释义》，由科学技术文献出版社重庆分社出版。

参与编写《显微外科手术学》，由人民卫生出版社出版。

参与编写《显微外科进展》，由安徽科学技术出版社出版。

参加审阅《肝脏移植》，由广东高等教育出版社出版。

本年度共发表学术论文二十一篇，其中第一作者与独著六篇。

1990 年

1 月，参加在第一军医大学召开的广东省第三届生物力学与流变学学术会议，会上做了《发展固体生物力学》的报告。

2 月，与中山大学医学院 1952 届同学为恩师罗潜教授庆祝八十大寿。

4 月 24—28 日，出席在杭州市召开的中国解剖学会第八届六次常务理事会。

10 月 18—21 日，出席在上海市第二军医大学召开的中国解剖学会第七届会员代表大会暨 1990 年学术年会，连任副理事长。

12 月 7—8 日，出席在中山医科大学举行的广东省解剖学会 1990 年学术年会，传达 10 月在上海召开的中国解剖学会第七届会员代表大会暨 1990 年学术年会概况。

12 月，获中华人民共和国教育委员会、国家科学技术委员会授予"全国高等学校先进科技工作者"称号。

在《中国临床解剖学杂志》第 1 期上与王前合作发表了《发展外科解剖生物力学的研究》，呼吁解剖学界开展生物力学的研究。

本年度共发表学术论文十八篇，其中第一作者三篇。

1991 年

8 月，参与编写《周围神经显微外科修复学》，由科学出版社出版。

11 月 23—24 日，出席在广州中医学院举行的广东省解剖学会 1991 年学术年会，做了《医用生物力学研究进展》的报告。本次年会同时在省科协领导下，配合广东省科协成立三十周年暨广东省科协第四次代表大会举办系列学术报告会。

担任总主编的《临床解剖学丛书》第三个分册《四肢分册》由人民卫生出版社出版。

在《中国临床解剖学杂志》第 1 期上表了《我国大体解剖学科研近况》，根据中国解剖学会第七届会员代表大会暨 1990 年学术年会的会议论文，对两年中国大体解剖学科研状况进行分析和总结。

聘请美国 Case Western Reserve 大学工学院院长 Katz 教授担任第一军医大学临床解剖生物力学实验室的名誉教授。

科研成果《头颈部肌皮瓣的应用解剖及临床应用》获军队和省级科技进步二等奖，排名第三。

专著 *Clinical Microsurgical Anatomy* 在香港出版。

经中国人民解放军总政治部批准，获全军优秀共产党员称号。

第一军医大学解剖学学科取得博士学位授予权。

本年度共发表学术论文十四篇，其中独著三篇。

1992 年

5 月 12—16 日，主持在云南省昆明市召开的《中国临床解剖学杂志》编委会和创刊十周年刊庆会。在会上做了《临床生物力学和周围神经研究的进展》的报告。并与徐达传合作撰写《解剖学应为医学事业的发展作出新贡献：纪念〈中国临床解剖学杂志〉创刊十周年》一文，发表在《中国临床解剖学杂志》第 2 期。

担任总主编的《临床解剖学丛书》第四个分册《腹盆部分册》由人民卫生出版社出版。

参与编写《实用显微外科学》，由人民军医出版社出版。

审阅《人体铸型标本的设计和制作》，由华南理工大学出版社出版。

本年度共发表学术论文十七篇，其中独著及第一作者两篇。

1993 年

4 月 21—23 日，出席在郑州河南医科大学召开的中国解剖学会第九届理事会第五次常务理事扩大会议。

10 月 15—17 日，中国解剖学会人体解剖学专业委员会人体解剖学研究方向和方法研讨会在重庆市第三军医大学召开，会议主题为"人体解剖学如何顺应现代科学技术发展的规律继续前进"。在会上做大会发言，并在第二单元"临床应用解剖"做专题发言。

12 月 24—25 日，出席在第一军医大学解剖学教研室举办的中国解剖学会神经解剖学专业委员会"神经再生发育脑移植"学术研讨会。

第一军医大学临床解剖生物力学实验室由中国人民解放军总后勤部批准为首批全军重点实验室，改名为中国人民解放军医学生物力学重点实验室，担任主任。

教学成果"教书育人，培养德才兼备的研究生"获全军教学优秀成果二等奖。

第一军医大学临床解剖学研究所成立，担任所长职务。

担任主审的《实用临床解剖学知识问答》一书，由江西科学技术出版社出版。

参与编写《手部皮肤覆盖》一书，由中华手外科杂志编委会编辑出版。

本年度共发表学术论文十八篇，其中独著一篇。

1994 年

1 月，显微外科解剖学研究成果多束血管植入治疗缺血性股骨头坏死在为"好军嫂"韩素云医治股骨头坏死中得到应用。

5 月 17 — 21 日，出席在山西省太原市召开的中国解剖学会九届理事会第六次常务理事扩大会议。

9 月 25 — 28 日，出席在西安第四军医大学召开的中国解剖学会第八届会员代表大会暨 1994 年学术会议，与薛社普一同当选学会名誉理事长。

10 月，赴日本参加日本齿科大会，做专题报告。受聘为日本大阪齿科大学名誉教授。

卸任《中国临床解剖学杂志》主编职务，由弟子徐达传接任。转而担任名誉主编。

参与编写《胆道肿瘤的诊断和治疗》一书，由广东科学技术出版社出版。

参与编写《现代显微外科学》一书，由湖南科学技术出版社出版。

本年度共发表学术论文三十九篇，其中第一作者四篇。

1995 年

8 月，主编《显微外科解剖学基础》一书，由科学出版社出版。

9 月 18 — 22 日，出席了在上海召开的中国解剖学会第四次人体解剖学科研方向、方法研讨会，在会上报告了现代临床解剖学发展概况。

11 月 16 — 19 日，出席了在广东省湛江市广东医学院召开的广东省解剖学会 1995 年学术年会，在开幕式上致辞，并在会上做了"显微外科解剖学进展"的专题报告。

关注到显微外科新术式命名混乱现象，率先在《中华显微外科杂志》

第 2 期上与徐达传合作发表了《皮瓣的命名及其解剖学依据》，提出了皮瓣的命名规律。此后持续关注此问题，发表了一系列论文，对规避学术界的乱象起到重要作用。

第一军医大学举行钟世镇教授学术思想研讨会暨贺七十寿辰活动。

参与编写《现代骨科显微手术学》一书，由人民军医出版社出版。

审阅并作序的《人体简明局部分层与 CT 层面解剖图谱》一书，由广东高等教育出版社出版。

担任全国高等医学院校第四届教材评审委员。

本年度共发表学术论文四十六篇，其中第一作者一篇。

1996 年

4 月 9—11 日，出席在温州市召开的全国神经肌腱专题学术研讨会，在会上对神经基础研究的学术讨论作了小结。

9 月 26—29 日，出席在山东省青岛市举行的中国解剖学会 1996 年学术年会（人体解剖学和人类学分会场），并致闭幕词。

12 月 4—7 日，出席在广东省深圳市召开的全国手部骨关节损伤研讨会。

12 月，被授予中国人民解放军总后勤部"科学技术一代名师"称号。

12 月，辞去第一军医大学解剖学教研室主任职务。

参与编写《现代手外科显微手术学》一书，由人民军医出版社出版。

审阅《手功能修复重建外科解剖学》一书，由人民卫生出版社出版。

获何梁何利基金科技进步奖。

中国人民解放军医学生物力学重点实验室被广东省批准为"五个一科技兴医工程"重点实验室。

访问澳大利亚昆士兰大学解剖学系。

本年度共发表学术论文三十六篇，其中第一作者及独著三篇。

1997 年

10 月，由钟世镇一手培养的李忠华、王兴海主编《解剖学技术》（第二版）一书，由人民卫生出版社出版，钟世镇担任审阅并作序。

11 月，当选中国工程院院士。第一军医大学举行"钟世镇教授荣获中国工程院院士称号庆祝大会"。

科研成果《无滑膜肌腱滑膜化的实研究及临床应用》获军队和省级科技进步二等奖，排名第三。

与徐达传、刘大庸合作撰写《探索人体解剖学跨学科培养博士生模式》《发展学科特色和优势，探讨培养人才新模式》两篇文章，分别发表于《学位与研究生教育》第 1 期与《中国高等医学教育》第 1 期，介绍了解剖学人才培养方面的经验。

在《中华显微外科杂志》第 2 期上与庞水发合作发表了《显微外科基础研究的设计和应注意的问题》一文，指导显微外科基础研究工作的开展。

本年度共发表学术论文四十九篇，其中第一作者与独著三篇。

1998 年

5 月 6—9 日，出席了在武汉市召开的"全国手部先天性畸形与组织瓣移植专题研讨会"，并在会上做了关于组织瓣的解剖学基础和命名关系的报告。

5 月 12 日，参加全国首届"解剖与临床"学术研讨会，会议讲话《开拓解剖与临床协作发展的新阶段：一九九八年五月十二日在全国首届解剖与临床学术研讨会上的讲话》发表于《解剖与临床》第 2 期。

11 月 8—12 日，出席了在广西南宁市召开的中国解剖学会第九届全国代表大会暨 1998 年学术年会，当选名誉理事长。

宁波市手外科研究所成立，与王澍寰、顾玉东等人一起参加成立大会。

主编《临床应用解剖学》一书，由人民军医出版社出版。

审阅《多媒体局部解剖学》一书，由暨南大学出版社出版。

审阅《人体解剖学标本彩色图谱》一书，由广东科技出版社出版。

担任编委的《现代移植学》一书，由人民卫生出版社出版。

获中山医科大学第一届"柯麟医学奖"。

本年度共发表学术论文七十篇，其中第一作者与独著六篇。

1999 年

1 月，主编《显微手外科学》一书，由山东科学技术出版社出版，该书获第十五届北方十省市优秀科技图书奖二等奖。

4 月 27—31 日，出席在海南省海口市举行的中国解剖学会第十一届二次常务理事会议，会上就即将到来的中国解剖学会成立八十周年纪念大会进行了讨论。

9 月，与张年甲共同编写的《美容应用解剖学》一书由江西高校出版社出版。

11 月 4 日，作为梁伯强教授的早年弟子，参加中山医科大学举行的"梁伯强教授诞辰一百周年纪念活动暨病理学术研讨会"。参与纪念活动的还有程天民、姚开泰、甄永苏等三位院士弟子。大会宣布成立"梁伯强病理科教奖"，用于奖励从事病理教学、科研工作中的优秀中青年专业人员。

受聘为母校中山医科大学名誉教授。

主审《美容医学基础》一书，由科学出版社出版。

科研课题"力－电环境促进骨愈合机制研究"获中国人民解放军科技进步二等奖，排名第二。

本年度共发表学术论文七十七篇，其中第一作者与独著五篇。

2000 年

5 月 11—15 日，出席了在成都市召开的中华医学会手外科分会第八届全国学术会议，进行了午间讲座。

6 月 15—16 日，出席了在广州举行的全国脊柱外科研讨会，就国内外脊柱临床解剖及生物力学研究的进展做了专题报告，并介绍了解放军生物力学实验室的情况。

6 月 20 日，创建的广东省创伤救治科研中心，担任主任。

8 月，全军第七届医学科技委员会常委会第一次会议在北京召开，当选副主任委员。

10 月 23—25 日，出席了在北京举行的中国解剖学会成立八十周年庆祝大会暨 2000 年学术年会，在会上进行"人体铸型标本制作"多媒体演示。

12 月 6—8 日，"粤港澳继续医学教育——发展与交流"研讨会在第一军医大学召开，会上结合自身体会强调了继续医学教育的重要性。

12 月 6—10 日，出席在广州召开的第二届全国组织工程学术大会。参加会议的还有张涤生、卢世璧等人。

受特邀编写《脊柱创伤外科学》一书，由远东出版社出版。

为《解剖学及组织胚胎学纲要》（修订版）一书指导并作序，由海南出版社出版。

主审《机能实验学》一书，由人民军医出版社出版。

科研课题"创伤脊柱的稳定性研究和应用"获中国人民解放军科技进步二等奖。

科研成果"外科实用管道铸型标本制作法的研究和应用"获国家科技进步二等奖，排名第五。

科研成果"下肢毁损性创伤修复新术式应用研究"获军队医疗成果一等奖，并获全军"九五"重大医疗成果奖，排名第二。

本年度共发表学术论文六十五篇，第一作者与独著六篇。

2001 年

3 月，参加宁波市江东曙光手外科医院举办的全国第一届周围神经卡压性疾病学习班的讲学工作。

8 月，担任总主编的《现代临床解剖学丛书》巨著，开始陆续由山东科学技术出版社出版，该套丛书共分为八个分册，是规模最大、最具权威性的临床解剖学工具书，堪称临床解剖学领域的鸿篇巨著。

9 月 12—15 日，出席在湖北武汉召开的第五届解剖学科研与教学研讨会，结合自己多年来从事解剖学科研与教学的经验，就新世纪解剖学的发展方向、科研选题以及教学改革等问题做了报告。

在《学位与研究生教育》Z2 期上发表了《帮助学生学会做人》一文。

在《全国新书目》第 9 期上发表《扬科学旗帜，显"李鬼"原形：荐严金海新著〈中国二十年伪科学现象透视〉》一文。

11 月 5—7 日，为推动中国数字人研究，促成召开以"中国数字化虚拟人体的科技问题"为主题的香山科学会议第一百七十四次学术讨论会，担任执行主席，并做了题为"人体模型获取方案和技术"的报告。会后中国数字人研究开始启动。

创建广东省组织构建与检测重点实验室，担任主任。

本年度共发表学术论文五十三篇，其中独著三篇。

2002 年

3 月 19—27 日，出访韩国亚洲大学医学院和科学技术信息研究院（KISTI），考察韩国数字人研究情况。

4 月 6—10 日，出席在广州市华泰宾馆举行的中华医学会第六次全国物理医学与康复学术大会，并作"物理医学与数字化虚拟人体"报告。

5 月 22—25 日，出席在四川省成都市四川大学华西医院举办的第一届中国国际组织工程第三届全国组织工程学术会议。

6 月 16 日，出席在广州第一军医大学南方医院举行的《中华创伤骨科杂志》创刊挂牌仪式并题词祝贺。

7 月 1—8 日，与中国科学院医药代表团到访台湾，团长为王正国，走访了荣民总医院、长庚医院与阳明大学。

8 月 16 日，出席在广州举行的广东省医学会创伤学分会的成立大会暨第一届委员会，受邀担任顾问，并做专题演讲。

9 月 13 日，出席在深圳市南山区人民医院举办的"全国第六届神经卡压学习班"。

本年度在《中国临床解剖学杂志》第 1 期上与原林，黄文华合作发表了《数字化虚拟人体为临床解剖学开拓研究新领域》；在《中国临床解剖学杂志》第 5 期上发表了《"虚拟中国人"（VCH）切片建模研究进展》；在《解剖学报》第 5 期上与原林、唐雷等人合作发表了《"虚拟中国人"切片建模技术的研究进展》；在《中国基础科学》第 6 期上与原林、唐雷等人合作发表了《数字化虚拟人国内关键技术和进展》；与李华、林宗楷等人合作发表了《数字化虚拟人背景和意义》。上述论文总结了数字人研究的阶段忄生研究成果，为数字人研究奠定了基础。

11 月 18—20 日，中国解剖学会第十届全国会员代表大会暨 2002 年学术年会在第一军医大会举行，作为会议筹备人做了大会报告。

11 月 22—27 日，第二届全国解剖与临床学术研讨会在海口举行，致闭幕词，发表于《解剖与临床》第 4 期。

12 月，确定中国数字人"女一号"人体标本。

科研成果《严重特殊类型肢体创伤修复新技术应用研究》获国家科技进步二等奖，排名第二。

科研成果《重度尿道缺损再修复的基础与临床系列研究》获军队医疗成果一等奖，排名第六。

第一军医大学人体解剖与组织胚胎学科通过遴选成为国家重点学科。

本年度共发表学术论文六十九篇，其中第一作者与独著七篇。

2003 年

2 月 16 日，虚拟人"女一号"标本切削完成。

7 月，"第五届中南地区解剖学学会会议"在湖北省十堰市举行，提交会议论文六篇：《数字化虚拟人体研究的国内外发展概况》《带感觉支指背侧岛状皮瓣的应用解剖学研究》《面神经分支在颞区的显微解剖学研究》《尺神经手背支营养血管皮瓣的应用解剖学研究》《类固醇激素对大鼠股骨及腰椎的骨密度影响》《大鼠松果体细胞微囊的实验研究》。

8 月 13—15 日，出席在沈阳市召开的第五届全国创伤学术会议暨第十届全国创伤学术交流会，在会上做了专题报告。

9 月 9—12 日，倡议召开香山科学会议第二百零八次学术讨论会，担任执行主席。会议主题为"中国数字化虚拟人体研究的发展与应用"，意味着数字人研究转向应用层面，在会上就人体数据获取的进展、存在的问题作了简明的报告。会上成立中国数字人研究联络组，担任组长。

9 月 13—14 日，出席在沈阳师范大学举办的中国科协 2003 年学术年会，并在第 26 分会场举行的神经科学与组织工程研讨会上做了专题学术报告《我国数字化虚拟人体研究现状和对策》，被《中国科协 2003 年学术年会大会报告汇编》收录。

9月23日，广东省创伤救治科研中心与深圳市宝安人民医院合建创伤骨科，出席揭牌仪式并受聘为宝安人民医院名誉院长。

9月，被沈阳医学院的"特邀院士工作站"聘为名誉教授。

9月，主编《全国高等学校医学规划教材：系统解剖学（供临床·基础·预防·护理·口腔·药学等专业用）》，由高等教育出版社出版。

10月13—17日，出席在陕西省西安市第四军医大学召开的第七届全国生物力学学术会议，在会上做了特邀报告。

10月17—19日，出席在深圳市召开的广东省医学会创伤学分会第一次学术交流会，在会上做了专题报告。

10月21—23日，出席在济南山东大学医学院召开的首届全国功能神经影像学和神经信息学研讨会，并在会上做"中国数字人研究概况"的报告。论文《"数字人"研究与断层影像解剖学的开拓创新》收入研讨会的《论文汇编》。

为庆祝《中国临床解剖学杂志》创刊二十周年，在《中国临床解剖学杂志》第6期上发表了《老学科的发展要有新的结合点：纪念〈中国临床解剖学杂志〉创刊二十周年》。

科研成果《真皮下血管网皮瓣的开发与拓展应用研究》获国家科技进步二等奖，排名第十。

科研成果《同种异体骨圈椎体融合术的基础和临床应用研究》获军队和省级科技进步二等奖，排名第七。

科研成果《防治桡尺远侧关节训练伤的基础研究》获军队和省级科技进步二等奖，排名第三。

担任《中华老年多器官疾病杂志》（*Journal of Geriatric Cardiology*）编委。

本年度共发表学术论文一百零七篇，其中第一作者与独著十篇，重点关注数字人的研究与应用前景。

2004 年

5月21—24日，赴上海参加中华医学会手外科学会第九届全国学术会议，会议期间在专家论坛上展示数字人虚拟技术的应用。参加会议的还有王澍寰院士、顾玉东院士等知名专家，来自全国以及德国、美国、日本、港澳台共四百余位专家参与会议。

6月，第一军医大学微创外科解剖学研究所成立，担任顾问。

6月，《显微外科解剖学实物图谱（四肢组织瓣分册）》由人民卫生出版社出版，担任该书名誉总主编。

7月1日，作为顾问，出席在广州东方宾馆召开的《中华创伤骨科杂志》第一届编辑委员会会议。

7月17—21日，出席在安徽省黄山市举办的第三届全国解剖与临床学术研讨会，做专题报告并致闭幕词。

8月6—8日，出席在宁夏回族自治区银川市召开的中国解剖学会2004年学术年会（人体解剖学与断层影像解剖学专业），在会上做了题为"临床解剖学回顾与展望"的报告。

8月，按照国务院、中央军委下达的命令，第一军医大学由总后勤部整体移交广东省管理，更名为南方医科大学。随第一军医大学集体转业地方工作，担任南方医科大学咨询委员会主席。

9月，赴沈阳参加第五届中日国际环境与健康研讨会。

10月27日，在广州参加由省九三学社等单位联合举办的主题为"基础研究与科技创新"的座谈会。

10月28日，参加江西省解剖学会成立五十周年庆祝大会暨2004年学术年会。

11月18日，出席在广州召开的广东省康复医学会成立暨首届会员代表大会，被选举为学会顾问。

12月，主编《数字人和数字解剖学》，由山东科学技术出版社出版。该书介绍了我国数字人研究发展概况及数字人的国际发展。

访问重庆市数字医学研究所。

参加在厦门大学举行的中国数字人研究联络组发展规划组会议。

受聘为华南理工大学双聘院士。

赴贵州省遵义市参加中国解剖学会教育工作委员会第八届教学改革研

讨会。

主编《医学生复习考试指导丛书》，由人民军医出版社出版。

主编《全国高等学校医学规划教材配套用书：系统解剖学学习指导与习题解析》，由高等教育出版社出版。

本年度共发表学术论文六十一篇，其中独著三篇。

2005 年

4 月 5 日，参加在广州举办的，由中国劳动和社会保障部、国际劳工组织主办的工伤康复国际研讨会。

4 月 16—18 日，出席在山东大学医学院召开的"全国人体断面数据获取与图像处理研讨会"，在会上做了"中国数字人研究进展"的报告。

4 月 21—24 日，出席在深圳市迎宾馆举办的广东省医学会第二次手外科学术会议。

5 月 5—8 日，出席在广州市召开的中华医学会第八次全国整形外科学术会议，在会上做了"数字人——整形外科研究的新技术平台"的报告。

7 月 5—6 日，访问上海交通大学国家数字化制造技术中心，参观了国家数字化制造技术中心在徐汇校区和张江高科技园区的产学研基地，并与戴尅戎院士，阮雪榆院士就虚拟人在医学中的应用问题展开了讨论，就科研合作达成共识。

10 月 13—16 日，出席在四川省成都国际会议展览中心召开的第四届中国国际暨第七次全国口腔颌面外科学术会议。

10 月，《钟世镇临床解剖学图谱全集》开始由山东科学技术出版社陆续出版。该图谱集共有九种，与已出版的《现代临床解剖学丛书》既有一定的延续，又有别具一格的表达形式。

11 月 11—14 日，出席在广州鸣泉居度假村召开的"首届亚洲创伤骨科高峰论坛"，在会上做了关于"数字人"的报告。

11 月 13—21 日，出席在湖北省武汉市召开的中华医学会医学美学与美容学分会成立十五周年学术大会，在会上做了题为"数字人：美容外科基础研究的技术平台"的学术报告。

11月23日，中国人民解放军医学生物力学重点实验室经广东省科技厅批准转为广东省重点实验室建设管理。

12月3—4日，出席在北京首都医科大学召开的中国解剖学会第十二届5次常务理事（扩大）会并做重要讲话。

赴武汉华中科技大学同济医学院参加"973"项目"神经损伤修复与功能重建的应用基础研究"中期总结会。

担任南方医科大学学位委员会副主席，科学技术委员会副主委。

本年度共发表学术论文七十篇，其中独著九篇，发表于《中国临床解剖学杂志》第4期的《老树逢春发新枝》一文，提出了解剖学与新技术方向相结合从而产生的一系列具有发展前景的研究方向。

2006 年

4月26—29日，出席在福州召开的中国康复医学会修复重建外科专业委员会第十五次学术交流会暨《中国修复重建外科杂志》创刊二十周年庆祝会。

6月1—5日，出席在厦门举行的"2006年全国微创外科论坛"暨《中国微创外科杂志》创刊五周年纪念大会，在会上做了"发展数字医学有关的技术"的报告，期间被聘为厦门大学兼职教授。

7月10日，出席在上海交通大学举办的上海交大医学院数字医学研究院揭牌仪式，担任数字医学院顾问委员会顾问，并做了题为"数字虚拟人技术研究进展"的讲座。

7月29—30日，参加由山东省医学会主办，莱芜市人民医院承办的山东省第二届手外科学术会议，在会议上做学术报告。王澍寰院士、中华显微外科学会主任委员侯春林教授、中华手外科学会副主任委员田光磊教授、中华骨科学会足踝外科学组组长王正义教授也参加了会议。

8月9日，出席在新疆昌吉市召开的中国解剖学会教育工作委员会第九届教学改革研讨会，在会上做了关于数字化人体技术的报告。

8月26—29日，出席在浙江省温州市召开的浙江省解剖学会第八届代表大会暨2006年学术年会并作学术报告。

9 月 23—24 日，出席在广州举行的 2006 广州（国际）生物医学工程学术大会。

10 月 22—26 日，出席在云南省昆明市召开的第四届全国解剖与临床学术研讨会暨《解剖与临床》杂志创刊十周年庆祝会，致开幕词。

10 月 28—29 日，中国解剖学会第十一届全国代表大会届暨 2006 年学术年会在江苏省南京市举行，本次会议成立了中国解剖学会临床解剖学分会，标志临床解剖学成为解剖学的重要分支学科。为庆祝中国解剖学会临床解剖学分会，与徐达传共同撰写《迎接新阶段，发展新事业》及《临床解剖学的回顾与展望》两篇文章，发表于《中国临床解剖学杂志》2007 年第 1 期，对现代临床解剖学的发展历程进行了回顾，并指出了未来的发展方向。

11 月 18 日，出席了在广州召开的《中华神经医学杂志》第二届编辑委员会成立暨第一次全体会议。

12 月 10—12 日，中国解剖学会再生医学分会在南通大学组织召开第二届全国组织工程、干细胞与神经再生学术会议。与卢世璧、顾玉东、苏国辉，以及来自英国、澳大利亚、中国香港和内地二十四家单位的六十二位专家学者出席会议。

12 月，主编的《数字人和数字解剖学》（山东科技出版社出版）获首届中华优秀出版物（图书馆）奖。

在《学位与研究生教育》第 1 期上发表了《对博士研究生岗位成才的一点看法》。

本年度共发表学术论文六十三篇，其中独著三篇。

2007 年

3 月 22—24 日，出席在广州召开的中华医学会第四次全国美容外科学术大会。

3 月，《泌尿系统病学词典》由河南科学技术出版社出版，担任该书名誉总主编。

5 月 23—28 日，出席在北京召开的第十届中华医学会手外科学分会全国学术会议并作学术演讲。

7月14—16日，出席在广州体育学院举行的中华人民共和国第八届大学生运动会体育科学论文报告会，在会上做了题为"揭示人体奥秘的有关技术"的报告。

7月25—28日，出席在重庆市召开的2007年全国解剖学技术学术会议（第一届），并做专题报告。

8月，科研课题《严重肢体创伤修复新技术应用研究》（排名第二）、《周围神经损伤后神经元死亡与神经生长因子受体表达的研究》（排名第四）、《股前外侧皮瓣系列解剖学研究与临床推广应用20年总结》（排名第五）获2006年度广东省科学技术奖。

10月23—25日，出席在湖北武汉市召开的全国第五次口腔颌面创伤学术研讨会，在会上做了数字化医学发展前景的专题讲座。

11月9日，出席在中山大学北校区举行的许天禄教授诞辰一百零一周年纪念活动并讲话。

11月30日—12月3日，出席在重庆市第三军医大学召开的全国首届数字医学学术研讨会，担任大会执行主席，并在会上做了题为"数字医学概况和前景"的主旨报告，并在闭幕式上致辞。会议宣告成立"中国数字医学研究联络组"，任组长。

科研成果《中国数字化人体数据集的建立》获国家科技进步二等奖，排名第二。

本年度共发表学术论文六十篇，其中第一作者与独著七篇。

2008 年

2月17—19日，出席在广东省深圳市召开的第七届亚洲太平洋地区手外科学术会议深圳会议，在会上做了题为"手外科基础研究技术"的报告。

3月7日，出席《中华口腔医学研究杂志（电子版）》第一届编委会第一次全体会议暨庆祝酒会并讲话。

5月22—24日，出席在广东省佛山市顺德区桂洲医院举办的2008年第九届华南地区关节外科新技术高级研讨会，在会上做了题为"膝关节数字解剖与手术的关系"的报告。

5月，主编科普著作《认识我们自己》一书，由江苏人民出版社出版。

6月13—15日，出席在广州召开的2008年广东省手外科学术会议。

由丁自海，王增涛担任总主编的《钟世镇现代临床解剖学全集》开始陆续由山东科学技术出版社出版，担任该丛书名誉总主编并作序。

7月25—28日，出席在河南省新乡市召开的中国解剖学会第十一届教学改革研讨会，在会上做了主题为"数字化人体解剖教学技术"的讲座。

9月16日，在河南省郑州市第二中学作《揭示人体奥秘的技术部分》的报告。

9月17—19日，第十届中国科协年会在河南省郑州市召开，包括一百余名两院院士在内的一万余名科技工作者参加会议，期间在中国解剖学会人体解剖学专业委员会组织的"数字医学研讨会分会场"做了题为《我国数字医学研究概况与进展》的特邀报告，概述中国数字医学发展历程及目前国内已经建立的数字医学相关研究机构和学术园地，总结了近一年来中国数字医学的最新进展做；提出了数字医学发展需具备的条件，并对数字医学未来的发展提出了建议。

10月21—23日，中国解剖学会2008年学术年会在陕西省西安市召开，在会上做乏物力学专题报告。

11月7—10日，由中国工程院、国家自然科学基金委员会主办的第11次"工程前沿"数字医学研讨会在北京中国工程院召开，与王正国、戴克戎、俞梦孙、朱晓东、阮雪榆等院士共同出席会议，在会上做了题为"数字人与数字医学"的主旨报告。

本年度共发表学术论文三十篇，其中独著两篇。

2009 年

3月14—15日，出席在广州举行的"2009《中华关节外科杂志（电子版）》编辑委员会年度工作会议暨中国骨科静脉血栓栓塞症防治高峰论坛"。

3月19—22日，第三届国际创伤骨科高峰论坛在陕西省西安市召开，出席会议并做学术报告。

3月21—22日，出席在广州举行的广东省医学会关节外科学分会成立大会暨广东省首次关节外科学学术研讨会，在会上做"数字化骨科对关节外科的影响"报告。

4月15—19日，出席在河南郑州举办的第六届全军手外科学术会议暨全国手外科新进展学习班，针对数字虚拟人的前沿问题和技术进行专题讲座。

4月，参与编写的《人体解剖学》第三版出版发行。

6月，被《华南国防医学杂志》特聘为名誉主编。

7月20—24日，出席在广西壮族自治区百色市召开的第八届中南地区解剖学学术会议，在会上做了题为"临床解剖学研究部分技术的发展"的特邀报告。

7月25—26日，出席在大连大学附属中山医院举行的中国工程院工程科技论坛"膝关节外科高层峰会"，期间做了主题为"膝关节数字解剖学及应用"的报告。

7月25—28日，第二届全国解剖学技术学术会议在广西壮族自治区桂林市举行，在会上做专题报告。

7月30日，出席在广州军区广州总医院举行的广东省骨科矫形技术及植入材料重点实验室首届学术委员会成立大会暨第一次委员会会议，担任第一届主任委员。

8月2—4日，赴佳木斯大学参加中国解剖学会第十二届解剖学教学改革研讨会。以铸型标本为媒介，重点介绍了解剖学技术与临床结合的作用和效果，以及解剖技术对临床各科的指导性作用。

8月8—10日，中国解剖学会2009年学术年会在山东省烟台市召开，与李云庆、张宏权、顾星星、刘树伟等做了大会报告。

8月25日，在广东省高新技术产业园区工作会议暨2008年度广东科技奖励大会上，获广东科技突出贡献奖，奖金二百万元。

10月8—10日，出席在广州番禺长隆酒店召开的广东省第一次脊柱外科学学术会议暨全军第六次颈椎／关节外科和首次数字骨科国际研讨会，做了有关数字骨科的报告。

11月14—15日，中国解剖学会再生医学分会在江苏省南通市举行"2009年全国再生医学论坛"，与王正国共同担任大会主席并做大会报告，再生医学分会主任委员顾晓松主持会议。

本年度共发表学术论文十九篇，其中独著两篇。

1 月 9 日，出席广东省药学会 2009 学术年会暨 2010 药师新春联谊会，在会上做题为《数字医学和转化医学》的特邀报告，开始关注转化医学理念的推广。

1 月，《人体解剖学标本彩色图谱》（第二版）由广东科技出版社出版，担任荣誉主编。

4 月 23 日，郑州市卫生学校"院士工作站暨临床应用解剖学中心"成立，是全国首家中专院士工作站，被特聘为院士工作站专家。

4 月 30 日，出席广东省创伤救治科研中心创伤骨科在佛山市第二人民医院的挂牌仪式。

6 月，主编《人体解剖学挂图》（全两册），由高等教育出版社出版。

7 月 16—18 日，在钟世镇与台湾长庚纪念医院魏福全教授倡议下，首届海峡两岸手功能重建高峰论坛在广州举行。

8 月，译著《LWW 解剖图谱》由北京科学技术出版社出版。

9 月，主编《人体解剖学彩色图谱》（第二版），由辽宁科学技术出版社出版。

10 月 16 日，在中华医学会显微外科学分会 2010 年学术年会上，与其他十一位显微外科专家共同获得"中国显微外科终身成就奖"。（其余十一位获奖专家为：第二军医大学屠开元、第四军医大学陆裕朴、复旦大学附属中山医院陈中伟、复旦大学附属华山医院杨东岳、解放军总医院朱盛修、沈阳军区总医院杨果凡、上海市第九医院张涤生、复旦大学附属中山医院顾玉东、中山大学附属第一医院朱家恺、解放军第八十九医院王成琪、上海市第六医院于仲嘉）。

12 月 10 日，出席在广州医学院第一附属医院举行的 2010 广州"转化医学与人才培养"院士论坛，做"转化医学与人才培养"的学术报告。

12 月 17—22 日，出席在海南召开的第九届中南地区解剖学学术会议，在会上做了题为"研究生如何做科研"的专题报告。

本年度共发表学术论文十八篇，其中第一作者与独著四篇。

2011 年

1 月 10 日，参加由广州市委、市政府主办的"2011 年广州地区院士迎春联谊会"。

2 月 27 日，在湛江中心人民医院参加"广东省创伤救治科研中心创伤骨科临床研究基地"揭牌仪式暨"创伤骨科技术新进展学术讲座会议"。

3 月 13 日，南方医科大学钟世镇院士医学工作室暨计算机外科研究所在广东省顺德市北滘揭牌成立，工作室定位为研发智能手术机器人系统。

5 月 20—24 日，出席在重庆第三军医大学召开的中华医学会数字医学分会成立大会暨第一届学术年会，会上做了题为《数字医学研究进展》的学术报告。

6 月 4 日，在浙江省义务市参加对义乌市中心医院骨科承担的浙江省科技厅项目"不稳定骨盆后环骨折微创固定方式的研究"评审，担任评审组长。

6 月 10 日，出席广东省创伤救治科研中心与南海第三人民医院共建的"广东省创伤救治科研中心南海区创伤骨科基地"挂牌仪式。

7 月 15—19 日，中国残疾人康复协会主办的第二十届中国康协肢残康复学术年会在广州召开，与卢世璧、梁智仁、陈之白、梁秉中、朱家恺共同担任大会名誉主席。

7 月 22—23 日，参加在深圳举行的第九届护理解剖学研讨会，做关于转化医学的报告。

8 月 26—27 日，参加广东省医学会第一次数字医学学术会议。

8 月 30 日，参加广东省创伤救治科研中心在广州正骨医院挂牌足踝外科的挂牌仪式。

9 月 27 日，获得《司法鉴定人执业证》，可开展痕迹鉴定（限道路交通事故鉴定）类别的司法鉴定业务。

10 月 15 日，出席在广东省汕头市举行的"传承与创新——2011 广东骨科学院士论坛"，做"承前启后，自主创新"的主题发言，期间为汕头大学医学院第二附属医院题词："弘扬汕头大学光辉传统，开拓治病救人朝阳事业"。

10月30日，参加南方医科大学六十周年校庆大会。

11月6日，参加骨科数字技术研讨会暨广州军区第十八届骨科学术会议。

11月12日，出席在陕西省西安市召开的"中国工程科技论坛（第129场）——数字外科高层峰会暨首届中国数字骨科学术会议"，发表主旨报告"我国数字医学发展概况"。

11月18日，南方医科大学交通事故司法鉴定技术研究所举行挂牌成立，担任名誉所长。

11月25日，所指导的博士后罗光辉完成博士后研究出站。

12月2日，参加南方医科大学南方医院建院七十周年庆典。

12月4日，在南方医科大学珠江医院参加广东省医学会数字医学分会成立大会暨广东省第一次数字医学学术研讨会。

本年度共发表学术论文二十三篇，其中独著四篇。

2012 年

2月17日，中山市黄圃人民医院成为广东创伤救治科研中心创伤临床基地，出席揭牌仪式。

3月24日，参加广东骨科学院士论坛。

3月30日，广东省骨科研究院成立，出席成立大会并任名誉院长、首届学术委员会名誉主席。

4月7日，广东省创伤救治科研中心高州临床研究基地落户高州市人民医院，出席揭牌仪式。

6月8日，出席在东莞松山湖举办的东莞市生物技术产业发展研讨会。

6月10—15日，参加中国工程院院士大会。

7月19日，参加在河南省郑州市举行的中南地区解剖学学术会议。

7月27日，参加郑州人民医院一百周年纪念大会，在会上接受"郑州人民医院河南省院士专家工作站驻站院士"聘书。

8月18日，参加在山东省日照市举行的中国第二届数字骨科学术年会暨微创骨科新技术研讨会，在会议上做题为《数字医学发展概况》的报告。

8月27—30日，赴内蒙古医科大学参加校长暨院士论坛，做《我国数字医学发展概况》报告。

9月6日，出席中山大学举办的"具有世界先进水平的周围神经缺损修复材料——'神桥'在中山大学研发成功"新闻发布会，作为广东省级科技成果鉴定会委员，成果鉴定会专家组组长出席发布会并进行成果评价。

9月14—15日，第九届中国医师协会美容与整形医师大会在广州举行，出席大会并做专题报告。出席大会的还有王正国院士、美国哈佛大学Michael J. Yaremchuk主任教授、美国加州大学戴维斯分校Lee L. Q. Pu教授、日本医科大学Hiko Hyakusoku教授、日本东京大学的Isao Koshima教授、日本庆英大学的永竿智久教授、韩国蔚山大学的Yong Ju Jang教授等国内外专家。

9月20日，出席在广州举行的医疗器械技术和产业发展创新论坛，做《请关注转化医学》的专题报告。

9月21—23日，出席在广州召开的中华医学会第二次全国数字医学学术会议，致开幕词《中国数字医学发展及展望》。

11月3日，在深圳参加由深圳市人民医院主办的首届海峡两岸和港澳手外科学术论坛暨手外科新技术学习班。

12月1—2日，赴山东省济南市参加第三届海峡两岸手功能重建高峰论坛。

12月21日，参加南通大学解剖名师讲坛，做题为《开展临床解剖学的体会》的专题报告，展示了人体解剖学这一古老学科在当今科技发展推动下的拓展和沿革。

本年度共发表学术论文二十篇，其中独著两篇。

2013年

1月12—13日，由中华医学会显微外科学分会主办，《中华显微外科杂志》《中华创伤骨科杂志》《中国修复重建外科杂志》《中国骨与关节损伤杂志》协办，上海市第六人民医院承办的中华医学会第十届显微外科学术会议暨世界断肢再植成功五十周年庆典在上海召开，为本次大会撰写《感谢断肢再植之父对临床解剖学的提携》一文，收录会议论文集，回忆了与断肢再植之父陈中伟的友谊。

4月5—7日，参加在广州举行的第五届国际创伤骨科高峰论坛。

5月12—14日，受上海交通大学谢叻之邀，赴上海参加由中国科学院、中国工程院、上海市人民政府主办的东方科技论坛，论坛主题为"虚拟手术仿真与评价的基础理论和关键技术"。在论坛上做以"国内虚拟手术仿真初探"为主题的学术报告，介绍了国内学者开展相关工作的情况。会后受邀参观宋志坚教授主持的复旦大学数字医学研究中心。

5月23—25日，赴温州参加中华医学会手外科学分会第十二届全国学术会议。

7月8日，出席内蒙古医科大学口腔医学院成立揭牌仪式。

7月13日，参加在深圳恒生医院举办的深圳市骨与关节外科新进展学术研讨会，在会上做《我国数字骨科发展概况》专题报告。

7月19日，参加在广东省东莞市举行的2013年全国胆道镜取石保胆研讨暨手术演示大会，做题为《配合肝胆外科的解剖学技术》的学术报告。

7月20日，参加南方医科大学第十届护理专业解剖学会议，做《请关注转化医学》的报告。

7月25—29日，赴吉林省延边市参加第四届全国解剖学技术学术会议。

8月2—4日，出席中国康复医学会骨与关节及风湿专业委员会与广东省康复医学会骨与关节及风湿病专业委员会主办的"2013年联合学术会议暨微创骨科高峰论坛"，做《请关注转化医学理论》学术报告。

8月9—11日，参加在沈阳举行的全军显微外科学术会议，在会上做《数字骨科学发展概况》的学术报告。

8月16—18日，赴银川市参加《中国临床解剖学杂志》创刊三十周年纪念会，致开幕词。

9月2日，为南方医科大学一千八百名新入学的研究生，做《做一名能适应社会发展的研究生》的讲座。

9月14日，赴惠州市参加深惠广手外科学术年会，做《手外科有关解剖学研究》的报告。

9月15日，出席"2013广东泌尿外科医师论坛"，做题为《从转化医学理念看我国创新的喜与忧》的报告。

9月21—22日，到梅州参加2013年世界客商大会，并参加广东省雁洋公益基金会的第一届"叶剑英奖"的授奖仪式。

9月26日，在广西贵港地区为广西医科大学附属医院，做《如何当学科主任的体会》讲座。

9月27日，在广西医科大学的学术研讨会上，做《显微外科皮瓣有关的研究》报告。

9月28日，在开平举行的省港微创外科高峰论坛上，做《数字医学发展概况》报告。

10月2—3日，到五华县华西中学，参加母校建校一百一十五周年座谈会，在会上做了《感谢母校培育了我们这一代人的爱国精神》的发言。

10月11日，在广州参加首届华南国际美容医学大会，做《数字医学在美容医学应用的探索》学术报告。

10月12日，在顺德参加广东省医学会第十次显微外科学学术会议，做《显微外科有关血管的研究》学术报告。

10月13日，出席在佛山举行的广东省创伤救治科研中心年会，做《创伤救治研究要巧用基础技术》学术报告。

10月17日，为学生课外活动做《神舟五号十周年的回忆和启迪》科普讲座。

10月18—19日，在深圳参加2013年广东骨科学院士论坛，做《数字化技术在骨科研究中的探索》的学术报告。

10月25日，在顺德参加广东省数字医学年会，做《发展数字医学请关注技术方法研究》的报告。

10月，被聘为嘉应学院第四届董事会荣誉董事长。

11月2日，在辽宁省锦州市参加全国骨科学术会议，做《数字化骨科概况》报告。

11月8日，中华医学会第十五届骨科学术会议暨第八届COA（Chinese Orthopaedic Association）国际学术大会在北京国家会议中心召开，出席会议并做《转化医学》报告。

11月9日，中华医学会第三届全国数字医学学术年会在福州举办，出席会议并做《我国数字医学发展》报告。

11月10日，在福建莆田人民医院，做《如何当学科主任的体会》报告。

11月20日，出席南方医科大学青年筑梦讲坛，为青年教师做《创新有关的科技人文哲理》的报告。

12月7日，在广东省妇产科学会议上，做《从转化医学理念看我国创新的喜与忧》报告。

12月20日，在深圳市第二人民医院，做《数字化在临床应用上的探索》报告。

12月28日，在西安市第四军医大学，参加《中华创伤骨科杂志》编委会。

本年度发表学术论文十篇。

2014年

3月12日，受聘为厦门大学附属第一医院同民分院医学顾问。

4月28日，参加深圳希思医疗美容医院主办的百万基金援助唇腭裂儿童公益活动。

4月，参加在南方医科大学举办的"第二届全国妇产科数字医学会议"。

5月24日，前往江门市鸿豪生物科技有限公司考察指导。

6月7日，参加在广州医科大学举办的2014广东骨科学·院士论坛暨广州骨科研究所微创人工关节置换术培训中心成立及《中华关节外科杂志（电子版）·关节外科国外文献》首发专题学术研讨大会。

7月19—20日，参加在上海举办的"首届全国脂肪整形外科学术交流大会暨国际脂肪移植高峰论坛"。

7月，参加在珠海举办的第十一届中南地区解剖学学术年会。

9 月 19 日—21 日，中华医学会、中华医学会数字医学分会、南方医科大学珠江医院主办的"中华医学会第四次全国数字医学学术会议暨第一届全国数字化微创外科学术会议"在广州举行，会议期间，进行了"钟世镇院士从教六十五周年座谈会"。

11 月 10 日，为广东省创作救治科研中心古镇创伤骨科基地揭牌。

11 月 25 日，出席广东省 3D 打印产业创新联盟成立仪式暨广东省 3D 打印产业发展战略对话，为大会致辞。

本年度发表论文十五篇，独著三篇。其中《没有效益不是创新》一文探讨转化医学理念。

2015 年

4 月 17—18 日，参加"骨科前沿与人文"——2015·广东骨科学·院士论坛。

6 月 22 日，受聘为东莞宏元堂中医院名誉院长。

7 月 25—28 日，参加在福州举办的第五届全国解剖学技术会议，发表《请关注 3D 打印技术》的演讲。

9 月 17—19 日，参加在广州举办的第三十六届 SICOT 世界骨科大会。

11 月 13—14 日，参加由中国及亚太地区微创妇科肿瘤协会（CA-AMIGO）等机构主办的首届妇产科微创治疗珠江论坛（MIGO）。

12 月 11—13 日，参加第四届全国鼻整形大会。

发表论文九篇，其中独著两篇。

2016 年

1 月 27 日，参加"第三十二期广州院士沙龙暨广州生物医药健康产业院士沙龙"活动。

4 月 12 日，授聘为黄河科技学院医学科学首席科学家、医学学术委员会主任。

5 月 14 日，中国研究型医院学会数字医学临床外科专业委员会在广州成立，出席开幕式。

附录二　钟世镇主要论著目录

专著

[1] 刘正津，钟世镇. 解剖学技术［M］. 第三军医大学出版社，1979.

[2] 钟世镇. 显微外科解剖学［M］. 人民卫生出版社，1984.

[3] 钟世镇，韩永坚，颜文俊. Microsurgical Anatomy［M］. Boston：MTP Press Limited，1985.

[4] 张年甲，钟世镇. 腹盆部血管解剖学［M］. 科学出版社，1987.

[5] 钟世镇，张为龙. 临床解剖学丛书（头颈分册）［M］. 人民卫生出版社，1988.

[6] 钟世镇，刘正津，陈尔瑜. 临床解剖学丛书（胸部和脊椎分册）［M］. 人民卫生出版社，1989.

[7] 钟世镇，王启华，孙博. 临床解剖学丛书（四肢分册）［M］. 人民卫生出版社，1991.

[8] 钟世镇，韩永坚，刘牧之. 临床解剖学丛书（腹盆部分册）［M］. 人民卫生出版社，1992.

[9] 钟世镇，孔吉明，孙博. Clinical Microsurgical Anatomy［M］. Med Info Publishing Company，1991.

［10］钟世镇，徐达传. 显微外科解剖学基础［M］. 科学出版社，1995.

［11］钟世镇，徐达传. 临床应用解剖学［M］. 人民军医出版社，1998.

［12］钟世镇，张年甲. 美容应用解剖学［M］. 江西高校出版社，1999.

［13］裴国献，王澍寰，钟世镇. 显微手外科学［M］. 山东科学技术出版社，1999.

［14］钟世镇，徐达传，丁自海. 现代临床解剖学丛书（显微外科临床解剖学）［M］. 山东科学技术出版社，2001.

［15］钟世镇，刘正津，姜宗来，殷玉芹. 现代临床解剖学丛书（胸心外科临床解剖学）［M］. 山东科学技术出版社，2001.

［16］钟世镇，郭世绂. 现代临床解剖学丛书（骨科临床解剖学）［M］. 山东科学技术出版社，2001.

［17］钟世镇，王忠诚，于春江，吴中学. 现代临床解剖学丛书（颅脑外科临床解剖学）［M］. 山东科学技术出版社，2001.

［18］钟世镇，张震康，邱蔚六，皮昕. 现代临床解剖学丛书（口腔颌面外科临床解剖学）［M］. 山东科学技术出版社，2001.

［19］钟世镇，苏应宽，栾铭箴，汤春生，单家治，李继俊. 现代临床解剖学丛书（妇产科临床解剖学）［M］. 山东科学技术出版社，2001.

［20］钟世镇，裘法祖，王健本，张祐曾. 现代临床解剖学丛书（腹部外科临床解剖学）［M］. 山东科学技术出版社，2001.

［21］钟世镇，梅骅，苏泽轩，郑克立. 现代临床解剖学丛书（泌尿外科临床解剖学）［M］. 山东科学技术出版社，2001.

［22］钟世镇. 全国高等学校医学规划教材：系统解剖学（供临床·基础·预防·护理·口腔·药学等专业用）［M］. 高等教育出版社，2003.

［23］钟世镇，陈宜张，王正国，樊代明. 医学生复习考试指导丛书［M］. 人民军医出版社，2004.

［24］钟世镇. 全国高等学校医学规划教材配套用书：系统解剖学学习指导与习题解析［M］. 高等教育出版社，2004.

［25］钟世镇，郑和平，张发惠，林建华. 显微外科解剖学实物图谱（四

肢组织瓣分册）［Ｍ］. 人民卫生出版社，2004.

［26］钟世镇. 数字人和数字解剖学［Ｍ］. 山东科学技术出版社，2004.

［27］钟世镇，徐达传. 钟世镇临床解剖学图谱全集（骨科临床解剖学图谱）［Ｍ］. 山东科学技术出版社，2005.

［28］钟世镇，丁自海，李忠华，苏泽轩. 钟世镇临床解剖学图谱全集（泌尿外科临床解剖学图谱）［Ｍ］. 山东科学技术出版社，2005.

［29］钟世镇，原林，王兴海钟世镇临床解剖学图谱全集（妇产科临床解剖学图谱）［Ｍ］. 山东科学技术出版社，2005.

［30］钟世镇，张正治. 钟世镇临床解剖学图谱全集（口腔颌面外科临床解剖学图谱）［Ｍ］. 山东科学技术出版社，2005.

［31］钟世镇，王增涛，王一兵. 钟世镇临床解剖学图谱全集（显微外科临床解剖学图谱）［Ｍ］. 山东科学技术出版社，2005.

［32］钟世镇，姜宗来. 钟世镇临床解剖学图谱全集（胸心外科临床解剖学图谱）［Ｍ］. 山东科学技术出版社，2005.

［33］钟世镇，刘树伟. 钟世镇临床解剖学图谱全集（腹部外科临床解剖学图谱）［Ｍ］. 山东科学技术出版社，2005.

［34］钟世镇，于春江，张绍祥，贾旺. 钟世镇临床解剖学图谱全集（颅脑外科临床解剖学图谱）［Ｍ］. 山东科学技术出版社，2005.

［35］钟世镇，孔祥玉，韩德民. 钟世镇临床解剖学图谱全集（眼耳鼻咽喉科临床解剖学图谱）［Ｍ］. 山东科学技术出版社，2005.

［36］钟世镇，郭志坤，殷国田. 泌尿系统病学词典［Ｍ］. 河南科学技术出版社，2007.

［37］钟世镇，张振弘. 认识我们自己［Ｍ］. 江苏人民出版社，2008.

［38］钟世镇，汪忠镐，舒畅. 钟世镇现代临床解剖学全集（血管外科临床解剖学）［Ｍ］. 山东科学技术出版社，2009.

［39］钟世镇，郎景和，张晓东. 钟世镇现代临床解剖学全集（妇产科临床解剖学）［Ｍ］. 山东科学技术出版社，2010.

［40］钟世镇，刘祖国，颜建华. 钟世镇现代临床解剖学全集（眼科临床解剖学）［Ｍ］. 山东科学技术出版社，2009.

［41］钟世镇，许庚，王跃建．钟世镇现代临床解剖学全集（耳鼻喉临床解剖学）［M］．山东科学技术出版社，2010．

［42］钟世镇，靳安民，汪华桥．钟世镇现代临床解剖学全集（骨科临床解剖学）［M］．山东科学技术出版社，2010．

［43］钟世镇，王兴．钟世镇现代临床解剖学全集（口腔颌面外科临床解剖学）［M］．山东科学技术出版社，2010．

［44］钟世镇，姜宗来，于伟勇，张炎．钟世镇现代临床解剖学全集（胸心外科临床解剖学）［M］．山东科学技术出版社，2010．

［45］钟世镇，丁自海，杜心如．钟世镇现代临床解剖学全集（脊柱外科临床解剖学）［M］．山东科学技术出版社，2008．

［46］钟世镇，于春江．钟世镇现代临床解剖学全集（颅脑外科临床解剖学）［M］．山东科学技术出版社，2011．

［47］钟世镇，苏泽轩，那彦群．钟世镇现代临床解剖学全集（泌尿外科临床解剖学）［M］．山东科学技术出版社，2010．

［48］钟世镇，徐国成，韩秋生，佟晓杰等．人体解剖学挂图（全2册）［M］．高等教育出版社，2010．

［49］钟世镇，胡耀民，欧阳钧，温广明．人体解剖学标本彩色图谱（第2版）［M］．广东科技出版社．2010．

［50］钟世镇，欧阳钧译，（美）坦克，（美）格斯特编．LWW解剖图谱北京科学技术出版社，2010．

［51］钟世镇，张振弘．认识我们自己［M］．江苏人民出版社，2008．

论文

［1］钟世镇．椎动脉颅内段、基底动脉及其主要分枝的观察［J］．解剖学报，1958，3（3）：177-186，217．

［2］钟世镇，汪立鑫．大体标本快速透明法［J］．解剖学通报，1958，10：21-22．

［3］钟世镇．耻骨肌及其主要支配神经分支的观察［J］．学术园地（第七

军医大学科研处），1962，6-7：21-24.

[4] 陈尔瑜，何光篪，刘正津，钟世镇，张素贞. 中国人肺的支气管和血管一、右肺上叶的支气管和血管［J］. 解剖学报，1960（01）：30-50.

[5] 刘正津，何光篪，钟世镇，张素贞，陈尔瑜. 中国人肺的支气管和血管二、右肺中叶的支气管和血管［J］. 解剖学报，1962（Z1）：299-313.

[6] 何光篪，刘正津，张素贞，钟世镇，陈尔瑜. 中国人肺的支气管和血管三、右肺下叶的支气管和血管［J］. 解剖学报，1963（02）：163-182.

[7] 钟世镇，何光篪，陈尔瑜，刘正津，张素贞. 中国人肺的支气管和血管四、左肺上叶的支气管和血管［J］. 解剖学报，1963（02）：183-199.

[8] 张素贞，何光篪，刘正津，钟世镇，陈尔瑜. 中国人肺的支气管和血管五、左肺下叶的支气管和血管［J］. 解剖学报，1964（02）：201-219.

[9] 钟世镇，刘正津. 髂内动脉及其主要分支的观察［J］. 解剖学报，1964（02）：173-180.

[10] 钟世镇，刘正津. 闭孔动脉的起源及股环与邻近血管的关系［J］. 解剖学报，1964（02）：181-187.

[11] 钟世镇，刘正津，何光篪. 中国人的腰神经丛［J］. 解剖学报，1964（02）：220-231.

[12] 钟世镇，刘正津. 肠系膜下动脉及其分枝的观察［J］. 解剖学报，1964（04）：428-436.

[13] 钟世镇，刘正津. 足部常见的肌肉变异调查［J］. 解剖学通报，1964（02）：151-152.

[14] 钟世镇，何光篪，刘正津. 手背肌腱的类型及变异［J］. 解剖学报，1965（01）：71-82.

[15] 钟世镇，刘正津. 肱二头肌的额外头［J］. 解剖学通报，1965（01）：64-65.

［16］钟世镇，刘正津. 臀部肌的形态变异［J］. 解剖学通报，1965（01）：66-67.

［17］钟世镇，何光篪，陈尔瑜等. 中国人肺的支气管和血管六、肺门、肺叶门和肺段门的支气管和血管［J］. 中华外科杂志，1965，13（2）：164-167.

［18］钟世镇，何光篪，刘正津. 骶神经丛及盆内脏神经［J］. 解剖学通报，1965（04）：46-50.

［19］刘正津，钟世镇. 颈外动脉及其分支的观察［J］. 解剖学通报，1965（04）：13-17.

［20］钟世镇，何光篪，刘正津. 中国人指型的观察从指远端相对长论指型［J］. 解剖学报，1966，9（1）：50-56.

［21］钟世镇，刘正津. 坐骨神经在臀部的表面标志［J］. 解放军医学杂志，1966（03）：252-253.

［22］何光篪，钟世镇，刘正津. 手的活体测量［J］. 解剖学报，1966（02）：154-162.

［23］钟世镇，刘正津，陈耳瑜等. 中国人气管和支气管固定标本的观察和测量［J］. 中华耳鼻咽喉科杂志，1966，12（2）：114-117.

［24］钟世镇，陈清亮，王兴海，李忠华，韩震. 主动脉弓和冠状动脉铸型方法［J］. 第一军医大学科研资料选编，1978，13：58-59.

［25］钟世镇，陶永松，刘牧之，马富. 颞浅动脉及其分支的调查［J］. 广东解剖通报，1979（01）：36-37.

［26］马富，钟世镇，刘牧之，陶永松. 面动脉（面段）的调查［J］. 广东解剖通报，1979（01）：30-35，93-95.

［27］刘正津，钟世镇，何光篪. 解剖学技术［J］. 广东解剖通报，1979（01）：78-81.

［28］钟世镇. 显微外科的进展与应用解剖学的关系［J］. 广东解剖通报，1980（01）：1-9.

［29］钟世镇，刘牧之，朱家恺. 正中神经的显微外科解剖学研究［J］. 广东解剖通报，1980（01）：34-43.

[30] 钟世镇，陶永松. 阑尾移植代尿道的应用解剖研究 [J]. 广东解剖通报，1980（01）：63-66.

[31] 钟世镇，韩震. 有机玻璃及其单体在解剖技术学上的应用 [J]. 广东解剖通报，1980（01）：114-117.

[32] 钟世镇，陶永松. 阴囊皮瓣的应用解剖学——新的游离皮瓣供区 [J]. 广东解剖通报，1980（02）：49-51.

[33] 刘牧之，钟世镇. 下肢淋巴系显微外科应用解剖 1. 下肢浅部淋巴管 [J]. 广东解剖通报，1980（01）：44-48.

[34] 韩震，钟世镇. 各种塑料在解剖标本铸型中的选择 [J]. 广东解剖通报，1980（01）：110-113.

[35] 陶永松，钟世镇. 小肠代食管的应用解剖研究 [J]. 广东解剖通报，1980（01）：53-62.

[36] 韩震，钟世镇，王兴海. 控制塑料铸型标本粗细的方法 [J]. 广东解剖通报，1980（01）：104-105.

[37] 韩震，钟世镇. 甘油的一般性能及在标本封装上的应用 [J]. 广东解剖通报，1980（02）：108-109.

[38] 陈清亮，钟世镇. 腱鞘灌注标本制作法 [J]. 广东解剖通报，1980（02）：110-111.

[39] 王兴海，钟世镇. 头颈部铸型标本的自然腐蚀法 [J]. 广东解剖通报，1980（02）：111-112.

[40] 钟世镇，陶永松，刘牧之，徐达传. 肌间隔血管皮瓣——新型游离皮瓣的解剖学研究 [J]. 广东解剖学通报，1981（01）：1-8.

[41] 钟世镇，刘牧之，陶永松. 尺神经的显微外科解剖学 [J]. 广东解剖学通报，1981（01）：8-16.

[42] 钟世镇，刘牧之，周长满，陶永松. 桡神经的显微外科解剖学研究 [J]. 广东解剖学通报，1981（02）：165-172.

[43] 钟世镇，刘牧之，陶永松. 尺神经的显微外科解剖学研究 [J]. 解剖学报，1981（04）：346-354.

[44] 钟世镇，马富，韩震，汪守义，孙博，陶永松. 颅内外动脉吻合术

有关血管的外科解剖［J］. 中华神经精神科杂志，1981，14（1）：13-20.

［45］钟世镇，陶永松. 阴囊皮瓣的显微外科应用解剖学［J］. 解剖学通报，1981（Z1）：228-230.

［46］钟世镇，刘牧之，陶永松，徐达传. 游离皮瓣血供类型及其应用解剖学［J］. 显微外科，1981，4（1）：13-20.

［47］钟世镇，陶永松. 应用阑尾修补尿道的解剖学研究［J］. 中华泌尿外科杂志，1981，2（3）：129-131.

［48］钟世镇. 科研论文写作浅谈［J］. 广东解剖学通报，1981，3（2）：254-256.

［49］钟世镇，陶永松，刘牧之，徐达传. 肌间隔血管皮瓣——新型游离皮瓣的解剖学研究［J］. 第一军医大学学报，1982（01）：5-11.

［50］钟世镇，孙博，刘牧之，徐达传. 皮瓣血供的解剖学类型及其临床意义［J］. 广东解剖学通报，1982（02）：131-136.

［51］钟世镇，刘牧之. 显微淋巴管外科及其应用解剖学的进展［J］. 解剖学通报，1982（04）：72-76.

［52］钟世镇，陶永松，刘牧之，徐达传. 肌间隔血管源游离皮瓣的解剖学［J］. 解剖学报，1982（03）：230-236.

［53］钟世镇，刘牧之，陶永松，徐达传，陈子华，孙博，程军平. 显微外科有关的应用解剖学研究［J］. 显微外科杂志，1982，9（1）：13-16.

［54］钟世镇，孙博，刘牧之，徐达传，程军平，陶永松. 肌间隙血管皮瓣——一种新类型皮瓣［J］. 广东解剖学通报，1982，4（1）：1-7.

［55］钟世镇，陶永松. 阑尾不是废物，可以修补尿道［J］. 大众医学，1982（10）：18-19.

［56］钟世镇. 临床应用解剖学杂志发刊词临床应用［J］. 解剖学杂志，1983，1（1）：1.

［57］钟世镇，陈子华，李汉云，刘牧之，孙博，扬立民，石万一，郭延杰，吴卫东. 吻合血管肩胛骨移植的应用解剖学一种新供骨区的研

究 [J]. 临床应用解剖学杂志，1983（01）：3-7.

[58] 钟世镇，李汉云，孙博，原林，刘牧之. 胸廓内血管的应用解剖调查 [J]. 解剖学通报，1983（03）：225-227.

[59] 钟世镇，陈子华，李汉云，刘牧之，徐达传，孙博. 吻合血管移植肋软骨的应用解剖学 [J]. 临床应用解剖学杂志，1983（02）：91-94.

[60] 钟世镇，原林. 全军普外和骨科学术会议在南京召开 [J]. 临床应用解剖学杂志，1983（02）：86.

[61] 钟世镇，孙博. 第十届全国外科学术会议在津举行 [J]. 临床应用解剖学杂志，1983（02）：152.

[62] 钟世镇，孙博，刘牧之，徐达传，陶永松，程军平. 肌间隙血管皮瓣的解剖学研究 [J]. 中华外科杂志，1983，21（10）：596-599.

[63] 钟世镇，孙博，刘牧之，徐达传，陈子华，原林，程军平，马富，孟宪玉，李汉云，韩震. 皮瓣血供的解剖学类型 [J]. 临床应用解剖学杂志，1984（01）：1-5.

[64] 钟世镇. 概述和争议、应用上的要点 [J]. 临床应用解剖学杂志，1984（01）：27-29.

[65] 钟世镇，孙博，陈遥良. 显微外科应用解剖学的进展 [J]. 临床应用解剖学杂志，1984（02）：3-4.

[66] 钟世镇，徐达传，刘牧之，孙博，孟宪玉. 缘支对阔筋膜张肌皮瓣的临末意义 [J]. 临床应用解剖学杂志，1984（03）：153-155.

[67] 钟世镇，孙博，顾玉东. 手功能重建术及其应用解剖学的进展 [J]. 临床应用解剖学杂志，1984（03）：201-204.

[68] 钟世镇，陈子华. 肱桡肌和桡侧腕长、短伸肌的应用解剖学 [J]. 第一军医大学学报，1984（03）：188-191.

[69] 钟世镇，张为龙. 我国临床应用解剖学两年来的成就临床应用 [J]. 解剖学杂志，1984（04）：205-207.

[70] 钟世镇. 骨科应用解剖学近况和展望 [J]. 临床应用解剖学杂志，1985（03）：131-134.

[71] 钟世镇. 开展临床解剖学研究的体会 [J]. 临床应用解剖学杂志，

1985（04）：252-255.

[72] 钟世镇. 周围神经损伤学术讨论会在昆明召开［J］. 临床应用解剖学杂志，1985（04）：217.

[73] 钟世镇，陈子华，徐达传，刘牧之，孙博，罗力生，高建华，谢兴斌，李依力. 三角肌皮瓣的应用解剖学［J］. 显微医学杂志，1985，8（2）：93-95.

[74] 钟世镇. 抓基础及作风训练为主培养硕士生［J］. 解剖学科研方向及探索，1985，17-19.

[75] 钟世镇，何蕴韶，韩震，刘牧之，孙博，胥少汀，朱家恺. 选择周围神经缝合方式的解剖学依据［J］. 临床解剖学杂志，1986（01）：3-7.

[76] 钟世镇. 中国解剖学会第六届代表大会暨 1986 年学术年会总结［J］. 解剖学杂志，1986（04）：275-281.

[77] 钟世镇，孙博，孟宪玉. 我国显微外科解剖学近况［J］. 临床解剖学杂志，1986（03）：129-131.

[78] 钟世镇，孙博. 周围神经应用解剖学研究的进展［J］. 临床解剖学杂志，1986（04）：247-250.

[79] 钟世镇，何蕴韶，韩震，等. 选择周围神经缝合方式的解剖学依据（摘要）［J］. 中华外科杂志，1986，24（8）：616.

[80] 钟世镇. 我国现代临床解剖学发展概况［J］. 中华医学信息导报，1986，1（6）：4-5.

[81] 钟世镇. 我国现代临床解剖学的动态——纪念本刊创刊五周年［J］. 临床解剖学杂志，1987（04）：193-195.

[82] 钟世镇，李汉云，朱青安. 锁骨切除后的生物力学测试和分析［J］. 中国临床解剖学杂志，1988（03）：136-139，188.

[83] 钟世镇，何光篪. 大体解剖学研究概况与展望［J］. 解剖学报，1988（04）：443-448.

[84] 钟世镇. 现代临床解剖学的兴起和发展［J］. 解放军医学情报，1987，1（3）：143-144.

［85］钟世镇，孔吉明. 用骨骼肌桥接长段神经缺损的新术式［J］. 前卫医学情报，1988，4（3）：99-101.

［86］钟世镇，张正治. 屈指肌腱的外科解剖学［J］. 解放军医学杂志，1989（01）：61-62.

［87］钟世镇，孔吉明. 骨骼肌桥接神经缺损研究的进展［J］. 中国临床解剖学杂志，1989（01）：51-54.

［88］钟世镇. 努力发展本刊的国际学术交流［J］. 中国临床解剖学杂志，1989（02）：65.

［89］钟世镇，孙博，徐达传. 临床解剖学科研的有关知识［J］. 中国临床解剖学杂志，1989（04）：241-244.

［90］钟世镇. 临床解剖学的新成果——《中国正常成人横断解剖、X线、超声与CT图像》［J］. 中国临床解剖学杂志，1989（04）：245.

［91］Shi-zhen Zhong, Hu-zeng Zhang. The progress of clinical anatomy in China［J］. Surg Radiol Anat，1989（4）：257-258.

［92］Zhong SZ, Kong JM. Microsurgical anatomy in China［J］. Radiol Anat，1989，11（2）：115-123.

［93］钟世镇，王前. 发展外科解剖生物力学的研究［J］. 中国临床解剖学杂志，1990（01）：1-3.

［94］钟世镇，徐达传. 小腿和足外侧部有关皮瓣的解剖学依据［J］. 中国临床解剖学杂志，1990（02）：92-94，125.

［95］钟世镇. 显微外科基础研究的进展［J］. 中国临床解剖学杂志，1990（04）：193-194.

［96］钟世镇. 淋巴显微外科解剖学研究进展［J］. 显微外科进展，1990，11-18.

［97］钟世镇周围神经显微外科解剖学研究进展［J］. 显微外科进展，1990，27-37.

［98］Zhong SZ, Kong JM, Wang Q. Relevant knowledge on the research of clinical anatomy［J］. Surg Radiol Anat，1990，12（1）：79-81.

［99］Zhang ZZ, Zhong SZ, Sun B, Ho GT. Blood supply of the flexor digital

tendon in the hand and its clinical significance［J］. Surg Radiol Anat.
1990，12（2）：113-7.

［100］钟世镇. 我国大体解剖学科研近况［J］. 中国临床解剖学杂志，
1991，9（1）：1-2.

［101］钟世镇. 选择有血运骨瓣的解剖学依据［J］. 修复重建外科杂志，
1991，5（2）：65-68.

［102］钟世镇. 周围神经显微外科解剖学研究有关进展［J］. 广东解剖学
通报，1991，13（1）：52-54.

［103］钟世镇. 临床解剖学近况和展望［J］. 中国科协第四次全国学术论
文汇编，1991：375-377.

［104］钟世镇. 导师应对研究生加强爱国主义教育［J］. 中华人民共和国
学位条例实施十周年专刊，1991，8：87-88.

［105］钟世镇. 四肢筋膜间隙的解剖学［J］. 人民军医，1992（07）：
14-15.

［106］钟世镇. 扁桃体摘除术为什么会出现严重大出血？［J］. 中国临床
解剖学杂志，1994，12（2）：118-119.

［107］Zhong Shi-zhen. Technique of macrovascular corrosion preparation of
head and neck［J］. Japanese Journal of Oral Biology，1994，36.

［108］钟世镇. 我国显微外科进展有关的解剖学研究［J］. 中华手外科杂
志，1996（01）：1.

［109］Zhong Shi-zhen. Recent advances in microsurgical anatomy［J］. Chin
Med J，1996，109（1）：64-65.

［110］钟世镇. 周围神经基础研究的进展［J］. 中华手外科杂志，1997
（01）：3-4.

［111］钟世镇. 临床发展需要是解剖学科研选题的源泉［J］. 解放军医学
杂志，1998（02）：4-6.

［112］钟世镇. 开拓解剖与临床协作发展的新阶段———一九九八年五月
十二日在全国首届解剖与临床学术研讨会上的讲话［J］. 解剖与临
床，1998（02）：50.

［113］钟世镇. 临床解剖学的成就与进展［A］. 科技进步与学科发展——
"科学技术面向新世纪"学术年会论文集，1998：810-814.

［114］钟世镇. 组织瓣移植研究近况［J］. 中华手外科杂志，1998（04）：3.

［115］钟世镇. 创建学术园地繁荣断层影像解剖学［J］. 解剖学报，1998，
29：1.

［116］钟世镇. 机遇与成功［J］. 军医教育，1998（1）：4-6.

［117］钟世镇. 努力发展创伤骨科的基础研究［J］. 中国创伤骨科杂志，
1999（01）：16-18.

［118］钟世镇. 现代临床解剖学的回顾与展望［J］. 解剖学报，1999（02）：
2-4.

［119］钟世镇. 临床解剖学是外科学持续发展的重要基础［J］. 解剖与临
床，1999（03）：129-130.

［120］钟世镇. 我国临床解剖学概况［J］. 四川解剖学杂志，1999（04）：
253-256.

［121］钟世镇. 开拓发展临床解剖学的实践认识［J］. 中国临床解剖学杂
志，2000（01）：3-4.

［122］钟世镇. 创伤骨科基础研究展望［J］. 中华创伤杂志，2000（02）：
1-2.

［123］钟世镇. 显微外科基础研究的回顾与展望［J］. 中华显微外科杂志，
2000（01）：7-8.

［124］钟世镇. 临床解剖学的发展［J］. 国际医药卫生导报，2000（08）：42.

［125］钟世镇. 新世纪显微外科学基础研究的展望［J］. 中华显微外科杂
志，2001（01）：4-5.

［126］钟世镇. 组织瓣手术血供有关的解剖学要点［J］. 中国现代手术学
杂志，2001（02）：83-86.

［127］钟世镇. 帮助学生学会做人［J］. 学位与研究生教育，2001（Z2）：11.

［128］钟世镇. 扬科学旗帜显"李鬼"原形——荐严金海新著《中国20年
伪科学现象透视》［J］. 全国新书目，2001（09）：13.

［129］钟世镇. "微创外科学"将成为现代外科学的新兴分支学科［J］.

中国微创外科杂志，2001（05）：261-262.

［130］钟世镇. 解剖与临床相结合科教新动向［J］. 解剖与临床，2002（Z1）：3-4.

［131］钟世镇. 创伤骨科基础研究有关新进展［J］. 中华创伤骨科杂志，2002（02）：6-8.

［132］钟世镇. "虚拟中国人"（VCH）切片建模研究进展［J］. 中国临床解剖学杂志，2002（05）：323.

［133］钟世镇. 第二届全国解剖与临床学术研讨会上的闭幕词［J］. 解剖与临床，2002（04）：128.

［134］钟世镇. "虚拟人"未来医学舞台上的明星［J］. 大众医学，2002，7（A）：14-15.

［135］钟世镇. 数字化虚拟人的研究和前景［J］. 香山科学会议主编：科学前沿与未来，2002，6（1）：171-178.

［136］钟世镇. 数字化虚拟人体研究现状和展望［J］. 解放军医学杂志，2003（05）：385-388.

［137］钟世镇. 虚拟人体将为创伤骨科研究提供新技术［J］. 中华创伤骨科杂志，2003（02）：6-9.

［138］钟世镇. 我国数字化虚拟人体研究现状和对策［A］. 中国科协2003年学术年会大会报告汇编［C］. 辽宁：沈阳，2003：62-69.

［139］钟世镇. 我国数字化虚拟人体研究现状和对策［J］. 科技和产业，2003（09）：20-24.

［140］钟世镇. "钟世镇. 数字人"研究与断层影像解剖学的开拓创新［A］. 首届全国功能神经影像学和神经信息学研讨会论文汇编. 中国济南，2003：1.

［141］钟世镇. 老学科的发展要有新的结合点——纪念《中国临床解剖学杂志》创刊20周年［A］. 中国临床解剖学杂志，2003（06）：535-536.

［142］钟世镇. 虚拟人体将为微创外科增添新的技术［J］. 中国微创外科杂志，2003（06）：461-462.

[143] 钟世镇. 数字化虚拟人体的科学意义和应用前景 [J]. 第一军医大学学报, 2003, 23（3）: 193-195.

[144] 钟世镇. 一个古老学科的新发展——发展临床解剖学要找准新技术的结合点 [J]. 解放军医学杂志, 2004（01）: 1-3.

[145] 钟世镇. 数字化虚拟中国人研究动态 [J]. 医学研究通讯, 2004（06）: 5-6.

[146] 钟世镇. 数字人研究及其应用前景 [J]. 安顺科技, 2004, 4: 2-3.

[147] 钟世镇. 临床解剖学的回顾与展望 [J]. 中国断层影像解剖学杂志, 2004, 8（1）: 1-3.

[148] 钟世镇. 数字人—微创外科可能结合的新技术 [J]. 广东医学, 2005（01）: 1-2.

[149] 钟世镇. 数字人——信息与生命科学结合的新领域 [J]. 科技导报, 2005（02）: 9-12.

[150] 钟世镇. 数字人——医学研究有关的新技术 [J]. 中国处方药, 2005（04）: 6-9.

[151] 钟世镇. 老树逢春发新枝 [J]. 中国临床解剖学杂志, 2005（04）: 339-342.

[152] 钟世镇. 口腔颌面外科基础研究有关的技术平台 [A]. 第四届中国国际暨第七次全国口腔颌面外科学术会议论文集 [C]. 中国成都: 《中国口腔颌面外科杂志》编辑部, 2005: 8-10.

[153] 钟世镇. 人体虚拟技术与创伤骨科 [J]. 中华创伤骨科杂志, 2005（12）: 7.

[154] 钟世镇. 手外科基础研究有关的技术平台 [J]. 广东医学, 2005（12）: 1605.

[155] 钟世镇. 做一名合格的研究生 [J]. 南方医科教育, 2005（1）: 33-36.

[156] 钟世镇. 对博士研究生岗位成才的一点看法 [J]. 学位与研究生教育, 2006（01）: 10-12.

[157] 钟世镇. 医用生物力学参数的数字化与数字医学 [J]. 医用生物力

学，2006（03）：169-171.

［158］钟世镇. 善用技术阐明问题［J］. 解剖与临床，2006（06）：371.

［159］钟世镇. 实验技术人员开展科研的思路［A］. 全国解剖学技术学术会议论文集［C］. 中国重庆，南方医科大学，2007：1-2.

［160］钟世镇. 显微外科基础研究的回顾与展望［J］. 中华显微外科杂志，2007（04）：242-243.

［161］钟世镇. 读《意外伤病的自救互救》［J］. 中国矫形外科杂志，2007（21）：1650.

［162］钟世镇. 解剖学实验技术队伍的回顾与展望［J］. 解剖学杂志，2008（02）：276-277.

［163］钟世镇. 从数字人到数字医学［J］. 医学研究杂志，2009（08）：1-2.

［164］钟世镇. 数字医学和转化医学［A］. 广东省药学会2009学术年会大会报告［C］. 中国广东广州，2010：24-27.

［165］钟世镇. 编辑数字骨科专题实践转化医学理念［J］. 中国骨科临床与基础研究杂志，2010（02）：85-86.

［166］钟世镇. 对转化医学与人才培养的感受［J］. 中华关节外科杂志（电子版），2011（02）：208-210.

［167］钟世镇. 云厚者，雨必猛，弓劲者，箭必远——读《骨科显微与微创手术学》有感［J］. 中国矫形外科杂志，2011（13）：1066.

［168］钟世镇. 请关注转化医学理念和数字医学［J］. 中国实用妇科与产科杂志，2012（01）：3-4.

参考文献

专著

[1] 本书编辑委员会编. 钟氏堂公源流志［M］. 出版者不详，1993.

[2] 广东革命历史博物馆编. 黄埔军校史料1924—1927［M］. 广东人民出版社，1985.

[3] 紫金县志. 紫金县政府网. http://www1.zijin.gov.cn/zjzj/zjxz/2004/1104/2013_4.htm.

[4] 吴定宇. 中山大学校史1924—2004［M］. 广州：中山大学出版社，2006.

[5] 朱潮，张慰丰. 新中国医学教育史［M］. 北京：北京医科大学中国协和医科大学联合出版社，1990.

[6] 中国解剖学会体质调查组. 中国人体质调查［M］. 上海：上海科学技术出版社，1936.

[7] 贾新民. 20世纪中国大事年表［M］. 北京：中国人民大学出版社，1992.

[8] 于频，刘正津. 解剖学技术［M］. 北京：人民卫生出版社，1985.

[9] 王冠良，高恩显. 中国人民解放军医学教育史［M］. 军事医学科学出版社，2001.

[10] 解剖学名词审定委员会. 人体解剖学名词［M］. 北京：科学出版社，1991.

[11] 李忠华. 人体铸型标本的设计和制作［M］. 广州：华南理工大学出版社，1982.

［12］刘牧之. 人体淋巴系统解剖图谱［M］. 北京：科学出版社，1982.

［13］本书编委会编. 夕花朝拾［M］. 香港：科学教育出版社，2010.

［14］本书编委会编. 钟世镇院士八十寿辰纪念册［M］. 内部发行，2005.

［15］谢新源. 化腐朽为神奇［M］. 北京：解放军文艺出版社，2001.

［16］晚霞同学理事会. 金晖［M］. 中山大学医学院 1952 届晚霞同学会出版，
2002.

论文

［1］宋凤英. 华南分局重要领导人方方蒙冤始末［J］. 党史文苑，2007（17）：
13-17.

［2］黄伟婕. 国内关于三青团成立原因的研究综述［J］. 南昌高专学报，2011（3）：
6-9.

［3］郭金海. 蒋介石《中国之命运》与中央研究院的回应［J］. 自然科学史研究，
2012（2）：180-200.

［4］邓野. 蒋介石关于"中国之命运"的命题与国共的两个口号［J］. 历史研究，
2008（4）：84-98.

［5］陈尧. 抗战末期十万知识青年从军运动研究［D］. 重庆师范大学，2003.

［6］单补生. 中国青年军二零九师简史. 黄博军校网. http://www.hoplite.cn/
templates/qnjwsg0000.htm.

［7］周倩倩. 蒋介石与知识青年从军运动［D］. 浙江大学，2011.

［8］周倩倩. 抗战后期青年军的组建及其结局［J］. 南京晓庄学院学报，2013（2）：
103-113.

［9］孙玉芹. 抗战胜利后青年军复员问题研究［J］. 党史博采，2007（7）：8-9.

［10］罗缉熙. 令人钦佩的梁仲谋教授［C］. 华南医学院 1956 届毕业生毕业 50 周
年纪念特刊. 内部发行，2006.

［11］中共广州市委党史研究室. 广州 1945 年—1949 年党史. 广州党史网. http://
www.zggzds.gov.cn/gzdsdsjs/544.jhtml.

［12］祁开仁. 在党的领导下不断地改进教学工作提高教学质量［J］. 人民军医，
1959（S2）：28-32.

［13］刘宁. 人体管道铸型标本制作技术的研究进展［J］. 内蒙古农业大学学报，

2004（2）：316-318.

［14］刘瑜梅. 犬、猪、羊与人冠状动脉分支分布的比较研究［D］. 新疆医科大学，2008.

［15］李忠华，徐达传. 人体管道铸型技术的研究进展［J］. 中国临床解剖学杂志，2006（5）：592-593.

［16］许天禄. 祝《临床应用解剖学杂志》创刊［J］. 临床应用解剖学杂志，1983（1）：2.

［17］何光篪. 我国应用解剖学的沿革：纪念《中国临床解剖学杂志》创刊十周年［J］. 中国临床解剖学杂志，1993（1）：1-3.

［18］陆要武，单国新，黄腊梅. 奋力劈开临床应用解剖学的大门［J］：介绍第一军医大学钟世镇教授. 医学与哲学，1986（05）：52-54.

［19］包志宏. 解剖学：肌间隙血管皮瓣的解剖学研究［J］. 中国医学文摘（基础医学），1984（01）：8.

［20］朱盛修. 显微外科在我军创伤外科中的成就［J］. 解放军医学杂志，1990（03）：224-225.

［21］JP Chevrel，王旗（译）. 临床解剖学：一门划时代的解剖学［J］. 中国临床解剖学杂志，1991（01）：3.

［22］侯春林. 中国显微外科发展历程［J］. 中华创伤骨科杂志，2005（01）：16-18

［23］宋军华. 钟世镇：大器晚成的中国解剖学泰斗［J］. 广东科技，2010（23）：48-50

［24］梦生. 院士钟世镇：人生80才开始［J］. 廉政瞭望，2005（11）：30-32.

媒体报道

［1］沈文金. 林焕辉. 寻找中国革命中的"高明印记"［N］. 南方日报，2009-9-30（C03）.

［2］吕雷、赵洪. 广东土改为何惊动毛泽东［N］. 羊城晚报，2009-5-9（B7）.

［3］乐育中学简介. 梅江区教育局网站. http://www.meijiang.gov.cn/sonweb/jiaoyu/content.php？IndexID=49445.

［4］任命钟岐署理澄海县县长［N］. 广东省政府公报，1933（219）.

［5］戴丹，殷毅. 钟世镇：八十而述"看戏"人生［N］. 医药经济报，2005-08-19（A08）.

［6］翁淑贤. 钟世镇：钟情"虚拟"世界［N］. 人民日报，2005-08-10（011）.

［7］冯海波. 钟世镇院士的成才之道［N］. 广东科技报，2009-01-09（016）.

［8］刘宇雄，冯海波. 钟世镇院士：揭开人体奥秘的技术. 广东科技报，2010-06-11（002）.

档案

［1］古乐梅. 自传，1955，广州市白云区军队离休退休干部第二休养所藏.

［2］钟世镇. 中国人民解放军第七军医大学党委甄别定案处理报告书，1956-9-4，南方医科大学人事处人事科藏.

［3］五华县私立乐育初级中学民国二十八年度上学期廿一级甲组学生成绩一览表，1939，广东省五华县五华中学藏.

［4］钟世镇. 自传，1987-12-17，南方医科大学人事处人事科藏.

［5］钟世镇. 干部履历书，1988-7-20，南方医科大学人事处人事科藏.

［6］钟世镇. 功模事迹登记报告表，1954-7-30，南方医科大学人事处人事科藏.

［7］古乐梅. 补充材料，1955，广州市白云区军队离休退休干部第二休养所藏.

［8］关于检送分发中山大学复学及转学的青年军学生名册一事的代电，1946-7-1，广东省档案馆藏.

［9］钟世镇. 学籍表，1946，广东省档案馆藏.

［10］古乐梅. 补充材料，约1957，广州市白云区军队离休退休干部第二休养所藏.

［11］关于请购置解剖学研究所教学设备物品的呈，1947-9-15，广东省档案馆藏.

［12］古乐梅. 学习总结，1951，广州市白云区军队离休退休干部第二休养所藏.

［13］古乐梅. 关于古乐梅的若干历史问题，1955年，广州市白云区军队离休退休干部第二休养所藏.

［14］钟世镇. 干部任免报告表，1979-11-12，南方医科大学人事处人事科藏.

［15］钟世镇. 军队专业技术干部技术职务任免呈报表，1986，南方医科大学人事处人事科藏.

［16］钟世镇. 科学技术干部呈批报告表，1979-9-5，南方医科大学人事处人事科藏.

后 记

　　2012 年早春，在"钟世镇学术成长资料采集"筹备立项阶段，我们第一次在南方医科大学生命科学楼 11 楼的院士办公室见到了钟世镇院士，这次见面的情形至今记忆犹新。当时，我们向钟院士汇报了准备开展采集工作的意向以及工作思路，钟院士一直静静倾听我们的汇报，未做任何评价。之后，尽管钟院士签名同意由我们承担采集工作，但是，我们的心情一直很忐忑，第一次见面时钟院士淡然的态度，让我们担心他是否对采集工作缺乏兴趣，或者对我们的研究能力信心不足。2013 年 9 月，"钟世镇学术成长资料采集"正式立项，我们再次去拜访，钟院士和蔼地告诉我们，在我们离开之后，相关学会曾经跟他联系，提出由学会承担他的学术成长资料采集工作。他回复说已经答应由广东的研究团队来做这个工作了。钟老的这一席话，让我们觉得无比感动，在七个月前简短的一席谈话之后，他愿意坚持由我们，而不是学术背景更为贴合的学会来承担采集工作，体现了老科学家重信诺的风范，而他对我们的信任，也让我们深深感激，并决心全力以赴完成钟世镇院士的学术成长资料采集工作。

　　采集工作正式开展后，钟院士对我们的工作非常支持。目前，钟院士的学术活动依然非常繁忙，与钟院士预约访谈时间时，他给我们看了他安排紧密的行事历，他经常要在短短一周之内，飞赴两三个城市参与学术会议，而在不需要外出的时候，他依然保持着每天清晨六点半到办公室工作的习惯。钟院士告诉我们，凡是没有安排活动的日期，我们就可以跟他预约，他会把我们的预约写在他的行事历上，把那一天留给我们，即便之后有更重要的活动来约，他都会推掉。我们先后对钟院士进行了九次访谈，每次访谈之前，钟院士会跟我们索取访谈提纲，进行充分的准备；访谈中，钟院士记忆清晰，思路敏捷，提供了大量有价值的回忆资料；访谈结束后，钟院士会嘱咐我们将访谈整理稿用电子邮件发给他，他会进行仔细的校对和修改，不仅会补充一些细节，还会对文字进行润色。因为我们采集进度安排的问题，有时要上午、下午连续进行访谈，非常耗费精力，我们担心钟院士太辛苦了，而钟院士却关心我们中午的吃饭和休息问题，特意为我们安排了午饭。在钟院士身上，我们真正感受到老一辈科学家严谨认真的作风和仁厚谦和的品格。

除了忙碌而充实的工作，幸福的家庭是钟院士生活的另一个重心。钟院士的夫人古乐梅教授与钟院士自初中起便是同窗，他们携手走过了七十多年的人生路，经历了种种风雨，始终不离不弃，他们忠贞不渝的爱情和幸福的家庭，是钟院士在科研成就之外另一重要的人生收获。古教授对采集工作非常支持，每一次对钟院士进行访谈之前，古教授都会与钟院士一起根据我们的访谈提纲进行准备，帮助钟院士回忆往事，甚至还补充一些被我们遗漏的关键问题；而我们每一次整理好的访谈记录，也均经古教授亲手修改。2013 年 7 月 18 日，在南方医科大学钟院士家里，我们对古教授进行了访谈，古教授开朗直爽的性格给我们留下了深刻的印象。古教授向我们回忆了她与钟院士相识、相知、相恋的往事，以及共同面对人生悲喜的感悟，她非常谦虚地对我们说："在钟老师的事业上我没有起到很大的作用，我所能做的就是保证他的时间。"但事实上我们都知道，古教授为钟院士付出的远不止于此。钟院士与古教授相恋后很长一段时间经济都非常窘迫，大学时在古教授的资助下得以顺利完成学业，工作后古教授主动替钟院士寄钱回家，奉养母亲，资助弟妹。"文化大革命"中，子女可以批判父母，学生可以批判老师，阶级斗争已经被置于伦理亲情之上，但是古教授永远给予钟院士全然的信任与支持，经过苦难磨砺的爱情，正像狂沙吹尽后留下的黄金一样珍贵。正是古教授的支持，才使钟院士更有力量去面对黑暗，等待光明的到来。"文化大革命"结束后，古教授在兢兢业业开展教学和科研工作的同时，把照顾家庭的重担全部承担起来，支持钟院士的科研工作，支持子女追赶被政治运动耽误的时间，在事业上冲刺，她无怨无悔的付出与支持，是钟院士能心无旁骛地专注于科研工作的重要前提。通过对古教授的访谈，我们对钟院士有了更全面的了解，也使我们这些生于浮躁现世的晚辈认识到，对爱情和家庭的正确态度是成就圆满人生的重要因素。

钟院士与古教授有一女一子。女儿钟玲童年时在第七军医大学子弟中被誉为"红星之花"，聪明漂亮，多才多艺，但是因为钟院士的所谓政治历史问题，上学和参军都受到影响，在父亲打入"牛棚"、母亲下放农场的时候，她独力照顾年幼的弟弟，为父母分忧。在古教授的《自传》中有这样的文字："当时（'文化大革命'期间）看到许多老党员、老干部、老首长都在受苦受难，我们受点屈辱又算得什么，何况我还有一个懂事的女儿陪伴，只要能让我跟儿女们在一起、给我工作的机会，我就心满意足了，不敢有更多的奢望。"可见在父母最困难的时候，年幼的钟玲是他们最大的慰藉。"文化大革命"中第七军医大学迁校上海期间，钟玲为了使弟弟可以留城，主动申请到农场劳动。在农场，她谢绝了领导把她安排在场部或是到连队做卫生员的优待，坚持下大田锻炼。在"文化大革命"中的唯一一次高考中，钟玲取得优异的成绩，但因"可教育好子女"的身份，只能入读沙市市卫生学校。钟玲回忆，一路走来，不管表现多优秀，都会因为父亲的政治问题受影响，直到1983年入党时，组织上还要审查父亲所谓的政治问题。改革开放后，钟玲调到暨南大学工作，虽然此时钟院士已经有很高的地位，但是钟院士和古教授不但没有为女儿的个人发展筹谋，反而都多次劝说钟玲放弃进修机会，把精力放在本职工作上，而钟玲依然凭借个人的优秀业绩，年仅四十二岁便晋升高级职称。钟玲在暨南大学医学院工作了二十余年，参与了暨南大学药学院的草创，曾任医学院基础党总支书记、药学院党委书记，现任药学院实验技术中心主任、药学中心实验室主任。谈及个人的发展，钟玲说她深受父亲的影响，心胸豁达，即使在不顺利的境遇中也不会压抑郁结；要强、认真，凡事不做则已，做就要做到最好；而得益最多的是在父亲身上学会了与人合作的方法，不争功，不争利，因此可以带动一个同心同德的团队。钟玲的爱人苏泽轩教授，是泌尿外科领域较早取得成就的中青年专家，是著名泌尿外科专家梅骅教授的入室弟子，钟院士在显微外科解剖学上的一些基础研究，被苏泽轩教授应用于临床，在国内率先开创了一系列创新术式，虽然子女未能承继衣钵，但有此乘龙快婿亦不失一件快事。

钟院士的儿子钟鸣，生于三年困难时期，从出生起便饱受磨难。对于儿子，钟院士常有一份愧疚。尽管如此，在钟院士有了较高的社会地位之后，他也并未对儿子做出补偿。受"文化大革命"的影响，钟鸣没有入读全日制大学，1976年就进入施工队做工人，1979年考上电大，毕业后成为施工队的技术员。出身于知识分子家庭的钟鸣书生气很重，对于改革开放之初出现的一些不正之风感到很不适应，还经常因此跟领导提意见，个人发展受到影响，而钟院士只是劝导钟鸣面对现实，不要好高骛远。尽管他已经是全国人大代表，但从来也没有考虑利用自己的社会地位帮助儿子换一个好工作。在20世纪80年代的出国热中，钟鸣在香港亲属的资助下，自费到澳大利亚留学。当年的自费留学非常辛苦，要自己打几份工赚钱偿还借款，每天要工作十几个小时。而此时钟院士全副精力都放在事业上，儿子出国两年时间，他没有写过一封家书，有时候儿子打来电话，他都没有时间听。通过艰苦创业，现在钟鸣终于在澳大利亚站稳脚跟，创办了自己的公司。钟鸣非常牵挂父母，经常打电话回家，而钟院士更习惯用电子邮件联系，钟院士告诉我们说，因为"文化大革命"关系，钟鸣没有学过拼音，不会用中文输入法，每次给父亲发电子邮件，要用手写好，再扫描成图片发过来。每谈及此，我们都似乎看到钟院士心中的隐痛和愧疚。

对自己儿女的成长，钟院士很少关心，但对于自己学生的成长，钟院士却倾注了全部心血。2014年将迎来钟院士的九十寿辰，钟院士唯一的生日愿望是再版《夕花朝拾》一书，而其中《桃李芬芳》一章，便是用来展示弟子的业绩与成就。钟院士说："只要能把我学生的成就记录下来，我就觉得很高兴了。"在钟院士的支持下，配合《夕花朝拾》的再版，我们向钟院士的弟子发放了《钟世镇院士学术成长资料征集函》，得到了广泛的支持。现身处海外的孔吉明教授（现为加拿大曼尼托巴大学解剖与细胞科学系终身教授、曼尼托巴大学医学院亚细胞研究中心主任）、瞿东滨教授（时于加纳执行援非任务）都写信来表示这是一件非常有意义的工作，将全力配合。徐永清教授非常关心采集工程的工作，收到征集函后便提供了钟院士2009年为他题写的"贺成都军区昆明总医院成立60周年"题词，以及1995年写给他的一封信，及至2014年4月3日项目已近结题时，又发来了他亲笔撰写的文章《硕果献寿礼，师恩难忘怀》，回忆他如何在钟院士的教导与影响下取得事业上的辉煌成就。吴立军教授亦为采集工程撰写了《瞭望珠穆朗玛》一文，回忆了师从钟院士的经历。弟子们的回忆文章中，字里行间都流露出对恩师的无尽感激，而他们在祖国医疗卫生战线上取得的辉煌成就，便是对师恩最好的回报。

北京大学医学部周长满教授是钟院士的第一位研究生，对于这位弟子，钟院士有更多牵挂，而周长满教授至今仍保留着钟院士从20世纪80年代起给他写的每一封信，他将其中的二十四封信进行扫描，名之为《钟世镇家书》，提供给采集工程，同时提供了他为恩师收集的剪报。书信中流露出深厚的师生情谊，令人动容。在弟子毕业后，老师亦无时无刻不关心弟子的发展，最让人感动的是在钟院士1994年3月9日写的一封信中说道："我今年六十九岁了，领导上同意我从教研室主任职务上退下来，留下一个全军重点实验室主任的虚职，但在招研究生和科研协作上，仍有实效。您的学术地位和学术活动，我尚有余力影响的，当尽力而为。"可见老师对弟子的殷切期望和无尽关怀。

我们对钟院士的弟子徐达传教授、欧阳钧教授和唐雷高级工程师进行了访谈。徐达传教授自钟院士调到第一军医大学后便开始在钟院士的指导下开展科研工作，他印象最深的往事就是20世纪80年代初，他随钟院士每天骑车从第一军医大学到暨南大学的尸库里做解剖，中午钟院士在两个解剖台中间拉几个凳子午睡时的情景，他还历历在目。他回忆自己发表第一篇论文《胎儿胰腺移植的应用解剖》的经过，说："可惜我没有把原稿留下来，钟老师在上面画得花花绿绿，改得很细，论文的讨论部分，基本上都是他重新写的。"此后徐达传教授在临床解剖学领域做出大量的科研成果，出版了很多专著，他由衷地说："我能在学术界建立影响，完全得益于钟老师的培养。"而钟院士一手创办的《中国临床解剖学杂志》，亦由徐达传教授接过衣钵，1994年徐达传教授刚刚四十岁出头时，钟院士便从主编的位置上退下来，由徐达传教授接任，据徐达传教授说，当时国内国家级期刊中，他是最年轻的主编，在全国也有很大的影响。钟院士这种不恋栈权位、不计较名利、给年轻人创造发展机会的做法，给我们留下深刻的印象。

欧阳钧教授现为南方医科大学解剖学教研室主任，对于钟院士为解剖学教研室学科建设和人才培养所做的贡献，欧阳钧教授做了详细的介绍。钟院士曾说：我退下来以后，不做太上皇，现在教研室的发展，主要由欧阳钧负责，我全力配合，做好顾问。对解剖学教研室在欧阳钧教授带领下的发展前景，钟院士寄予了充分的信心和深厚的期望。对于这个问题，欧阳钧教授说："对于解剖学教研室学科的发展，我想沿着钟院士这一条临床应用解剖学的总体方向，一直往前走，因为解剖学是一个古老的学科，如果不跟临床结合，不跟新的技术结合，开拓新的研究方向，肯定就会落伍。所以，现在解剖学教研室的各个研究领域，组织工程、生物力学、数字解剖学，都是秉承了钟院士'与临床结合，为临床服务'的宗旨，我想这一点是不会改变的。"

唐雷高级工程师虽然不是学医出身，但是他仍然把自己看作钟院士的弟子。他是钟院士数字人研究团队的关键人物，是数字人"863"计划的首席工程师，解决数字人数据采集中的多个关键性技术问题，促成了中国数字人的诞生。与钟院士的相遇是唐工人生之路的一个重要转折，使他完成了从驰骋商海到献身科学的转变，他现在是南方医科大学数字人和数字医学研究所的负责人，继续开展数字医学的研究，并在数字医学应用于航天医学的研究工作中取得了很多成果。在对唐工的访谈中，他详细介绍了中国数字人和数字医学的发展历程，提供了很多有价值的资料。

同窗之情是钟院士另一重要的人生财富，中山大学医学院1952届同学求学时就是一个团结的集体，毕业后便一直坚持印行《班会通讯》，后来同学们虽因政治运动频繁联系中断，在改革开放后又重新建立了联系，海内外同学一起建立了晚霞同学会，定期聚会，出版《晚霞》《金晖》等纪念册。2013年7月22日，我们有幸参加了晚霞同学会的聚会，大开眼界，聚会活动精彩纷呈，耄耋之年的老人们精神矍铄，或共叙友情往事，或交流养生心得，或介绍后辈业绩。晚霞理事会的理事长岑军辅先生向晚霞同学会的各位前辈介绍了我们的工作，并亲自组织同学回忆与钟院士相关的往事，为我们提供资料。期间钟院士的大学好友汤增新先生为我们提供了很多有价值的资料。他回忆道，钟院士大学时是个"调皮仔"，安静不下来，散步时路上有块石头，都要用足球射门的姿势一脚踢开。他生动的介绍，使我们如同见到了六十多年前那个活跃灵动的年轻人。

2013年4月5日，我们到钟院士的家乡梅州寻访院士当年足迹，得到五华县地方志办公室古江南主任，以及钟院士初中母校——张学泉校长的大力帮助。古江南主任向我们提供了多种方志资料，并提供了他私人收藏的钟院士家谱《钟氏堂公源流志》。钟院士就读的初中五华县乐育初级中学现名为华西中学，在中华人民共和国成立后曾并入五华中学，很多档案资料都保存在五华中学，张学泉校长特意在我们到来之前到五华中学帮我们复制了钟院士所在班级的座位表和成绩册，并带领我们走遍了校园，追寻钟院士少年时的足迹。在古江南主任和张学泉校长的带领下，我们到周江镇冰坎村钟院士的祖屋进行实地考察，我们不知道由五华县城水寨镇到冰坎村的实际距离是多少，只记得一个多小时的车程中，曲折绵延的山路似乎无穷无尽，偶尔路边能见到一个个小小的村落闪过。坐在车上，不由得会联想到，当年的少年钟世镇，是怎样走出那个小小的村落，走过这漫长的山路，走向外面那片广阔的天地。在冰坎村，我们见到了钟院士的胞弟八十五岁的钟世管先生，他向我们回忆了一些家庭往事，忆及在家境急转直下后一家人的相互扶持，兄长在刚参加工作时对他的资助，不禁老泪纵横。之后，钟世管老人带我们去钟院士的祖屋福庆楼、宗祠颍川堂考察，钟院士的照片、剪报和事迹高悬于颍川堂，成为家族的荣光。

档案资料是老科学家学术成长采集的重要内容。南方医科大学人事处档案室、南方医科大学档案馆、白云区军队离休干部第二休养所等档案管理部门，在严格遵守档案管理制度的情况下，为采集工作提供了很多帮助。在此，谨向南方医科大学人事处档案室的刘玉霜老师、南方医科大学档案馆的林焕英老师以及白云区军队离休退休干部第二休养所的全体领导致以诚挚的谢意。

钟院士常说，作为一个前辈，他希望自己的人生经验能成为后来人的借鉴，使他们少走一些弯路。因此，我们真诚希望，将来能有一部全面总结钟院士人生历程、深刻揭示钟院士人生经验、让钟院士更满意的传记作品出现，也希望我们今天的工作能为后来者提供一点参考和帮助。

老科学家学术成长资料采集工程丛书

已出版（100 种）

《卷舒开合任天真：何泽慧传》　　《此生情怀寄树草：张宏达传》

《从红壤到黄土：朱显谟传》　　　《梦里麦田是金黄：庄巧生传》

《山水人生：陈梦熊传》　　　　　《大音希声：应崇福传》

《做一辈子研究生：林为干传》　　《寻找地层深处的光：田在艺传》

《剑指苍穹：陈士橹传》　　　　　《举重若重：徐光宪传》

《情系山河：张光斗传》　　　　　《魂牵心系原子梦：钱三强传》

《金霉素·牛棚·生物固氮：沈善炯传》《往事皆烟：朱尊权传》

《胸怀大气：陶诗言传》　　　　　《智者乐水：林秉南传》

《本然化成：谢毓元传》　　　　　《远望情怀：许学彦传》

《一个共产党员的数学人生：谷超豪传》《没有盲区的天空：王越传》

《含章可贞：秦含章传》　　　　　《行有则　知无涯：罗沛霖传》

《精业济群：彭司勋传》　　　　　《为了孩子的明天：张金哲传》

《肝胆相照：吴孟超传》　　　　　《梦想成真：张树政传》

《新青胜蓝惟所盼：陆婉珍传》　　《情系梁菽：卢良恕传》

《核动力道路上的垦荒牛：彭士禄传》《笺草释木六十年：王文采传》

《探赜索隐　止于至善：蔡启瑞传》《妙手生花：张涤生传》

《碧空丹心：李敏华传》　　　　　《硅芯筑梦：王守武传》

《仁术宏愿：盛志勇传》　　　　　《云卷云舒：黄士松传》

《踏遍青山矿业新：裴荣富传》　　《让核技术接地气：陈子元传》

《求索军事医学之路：程天民传》　《论文写在大地上：徐锦堂传》

《一心向学：陈清如传》　　　　　《钤记：张兴钤传》

《许身为国录难忘：陈能宽》　　　《寻找沃土：赵其国传》

《钢锁苍龙　霸贯九州：方秦汉传》《虚怀若谷：黄维垣传》

《一丝一世界：郁铭芳传》　　　　《乐在图书山水间：常印佛传》

《宏才大略：严东生传》　　　　　《碧水丹心：刘建康传》

《我的气象生涯：陈学溶百岁自述》 《我的教育人生：申泮文百岁自述》
《赤子丹心 中华之光：王大珩传》 《阡陌舞者：曾德超传》
《根深方叶茂：唐有祺传》 《妙手握奇珠：张丽珠传》
《大爱化作田间行：余松烈传》 《追求卓越：郭慕孙传》
《格致桃李伴公卿：沈克琦传》 《走向奥维耶多：谢学锦传》
《躬行出真知：王守觉传》 《绚丽多彩的光谱人生：黄本立传》
《草原之子：李博传》

《宏才大略 科学人生：严东生传》 《探究河口 巡研海岸：陈吉余传》
《航空报国 杏坛追梦：范绪箕传》 《胰岛素探秘者：张友尚传》
《聚变情怀终不改：李正武传》 《一个人与一个系科：于同隐传》
《真善合美：蒋锡夔传》 《究脑穷源探细胞：陈宜张传》
《治水殆与禹同功：文伏波传》 《星剑光芒射斗牛：赵伊君传》
《用生命谱写蓝色梦想：张炳炎传》 《蓝天事业的垦荒人：屠基达传》
《远古生命的守望者：李星学传》

《善度事理的世纪师者：袁文伯传》 《化作春泥：吴浩青传》
《"齿"生无悔：王翰章传》 《低温王国拓荒人：洪朝生传》
《慢病毒疫苗的开拓者：沈荣显传》 《苍穹大业赤子心：梁思礼传》
《殚思求火种　深情寄木铎：黄祖洽传》 《仁者医心：陈灏珠传》
《合成之美：戴立信传》 《神乎其经：池志强传》
《誓言无声铸重器：黄旭华传》 《种质资源总是情：董玉琛传》
《水运人生：刘济舟传》 《当油气遇见光明：翟光明传》
《在断了 A 弦的琴上奏出多复变 《微纳世界中国芯：李志坚传》
　　最强音：陆启铿传》 《至纯至强之光：高伯龙传》
《弄潮儿向涛头立：张乾二传》 《材料人生：涂铭旌传》
《一爆惊世建荣功：王方定传》 《寻梦衣被天下：梅自强传》
《轮轨丹心：沈志云传》 《海潮逐浪镜水周回：童秉纲口述
《继承与创新：五二三任务与青蒿素研发》 　　人生》